Lehrstuhl für Kommunikationsnetze

Technische Universität München

Agentenunterstützte Steuerung von Multimediadiensten

Bernhard Quendt

Vollständiger Abdruck der von der Fakultät für Elektrotechnik und Informationstechnik der Technischen Universität München zur Erlangung des akademischen Grades eines

Doktor-Ingenieurs

genehmigten Dissertation.

Vorsitzender: Univ.-Prof. Dr.techn. J. Swoboda

Prüfer der Dissertation:

1. Univ.-Prof. Dr.-Ing. J. Eberspächer
2. Univ.-Prof. Dr.rer.nat. J. Schlichter

Die Dissertation wurde am 31.1.2000 bei der Technischen Universität München eingereicht und durch die Fakultät für Elektrotechnik und Informationstechnik am 29.5.2000 angenommen.

Bernhard Quendt

Agentenunterstützte Steuerung von Multimediadiensten

2., unveränderte Auflage

Herausgegeben von
Prof. Dr.-Ing. Jörg Eberspächer
Lehrstuhl für Kommunikationsnetze
Technische Universität München
in der Reihe
Kommunikationstechnik

utzverlag

Kommunikationstechnik

Band 13

Zugl.: Diss., 2000

Bibliografische Information der Deutschen Nationalbibliothek:
Die Deutsche Nationalbibliothek verzeichnet diese Publikation in der Deutschen Nationalbibliografie; detaillierte bibliografische Daten sind im Internet über http://dnb.d-nb.de abrufbar.

2., unveränderte Auflage (Erstauflage 2000)
frühere Ausgabe: ISBN 978-3-89675-790-6 (2000)

ISBN 978-3-8316-8523-3

Printed in EU
utzverlag GmbH, München
www.utzverlag.de

Kurzfassung

Ausgangspunkt der Arbeit ist ein zukünftiger Telekommunikationsmarkt mit einer vertikalen Betreiberpartitionierung, einer qualitätsbasierten und nachfrageadaptiven Tarifierung von Übermittlungsdiensten und deren segmentweisen Etablierung durch eine Kette unterschiedlicher Netzbetreiber.

Die Bereitstellung von Multimediadiensten auf einem derartigen Telekommunikationsmarkt stellt neuartige Anforderungen an die zugrundeliegende Dienststeuerung. Die Komplexität der Betreiberauswahl erfordert eine verbesserte Teilnehmerunterstützung und maklerartige Funktionen, um Netzbetreiberangebote zu erfassen, auszuwerten und für einen Ruf optimal zusammenzustellen. Bestehende Dienststeuerungsansätze weisen diese Funktionalität nur in sehr begrenztem Maße auf.

In dieser Arbeit wird, aus der modellhaften Vorstellung einer agenturähnlichen Arbeitsweise heraus, eine neuartige Steuerungsarchitektur für Multimediadienste in Breitbandnetzen entwickelt, die obige Anforderungen erfüllt. Sie ist gekennzeichnet durch eine funktionale Trennung in drei Steuerungsebenen: Ruf-, Ressourcen- und Elementebene. Mit der funktionalen Dekomposition und der Offenlegung der vertikalen Schnittstellen wird die Voraussetzung für eine Zuordnung der ebenenspezifischen Steuerungsinstanzen zu unterschiedlichen Marktakteuren geschaffen. Besonders hervorzuheben ist die strikte Eigenständigkeit der Ressourcenebene. Sie stellt sicher, daß die Auswahl der Ressourcenangebote betreiberübergeordnet erfolgen kann und eröffnet in Form des Ressourcenmaklers eine neue Geschäftsmöglichkeit auf dem betrachteten Telekommunikationsmarkt.

Zur Realisierung der geforderten Steuerungseigenschaften durch kooperierende, schichtenspezifische Steuerungsinstanzen werden die Grundprinzipien des Agentenparadigmas angewandt. Besonders deutlich wird dies bei der netzseitigen Steuerungsinstanz der Rufebene, dem Rufagenten. Er verwirklicht einen Benutzeragenten, der im Interesse des Rufinitiators handelt. Seine Aufgabe ist es, die Auswahlkomplexität beim Rufaufbau zu reduzieren. Der gewählte Ansatz besteht darin, daß der Rufinitiator nicht einzelne Ressourcen selektieren muß, um Qualitäts- und Preispräferenzen zu berücksichtigen, sondern auf abstraktem, benutzernahem Niveau eine Entscheidung zwischen Realisierungsalternativen seines Rufwunsches treffen kann.

Durch die Agenten der Ressourcenebene werden Maklerfunktionen ausgeführt, um die für einen Ruf benötigten Netzressourcen auszuwählen. Diese Maklerfunktionen sind an konzeptionelle Grundsätze gebunden, die es erlauben, die hohen Geschwindigkeits-, Genauigkeits- und Skalierbarkeitsanforderungen zu erfüllen. Hierzu zählt die getrennte, kontinuierliche Angebotserfassung, deren verteilte, aufwandsreduzierende Durchführung, die skalierbare Kooperationshierarchie der Agenten und die schnelle, da zentralisierte, quellenbasierte Ressourcenauswahl. Letztere wird durch eine hierarchische Netzsicht ermöglicht, die jedem Agenten einen Überblick über die gesamten Netzangebote gibt, wenn auch mit entfernungsabhängig abnehmendem Detaillierungsgrad.

Der Aufbau der hierarchischen Netzsicht erfordert neuartige Verfahren zur Zusammenfassung von Teilnetzen. Vorgestellt wird ein vektorielles Aggregierungsverfahren und das Konzept der Virtuellen Spezialressource zur Behandlung von Mischern und Kodierungskonvertern.

Die eigentliche Ressourcenauswahl umfaßt modifizierteVerfahren zur Mehrkriterienwegewahl, zum Aufbau von Mehrpunktverbindungen und zur integrierten Lokalisierung von Spezialressourcen. Dabei wird besonderer Wert darauf gelegt, das Zeit- und Güteverhalten der Heuristiken qualitativ und quantitativ zu untersuchen.

Der Aufbau einer Ressourcenkonfiguration erfolgt dezentral durch die Kooperation mehrerer Ressourcenagenten. Zur Beschreibung wird die Verkettete Hierarchische Angebotsliste eingeführt. Um den Steuerungszugriff auf die Netzressourcen zu realisieren, wird auf der Elementebene das Konzept der Agentenadapter vorgestellt. Sie setzen die abstrakten Sprachelemente der Agentenkommunikation auf bestehende, ressourcenspezifische Zugriffsfunktionen um und erlauben so den Einsatz unterschiedlicher Übermittlungstechnologien.

Die erarbeiteten Protokolle, Steuerungskomponenten und Steuerungsverfahren aller drei Steuerungsebenen wurden mit Hilfe der formalen Spezifikationssprache SDL beschrieben und verifiziert.

8-Zeilen-Kurzfassung für das Jahrbuch der TU

Um die Anforderungen eines zukünftigen Telekommunikationsmarktes zu erfüllen, wird eine modulare, offene Systemarchitektur zur Bereitstellung von Multimediadiensten vorgestellt, in der Softwareagenten neuartige Steuerungsfunktionen realisieren. Ein zentralisierter Rufagent bietet Dienstnutzern Entscheidungsunterstützung durch eine autonome Ermittlung von Rufalternativen an. Hierarchisch organisierte, kooperierende Ressourcenagenten nehmen Maklerfunktionen wahr, indem sie Betreiberangebote sichten, aggregieren und durch neuartige Auswahlverfahren bestmöglich kombinieren. Die Steuerungsfunktionen und Signalisierungsprotokolle wurden mit Hilfe einer prototypischen Implementierung verifiziert.

Vorwort

Die vorliegende Arbeit entstand während meiner Tätigkeit als Graduiertenkollegiat und wissenschaftlicher Mitarbeiter am Lehrstuhl für Kommunikationsnetze der Technischen Universität München.

Besonderen Dank und Hochachtung möchte ich meinem Doktorvater Herrn Prof. Dr.-Ing. Jörg Eberspächer aussprechen. Durch seine konstruktiven Hinweise und seine vertrauensvolle Führung hat er wesentlich zum Gelingen der Arbeit beigetragen. Darüber hinaus hat er durch das Center for Digital Technology and Management und durch die Einladung internationaler Gastwissenschaftler ein inspirierendes Arbeitsumfeld geschaffen.

Mein herzlicher Dank gebührt Herrn Prof. Dr. Johann Schlichter von der Fakultät für Informatik für die Übernahme des Zweitgutachtens.

Für das hervorragende Arbeitsklima und die zahlreichen kreativen Diskussionen möchte ich mich bei allen Kollegen und Kolleginnen des Lehrstuhls bedanken. Mein besonderer Dank gilt den Herren Dr.-Ing. Norbert Fritsche und Dr.-Ing. Harald Müller für ihre fachliche Einführung und Herrn Jochen Frings, meinem langjährigen Zimmerkollegen. Nicht vergessen möchte ich auch Frau Andrea Bör, meine engagierte Partnerin bei zahlreichen VDE/VDI-Aktivitäten und meine Diplomanden, die tatkräftig zur erfolgreichen Entstehung des Prototyps beigetragen haben.

Abschließend möchte ich meinem Vater für die Kurzweil bei der gemeinsamen Gestaltung untenstehenden Arbeitspiktogramms danken und meinem Korrekturstab aus Ruth Stecher, meiner und ihrer Mutter, welcher dafür sorgte, daß der Anteil progressiver Rechtschreibregeln nicht überhand nahm.

München, im Januar 2000

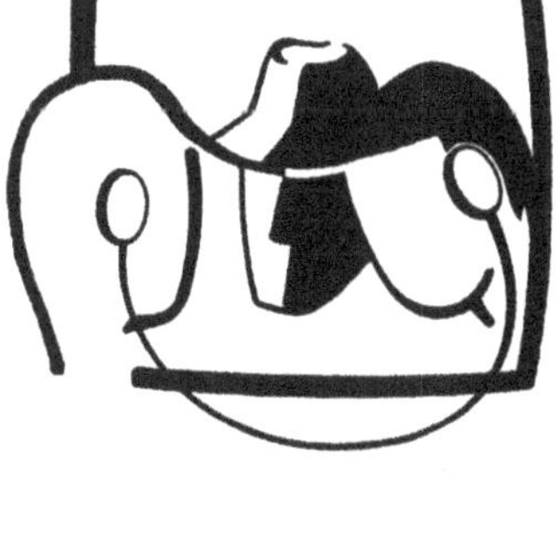

Inhaltsverzeichnis

Abbildungsverzeichnis

Kapitel 1

Einführung

Der Wegfall der Telekommunikationsmonopole in vielen Ländern zählt zweifelsohne zu den herausragenden Ereignissen der vergangenen Jahre auf dem Telekommunikationsmarkt. Insbesondere in Deutschland sind die Auswirkungen der geänderten regulatorischen Randbedingungen deutlich spürbar. Zwei Jahre nach der Liberalisierung der Bereitstellung leitungsgebundener Sprachdienste kann ein massiver Preisrückgang beobachtet werden. Getrübt wird diese aus Teilnehmersicht vorteilhafte Entwicklung durch die gestiegene Komplexität zu Beginn der Dienstnutzung. Sie ist eine Folge beständig anwachsender Betreibervielfalt und gesprächsindividueller Auswahlfreiheit.

Die steigende Verbreitung verteilter Multimediaanwendungen markiert eine weitere bedeutende Entwicklung auf dem Telekommunikationsmarkt. Nicht wenige sehen in ihnen ein gewaltiges Wachstumspotential [Ebe95]. Durch die Kombination mehrerer Medien erschließen sich neue Anwendungsgebiete, beispielsweise im Bereich der rechnergestützten Gruppenarbeit [BS98], der Weiterbildung oder Unterhaltung. Verantwortlich ist nicht zuletzt der rasante Fortschritt in der Rechnertechnologie, der den Einsatz von Multimediaanwendungen für den Massenmarkt erschwinglich macht.

Der Informationsaustausch bei verteilten Multimediaanwendungen erfolgt durch die Nutzung von Telekommunikationsdiensten. Multimediaanwendungen stellen eine Reihe neuartiger Anforderungen an deren Basisfunktionalität. Hierzu zählt die Unterstützung von Mehrteilnehmer- und Mehrverbindungsrufen, sowie der Kommunikation zwischen heterogenen Endgeräten. Telekommunikationsdienste, die diese Anforderungen erfüllen, werden in dieser Arbeit als Multimediadienste bezeichnet.

Ein wesentliches Kennzeichen verteilter Multimediaanwendungen ist die Vielfalt der Qualitätsanforderungen an die Informationsübermittlung. Sie ist gekoppelt mit einer Flexibilität, die es erlaubt, Multimediaanwendungen in unterschiedlichen Qualitätsabstufungen zu betreiben und somit zwischen Qualitätsansprüchen und individueller Zahlungsbereitschaft abzuwägen. Möglich wird dies aber nur, wenn die Multimediadienste auch in den zugehörigen Realisierungsvarianten angeboten werden.

Der Blick auf die zurückliegende Liberalisierung anderer Wirtschaftsbereiche läßt eine weitergehende Umgestaltung des Telekommunikationsmarktes erwarten. Multimediaanwendungen sind gleichermaßen Nutznießer und Katalysator dieser Entwicklung. Betrachtet man einen zukünftigen Telekommunikationsmarkt, auf dem

- die Zusammenarbeit zwischen Netzbetreibern sichergestellt ist, so daß auch national der mehrfache Wechsel von Netzbetreibern entlang einer Kommunikationsverbindung möglich ist,
- der Wettbewerb Netzbetreiber zur qualitativen und preislichen Angebotsdifferenzierung zwingt,
- infolge neuer Dienste und damit erhöhter Streuung des Verkehrsaufkommens das Prinzip einer verstärkt nachfrageabhängigen Tarifierung angewandt wird,

so bietet sich einerseits für den Nutzer eines Multimediadienstes die Chance, durch die Kombination unterschiedlicher Netzbetreiberangebote seinen Dienst wesentlich genauer auf seine Qualitäts- und

Preisvorstellungen abzustimmen, als dies bisher möglich ist. Andererseits erhöht sich die Auswahlkomplexität erheblich.

Oberstes Ziel eines Steuerungssystems für Multimediadienste auf einem derartigen Telekommunikationsmarkt muß es sein, dem Teilnehmer bestmögliche Unterstützung bei der Bewältigung der komplexen Auswahlentscheidungen zu gewähren. Nur so wird er von obigen Markttendenzen profitieren. Eine wichtige Konsequenz ist, daß der Teilnehmer nicht über die Lokalisierung einzelner Ressourcen entscheiden muß, um seine Qualitäts- und Preisvorstellungen zu realisieren, sondern auf sehr abstraktem Niveau eine Auswahl zwischen Dienstalternativen treffen kann.

Die Unterstützung komplexer Entscheidungen stellt ein klassisches Anwendungsgebiet der Agententechnologie dar. Trotz der Breite der unter diesem Schlagwort entwickelten Entscheidungshilfen lassen sich gewisse Grundfunktionen erkennen: die Sammlung von relevanten Informationen, deren Auswertung in Hinblick auf einen konkreten Entscheidungsgegenstand und die proaktive Erarbeitung von Lösungsalternativen zur Empfehlung an einen menschlichen Nutzer. Übertragen auf die vorliegende Zielsetzung lassen sich folgende neuartige Funktionalitätsanforderungen an ein Steuerungssystem identifizieren:

- die beständige Sichtung der Netzbetreiberangebote für Verbindungen und Spezialressourcen (Mischer, Konverter, usw.),
- die möglichst transparente Bearbeitung eines auf benutzernahem Abstraktionsniveau eingegebenen Kommunikationswunsches, d.h. die Ermittlung der dazu benötigten Ressourcen und die optimale, betreiberübergeordnete Auswahl unter den bestehenden Netzbetreiberangeboten,
- die Ermittlung von Alternativen zum initialen Rufwunsch, um teilnehmerseitige Preisvorstellungen durch schrittweise Qualitätsreduktion zu erfüllen.

Bestehende Signalisierungsansätze weisen diese unterstützenden Funktionen nur in begrenztem Maß auf. An ihre Bereitstellung knüpfen sich zunächst Anforderungen an die Architektur einer Dienststeuerung. Der gestiegene Funktionsumfang erfordert eine geeignete Modularisierung, um der erhöhten Steuerungskomplexität Herr zu werden. Bewährter Ausgangspunkt ist eine geschichtete Steuerungsarchitektur. Die Funktionsaufteilung und Zuordnung der Steuerungsmodule zu einzelnen Steuerungsebenen nimmt dabei eine Schlüsselrolle ein. Durch sie ist sicherzustellen, daß schichtenspezifische Steuerungsaufgaben durch unterschiedliche Anbieter auf dem Telekommunikationsmarkt verrichtet werden können, daß die Auswahl der Ressourcenangebote betreiberübergeordnet erfolgen kann und daß die oberen Steuerungsebenen für unterschiedliche Übermittlungstechnologien einsetzbar sind. Letztere können so für verbindungsorientierte Dienste im Breitband-ISDN, aber auch im zukünftigen Internet angewandt werden.

In vorliegender Arbeit werden mit der Ruf-, Ressourcen- und Elementebene drei Steuerungsebenen vorgeschlagen. Sie unterscheiden sich im Abstraktionsgrad ihrer Sicht auf eine konkrete Instanz eines Multimediadienstes, den Multimediaruf. Im folgenden werden einführend die Zielsetzung und Problemstellungen der Steuerungsebenen aufgeführt.

Das Ziel der Rufebene ist es, ausgehend von einem initialen Rufwunsch autonom Realisierungsvarianten zu ermitteln und sie einem Teilnehmer im Verlauf des Rufaufbaus als Orientierungs- und Entscheidungshilfe anzubieten. Die netzseitige Steuerungsinstanz der Rufebene, der Rufagent, soll auf diese Weise die Vorstellung eines Benutzeragenten für den Rufinitiator verwirklichen.

Die Grundvoraussetzung ist zunächst eine abstrahierende Modellierung des Gesamtrufes, um beliebige Kommunikationsstrukturen, sowie Preis- und Qualitätsanforderungen spezifizieren zu können. Das Rufmodell sollte dabei die Möglichkeit einschließen, teilnehmerseitig Akzeptanzgrenzen anzugeben, um den Spielraum zu erzeugender Realisierungsalternativen sinnvoll einzuengen. Darüber hinaus sind Erweiterungen bestehender Signalisierungsprotokolle erforderlich, um einen Multimediaruf an der Teilnehmernetzschnittstelle anfordern zu können.

Die Hauptherausforderung liegt jedoch in einer geeigneten Verfahrensweise bei der Erzeugung und Anwendung der Rufrealisierungsalternativen vor dem Hintergrund der Tatsache, daß beim Rufaufbau unnötige Ressourcenreservierungen möglichst vermieden und die gewohnte Zeitdauer im Sekundenbereich eingehalten werden sollte. Ein besonderes Augenmerk gilt daher der Herausarbeitung und Bewertung von Verfahrensfreiheitsgraden. Die Darstellung erfolgt in allgemeingültiger Art und Weise, so daß sich hieraus problemlos eine Integration des Konzepts der Rufalternativen in vergleichbar geschichteten Dienststeuerungsansätzen ableiten läßt.

Das Ziel der Ressourcenebene ist es, die für einen Ruf tatsächlich benötigten Ressourcen auf der Basis ermittelter Betreiberangebote auszuwählen und zusammenzuschalten. Die erforderlichen Maklerfunktionen werden durch die Steuerungsinstanzen der Ressourcenebene, die Ressourcenagenten, bereitgestellt. Es bietet sich an, die Nutzung der Maklerfunktionen mehreren Dienstbetreibern auf Rufebene zu ermöglichen. Dies erfordert eine eigenständige Auslegung der Ressourcenebene und die Definition einer vertikalen Schnittstelle zur Rufebene. Vergleichbares ist gegenüber der Elementebene und den Netzbetreibern anzustreben, um eine betreiberübergeordnete Ressourcenauswahl vornehmen zu können. Mit der Eigenständigkeit der Ressourcenebene und ihrer Ressourcenagenten eröffnet sich ferner die neue Geschäftsmöglichkeit eines Ressourcenmaklers zwischen Dienst- und Netzbetreiber.

Die Hauptanforderungen auf Ressourcenebene richten sich an die Ressourcenauswahl. Mit der Fähigkeit, die vielfältigen Ressourcenkonfigurationen für Multimediarufe zusammenzustellen, steigt auch deren Komplexität. So müssen beispielsweise Punkt-zu-Mehrpunkt-Verbindungen aufgebaut werden, um Mehrteilnehmerrufe zu ermöglichen, Kodierungskonverter integriert werden, um heterogene Endgeräte zu verbinden und neben der Nutzungsgebühr weitere Ressourceneigenschaften ausgewertet werden, um die Qualitätsanforderungen an einen Ruf zu befriedigen. Gleichzeitig bestehen hohe Zeitanforderungen an den Vorgang der Ressourcenauswahl, insbesondere verstärkt durch die Tatsache, daß pro Ruf mehrere Rufalternativen erprobt und die zugehörigen Ressourcenkonfigurationen angefragt werden. Soll Skalierbarkeit auf beliebige Netzgrößen erreicht werden, so sind in der Regel heuristische Verfahren anzuwenden, die in den wenigsten Fällen optimale Resultate liefern. Aus diesem Grund wird in vorliegender Arbeit besonderer Wert darauf gelegt, die Effizienz, d.h. das Zeitverhalten und die Genauigkeit der vorgeschlagenen heuristischen Ressourcenauswahlverfahren qualitativ und quantitativ zu untersuchen. Die gewonnenen Ergebnisse sind von allgemeingültigem Wert. Verfahren und Verfahrensbewertung behalten ihre Bedeutung unabhängig von der Dienststeuerung bei.

Das Ziel der Elementebene besteht schließlich darin, den Zugang zu den Netzelementen der Netzbetreiber zur Verfügung zu stellen. Wie oben erläutert, sind die Signalisierungsprotokolle auf den höheren Schichten der Dienststeuerung unabhängig von der Übermittlungstechnologie auf Elementebene definiert. Die wichtigste Aufgabe der Steuerungsinstanzen der Elementebene, der Agentenadapter, besteht somit in der Umsetzung der Signalisierungsnachrichten auf die Zugriffsmechanismen einer vom Netzbetreiber eingesetzten Übermittlungstechnologie. Darüber hinaus erfüllen die Agentenadapter weitere Stellvertreterfunktionen für ihren Netzbetreiber. Sie melden die Ressourcenangebote an die Ressourcenagenten und unterstützen deren Aktualisierung.

Der verbleibende Teil der vorliegenden Arbeit gliedert sich wie folgt:

In Kapitel 2 werden plausible Ansätze für eine Weiterentwicklung des Telekommunikationsmarktes und die sich ergebenden Anforderungen an die Steuerung von Multimediadiensten aufgezeigt.

Kapitel 3 stellt bestehende Konzepte zur Steuerung von Multimediadiensten vor und untersucht, inwieweit obige Anforderungen bereits erfüllt werden. Aus den Ergebnissen leitet sich die Notwendigkeit für eine neuartige Dienststeuerung ab.

Sie trägt im folgenden den Namen AUREUS (Agentenunterstützte Ressourcenallokation und Steuerung von Multimediadiensten). Ihre Modellvorstellung orientiert sich an dem Vorbild einer Agentur. Modell und resultierende Steuerungsprinzipien werden in Kapitel 4 erläutert.

In Kapitel 5 und Kapitel 6 folgt eine detaillierte Beschreibung der neuartigen Steuerungsfunktionen. Schwerpunkt in Kapitel 5 ist die Teilnehmerunterstützung des Rufagenten durch das Konzept der Rufalternativen. In Kapitel 6 stehen die Maklerfunktionen der Ressourcenagenten im Vordergrund, die Erfassung und Auswahl von Netzbetreiberressourcen für einen angeforderten Multimediaruf, sowie deren Reservierung und Belegung. Letzteres schließt die Erläuterung der Steuerungsinstanzen und Steuerungsfunktionen auf Elementebene ein.

Den Abschluß vorliegender Arbeit bildet die Beschreibung des implementierten Steuerungsprototyps in Kapitel 7 und eine Zusammenfassung der wichtigsten Ergebnisse in Kapitel 8.

Kapitel 2

Weiterentwicklung des Telekommunikationsmarktes und resultierende Anforderungen an die Dienststeuerung

Die gegenwärtige Entwicklung auf dem Markt für Telekommunikationsdienste (TK-Markt) ist gekennzeichnet durch zunehmende Liberalisierungs- und Privatisierungsbestrebungen. Private Diensterbringer, die gegenseitig im Wettbewerb stehen, ersetzen schrittweise das System staatlicher Monopolanbieter. Primär ist damit die Hoffnung auf fallende Dienstgebühren, Stimulation der Nachfrage und innovative Mehrwertdienste verbunden [Wit98, WG96]. In den Ländern, in denen bereits liberalisiert wurde, ist diese Entwicklung weitgehend eingetreten [WG96]. Aus diesem Grund wird die weltweite Liberalisierung des TK-Marktes mit erheblichem Nachdruck vorangetrieben. Beispielsweise fordert die Welthandelsorganisation WTO seit langem eine vollständige Öffnung der TK-Märkte [SZ96].

Die gesetzlich verankerte Liberalisierung bildet erst den Anfang einer Reihe in Zukunft zu erwartender Entwicklungen auf dem TK-Markt. Generelle Aussagen hierzu lassen sich aus dem Vergleich mit der Liberalisierung in anderen Wirtschaftsbereichen gewinnen. Wittkemper faßt auf diese Weise den gesamten Liberalisierungsprozeß zu einem aus vier Phasen bestehenden Entwicklungsmodell zusammen [WPH94]. Er unterscheidet dabei die Phasen Regulierung, Liberalisierung, Wettbewerbsintensivierung und Konsolidierung. Die wichtigsten Kennzeichen dieser Phasen sind in Tabelle 2.1 wiedergegeben. Besonders auf dem deutschen TK-Markt mehren sich ein Jahr nach der Marktöffnung

Phase I Regulierung	Phase II Liberalisierung	Phase III Wettbewerb	Phase IV Konsolidierung
Wettbewerbsbeschränkung Geringe Produktdifferenzierung Hohe Kosten Wenig Innovationen	Partielle Liberalisierung in Einzelbereichen Einstieg neuer Wettbewerber Selektiver Wettbewerb Selektive Preissenkung	Zunehmende Liberalisierung Ausrichtung auf Kostenführerschaft Preisdifferenzierung Abnahme der Rentabilität	Produktdifferenzierung Hohe Innovationsaktivität Globalisierung Breites Produkt-/ Leistungsspektrum

Tabelle 2.1: Typische Liberalisierungsphasen [WPH94]

die Anzeichen dafür, daß Phase III mit ihrem intensiven Wettbewerb erreicht ist. Die wachsende Nachfrage nach Multimediaanwendungen (MM-Anwendungen) [ITG99] wird diese Phase entscheidend prägen. MM-Anwendungen eröffnen eine Vielzahl von Differenzierungspotentialen, mit denen die in dieser Phase typischen Differenzierungsbestrebungen unterstützt werden können. Sie und ihre

Auswirkungen auf die zukünftige Bereitstellung von Kommunikationsdiensten werden in vorliegendem Kapitel vorgestellt und diskutiert.

Eine Zusammenstellung mit ähnlicher Schwerpunktsetzung existiert bisher nur ansatzweise [Bü95]. Mit ihr wird das Ziel verfolgt, Anforderungen an die Funktionalität einer zukünftigen Dienststeuerung abzuleiten. Diese Anforderungen werden in Abschnitt 2.7 vorgestellt und dienen im weiteren Verlauf zur kritischen Beurteilung der zahlreichen bestehenden Ansätze zur Steuerung von Multimediadiensten (Kapitel 3) und bilden den Maßstab für die im Rahmen dieser Arbeit entwickelten Dienststeuerung (Kapitel 4 - 7). Demgegenüber haben die folgenden Ausführungen nicht den Zweck, einen weiteren volkswirtschaftlichen Beitrag zur ausgedehnten Literatur über Wettbewerb, Regulierung und Preistheorie zu liefern. Wichtige Grundkenntnisse werden allerdings vorausgesetzt, einen guten Überblick hierzu findet man in [Bur95, Vog96b, Wit98, MV91].

Naturgemäß sind die hier vorgestellten Entwicklungsprognosen für den TK-Markt mit Unsicherheit behaftet. Um sie einzugrenzen, wurde neben der Diskussion theoretischer Gesichtspunkte auch Wert auf eine Darstellung derzeit in der Praxis feststellbarer Tendenzen gelegt.

2.1 Multimediale Kommunikationsdienste

An den Anfang der folgenden Betrachtungen sollen Tendenzen gestellt werden, die die Nachfrage nach Kommunikationsdiensten charakterisieren. Sie sind der wichtigste Beweggrund für weitere Veränderungen auf dem TK-Markt. Gemeint sind dabei grundlegende Eigenschaften zukünftiger Kommunikationsdienste, keine Prognosen über das zu erwartende Verkehrsvolumen.

Die nachfrageseitige Entwicklung ist stark geprägt durch die zunehmende Verbreitung verteilter MM-Anwendungen [ITG99]. Vor diesem Hintergrund lassen sich zwei Aspekte herausgreifen, die die zukünftige Nachfrage nach Kommunikationsdiensten vornehmlich kennzeichnen werden. Zum einen wird eine Reihe neuer Funktionalitäten und Steuerungsmöglichkeiten nachgefragt werden, um der Vielfalt von MM-Anwendungen zu genügen [ITU93h]. Zum anderen wird die Qualität von Kommunikationsdiensten, insbesondere ihre flexible, an den individuellen Anforderungen der Anwendungsnutzer ausgerichtete Ausprägung an Bedeutung gewinnen.

2.1.1 Erweiterte Funktionalität von Kommunikationsdiensten

Die zusätzlich erwünschte Funktionalität steht in direktem Zusammenhang zu neuartigen Rufkonstellationen zur Unterstützung verteilter MM-Anwendungen.

2.1.1.1 Mehrverbindungsrufe

Namensgebend für MM-Anwendungen ist die Tatsache, daß sie mehrere Medien einbeziehen. In vielen Fällen ist es sinnvoll, die Informationsströme einzelner Medien über getrennte Verbindungen zu übertragen. Durch derartige Mehrverbindungsrufe gelingt es, medienspezifische Anforderungen an die Übermittlungsdienste besser zu berücksichtigen und den Zugang einzelner Teilnehmer zu den Informationsströmen individuell festzulegen.

Vorteilhaft ist es, wenn Signalisierungsmethoden zur Verfügung stehen, die es erlauben, einen Mehrverbindungsruf als Ganzes anzufordern. Auf diese Weise kann der zeitaufwendige, sukzessive Aufbau einzelner Verbindungen umgangen werden. Während der Nutzung einer Anwendung kann es erforderlich werden, Anzahl und Art der Medien zu ändern. Daher sollten zusätzliche Verbindungen einem Ruf hinzugefügt oder bestehende abgebaut werden können.

Zwischen den Medien können zeitliche Abhängigkeiten bestehen. Derartige Synchronisationsanforderungen sollten bei der Dienstanforderung spezifiziert und beim Verbindungsaufbau berücksichtigt werden können.

Nicht zuletzt ist es denkbar, daß einige Medien für den effizienten Ablauf einer Anwendung unabdingbar sind, wohingegen auf andere Medien notfalls verzichtet werden kann. Wird bei der Rufanforderung eine derartige Unterscheidung unterstützt, so kann die Dienststeuerung im Falle mangelnder Netzressourcen flexibler reagieren, um einen Rufaufbau dennoch zu ermöglichen.

2.1.1.2 Mehrteilnehmerrufe

Zahlreiche Multimediaanwendungen erhöhen ihren Nutzen, wenn mehrere Teilnehmer einbezogen werden können. Ein Beispiel hierfür ist die rechnergestützte Gruppenarbeit [BS98]. Die Möglichkeit, Mehrteilnehmerrufe zu etablieren, wird daher eine Grundfunktionalität zukünftiger Netzdienste darstellen.

Mehrteilnehmerrufe können in verschiedenen Ausprägungsformen nachgefragt werden. Im folgenden wird zwischen Punkt-zu-Mehrpunkt-Rufen (Multicast-Rufen) und Mehrpunkt-zu-Punkt-Rufen mit unidirektionalem Informationsfluß, sowie allgemeinen Mehrpunkt-zu-Mehrpunkt-Rufen mit bidirektionalem Informationsfluß (Multipoint-Rufen) unterschieden.

Prinzipiell kann ein Mehrteilnehmerruf immer aus mehreren Punkt-zu-Punkt-Verbindungen zusammengesetzt werden. Ressourcensparender ist es allerdings, wenn der Aufbau von Mehrpunktverbindungen direkt unterstützt wird. Dies erfordert geeignete Wegewahlverfahren beim Verbindungsaufbau (vgl. Abschnitt 6.3.3). Ferner ist eine Zerlegung dann ausgeschlossen, wenn die Teilnehmerendgeräte nicht mehrere Informationsströme anderer Teilnehmer empfangen oder verarbeiten können. In diesem Fall sind zusätzliche Netzeinrichtungen erforderlich, sogenannte Konferenzbrücken oder Mischer, die mehrere Informationsströme zu einem einzigen zusammenfassen.

Bisher ist es notwendig, daß Konferenzbrücken durch den Rufinitiator lokalisiert, reserviert und in den Ruf eingebunden werden. Dieses Verfahren ist zeitaufwendig und setzt die Kenntnis geeigneter Konferenzbrücken voraus. Wesentlich komfortabler sind Verfahren der Rufsteuerung, die die Einbindung von Konferenzbrücken aus Teilnehmersicht transparent erscheinen lassen.

Nicht zuletzt sind bei Mehrteilnehmerrufen auch Fragen der Gebührenaufteilung und der Teilnehmerrechte zur Veränderung der Rufstruktur von Bedeutung. Beide sind nicht Gegenstand vorliegender Arbeit. Es wird im folgenden davon ausgegangen, daß die Rufgebühren vom Rufinitiator beglichen werden und dieser das alleinige Recht auf Rufmodifikationen hat, die zusätzliche Kosten verursachen.

2.1.1.3 Rufe zwischen heterogenen Endgeräten

Endgeräte können sich in der Art der unterstützten Medien, der verwendeten Kodierverfahren oder in der Bandbreite ihres Netzzugangs unterscheiden. Im Zuge multimedialer Anwendungen erhöht sich das Ausmaß möglicher Inkompatibilitäten. Dennoch sollte eine Kommunikationsbeziehung auch zwischen nicht identischen Endgeräten aufgebaut werden können. Dies führt zu einer verstärkten Nachfrage nach Steuerungsfunktionen, die vor Verbindungsaufbau die Eigenschaften der Endgeräte abfragen und im Falle deren Heterogenität in transparenter Weise für eine Umformung der Informationsströme sorgen. Letzteres setzt voraus, daß entsprechende Konvertereinheiten im Netz zur Verfügung stehen.

2.1.2 Wachsende Bedeutung der Dienstgüte

Mit der Zunahme von MM-Anwendungen wird der Begriff der Dienstgüte[1] einen Bedeutungswandel erfahren. Die folgenden Überlegungen beziehen sich dabei auf Dienstgüte im engeren Sinn, wie sie durch Performanzparameter von der ITU-T [ITU93g] für den Transport von Informationen festgelegt wurde. Eine weitergehende Definition von Dienstgüte, die die Bereitstellung und Bedienbarkeit von Diensten einbezieht, findet sich in [ITU88].

[1]Synonym zum Begriff Dienstgüte wird hier auch der Begriff Dienstqualität oder die englischsprachige Abkürzung QoS (Quality of Service) verwendet.

Die Dienstgüte beeinflußt die Medienqualität. Betrachtet man beispielsweise die Übertragung mittels paketorientierter Übermittlungsdienste, so sind deren Durchsatz, Paketverzögerung, Verzögerungsschwankung (Jitter) und Fehlerrate die wichtigsten Einflußfaktoren. In Tabelle 2.2 sind einige Parameterwerte für unterschiedliche Medien zusammengestellt [Fra97]. Sie beziehen sich auf sehr gute Medienqualität.

Medium	Verzögerung (ms)	Jitter (ms)	Durchsatz (Mbit/s)	Fehlerrate
Audio	100	10	0,064	10^{-8}
Video (TV-Qualität)	150	10	45	10^{-4}
Komprimiertes Video	150	10	1,5	10^{-6}
Textdaten	1000	bel.	0,1	10^{-9}
Festbild	1000	bel.	10	10^{-9}

Tabelle 2.2: Dienstgüteanforderungen unterschiedlicher Medien [Fra97]

Unterschiedliche Medien erfordern unterschiedliche Parameterwerte. Aus diesem Grunde ist mit einer zunehmenden Nachfrage nach Übermittlungsdiensten zu rechnen, bei denen sich Qualitätsparameter mediengerecht einstellen lassen. Erste Reaktionen sind beim ATM-Forum zu beobachten. Im Gegensatz zu früheren Spezifikationen der Teilnehmer-Netzschnittstelle [ATM94a] bietet die aktuelle Version [ATM96a] die Möglichkeit, je nach ATM-Dienst QoS-Parameter individuell anzuforden.

Mangels technischer Detailkenntnisse bei den meisten Rufteilnehmern erscheint es vorteilhaft, wenn Anforderungen an die Medienqualität in abstrakter, benutzernaher Form eingegeben werden können. Videoqualität ließe sich beispielsweise durch einen Vergleich zu bekannten Techniken (z.B. „TV-Qualität") oder durch Angabe von Qualitätsstufen (z.B. „mittlere Qualität") spezifizieren.

Zahlreiche Forschungsansätze tragen einer erleichterten Qualitätsspezifikation Rechnung. Sie definieren ein geschichtetes Modell, welches Dienstgüte auf verschiedenen Abstraktionsebenen beschreibt. Die oberste Ebene erfaßt die Nutzerdienstgüte, auf unterster Ebene erfolgt die Angabe von QoS-Parametern des Transportdienstes. Bei Rufanforderung findet eine schrittweise Abbildung der Dienstgüteparameter statt. Eine gute Übersicht über geschichtete QoS-Modelle findet sich in [Sti96, AC95].

Mit der Möglichkeit, beim Rufaufbau Qualitätswünsche zu äußern, zeichnet sich eine neuartige Entwicklung ab. In der Vergangenheit bestanden starre Vorgaben an die Qualität von Kommunikationsdiensten. Für den Sprachdienst beispielsweise definiert die ITU-T Grenzwerte für maximale Verzögerung [CCITT85a] und Bitfehler [CCITT85b]. Mit dem Aufkommen IP-basierter Sprachdienste besteht erstmals die Möglichkeit, sich für eine günstigere, aber möglicherweise qualitativ schlechtere Variante der Sprachübertragung zu entscheiden. Dieser Trend, Preis- und Qualitätsvorlieben gegeneinander abwägen zu können, wird sich weiter fortsetzen. Besonders zell- und paketbasierte Übermittlungsverfahren bieten zahlreiche Möglichkeiten zur Kopplung von Dienstqualität und Tarifen. Prototypische Tarifansätze für ATM-Dienste [SIU97] berücksichtigen bisher bereits den Zelldurchsatz und die Verkehrscharakteristik. Im Internet ist der Einsatz qualitätssichernder Protokolle vorgesehen, die in Form von „Premium-Services" Auswirkungen auf die Nutzungsgebühren haben [Lan99].

Multimedia-Anwendungen, insbesondere die Videokomponente erlauben eine Vielzahl von Qualitätsabstufungen, beispielsweise die Änderung von Bildauflösung oder Wiederholfrequenz. Mit obigen Tarifmodellen kann eine wesentlich genauere Anpassung an individuelle Preis- und Qualitätsvorstellungen erreicht werden, als dies bisher der Fall ist. Im Gegenzug erhöht sich die Komplexität bei der Tarifauswahl.

Zur Garantie von Dienstgüte sind zahlreiche Protokoll- und Netzmanagementfunktionen notwendig. Sie sind verantwortlich für die Messung und Überwachung von QoS-Parametern und die Reaktion auf QoS-Verletzungen. Nicht jedes Übermittlungsverfahren weist die entsprechende Funktionalität auf. Folglich existieren Unterschiede in dem Ausmaß, in dem QoS-Anforderungen garantiert werden können. Unterstützt ein Endgerät mehrere Übermittlungsverfahren, so sollte eine Auswahl getroffen werden können. Sie könnte durch Eingabe des Teilnehmers erfolgen oder durch eine Rufsteuerung, die automatisch das im Sinne der gewünschten Qualitätsgarantie am besten geeignete Übermittlungsverfahren auswählt.

2.2 Vertikale Betreiberpartitionierung: Dienst- und Netzbetreiber

In aktuellen Ansätzen zur Steuerung von Multimediadiensten wird eine geschichtete Steuerungsarchitektur vorgeschlagen (vgl. Kapitel 3). Die Gesamtfunktionalität wird dabei in abgrenzbare Steuerungsfunktionen zerlegt, die logischen Steuerungsebenen bzw. Abstraktionsebenen zugeordnet werden. Zwischen den Ebenen besteht eine Client-Server-Beziehung. Die Funktionalität höherer Ebenen (Client) baut auf der Funktionalität niedrigerer Ebenen (Server) auf. Der Vorteil ist eine geringere Komplexität der Steuerungsaufgaben der einzelnen Schichten, welche den Grad der Beherrschbarkeit ansteigen läßt und die Erweiterbarkeit aufgrund sauberer funktionaler Trennung erleichtert.

In der Signalisierung für das Breitband-ISDN wird beispielsweise die funktionale Trennung einer Ruf- und Verbindungssteuerung vorgeschlagen (B-ISDN, Ausbaustufe 2 [Bla92]). Steuerungsaufgaben, die den gesamten Multimediadienst betreffen, sind der Rufebene zugeordnet. Steuerungsaufgaben, die sich auf die einzelnen Verbindungen des Rufes beziehen, gehören zur Verbindungsebene. Weitere Ansätze sehen eine Trennung zwischen einer Basisrufsteuerung und Leistungsmerkmalsteuerung vor (IN-Prinzip [ITU92c], [ECMA90], [Fri95]) oder untergliedern die Ruf- und Verbindungsebene noch stärker [MAGIC93a, DNY95, Mü96].

Die Modularisierung der Steuerungsaufgaben schafft die Voraussetzungen für eine Entwicklung, die über die ursprüngliche Intention hinausgeht, die Komplexität der Steuerungssoftware zu reduzieren und die Einführung neuer Dienste zu erleichtern. Durch eine zusätzliche Offenlegung und Standardisierung der Zugriffsschnittstellen der funktionalen Ebenen wird es möglich, daß getrennte Anbieter die schichtspezifischen Steuerungsaufgaben wahrnehmen. Dies führt zu einer vertikalen Partitionierung der Betreiberlandschaft auf dem TK-Markt und zu einer Veränderung der Wertschöpfungskette für die Bereitstellung von TK-Diensten. Die Auswirkungen dieser Entwicklung sind zum jetzigen Zeitpunkt nur schwer abzuschätzen. Einige von ihnen sind am Ende dieses Abschnitts und in den folgenden Abschnitten aufgeführt.

In der einfachsten Form, angelehnt an die B-ISDN-Steuerungsarchitektur, resultieren zwei unterschiedliche Arten von Betreibern (Abbildung 2.1, vgl. auch Abschnitt 3.1). Solche, die für die

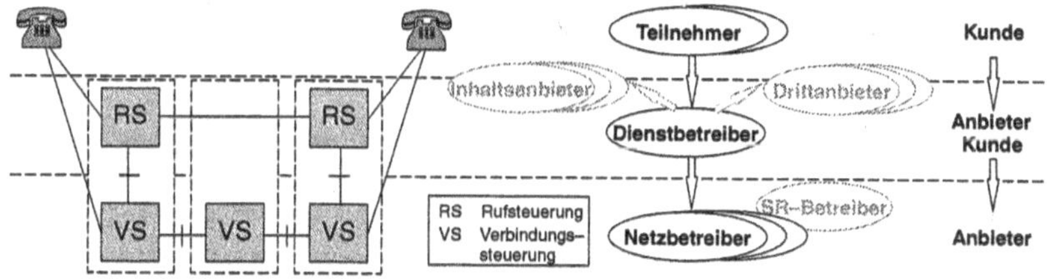

Abbildung 2.1: B-ISDN-Steuerungsarchitektur, Betreiberpartitionierung und Kundenbeziehung

Rufsteuerung verantwortlich sind und solche, die die Übermittlungsdienste auf Verbindungsebene wahrnehmen. Letztere werden im folgenden als Netzbetreiber bezeichnet. Sie stellen die Netzinfrastruktur bereit. Ersteren kommt die Bedeutung eines Dienstbetreibers zu. Der einzelne Ruf ist dabei entweder eine Instanz eines anwendungsspezifischen, vordefinierten Dienstes, beispielsweise einer videounterstützten Dreierkonferenz oder eines multimedialen Universaldienstes, mit dem sich beliebige

Anwendungen unterstützen lassen. In vorliegender Arbeit wird der allgemeine, zweite Fall betrachtet, d.h. über einen Dienstbetreiber lassen sich multimediale Universaldienste aufrufen.

Komplexere Betreiberszenarien sind bei einer weitergehenden Modularisierung der Rufebene vorstellbar. Eine Möglichkeit besteht darin, über die Steuerung multimedialer Universaldienste hinausgehende, anwendungsspezifische Steuerungsaufgaben durch Drittanbieter zu erbringen und multimediale Inhalte bei Inhaltsanbietern abzurufen [Mel95, Sch95]. Darüber hinaus werden vereinzelt Spezialressourcen-(SR)-Betreiber vorgeschlagen [Mü96], die Konferenzbrücken und Konverter bereitstellen und damit auf Netzinfrastrukturebene angesiedelt sind. In Abbildung 2.1 sind die zusätzlichen Anbieter grau dargestellt. Dritt- und Inhaltsanbieter werden im folgenden nicht weiter betrachtet, SR-Betreiber werden eine wichtige Rolle spielen.

Die Dienstbereitstellung mit getrennten Betreibergesellschaften bringt einige Vorteile mit sich, insbesondere vor dem Hintergrund eines verschärften Wettbewerbs:

- In erster Linie eröffnet die funktionale Trennung neue Chancen für eine effiziente Differenzierung. Für Dienstbetreiber wird es einfacher, durch interessante anwendungsspezifische Dienste Marktnischen zu besetzen. Änderungen an Diensten können unabhängig von den Verfahren auf Verbindungsebene vorgenommen werden. Dies erlaubt eine schnelle Reaktion auf Marktveränderungen.
- Ähnliches gilt für die Netzbetreiber, wenngleich das Differenzierungspotential hier nicht so offensichtlich ist. Eine Möglichkeit besteht darin, sich durch unterschiedliche Qualitätgarantien voneinander abzugrenzen. Sie wird im folgenden Abschnitt genauer diskutiert.
- Einhergehend mit der Differenzierung kann eine Spezialisierung und Besinnung auf Kernkompetenzen erfolgen. Auf diese Weise lassen sich Kosteneinsparungen erzielen.
- Die Möglichkeit, zur Realisierung von Diensten auf separate Netzbetreiber zurückgreifen zu können, mindert die Anfangsinvestitionen und erleichtert Dienstbetreibern den Markteintritt.

Auch aus regulatorischer Sicht ist die vertikale Betreibertrennung mit Vorteilen verbunden. Bei der Festlegung fairer Preise für Überlassungsdienste spielen die Kosten für derartige Dienste eine große Rolle. Ein großes Problem ist deren Bestimmung, genauer deren eindeutige Zuordnung [Wit98, LT95, SBV96, Mel97]. Durch eine Trennung in Netz- und Dienstbetreiber lassen sich Quersubventionen, die durch gemeinsam veranschlagte Kosten kaschiert werden können, verhindern.

Voraussetzungen für eine vertikale Partitionierung sind, wie oben erwähnt, die Aufteilung von Steuerungsfunktionen und die Definition und Offenlegung von Schnittstellen zwischen den entstehenden Steuerungsebenen. Von großer Bedeutung ist darüber hinaus eine regulatorische Unterstützung. Hierzu zählt die Durchsetzung eines freien Zugangs der Dienstbetreiber auf die Leistungen der Netzbetreiber und die Vorgabe fairer Nutzungsgebühren.

Zwischen Dienst- und Netzbetreibern bestehen naturgemäß enge Beziehungen. Dies impliziert eine Neudefinition des Kundenbegriffs. Während seither die Kundenrolle allein durch Endteilnehmer wahrgenommen wird, bilden diese bei einer Betreibertrennung nur noch die Kunden der Dienstbetreiber. Aus Sicht der Netzbetreiber treten die Dienstbetreiber als Kunde auf (Abbildung 2.1 rechts). Ihnen kommt daher eine große Bedeutung zu, sie liefern den Verkehr für die Übermittlungseinrichtungen der Netzbetreiber. Daraus wird eine gewisse Vormachtstellung der Dienstbetreiber ersichtlich. Mögliche Auswirkungen betreffen Änderungen bei der Auswahl von Netzbetreibern und bei der Vergebührung. Auf beide wird in Abschnitt 2.4 näher eingegangen.

2.3 Qualitätsbasierte Differenzierung

Eine unmittelbare Folge der vollständigen Öffnung des deutschen TK-Marktes war die starke Zunahme an Telefongesellschaften. Unterschieden werden muß dabei zwischen Anbietern mit eigener

Netzinfrastruktur und sogenannten reinen Vermittlungsnetzbetreibern. Bei ersteren ist des weiteren die Ausdehnung der Netze ein wichtiges Kriterium: nationalen Anbietern stehen Regionalbetreiber und Stadtnetzbetreiber (City-Carrier) gegenüber. Mittels Netzübergängen sind die Netze nationaler und internationaler Anbieter miteinander verbunden und Netze lokaler Betreiber an die überregionalen Netze angebunden. Letztere können auf diese Weise ihren Kunden Verbindungen zu beliebigen Zielteilnehmern außerhalb der eigenen Netze anbieten.

Resultat der Marktöffnung ist somit eine Netzinfrastruktur bestehend aus zusammengeschalteten Netzen unterschiedlicher Betreiber. In der Folge können Verbindungen auch national über eine Kette verschiedener Netzbetreiber geführt werden. Unterschiedliche Segmente einer Verbindung nehmen dabei Netzabschnitte unterschiedlicher Betreiber in Anspruch.

Aus technischer Sicht sind betreiberübergreifende Verbindungen relativ unproblematisch, Entsprechendes wird bei internationalen Verbindungen seit langem praktiziert. Die Hauptschwierigkeit bei der Zusammenschaltung von Netzen liegt in der Vergebührung gemeinsam erbrachter Vermittlungsleistungen [Vog96b]. Streitpunkt der Interconnectionverhandlungen sind die gesprächsindividuellen Überlassungs- oder Interconnectiongebühren [Wit98, LT95, SBV96, Mel97, NN93].

Für Ferngespräche besteht die Möglichkeit, diese entweder über einen voreingestellten Fernnetzbetreiber zu führen (Preselection-Verfahren) oder den Fernnetzbetreiber gesprächsindividuell über eine Netzkennzahl auszuwählen (Call-by-Call-Verfahren).

Einhergehend mit der uneingeschränkten und einfachen Wahlmöglichkeit entstanden Hilfsmittel, die einen Dienstnutzer bei der kostenoptimalen Betreiberauswahl unterstützen. In der einfachsten Form sind dies Tariftabellen, die in Printmedien oder im Internet veröffentlicht werden. Darüber hinaus existieren Zusatzgeräte für eine automatisierte Betreiberauswahl (Least-Cost-Router (LCR)).

Wahlmöglichkeit und Wahlunterstützung zusammengenommen erhöhen die Markttransparenz erheblich und bilden auf diese Weise die Hauptursachen für eine zunehmende Intensivierung des Wettbewerbs.

2.3.1 Preisdifferenzierung

In dieser Wettbewerbssituation greifen Netzbetreiber auf Maßnahmen der Differenzierung zurück. Vereinfacht lassen sich Preisdifferenzierung und Produktdifferenzierung unterscheiden [FP90]. Preisdifferenzierung bedeutet, daß das gleiche Produkt oder die gleiche Dienstleistung zu unterschiedlichen Preisen angeboten wird. Von einer Produktdifferenzierung spricht man, wenn durch Produktänderungen modifizierte Bedürfnisse berücksichtigt werden können oder ein bisheriges Bedürfnis auf eine andere Art und Weise befriedigt werden kann.

Bisherige Differenzierungsbestrebungen beschränken sich weitgehend auf eine Preisdifferenzierung [Net98]:

Individualisierte Tarife: Tarife dieser Art sind an bestimmte Personengruppen (Studenten, Senioren, usw.) oder Einzelpersonen gebunden. Dabei kann der Sender, der Empfänger oder auch eine Kombination beider als Differenzierungsmerkmal herangezogen werden.

Geographische Preisdifferenzierung: Hierunter sind entfernungsabhängige Tarife zu verstehen, wie sie seit langem durch die Einteilung in Entfernungszonen verwirklicht sind.

Zeitliche Preisdifferenzierung: Sie liegt vor, wenn zu unterschiedlichen Tageszeiten unterschiedliche Tarife gültig sind. Diese Art der Preisdifferenzierung ist seit langem üblich. Mit ihr ist die Hoffnung auf eine Nachfrageverlagerung, weg von Spitzenlastzeiten hin zu Schwachlastzeiten, verbunden.

Mengenorientierte Preisdifferenzierung: Hierunter sind im wesentlichen Mengenrabatte zu verstehen. Sie können sich beispielsweise am monatlichen Gesamtumsatz orientieren oder an der Dauer eines Gesprächs. Ein Beispiel für eine mengenorientierte Preisdifferenzierung sind die sogenannten „10plus-Tarife“ der Deutschen Telekom.

Bündelpreise: Als verdeckte Preisdifferenzierung gilt die Produktbündelung mit Bündelpreisen, die von der Summe der Einzelpreise abweichen. Beispiele sind die geplante Bündelung von Festnetzanschluß und Mobilfunkdienst und die an einen ISDN-Anschluß gekoppelten Sondertarife der Deutschen Telekom. Insbesondere für die von Dienstbetreibern angebotenen Zusatzdienste sind in Zukunft eine Reihe von Tarifmodellen in Abhängigkeit von individuellen Dienstprofilen zu erwarten.

Allen Strategien der Preisdifferenzierung ist gemein, daß sie die Vergleichbarkeit zwischen Anbietern erschweren, da eine Vielzahl von zusätzlichen Faktoren zu berücksichtigen sind. An dieser Stelle knüpft die Hauptkritik an den oben genannten Verfahren an. Nur wenige potentielle Dienstnutzer werden sich die Mühe machen, die komplexen Tarifstrukturen zu vergleichen. Oftmals ist eine optimale Auswahl im voraus auch gar nicht möglich, wie im Fall einer mengenorientierten Preisdifferenzierung. Zudem unterstützen die oben genannten Hilfsmittel, Tariftabellen und LCR komplexere Tarif- und Rabattstrukturen nicht.

Als weiteren Kritikpunkt lassen sich die hohen Informationskosten einer reinen Preisdifferenzierung anführen. Sie sind erforderlich, um den Bekanntheitsgrad und die Akzeptanz neuer Tarifoptionen zu steigern. Mit zunehmender Anbieteranzahl wird eine erfolgreiche Informationkampagne schwieriger, zudem steigt die Gefahr der Nachahmung erfolgreicher Differenzierungsmaßnahmen [Net98, FP90].

Ein letzter Nachteil ist die mangelnde Effizienz der Preisdifferenzierung. Aus Kundensicht ist sie mit keinem produktbezogenen Zusatznutzen verbunden, anders als dies beispielsweise bei den unten genannten, qualitätsgekoppelten Tarifen der Fall ist.

Aus Betreibersicht ist zu beachten, daß die meisten Maßnahmen der Preisdifferenzierung nicht durch produktbezogene Kostenvorteile gedeckt sind. So lassen sich mit der Einführung von Sondertarifen zwar Mehrumsätze erzielen, diese führen aber nicht zwingend zu höheren Gewinnen. Darüber hinaus läßt sich mit ihnen nur relativ kurzfristig Aufmerksamkeit erzielen. Das Call-by-Call-Verfahren verhindert eine längerfristige Kundenbindung.

Zusammenfassend kann festgestellt werden, daß die Methoden einer Preisdifferenzierung nur bedingt und nur kurzfristig Vorteile in einer Wettbewerbssituation bringen. Aus diesem Grund sind verstärkt Alternativen gefragt.

2.3.2 Produktdifferenzierung

Wie oben definiert, beschreitet ein Anbieter den Weg der Produktdifferenzierung, sofern er an seinem Produkt Änderungen vornimmt, um bestehende Bedürfnisse auf eine andere Art zu erfüllen oder modifizierte Bedürfnisse zu befriedigen. Mit ihr wird eine Heterogenisierung des Marktes eingeleitet. Produkte unterschiedlicher Anbieter lassen sich nicht mehr ohne weiteres substituieren. Die Produktdifferenzierung gibt so jedem Anbieter ein begrenztes monopolistisches Aktionsfeld, innerhalb dessen er eigene Preispolitik betreiben kann. Insbesondere gilt für ein differenziertes Produkt, daß ein Anbieter innerhalb gewisser Grenzen seinen Preis erhöhen oder in einer starken Wettbewerbssituation halten kann, ohne an Nachfrage einzubüßen. Die Produktdifferenzierung bietet damit einen Ausweg aus einem Preiskampf.

Auf dem Markt für Telekommunikationsdienste wird die Differenzierung über Zusatzdienste und Leistungsmerkmale empfohlen (siehe z.B. [Booz97, Bü95]). Derartige „Value-added-Services" gelten als probates Mittel gegen homogene Dienste und den resultierenden Preiskampf. Bezogen auf die in Abschnitt 2.2 vorgestellte Betreiberpartitionierung bietet sich diese Möglichkeit in der Hauptsache für die Dienstbetreiber. Schwieriger gestaltet sich hingegen eine Differenzierung bei der Bereitstellung von Transportdiensten durch reine Netzbetreiber. Eine vielversprechende Möglichkeit soll im folgenden näher betrachtet werden.

Bereits bei heutigen Sprachdiensten ist die Tendenz zu erkennen, daß die Dienstqualität die Auswahl eines Netzbetreibers beeinflußt. In erster Linie spielt die Sprachqualität selbst eine Rolle, beispielsweise bei einer Entscheidung für oder gegen eine internetbasierte Sprachübertragung. Aber auch die Zuverlässigkeit oder die Blockierungswahrscheinlichkeit sind wichtige Auswahlkriterien. Mit der Zunahme multimedialer Anwendungen werden die Anforderungen an die Dienstqualität vielfältiger. Insbesondere die Videoübertragung gestattet eine Vielzahl von Qualitätsabstufungen. Je nach Anwendung oder auch Anwendungssituation werden unterschiedliche Bandbreiten, Verzögerungswerte, Fehlerraten oder Zuverlässigkeitswerte erforderlich sein.

In der Folge entsteht ein interessantes Differenzierungspotential in Form einer qualitätsbasierten Produktdifferenzierung. Hierbei sind zwei Ebenen der Differenzierung zu unterscheiden.

Differenzierung durch Qualitätswerte: Netzbetreiber bieten eine Informationsübermittlung mit unterschiedlichen Qualitätswerten an. Dabei wird sinnvollerweise eine Unterteilung in dedizierte Qualitätsklassen erfolgen [FHW96]. Verkehrseigenschaften (Bandbreite, Bursthaftigkeit) beeinflussen die Einhaltung von Qualitätsparametern [RMV96] Daher kann eine zusätzliche Einteilung in Verkehrsklassen erforderlich sein. Qualitätsklasse, Verkehrsklasse und Preis zusammengenommen bestimmen schließlich ein Betreiberangebot für die Nutzung von Übermittlungsressourcen.

Differenzierung durch Qualitätsgarantie: Ein weiteres Unterscheidungskriterium wird darin bestehen, in welchem Ausmaß obige Qualitätswerte garantiert werden können. In der Literatur werden beispielsweise die Abstufungen „deterministisch garantiert“, „statistisch garantiert“ und „bestmöglich“ unterschieden [Sti96]. Die Verbindlichkeit von Qualitätszusagen hängt entscheidend von der Art der eingesetzten Übermittlungsprotokolle ab. Die gegenwärtig verbreitete Version des Internetprotokolles beispielsweise läßt lediglich bestmögliche Informationsübermittlung zu.

2.3.3 Qualitätsbasierte Differenzierung am Beispiel ATM

Am Beispiel von ATM soll die Differenzierung durch unterschiedliche Übertragungsqualität genauer erläutert werden. Insbesondere sollen exemplarisch die Zusammenhänge zwischen Qualitätsanforderungen, Kapazitätsausnutzung und darauf basierender Preissetzung erläutert werden.

Das Konzept der Virtuellen Pfade (VP) erlaubt es in ATM, mehrere logische Netze auf der Basis eines physikalischen Netzes einzurichten[2]. Dies erleichtert die Garantie unterschiedlicher QoS-Anforderungen. Wird Verkehr mit ähnlichen QoS-Anforderungen, beispielsweise einer maximalen Zellverzögerung, in separaten VP's mit getrennten Pufferbereichen geführt, so lassen sich komplexe Priorisierungsmechanismen im Vermittlungsknoten vermeiden [FHW96].

Das entscheidende Mittel zur Einhaltung von QoS-Anforderungen ist der Annahmealgorithmus beim Verbindungsaufbau. Durch ihn wird geprüft, ob eine neue Quelle Zellen in den VP einspeisen kann, ohne die Qualitätsgarantie für andere Quellen zu zerstören. Im folgenden soll am Beispiel eines Virtuellen Pfades gezeigt werden, wie durch unterschiedliche Dimensionierung des Annahmealgorithmus Einfluß auf die Qualität der Zellübertragung genommen werden kann. Dabei soll der Zusammenhang zwischen Zellverzögerung als Qualitätsgröße und statistischem Überbelegen der VP-Ressource verdeutlicht werden.

Ausgangspunkt bildet der in Abbildung 2.2 dargestellte VP mit der Kapazität K, auf den mehrere Quellen j, j=1..J, mit statistischem Verkehr $\mathcal{A}_j$ zugreifen wollen. $\mathcal{A}_j$ stellt eine Zufallsvariable dar und beschreibt die Verkehrslast der Quelle j. Die Quellen seien unabhängig voneinander. Die Übertragungsressource ist gepuffert. Der Pufferstand wird durch die Zufallsvariable $\mathcal{B}$ beschrieben. Sie ist abhängig von $\mathcal{A}_j$. Die Pufferung vermeidet Zellverluste, führt aber zu einer Zellverzögerung, die neben der Laufzeitverzögerung für die Gesamtverzögerung der Zellen verantwortlich ist. Die Pufferverzögerung sei im folgenden als Maß für die Übermittlungsqualität angesetzt. Definiert wird eine Höchstgrenze b, die nur mit einer Wahrscheinlichkeit von $10^{-\gamma}$ überschritten werden darf.

[2]Eine einführende Beschreibung findet sich in [Sie97].

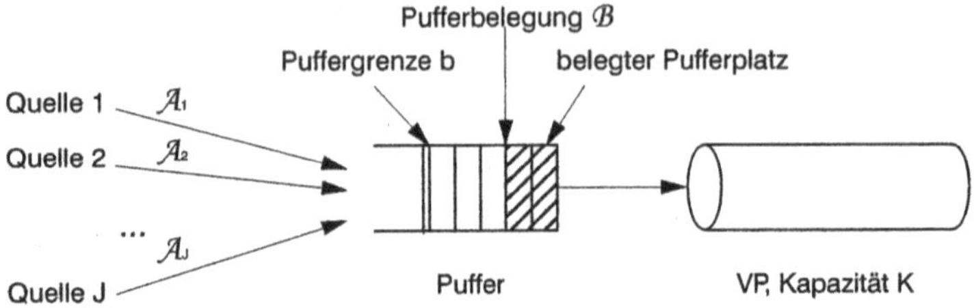

Abbildung 2.2: Gepufferter Zugriff auf Virtuellen Pfad (VP)

Zur Vereinfachung der Annahmeentscheidung wird das Konzept einer linearen effektiven Bandbreite eingesetzt [Lin94]. Jeder Quelle wird mit der effektiven Bandbreite eine Beschreibungsgröße auf Verbindungsebene zugeordnet. Dadurch kann die Annahmeentscheidung entkoppelt von der Zellebene erfolgen. Eine neue Quelle wird dann zugelassen, wenn die Summe der effektiven Bandbreiten aller Quellen die Gesamtkapazität nicht übersteigt. Die komplexe Annahmebedingung

$$p(\mathcal{B} < b) < 10^{-\gamma}, \text{ mit } \mathcal{B} = f(\mathcal{A}_1 \dots \mathcal{A}_j) \tag{2.1}$$

vereinfacht sich mit der effektiven Bandbreite $B_{eff}(\mathcal{A}_j)$ einer Quelle $\mathcal{A}_j$ zu:

$$\sum_{j=1}^{J} B_{eff}(\mathcal{A}_j) \leq K. \tag{2.2}$$

Zur Bestimmung der effektiven Bandbreite aus den Verkehrsparametern einer Quelle existieren zahlreiche Vorschläge (vgl. [Kel94]). Für den einfachen Fall von Ein-/Aus-Quellen mit einer Spitzenbitrate h und einer mittleren Bitrate m berechnet Kelly in [Kel91] die effektive Bandbreite B_{eff} in Abhängigkeit der Verzögerungsgrenze b zu:

$$B_{eff} = \frac{bK}{\gamma} lg[1 + \frac{m}{h}(10^{\frac{\gamma}{bK}h} - 1)] \tag{2.3}$$

mit der VP-Kapazität K und der maximalen Zellverlustrate $10^{-\gamma}$.

Lindberger schlägt vor, die effektive Bandbreite als Maß für eine volumenabhängige Tarifierung statistischen Verkehrs einzusetzen [Lin97]: je größer die effektive Bandbreite, desto mehr Kapazität belegt sie, desto teurer sollte auch die zugehörige Verbindung tarifiert werden. Mit Hilfe obiger Berechnungsvorschrift für die effektive Bandbreite kann aus diesem Vorschlag ein Zusammenhang zwischen der Dienstqualität in Form der Zellverzögerung b und der Zellverlustrate einerseits und der Tarifierung andererseits abgeleitet werden.

In Tabelle 2.3 sind einige Beispielwerte wiedergegeben. Zugrundegelegt ist Verkehr mit einer Spitzenbitrate von h = 5 Mbit/s und einer mittleren Bitrate von M = 1 Mbit/s, sowie einer VP-Gesamtkapazität von K = 155 Mbit/s. Die dargestellten Tarife sind relative Angaben, bezogen auf einen Wert von 100% bei einer effektiven Bandbreite von B_{eff} = h = 5 Mbit/s. In diesem Fall findet kein statistisches Multiplexen statt.

Durch die Einrichtung von Virtuellen Pfaden und die Dimensionierung der zugehörigen Annahmealgorithmen lassen sich verschiedene QoS-Klassen realisieren, die eine Zellübertragung mit unterschiedlichen Qualitätsparameterwerten garantieren. Werden mehrere VP's über eine physikalische Leitung geführt, so sind sinkende Multiplexgewinne zu beachten. Dadurch reduziert sich die Kapazitätsausnutzung und erhöhen sich indirekt die Kosten für den Netzbetreiber. Aus diesem Grunde ist nicht

Fehler/Verzögerung	100 ms	5 ms
10^{-5}	29 %	91 %
10^{-9}	37 %	95 %

Tabelle 2.3: Relative Tarifierung bei unterschiedlicher Zellverzögerung und Fehlerrate

damit zu rechnen, daß ein Netzbetreiber alle denkbaren QoS-Klassen anbietet. Vielmehr wird eine Aufteilung von Qualitätsklassen auf unterschiedliche Betreiber erfolgen.

Die Zuordnung von Betreibern und Qualitätsklassen kann dabei nicht als statisch angesehen werden. Vielmehr wird um die am stärksten nachgefragten QoS-Klassen ein ständiger Wettbewerb stattfinden, an dessen Ende sich der Kostenführer durchsetzt. Die restlichen Betreiber werden auf weniger attraktive QoS-Klassen ausweichen. Eine Möglichkeit, diesen oligopolistischen Wettbewerb mikroökonomisch zu beschreiben, ist in [Feh78] wiedergegeben.

2.4 Kaskadierte, segmentweise Netzbetreiberauswahl und Dienstabrechnung

Die Möglichkeit, den Fernnetzbetreiber frei zu wählen, ist eine der auffallendsten Begleiterscheinungen der Marktöffnung. Die gesprächsindividuelle Auswahlfreiheit des Call-by-Call-Verfahrens besitzt dabei eine hohe Akzeptanz. Angesichts dieser Bedeutung ist es wichtig, über eine Weiterentwicklung der Auswahlfreiheit nachzudenken. Sie wird den TK-Markt in erheblichem Maße beeinflussen. Hauptursache für Veränderungen und Erweiterungen der Auswahlfreiheit bildet die in Abschnitt 2.2 erläuterte Betreibertrennung. Sind infolge vertikaler Partitionierung an der Bereitstellung eines TK-Dienstes Dienst- und Netzbetreiber beteiligt, so besteht die Notwendigkeit, beide auszuwählen.

Aus Teilnehmersicht lassen sich zwei grundsätzlich verschiedene Vorgehensweisen unterscheiden: Eine getrennte Auswahl, bei der sowohl Dienstbetreiber, als auch Netzbetreiber vom initiierenden Teilnehmer ausgewählt werden und eine kaskadierte Auswahl, bei der letzterer sich lediglich für einen Dienstbetreiber entscheidet, welcher dann zusätzlich zu seinen Steuerungsaufgaben auch für die Auswahl der Netzbetreiber zuständig ist. Gegen eine getrennte Auswahl spricht die Tatsache, daß

- die zweifache Auswahlfreiheit auch mit zweifachem Aufwand für den Teilnehmer verbunden ist,
- angesichts der Tarifvielfalt bereits bei der Netzbetreiberauswahl allein eine unzumutbarer Komplexität beklagt wird,
- die Auswahl der Netzbetreiber bei multimedialen Diensten zusätzlich zum Preis auch anhand von Qualitätsmerkmalen erfolgen wird, die erforderliche Kenntnis einzelner übertragungstechnischer Parameter beim Teilnehmer aber nicht vorausgesetzt werden kann,
- es in der Praxis schwierig zu überwachen sein wird, ob ein ausgewählter Dienstbetreiber sich im Verlauf des Rufaufbaus an die teilnehmerseitigen Vorgaben bei der Netzbetreiberauswahl hält,
- hier im Gegensatz zu einer kaskadierten Auswahl beim Dienstbetreiber wichtige Funktionalitäten verlorengehen. Die Umsetzung teilnehmerseitiger Preis- und Qualitätsanforderungen, die Auswahl von Netzbetreibern und die Weitergabe ihrer Gebühren bieten zusätzliches Differenzierungspotential für Dienstbetreiber.

Aufgrund dieser Nachteile wird im folgenden davon ausgegangen, daß auf einem zukünftigen TK-Markt die Betreiberauswahl in kaskadierter Weise erfolgen wird. Wie in Abbildung 2.3 sinnbildlich dargestellt ist, bestimmt der initiierende Teilnehmer zunächst den Dienstbetreiber und dieser unter Berücksichtigung der teilnehmerseitigen Rufspezifikation einen oder mehrere Netzbetreiber. Die Netzbetreiberauswahl bleibt dem Endteilnehmer verborgen.

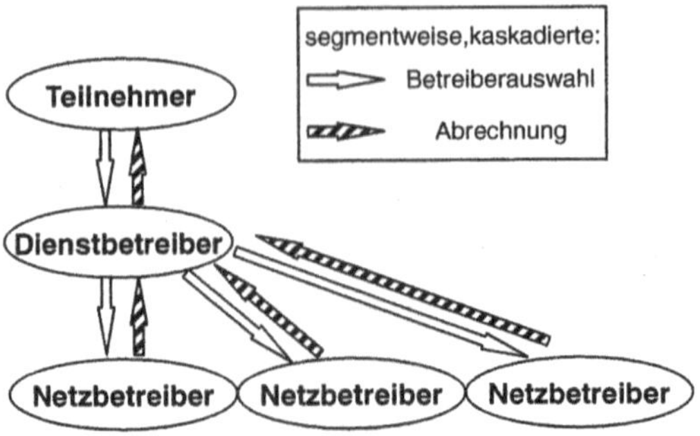

Abbildung 2.3: Kaskadierte und segmentweise Netzbetreiberauswahl und Dienstabrechnung

Bei der Dienstbetreiberauswahl ist zu beachten, daß der zu erbringende Kommunikationsdienst und die unterstützte verteilte Anwendung eng miteinander verknüpft sind. Eine spezifische Anwendung erfordert in der Regel Dienstmerkmale, die über die Funktionen eines multimedialen Basisdienstes hinausgehen. Folglich ist die Dienstbetreiberauswahl im Gegensatz zur Netzbetreiberauswahl dadurch gekennzeichnet, daß weniger Preis und Übermittlungsqualität als eher funktionale Aspekte von Bedeutung sind. Dies erschwert die Vergleichbarkeit unterschiedlicher Dienstbetreiber und somit eine automatisierte Betreiberauswahl. Hinzu kommt, daß der Dienstbetreiber direkt durch den Endteilnehmer beauftragt wird. Folglich ist die Diensttarifierung geeigneter Ansatzpunkt für teilnehmerindividuelle Tarife, Sonderrabatte und weitere der in Abschnitt 2.3.1 vorgestellten Methoden der Preisdifferenzierung, die sich nur schwer bei einer automatisierten Betreiberauswahl berücksichtigen lassen. Einen vielversprechenden Ansatz findet man im Rahmen der TINA-Dienststeuerung (Telecommunication Information Networking Architecture [TINA95]). Ein sogenannter „Service-Broker" leistet Unterstützung bei der Dienstbetreiberauswahl. Die Dienstbeschreibung, auf deren Grundlage Auswahlentscheidungen getroffen werden, ist allerdings unvollständig, insbesondere fehlen Angaben zur Diensttarifierung.

Die automatisierte Dienstbetreiberauswahl ist nicht Gegenstand vorliegender Arbeit. Im folgenden wird davon ausgegangen, daß der initiierende Teilnehmer den Dienstbetreiber festlegt oder das letzterer durch das genutzte Anwendungsprogramm voreingestellt ist.

Auf Netzbetreiberebene erstreckt sich die Auswahlfreiheit bisher nur auf den ersten Fernnetzbetreiber. Kann dieser die Verbindung nicht selbst bis zum Zielteilnehmer aufbauen, so bestimmt er ohne weiteren Teilnehmereinfluß den folgenden Netzbetreiber. Dieser Vorgang kann wiederholt erfolgen. Im Zuge der Liberalisierung des deutschen TK-Marktes wurde im „Arbeitskreis zu technischen und betrieblichen Fragen der Numerierung und der Netzzusammenschaltung" eine weitere Variante diskutiert. Sie sieht eine „fallweise Weitergabe von Telefonverkehr dergestalt vor, daß auch auf einzelnen Teilstrecken einer Verbindung der Netzbetreiber mit den niedrigsten Preisen für diese Teilverbindung ausgewählt wird" [Ger98]. Bestimmen bisher Zusammenschaltungsvereinbarungen die Kette der Netzbetreiber, so werden mit dieser Variante gezielt Betreiber für einzelne Verbindungssegmente ausgewählt. Dieser Ansatz ermöglicht ein fortgeschrittenes, segmentweises Least-Cost-Routing.

Ein direkter Teilnehmereinfluß auf die Auswahl von Netzbetreibern für einzelne Verbindungssegmente macht aus Komplexitäts- und Aufwandsgründen wenig Sinn. Unter der Voraussetzung aber, daß Dienstbetreiber die Netzbetreiberauswahl vornehmen, gewinnt die Diskussion um eine segmentbezogene Vorgehensweise eine neue Bedeutung. In diesem Fall spielen Komplexität und Aufwand eine eher untergeordnete Rolle gegenüber den zu erwartenden Vorteilen:

- Eine segmentweise Wegewahl ermöglicht dem Dienstbetreiber, für einzelne Teilstrecken Sonderangebote zu nutzen, die beispielsweise von Nischenanbietern oder von Regionalbetreibern eingerichtet werden. Der Dienstbetreiber hat somit ein starkes wirtschaftliches Interesse, Einfluß auf die Netzbetreiberauswahl zu bekommen, um durch die Einbindung derartiger Angebote die Gesamtkosten einer dem Teilnehmer angebotenen Verbindung zu reduzieren.

- Auf die Bedeutung der Dienstqualität in Zusammenhang zu multimedialen Anwendungen wurde bereits mehrfach hingewiesen. Unterscheiden sich die Netzbetreiberangebote für Teilstrecken in ihren Preis und Qualitätswerten, so erlaubt eine segmentweise Auswahl eine bessere Anpassung an die Preis- und Qualitätsanforderungen, die ein Teilnehmer an die gesamte Ende-zu-Ende-Verbindung stellt. Die segmentweise Netzbetreiberauswahl erhöht damit den Nutzen einer qualitätsbasierten Betreiberdifferenzierung.

- Die Regeln der Netzzusammenschaltung, insbesondere die Interconnection-Gebühren, bilden den Hauptstreitpunkt der TK-Liberalisierung. Wird bei segmentweiser Auswahl ein Netzbetreiber mit dem Aufbau einer Verbindungsteilstrecke beauftragt, so geschieht dies durch den Dienstbetreiber, nicht durch den zuvorliegenden Netzbetreiber. Wie unten noch genauer ausgeführt, erlaubt dieser Sachverhalt eine kaskadierte Vergebührungspraxis, in deren Rahmen Interconnection-Gebühren entfallen können.

Eine effiziente, automatisierbare Netzbetreiberauswahl setzt ein Mindestmaß an Vergleichbarkeit voraus. Komplexe, insbesondere teilnehmerspezifische oder personengruppengebundene Tarife erschweren diese erheblich. Wie oben erläutert, ist mit einer Zunahme komplexer Tarifstrukturen verstärkt auf Dienstbetreiberebene zu rechnen. Auf Netzbetreiberebene hingegen sprechen einige Gründe für eine Vereinfachung der Tarifstrukturen. Angesichts der Tatsache, daß der Teilnehmer nur den Dienstbetreiber auswählt, der Netzbetreiber aber keinen direkten Teilnehmerbezug mehr hat, verlieren aus Netzbetreibersicht teilnehmerspezifische Tarife ihren Reiz. Darüber hinaus ist die wachsende Bedeutung der Dienstbetreiber zu beachten. Sie liefern den Verkehr für die Netze und es ist vorstellbar, daß die resultierende „Abhängigkeit" der Netzbetreiber ausgenutzt wird, um zu verhindern, daß undurchsichtige Tarife Vorteile einer segmentweisen Betreiberauswahl zunichte machen.

Eine segmentweise Wegewahl wird sich umso schneller verbreiten, je mehr Netzbetreiber sie akzeptieren. Deren Kooperation ist aber nicht von Beginn an erforderlich. Eine Migrationsstrategie könnte darin bestehen, daß Dienstbetreiber zunächst mit eigenen Vermittlungseinrichtungen für die fallweise Weitergabe sorgen. Bei steigender Nachfrage für derartige Dienste werden Netzbetreiber auch einen einfacheren, direkten Zugriff auf Verbindungssegmente akzeptieren, um zusätzlichen Verkehr in ihre Netze zu lenken.

Nicht zuletzt sind bei Überlegungen hinsichtlich einer geänderten Netzbetreiberauswahl die Interdependenzen mit der Vorgehensweise bei der Abrechnung von Übermittlungsdiensten zu beachten. Bisher werden die von der ITU-T D-Serie vorgeschlagenen Prinzipien angewandt [CCITT88]. Die Abrechnung erfolgt über den ersten Netzbetreiber. Er agiert stellvertretend für etwaige weitere Netzbetreiber (Edge-Pricing-Prinzip). Für deren Netznutzung führt er entweder gesprächsindividuell Überlassungsgebühren ab oder man geht zunächst von einer „Verkehrssymmetrie" der gegenseitigen Beziehungen aus und hat sich auf ein System von Ausgleichszahlungen bei asymmetrischem Netz-Netz-Verkehr geeinigt. Besonders letztere wurden in der Vergangenheit immer wieder heftig kritisiert, beispielsweise führt AT&T jährlich über 4 Milliarden US-Dollar ab [All95].

Segmentweise Auswahl impliziert eine gewisse Unabhängigkeit der Netzbetreiber. Als Begleiterscheinung bietet sich die segmentweise Abrechnung an. Sie besteht darin, daß für jedes genutzte Verbindungssegment vom zugehörigen Netzbetreiber eine Gebühr in Rechnung gestellt wird. Überlassungsgebühren oder Ausgleichszahlungen können auf diese Weise entfallen. Schwierigkeiten ruft die segmentbezogene Vergebührung beim Teilnehmer hervor. Hier ist das Edge-Pricing-Prinzip von Vorteil. Pro Ruf erhebt nur ein Netzbetreiber Gebühren. Zudem wird häufig die Rechnungsstellung über den Anschlußbetreiber abgewickelt.

Bei einer Dienstbereitstellung durch getrennte Netzbetreiber kann der Dienstbetreiber als Sammelpunkt für deren Gebühren agieren. Ähnlich der Betreiberauswahl erfolgt auch die Vergebührung kaskadiert (Abbildung 2.3). Die Gebühren für die Dienstnutzung enthalten die Gebühren aller involvierten Netzbetreiber. Aus Sicht des Teilnehmers tritt so keine Änderung ein. Die segmentweise Vergebührung bleibt ihm verborgen, er muß nur die Gebühren des Dienstbetreibers begleichen, die, wie oben auch, gebündelt in Rechnung gestellt werden können.

2.5 Nachfrageadaptive Tarifierung

Eine der wirtschaftstheoretischen Grundlagen ist die Tatsache, daß der Preis und die Nachfrage eines Wirtschaftsguts korrelierte Größen sind. Allgemein wird als Regelfall angenommen, daß mit sinkenden Preisen die Nachfrage steigt und umgekehrt steigende Preise einen Nachfragerückgang mit sich bringen wird. Der Preis kann daher als Steuerungsinstrument eines Anbieters betrachtet werden. Durch niedrigere Preise läßt sich der Absatz ankurbeln, durch höhere Preise kann die Nachfrage reduziert werden, etwa um drohenden Kapazitätsengpässen vorzubeugen. Ein rationaler Anbieter wird bestrebt sein, das Steuerungsinstrument Preis zur Erzielung eines maximalen Gewinnes einzusetzen.

Der Preis für TK-Dienste wird über Tarife festgelegt. Sie beziehen sich auf eine Einheit eines Kommunikationsdienstes, beispielsweise eine bestimmte Zeitdauer und/oder Bandbreite. Die Abhängigkeit zwischen Tarifen und Nachfrage eines TK-Dienstes wird bisher nur ansatzweise ausgenutzt [MV91]. In Tarifierungsansätzen für das Breitband-ISDN läßt sich die Tendenz zu einer stärkeren Berücksichtigung der aktuellen Nachfrage, bzw. der abhängigen Größe Netzlast, erkennen. Dies führt zu verschiedenen Formen nachfrageadaptiver Tarifierung. Hervorzuheben sind insbesondere die Ansätze im Rahmen des ACTS-Projekts Ca$hMAN [ACTS96]. Unterschieden wird dort zwischen der Tarifierung von Diensten mit Ressourcenreservierung (CBR, VBR [ATM96c]) und von Diensten ohne Ressourcenreservierung (UBR [ATM96c]). Bei ersteren erfolgt eine Tarifierung auf Basis der effektiven Bandbreite (siehe auch Abschnitt 2.3.3). Als Anregung aufgenommen ist ein Vorschlag von Stahl, den Tarif pro Einheit effektiver Bandbreite an der beim Verbindungsaufbau angetroffenen Belastung der betreffenden Übertragungspfade zu orientieren ([ACTS96], S. 29). Ähnliche Ansätze finden sich in [MMP94] oder auch in [LV93], für Netze mit mehreren Qualitätsklassen.

Bei UBR-Diensten wird in [ACTS96] eine Tarifierung auf Zellbasis vorgeschlagen, die auf einem Auktionsmechanismus beruht (vrgl. auch [CSS96], [MMMM95a]). Jede Zelle führt in ihrem Kopf ein Gebot des Dienstnutzers mit sich. Zellen mit höheren Geboten werden in Überlastsituationen bevorzugt behandelt. Die Vergebührung richtet sich nach dem Gebot der Zelle, die gerade noch weitervermittelt wird. Trotz interessanter Auswirkungen dieses Verfahrens - es wird bewiesen, daß sie zu optimaler Ressourcenallokation führen - wird deren praktischer Einsatz in Frage gestellt [KSWS98, SCEH96].

Auch im Internet gibt es verstärkt Anzeichen dafür, die Tarifierung von Übermittlungsleistungen stärker an der Netzauslastung zu orientieren, um die Gefahr eines verschwenderischen Ressourcenumgangs einzudämmen [GSW96]. Ein Schwerpunkt der Ansätze liegt ebenfalls auf einer paket- und auktionsbasierten Betrachtung („Smart-Market“-Konzept [MMMM95b, MMV95a, MMV95b]).

Daneben existieren zahlreiche Überlegungen zur Tarifierung auf Rufbasis von Diensten mit unterschiedlichen Qualitätsgarantien [CESZ91, Cla96, GSW96, Rup96]. Eine stärkere Nachfrage wirkt sich in diesem Fall indirekt auf die Dienstnutzungskosten aus. Sie führt zunächst zu schlechteren Qualitätswerten. Will ein Dienstnutzer seine Daten mit gewohnter Qualität übertragen, so muß er auf eine höher tarifierte Qualitätsklasse bzw. Prioritätsklasse ausweichen. 1994 wurde eine nutzungsabhängige Internettarifierung erfolgreich in Neuseeland eingesetzt [Bro94, CG94].

Die Grundzüge nachfrageadaptiver Tarifierung gehen auf W. Vickrey zurück [Vic71]. Bereits 1971 machte er den Vorschlag, öffentliche Güter, insbesondere Telekommunikations- und Energiedienstleistungen nicht mehr mit festen Tarifen zu belegen, sondern diese der aktuellen Nachfragesituation anzupassen. Eine der Grundvoraussetzungen ist, daß der potentielle Dienstnutzer vor Nutzungsbeginn über die aktuell gültigen Tarife informiert wird und nicht erst zu dem wesentlich späteren Zeitpunkt der Abrechnung. Diese Informationspflicht ist mit einem technischen Aufwand und damit Zusatzkosten verbunden, an denen bisher die Realisierung adaptiver Tarifierungsmethoden scheiterte. Der

Anstieg der Leistungsfähigkeit von Vermittlungsrechnern entschärft dieses Problem [Pou82].

Eine nachfrageadaptive Tarifierung von TK-Diensten ist mit zwei wesentlichen Fragestellungen verbunden:

- Führt diese Tarifierungsform zu zusätzlichen Einkünften und wenn ja, wie hoch sind sie?
- In welchen Zeitabständen sollte eine Tarifaktualisierung erfolgen und wie verändern sich etwaige Zusatzeinkünfte in Abhängigkeit von der Aktualisierungszeit?

Bisher fehlen genauere, insbesondere quantitative Untersuchungen zu dieser Problemstellung. Ziel des folgenden Abschnittes ist es, anhand einer einfachen, modellhaften Betrachtung, die sich auf einen Übermittlungsabschnitt und einen Betreiber beschränkt, erste Antworten grundsätzlicher Art zu obigen Fragen zu gewinnen. Sie bilden die Beurteilungsgrundlage für die Entscheidung, ob die nachfrageadaptive Tarifierung als ein relevanter Aspekt der Weiterentwicklung der TK-Märkte angesehen werden muß.

Die folgende Untersuchung basiert auf dem Vergleich nachfrageadaptiver Tarifierung einerseits und starrer Tarifierung andererseits. Eine nachfrageadaptive oder kurz adaptive Tarifierung (AdT) wird dahingehend verstanden, daß im festen zeitlichen Abstand einer Akualisierungszeit t_u die Nachfrage nach einem Telekommunikationsdienst geschätzt und der Preis für die Dienstnutzung auf den Wert angepaßt wird, der die Erträge des Netzbtreibers maximiert. Beim heutigen Tarifierungskonzept, für das hier der Begriff „starre Tarifierung (StT)“ verwendet wird, erfolgt keine direkte Berücksichtigung der aktuellen Nachfrage. Sowohl der Zeitpunkt einer Preisänderung, als auch der Preis für die Dienstnutzung während einer Tageszeitphase ist lediglich über langfristig gemittelte Nachfragewerte festgelegt.

2.5.1 Modellierung der Nachfrage von Kommunikationsdiensten

Die Nachfrage nach einem Kommunikationsdienst beschreibt hier die von Dienstnutzern in einer festgelegten Zeitspanne angefragte „Dienstmenge“[3]. Sowohl die Anzahl angefragter Dienste, als auch die Nutzungsdauer bestimmen im allgemeinen diese Menge. Setzt man der Einfachheit halber eine konstante Nutzungsdauer an, so kann die Nachfrage allein über die Anzahl angefragter Dienste N in einer Zeitspanne T festgelegt werden.

2.5.1.1 Modellierung der Zeitabhängigkeit

In der vorliegenden Arbeit liegt der Schwerpunkt auf der Zeitabhängigkeit der Nachfrage. Ziel des entwickelten Nachfragemodelles ist es, die wesentlichen zeitbedingten Ursachen für Nachfragevariationen zu erfassen. Tabelle 2.4 unterscheidet Nachfrageschwankungen auf verschiedenen zeitlichen Ebenen. Relevant sind im folgenden Nachfrageschwankungen, die den Ebenen drei bis fünf zugeordnet werden können. Das Verhalten auf Burst- und Zellebene, sowie saisonale und langfristige Nachfrageänderungen werden vom Nachfragemodell nicht erfaßt.

2.5.1.2 Modellierung auf Rufebene

Auf Rufebene stellt die Nachfrage nach Kommunikationsdiensten einen Zufallsprozeß dar, der bei großer Nutzermenge mit Hilfe einer Poissonverteilung beschrieben werden kann. Definiert man die

[3] In der Verkehrstheorie wird das Produkt aus Rufankunftsrate und Bediendauer als Verkehrsangebot bezeichnet. Der Angebotsbegriff ist im Rahmen dieser Arbeit bereits anderweitig belegt. Aus diesem Grund wird die Menge angefragter Dienste mit dem Begriff Nachfrage umschrieben.

Ebene	Zeitrahmen	Kennzeichen
1	Jahr	Langfristige Nachfrageentwicklung
2	Monat	Saisonale Schwankungen
3	Tag	Tagesabhängige Schwankungen
4	Stunde	Tageszeitabhängige Schwankungen
5	Minute	Schwankungen der Rufankünfte
6	Sekunde	Nachfrage auf Burstebene
7	Millisekunde	Nachfrage auf Zellebene

Tabelle 2.4: Nachfrageschwankungen

Anzahl nachgefragter Dienste in der Zeitspanne τ als Zufallsvariable[4] $\mathcal{N}$, so gilt für die Wahrscheinlichkeit, daß die nachgefragte Anzahl gerade den Wert N annimmt:

$$p(\mathcal{N} = N) = \frac{(\lambda \cdot \tau)^N}{N!} e^{-\lambda \cdot \tau} \tag{2.4}$$

mit der charakteristischen mittleren Nachfragerate λ.

Betrachtet man den abgehenden Ferngesprächsverkehr einer Großstadt zur Hauptverkehrszeit, so ergibt sich aus [Jä90] ein Beispielwert für die mittlere Nachfragerate zu $\lambda = 100\frac{1}{s}$.

Die Abhängigkeit der Nachfrage von der Tageszeit wird über eine Reihe rampenförmiger Änderungen der Nachfragerate modelliert. Hierzu wird ein Tag in mehrere Zeitphasen unterteilt. Jeder Zeitphase wird eine konstante Steigung der mittleren Nachfragerate zugeordnet (Abbildung 2.4). Als Dauer T

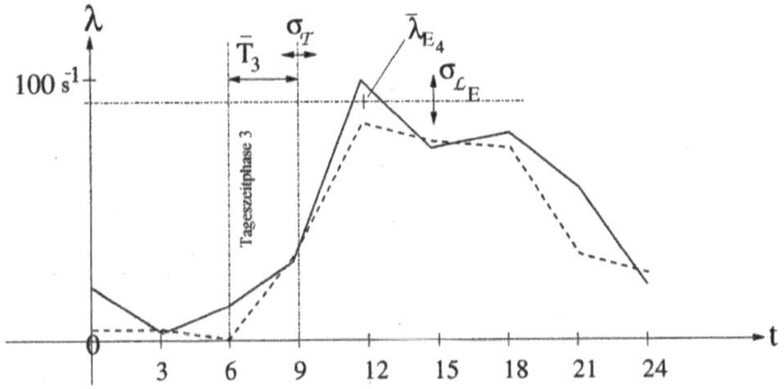

Abbildung 2.4: Tageszeitabhängige Nachfrageschwankung

einer Zeitphase wurden drei Stunden angesetzt. Dies spiegelt den üblichen Tagesrhythmus wider, der zum Teil auch in der bestehenden Tarifierung berücksichtigt wird.

2.5.1.3 Modellierung der täglichen Schwankung

Die Dauer einer Tageszeitphase und die zugeordnete Steigung der Nachfragerate sind im allgemeinen nicht konstant, sondern variieren von Tag zu Tag. Derartige tägliche Schwankungen (Ebene 3) werden in Form der normalverteilten Zufallsvariablen $\mathcal{T}$ (für die Dauer) und $\mathcal{L}_E$ (für die Nachfragerate am

[4] Zufallsgrößen werden zur klaren Unterscheidung von Mittelwerten oder Realisierungen der Zufallsgröße mit Hilfe eines kalligraphischen Schriftsatzes dargestellt.

Ende einer Zeitphase) modelliert. In einer Phase i gilt für die Verteilungsfunktion der Dauer und der Endnachfragerate:

$$\mathcal{T}_i \ : \ p(\mathcal{T}_i < T_i) = \mathcal{N}(\bar{T}_i, \sigma_{\mathcal{T}}^2) \tag{2.5}$$

$$\mathcal{L}_{E_i} \ : \ p(\mathcal{L}_{E_i} < \lambda_{E_i}) = \mathcal{N}(\bar{\lambda}_{E_i}, \sigma_{\mathcal{L}_E}^2) \tag{2.6}$$

Die Funktion $N(\mu, \sigma^2)$ stellt dabei die gauß'sche Verteilungsfunktion mit Mittelwert μ und Varianz σ^2 dar. Letztere Werte beziehen sich auf eine Mittelung über mehrere Tage hinweg. Die Variation von Nachfragerate und Dauer einer Tageszeitphase ist in Abbildung 2.4 durch Doppelpfeile mit Varianzangabe symbolisiert. Mit zunehmender Konvergenz von Sprach- und Datendiensten ist mit größeren Schwankungen zu rechnen. Sie lassen sich in vorliegendem Modell durch höhere Varianzwerte modellieren. Ein zweiter Nachfrageverlauf ist gestrichelt eingezeichnet.

Die gesamte Zeitabhängigkeit der Nachfrage wird schließlich durch die Überlagerung obiger Zufallsprozesse modelliert; zum einen des Poissonprozesses auf Rufebene, inklusive quasistationär ansteigender Nachfragerate und zum anderen der normalverteilten Veränderung dieser Nachfrageratensteigung.

2.5.1.4 Modellierung der Preisabhängigkeit

Wie bei jedem Wirtschaftsgut, ist auch bei Kommunikationsdiensten die Nachfrage preisabhängig. Insgesamt bestimmt die Preisabhängigkeit der Nachfragerate und der Gesprächsdauer die Preisabhängigkeit der Gesamtnachfragemenge. Die Beeinflussung der Gesprächsdauer ist dabei eher gering [Jä90], daher wird an dieser Stelle die Preisabhängigkeit der Nachfrage allein über die Preisabhängigkeit der Nachfragerate beschrieben. Für vorliegende Zielsetzung genügt eine einfache lineare Modellierung (Abbildung 2.5).

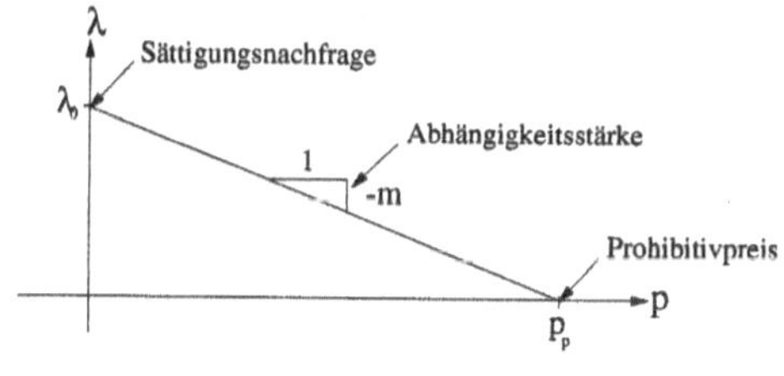

Abbildung 2.5: Modellierung der Preis-Nachfrage-Abhängigkeit

Es gilt:

$$\lambda(p) = \lambda_0 - m \cdot p \tag{2.7}$$

mit der Sättigungsnachfrage λ_0, dem Prohibitivpreis p_p und der Abhängigkeitsstärke m. Die Sättigungsnachfrage beschreibt die Nachfrage bei kostenlosem Dienst, sie ist eine von Preiseinflüssen bereinigter Wert und stellt damit eine Art prinzipielle Nachfragebereitschaft dar. Der Prohibitivpreis stellt den Preis dar, bei dem gerade keine Nachfrage mehr existiert und die Abhängigkeitsstärke ist ein Maß dafür, wie empfindlich auf eine Preisänderung reagiert wird.

Bei einem gegebenen Preis p ergibt sich im Gleichgewichtszustand die Nachfragerate wie in Gleichung 2.7 dargestellt. Im folgenden wird angenommen, daß dieser Gleichgewichtszustand ohne nennenswerte Verzögerung eintritt. Einschwingvorgänge als Reaktion auf eine Preisänderung werden nicht betrachtet. Die Nachfrage folgt jeder Preisänderung in quasistationärer Art und Weise:

$$\lambda(p(t)) = \lambda_0 - m \cdot p(t). \tag{2.8}$$

Die Erträge R eines Netzbetreibers während einer Zeitphase der Länge T ergeben sich als Produkt aus nachgefragten Gesprächen und dem Gesprächspreis. Dabei wird vereinfachend eine konstante Gesprächsdauer angesetzt (s.o.).

$$R = \lambda(p) \cdot T \cdot p = (\lambda_0 - m \cdot p) \cdot T \cdot p. \tag{2.9}$$

Maximale Erträge erzielt der Netzbetreiber beim Preis p_{opt} :

$$\frac{\partial R}{\partial p} = 0 \Rightarrow p_{opt} = \frac{\lambda_0}{2m} \tag{2.10}$$

Er ist proportional zur Sättigungsnachfrage λ_0. Wie einleitend erwähnt, wird ein rationaler Netzbetreiber angenommen, der bestrebt ist, maximale Erträge zu erzielen. In seiner Preissetzung wird er sich folglich nach dem Optimalpreis richten.

Es sei an dieser Stelle nochmals darauf hingewiesen, daß in vorliegender Untersuchung nur ein Betreiber betrachtet wird. Er kann seinen Preis frei festsetzen (z.B. gemäß Gleichung 2.10), ohne Substitutionseffekte befürchten zu müssen. In Mehrbetreiberszenarien wird die Preissetzungsstrategie anderer Betreiber zu berücksichtigen sein. Im Falle weitgehender Differenzierung, beispielsweise über die Dienstqualität, kann in Grenzen wieder von einer monopolähnlichen Preissetzung ausgegangen werden (siehe Abschnitt 2.3.2).

2.5.2 Erträge bei adaptiver Tarifierung

Betrachtet wird nun eine rampenförmige Änderung der Sättigungsnachfragerate (Abbildung 2.6). Dies entspricht einer Tageszeitphase in Abbildung 2.4. Den Nachfrageverlauf eines Tages kann man sich aus mehreren solcher Rampen zusammengesetzt vorstellen. Die folgenden Berechnungen werden am Beispiel einer ansteigenden Nachfragerate erläutert. Sie sind gleichermaßen für den Fall sinkender Nachfrage gültig.

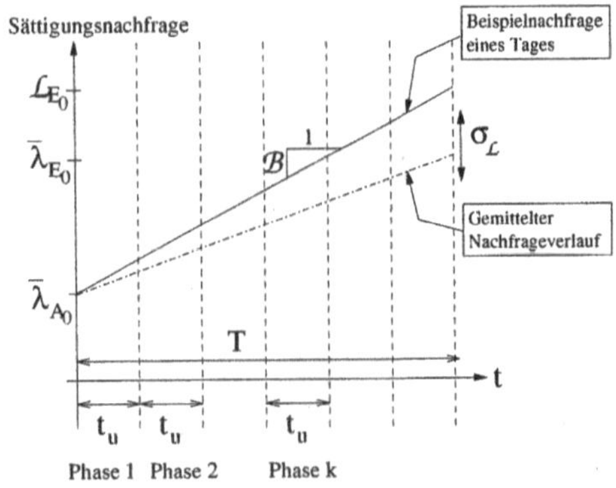

Abbildung 2.6: Rampenförmige Nachfrageänderung

Beschrieben wird die Nachfrageänderung durch die Zufallsgrößen Anfangsnachfrage $\mathcal{L}_{A_0}$, Endnachfrage $\mathcal{L}_{E_0}$ und Anstiegszeit $\mathcal{T}$ mit den Varianzen der Anfangsnachfrage $\sigma^2_{\mathcal{L}_{A_0}}$, der Endnachfrage $\sigma^2_{\mathcal{L}_{E_0}}$ und der Anstiegszeit $\sigma^2_{\mathcal{T}}$. Sie beschreiben die Schwankungen der Nachfrage im Tagesrhythmus.

Bei der adaptiven Tarifierung erfolgt nun in festen Zeitabständen t_u eine Preisanpassung an die zu erwartende Nachfrageentwicklung. Dies ist die einfachste denkbare Vorgehensweise. Zahlreiche komplexere Methoden sind vorstellbar, beispielsweise eine variable Aktualisierungszeit oder eine zusätzliche Signifikanzprüfung der Nachfrageänderung vor jeder Preisanpassung. Derartige Erweiterungen sind geeignet, um die Effizienz der adaptiven Tarifierung weiter zu erhöhen.

Es läßt sich ein erheblicher Einfluß der Aktualisierungszeit t_u auf die Erträge des Netzbetreibers vermuten. Qualitativ betrachtet führt eine kleinere Aktualisierungszeit wegen der Möglichkeit, schneller Nachfrageänderungen zu folgen, zu höheren Erträgen. Andererseits ist mit jeder Preisanpassung zuvor eine Schätzung des zukünftigen Nachfrageverlaufes verbunden. Sie erfolgt auf der Basis von Nachfragemessungen innerhalb t_u. Mit abnehmender Aktualisierungszeit ist mit einer Zunahme des Schätzfehlers zu rechnen, da weniger Meßwerte nach der letzten Preisänderung zur Verfügung stehen. Der Schätzfehler führt zu einer Fehlanpassung und damit zu geringeren Erträgen. Neben einer rein ertragsmäßig begrenzten unteren Grenze für die Aktualisierungszeit sind auch Akzeptanzprobleme bei allzu häufiger Preisanpassung zu berücksichtigen. Darüber hinaus ist obige Annahme, daß die Nachfrage quasistationär jeder Preisanpassung folgt, möglicherweise nicht mehr gültig.

Der qualitativ geschilderte Sachverhalt soll nun auch quantitativ belegt werden. Um eine analytische Auswertung zu ermöglichen, werden die folgenden Vereinfachungen eingeführt:

- die Anstiegszeit wird als konstant angenommen, $\mathcal{T} = \bar{T} = T, \sigma_{\mathcal{T}}^2 = 0$,
- die Anfangsnachfrage wird als konstant angenommen, $\mathcal{L}_{A_0} = \bar{\lambda}_{A_0}, \sigma_{\mathcal{L}_{A_0}}^2 = 0$,
- die Anstiegszeit ist ein ganzzahliges Vielfaches der Aktualisierungszeit, $T = \nu \cdot t_u$.
- zu Beginn sei der Preis optimal an die Anfangsnachfrage $\bar{\lambda}_{A_0}$ angepaßt: $p_1 = \bar{p}_A = \frac{\bar{\lambda}_{A_0}}{2m}$.

Zur Vereinfachung der Darstellung wird als neue Zufallsvariable die Steigung des Nachfrageanstiegs $\mathcal{B}$ eingeführt. Sie berechnet sich aus den Nachfragewerten zu:

$$\mathcal{B} = \frac{\mathcal{L}_{E_0} - \mathcal{L}_{A_0}}{\mathcal{T}} = \frac{\mathcal{L}_{E_0} - \bar{\lambda}_{A_0}}{T} \qquad (2.11)$$

Betrachtet werde nun die erste Phase nach Beginn des Nachfrageanstiegs (Phase 1). In dieser Phase sei der optimal an die Anfangsnachfrage $\bar{\lambda}_{A_0}$ angepaßte Preis $p_1 = \bar{p}_A = \frac{\bar{\lambda}_{A_0}}{2m}$ gesetzt. Somit ergibt sich eine Nachfrage zu

$$\mathcal{L}(t) = \mathcal{L}_0(t) - m \cdot p_A = \bar{\lambda}_{A_0} + \mathcal{B} \cdot t - m \cdot p_A \qquad (2.12)$$

und in Anlehnung an Gleichung 2.9 Erträge von

$$\mathcal{R}_1 = \int_0^{t_u} (\bar{\lambda}_{A_0} + \mathcal{B} \cdot t - m \cdot p_A) \cdot p_A \, dt \qquad (2.13)$$

Zu Beginn der zweiten Phase beabsichtige der Netzbetreiber eine Preisänderung durchzuführen, da er anhand zurückliegender Nachfragewerte eine signifikante Nachfrageänderung detektiert hat. Sein Ziel ist es, den Preis gemäß Gleichung 2.10 optimal an den erwarteten Nachfrageverlauf in Phase 2 anzupassen. Dazu ist zunächst eine Schätzung des Nachfrageverlaufs in Phase 2 nötig. Ausgangspunkt sind die von Preiseinflüssen bereinigten Meßwerte $\lambda_0(t)$ der Sättigungsnachfrage in Phase 1 (Abbildung 2.7).

Geschätzt wird daraus die Nachfragesteigung $\hat{\mathcal{B}}$ und die mittlere Nachfrage $\hat{\mathcal{L}}_{M_0,2}$ in Phase 2:

$$\hat{\mathcal{L}}_{M_0,2} = \frac{\bar{\lambda}_{A_0} + \frac{3}{2}\hat{\mathcal{B}} \cdot t_u}{2m} \qquad (2.14)$$

Auf der Basis der geschätzten mittleren Nachfrage berechnet sich der geschätzte Optimalpreis für diese Phase zu:

$$\hat{\mathcal{P}}_2 = \frac{\hat{\mathcal{L}}_{M_0,2}}{2m} \qquad (2.15)$$

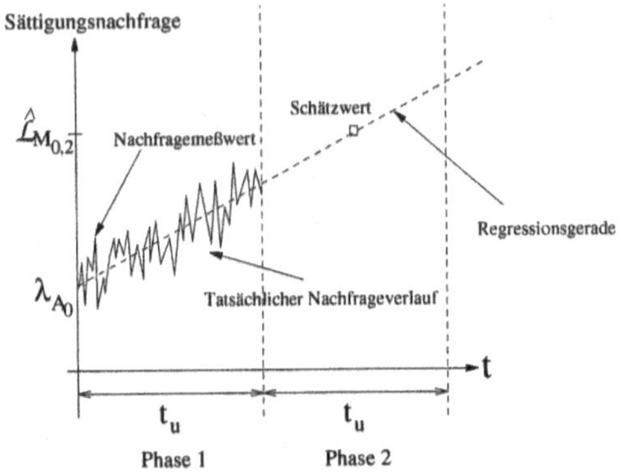

Abbildung 2.7: Schätzung der Nachfrage in Phase 2

Die Schätzung des Nachfrageanstiegs ist erheblich von der Zahl der Schätzwerte und damit von der Aktualisierungszeit t_u abhängig. Um diese Abhängigkeit zu erfassen, wird der Schätzfehler $\mathcal{A}$ eingeführt:

$$\mathcal{A} = \hat{\mathcal{L}}_{M_0,2} - \mathcal{L}_{M_0,2} \tag{2.16}$$

Wird zu Beginn einer Phase ein neuer Preis festgesetzt, so hat dieser eine Rückwirkung auf die Nachfrage. Sie wird nach einer gewissen Reaktionszeit eintreffen, die sich vor allem daraus ergibt, wie schnell potentiellen Dienstnutzern der neue Preis kommuniziert werden kann. Vereinfachend wird für die folgenden Betrachtungen eine verschwindende Reaktionszeit angenommen. Die Rückwirkung einer Preisänderung auf die Nachfrage wird allein über Gleichung 2.8 beschrieben.

Es ist auch vorstellbar, daß sich über die Preisanpassungen hinaus bereits die Ein- und Durchführung einer adaptiven Tarifierung auf die Nachfrage auswirkt. Das Ausmaß dieses externen Effekts hängt stark von der Akzeptanz des Tarifierungsverfahrens ab und ist ohne zusätzliche Feldversuche schwer abzuschätzen. Entscheidend wird zudem sein, welche Unterstützung, insbesondere technischer Art, einem Dienstnutzer im Umgang mit der adaptiven Tarifierung angeboten wird. Sie bereitzustellen, ist eine Aufgabe der vorgestellten Dienststeuerung.

Die genannten Gründe machen es schwierig, die Reaktion der Dienstnutzer auf die adaptive Tarifierung selbst abzuschätzen und zu modellieren. Sie wird daher nicht weiter berücksichtigt.

Für die Erträge in Phase 2 ergibt sich:

$$\mathcal{R}_2 = \int_{t_u}^{2t_u} (\bar{\lambda}_{A_0} + \mathcal{B} \cdot t - m \cdot \hat{\mathcal{P}}_2) \cdot \hat{\mathcal{P}}_2 \, dt = \frac{t_u(\mathcal{L}^2_{M_0,2} - \mathcal{A}^2)}{4m} \tag{2.17}$$

Für die weiteren Phasen gilt allgemein:

$$\mathcal{R}_k = \int_{(k-1)t_u}^{kt_u} (\bar{\lambda}_{A_0} + \mathcal{B} \cdot t - m \cdot \hat{\mathcal{P}}_k) \cdot \hat{\mathcal{P}}_k dt = \frac{t_u \cdot (\mathcal{L}^2_{M_0,k} - \mathcal{A}^2)}{4m} \tag{2.18}$$

Der Gesamtertrag aller Phasen ν bestimmt sich zu:

$$\mathcal{R}_{AdT} = \sum_{k=1}^{\nu} \mathcal{R}_k = \mathcal{R}_1 + \sum_{k=1}^{\nu} \frac{t_u(\mathcal{L}^2_{M_0,k} - \mathcal{A}^2)}{4m} = \mathcal{R}_1 + \sum_{k=1}^{\nu} \frac{t_u((\frac{\bar{\lambda}_{A_0} + \frac{2k-1}{2}\mathcal{B}t_u}{2m})^2 - \mathcal{A}^2)}{4m} \tag{2.19}$$

Die zugrundeliegende poissonverteilte Rufankunftsmodellierung kann für größere λ-Werte gut durch eine normalverteilte Rufankunftsmodellierung angenähert werden. Die folgenden Ergebnisse beziehen sich auf diese Näherung.

Grundsätzlich sind zur Schätzung der Nachfragesteigung verschiedene Methoden denkbar. In vorliegender Untersuchung wird die Nachfragesteigung durch eine Regressionsanalyse geschätzt. Bei normalverteilter Abweichung von tatsächlichem Nachfragewert und Schätzwert ergibt die Regressionsanalyse den Maximum-Likelihood-Schätzwert, d.h. jenen Schätzwert, der den quadratischen Gesamtfehler der Schätzung minimiert.

Mittels Regressionsanalyse berechnet sich der Erwartungswert des Schätzfehlers $\mathcal{A}$ in Abhängigkeit der Aktualisierungszeit zu:

$$E[\mathcal{A}^2] = \frac{27 \cdot \bar{\lambda}_{E_0}}{t_u} \tag{2.20}$$

und damit der Erwartungswert der Erträge für den gesamten Nachfrageanstieg gemäß Gleichung 2.19 zu:

$$\begin{aligned} R_{AdT} &= E[\mathcal{R}_{AdT}] = \frac{1}{2\nu} t_u \frac{\bar{\lambda}_{A_0}}{2m} (\bar{\lambda}_{A_0}(\nu - 1) + \bar{\lambda}_{E_0}) + \\ &+ \frac{1}{4m} \sum_{k=2}^{\nu} (\frac{T}{\nu} (\bar{\lambda}_{A_0}(1 - \frac{2k-1}{2\nu}) + \frac{2k-1}{2\nu} \bar{\lambda}_{E_0})^2 + \frac{T}{\nu} (\frac{2k-1}{2\nu})^2 \sigma^2_{\mathcal{L}_{E_0}} - 27 \cdot \bar{\lambda}_{E_0}) \end{aligned} \tag{2.21}$$

Dieses Ergebnis setzt eine ausreichende Anzahl an Schätzwerten für die Regressionsanalyse voraus. Außerdem wird vereinfachend die Unabhängigkeit der Schätzfehler einzelner Phasen angenommen.

2.5.3 Vergleich adaptiver und starrer Tarifierung

Die zu erwartenden Erträge R_{AdT} bei adaptiver Tarifierung sollen nun mit den Erträgen bei starrer Tarifierung verglichen werden. Bei starrer Tarifierung erfolgt eine Preisanpassung „selten" und nur zu festgelegten, am langfristigen Nachfrageverlauf orientierten Zeitpunkten. Die Zeitphasen, in denen der Preis konstant bleibt, sind üblicherweise mehrere Stunden lang. Gesteht man eine einmalige Preisanpassung während eines rampenförmigen Nachfrageanstiegs zu, so lassen sich beste Ergebnisse erzielen, wenn dieser zum Zeitpunkt $\frac{T}{2}$ erfolgt. Als Vergleichsmaßstab wird eine Situation betrachtet, bei der zur Zeit $\frac{T}{2}$ eine Preisanpassung auf der Basis der mittleren Endnachfrage $\bar{\lambda}_{E_0}$ erfolgt. Bis zum Zeitpunkt $\frac{T}{2}$ gelte der Preis $\bar{p}_A = \frac{\bar{\lambda}_{A_0}}{2m}$, danach der Preis $\bar{p}_E = \frac{\bar{\lambda}_{E_0}}{2m}$. Dies stellt aus Sicht der adaptiven Tarifierung eine „Worst-Case"-Situation dar, bei der der Mehrgewinn gegenüber der starren Tarifierung am geringsten ist.

Bei einmaliger Preisanpassung belaufen sich die Erträge bei starrer Tarifierung zu:

$$R_{StT} = \frac{T}{16m} (\bar{\lambda}_{E_0} + \bar{\lambda}_{A_0})^2 \tag{2.22}$$

Die Differenz der Erträge beider Tarifierungsarten, bezogen auf die Erträge bei starrer Tarifierung, definiert den mittleren, relativen Mehrertrag δ_{AdT} bei Anwendung der adaptiven Tarifierung.

Abbildung 2.8 zeigt den Verlauf des Mehrertrages δ_{AdT} (in Prozent) in Abhängigkeit von der Aktualisierungszeit t_u. Aufgrund der vorgenommenen Vereinfachungen sind die Ertragsangaben nur für Werte von t_u mit ganzzahligem $\nu = \frac{T}{t_u}$ exakt. Aus Gründen einer übersichtlicheren Darstellung wurden zusätzlich interpolierte Zwischenwerte aufgenommen. Ebenfalls darstellungsbedingt ist die Unterbrechung der Ordinate. Der Abbildung zugrunde liegen die Zahlenwerte des früher erwähnten Nachfragebeispiels mit einem Nachfraganstieg von $\bar{\lambda}_{A_0} = 20\frac{1}{s}$ auf $\bar{\lambda}_{E_0} = 100\frac{1}{s}$ und einer Anstiegsdauer von $T = 3h$.

Neben der Aktualisierungszeit wurde $\sigma_{\mathcal{L}_{E_0}}$ mit einer Schrittweite von $0,05 \cdot \bar{\lambda}_{E_0}$ verändert. Die oberste Kurve der dargestellten Kurvenschar bezieht sich auf eine 30-prozentige, die unterste Kurve auf eine 5-prozentige Standardabweichung.

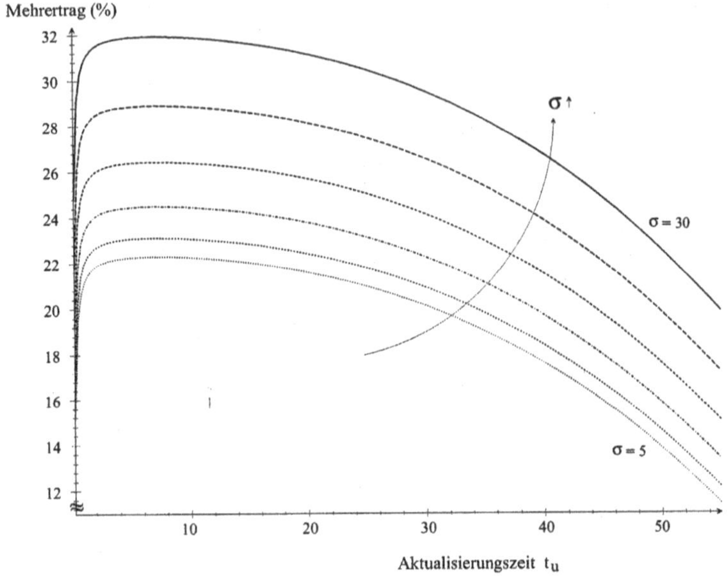

Abbildung 2.8: Mehrerträge δ_{AdT} (in Prozent) bei adaptiver Tarifierung

Durch Anwendung der adaptiven Tarifierung lassen sich erhebliche Mehrerträge erzielen. Bei einer Standardabweichung von 30% liegt der maximal erreichbare Mehrertrag beispielsweise bei knapp 32%. Wie erwartet kommen bei einer höheren Unsicherheit des täglichen Nachfrageverlaufs die Vorteile adaptiver Tarifierung besser zur Geltung. Mit wachsender Varianz und damit stärkerer Schwankung des täglichen Nachfrageverlaufs steigt auch der Mehrertrag. Selbst bei einer geringen Standardabweichung von 5% sind noch Mehrerträge von über 20% erreichbar.

Deutlich zu sehen ist die in Abschnitt 2.5.2 qualitativ beschriebene Abhängigkeit von der Aktualisierungszeit. Mit ihrer Zunahme steigen die Mehrerträge zunächst stark an. Der Einfluß des Schätzfehlers klingt dabei rasch ab. Auf eine detaillierte Darstellung der Mehrerträge bei einer Aktualisierungszeit unter einer Minute wurde verzichtet. Zum einen würde eine Tarifanpassung in derart geringen Zeitabständen kaum akzeptiert werden, zum anderen beruht die Nachfragemodellierung und die Berechnung des Schätzfehlers auf einigen Näherungen, die für kleine Aktualisierungszeiten nur noch eingeschränkt anwendbar sind.

Das Optimum der Aktualisierungszeit liegt im Bereich von 10 Minuten. Vickery schlägt in seinen qualitativen Ausführungen [Vic71] Aktualisierungszeiten größer als 5 Minuten vor. Er geht oberhalb dieser Grenze von einer Akzeptanz der adaptiven Tarifierung aus. Die ermittelten Optima erfüllen diese Bedingung. Darüber hinaus weisen die Kurven im Bereich der optimalen Aktualisierungszeit eine geringe Krümmung auf. Wird erstere überschritten, so sinken die Mehrerträge zunächst sehr langsam ab. Dies hat den Vorteil, daß auch Tarifwechsel in größeren Abständen noch zu beachtlichen Mehrerträgen führen. Bei einer Tarifanpassung in halbstündigem Abstand gehen die Mehrerträge um weniger als 10 % zurück.

Abschließend sei kurz auf die Gefahr von Tarifschwingungen bei der adaptiven Tarifierung eingegangen. Die folgenden Überlegungen sind qualitativer Natur. Für quantitative Aussagen müßte das bisherige, quasistationäre Nachfragemodell um eine dynamische Komponente ergänzt werden, welche die zeitliche Reaktion der Teilnehmer auf Tarifänderungen beschreibt.

Schwingungen werden zunächst dadurch vermieden, daß eine Nachfrageänderung über einen längeren Zeitraum t_u beobachtet wird. Die Bildung einer Regressionsgerade entspricht dabei einer Art Dämpfung, die Tarifänderung erfolgt nicht im Rhythmus der Rufankünfte. Zusätzlich bietet sich eine Signifikanzentscheidung an, die eine Tarifanpassung aufgrund gemessener Nachfrageänderung nur dann vornimmt, wenn die zu erwartenden Mehrerträge hoch genug sind.

Kritisch sind Totzeiten als Folge einer verspäteten Teilnehmerreaktion auf Tarifanpassungen. Je höher erstere im Vergleich zur Beobachtungszeit sind, umso größer ist die Gefahr von Instabilitäten. Ein wesentlicher Totzeitanteil ist die Informationszeit, die vergeht, bis Teilnehmer von den geänderten Tarifen erfahren. Ziel einer für nachfrageadaptive Tarifierung geeigneten Dienststeuerung muß es daher sein, die Informationszeit so niedrig wie möglich zu halten.

2.5.4 Fazit

Die vorangegangenen Untersuchungen haben gezeigt, daß durch Anwendung einer nachfrageadaptiven Tarifierung erhebliche Mehrerträge erzielbar sind und daß die hierzu erforderlichen Anpassungszeiten in einem akzeptablen Rahmen liegen. Als abschließendes Fazit wird daher festgestellt, daß diese Form der Tarifierung bei der Weiterentwicklung des TK-Marktes eine wichtige Rolle spielen kann. Technische Anforderungen, die sich aus ihr ergeben, werden in vorliegender Dienststeuerung berücksichtigt.

2.6 Zusammenfassendes Beispiel

Zusammenfassend sind in Abbildung 2.9 die zuvor diskutierten, zukünftigen Veränderungen des TK-Marktes anhand eines Beispiels veranschaulicht. Grundlage ist eine aus drei Netzbetreibern bestehende Netzinfrastruktur mit mehreren Netzabschnitten und Netzübergängen (NÜx), über die Teilnehmer A einen Multimediaruf zu Teilnehmer B initiert. Aus Gründen einer übersichtlichen Darstellung wurde auf eine genauere Unterteilung der Netzinfrastruktur gemäß eingesetzter Transportverfahren und unterstützter Verkehrsklassen verzichtet. Darüber hinaus sind die Verbindungen bidirektional und es erfolgt eine Beschränkung auf einen zusätzlichen QoS-Parameter. Die folgenden Marktcharakteristika bilden den Ausgangspunkt der im Rahmen dieser Arbeit entwickelten Steuerungsarchitektur:

Komplexere Kommunikationsdienste: Der Beispielruf zwischen den Teilnehmern A und B besteht aus einer Video- und einer Audiokomponente. Für beide Medien werden getrennte Verbindungen aufgebaut. Aufgrund unterschiedlicher Audio-Kodierverfahren in den Teilnehmerendgeräten ist ein Audiokonverter erforderlich. Er ist an zwei verschiedenen Orten im Netz vorhanden (Konverter K1 an NÜ 2, Konverter K2 an NÜ 6). Mit dem MM-Ruf sind zusätzlich preisliche und qualitative Anforderungen des Teilnehmers A verbunden.

Funktionale Trennung: Für die Ausführung anwendungs- und rufspezifischer Steuerungsaufgaben stehen die Dienstbetreiber DB 1 und DB 2 zur Verfügung. Teilnehmer A fordert über DB 1 den MM-Ruf an. Dabei werden neben der Rufstruktur die gewünschten Preis- und Qualitätseigenschaften spezifiziert. Genauer wünscht Teilnehmer A die Etablierung des kostenminimalen Rufes, der eine Ende-zu-Ende-Verzögerung von weniger als 250 Einheiten garantiert. Die Informationsübermittlung selbst wird durch mehrere im Wettbewerb stehende Netzbetreiber erbracht.

Qualitätsbasierte Differenzierung: Für die Nutzung ihrer Netzabschnitte definieren die Netzbetreiber Angebote. Sie umfassen im Beispiel Nutzungsgebühr und garantierte Verzögerung als QoS-Wert. Die angegebenen Werte sind dabei fiktiver Natur. Netzbetreiber NB 1 und NB 2

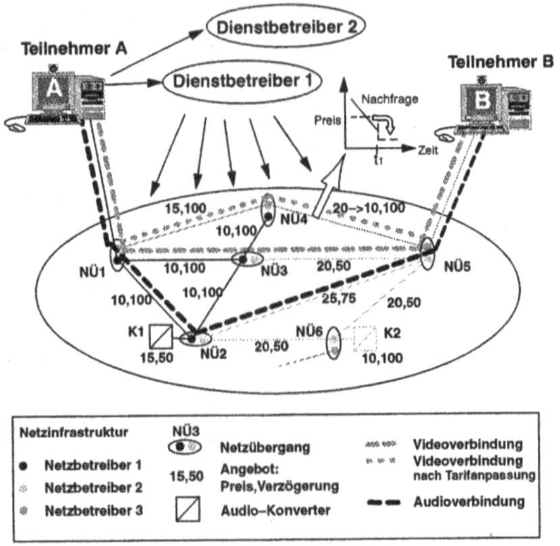

Abbildung 2.9: Beispielruf auf zukünftigem TK-Markt

unterscheiden sich wesentlich in ihrer Angebotsstrategie. NB 1 setzt auf hochqualitative und entsprechend teurere Angebote, wohingegen NB 2, beispielsweise durch den Einsatz statistischer Multiplexverfahren, günstigere Preise und höhere Verzögerungswerte offeriert. NB 3 liegt mit seinen Angeboten zwischen beiden Werten.

Segmentweise Netzbetreiberauswahl: Jede der beiden Verbindungen besteht aus Verbindungssegmenten, die über einzelne Netzabschnitte geführt werden. Durch die Kombination unterschiedlicher Netzbetreiberangebote lassen sich die Anforderungen des Teilnehmers A erfüllen. Für die Audioverbindung läßt sich über die Netzübergänge NÜ 1, NÜ 2, NÜ 5 unter Nutzung des Konverters K1 der kostenminimale Weg erreichen. Und dies, obwohl Konverter K2 für sich genommen den günstigeren Preis aufweist. Für die Videokomponente bietet sich die Verbindungsführung über NÜ 1, NÜ 3, NÜ 5 an. Der Alternativweg NÜ 1, NÜ 4, NÜ 5 würde zwar die Verzögerungsanforderung auch erfüllen, ist aber (zunächst) nicht preisgünstiger.

Die dünnen Pfeile symbolisieren die übergeordnete Auswahl der Netzbetreiber durch den Dienstbetreiber 1. Die direkte Netzbetreiberauswahl durch den Dienstbetreiber bildet nur eine Möglichkeit, eine wesentliche Erweiterung wird im weiteren Verlauf der Arbeit vorgeschlagen. Das zugehörige Signalisierungsnetz ist in Abbildung 2.9 genausowenig dargestellt wie die Vorgänge einer segmentweisen, kaskadierten Vergebührung.

Nachfrageadaptive Tarifierung: Netzbetreiber 3 setzt für den Netzabschnitt zwischen NÜ 4 und NÜ 5 eine nachfrageadaptive Tarifierung ein. Aufgrund nachlassender Nachfrage wird zum Zeitpunkt t1 die Nutzungsgebühr reduziert. Für die Videokomponente des Beispielrufes bedeutet dies, daß eine zum Zeitpunkt t>t1 angeforderte Verbindung besser entlang des punktiert eingezeichneten Weges geschaltet wird. Die erzielbaren Verzögerungswerte erfüllen die Teilnehmeranforderungen und der Verbindungspreis ist niedriger.

2.7 Anforderungen an die Steuerung von Multimediadiensten

Die zuvor erläuterten Änderungen auf einem liberalisierten TK-Markt werfen nicht nur eine Reihe wirtschaftswissenschaftlicher Fragestellungen auf, sie stellen in erster Linie eine Vielzahl neuartiger Anforderungen an die Steuerung der angebotenen Dienste. Im folgenden werden die wichtigsten Anforderungen abgeleitet. Sie bilden die Kriterien für die Beurteilung bestehender Ansätze zur Steuerung multimedialer Kommunikationsdienste. Insbesondere sollen sie helfen, die Frage zu klären, inwieweit bestehende Steuerungsansätze den zukünftigen Entwicklungen gewachsen sind.

2.7.1 Generelle Anforderungen

Bei der Bereitstellung eines TK-Dienstes laufen zahlreiche Steuerungsvorgänge ab. Eine vertikale Partitionierung, in deren Zuge die Steuerungsaufgaben auf Dienst- und Netzbetreiber aufgeteilt werden, setzt eine entsprechend patitionierbare Architektur der Dienststeuerung voraus. In erster Linie ist ein modularer Aufbau der Steuerungsarchitektur erforderlich, damit eine Trennung der Steuerungsaufgaben prinzipiell möglich wird. Darüber hinaus bedarf es einer eindeutigen Festlegung und Offenlegung der Schnittstellen zwischen Dienst- und Netzbetreibern.

Mit der Partitionierung, Auswahlfreiheit und Differenzierung steigt die Komplexität der Steuerungsvorgänge. Ein übergeordnetes Ziel muß es sein, diese Komplexität zu reduzieren. Hierzu ist eine vielfältige Unterstützung aller Marktakteure erforderlich. Nur so kann letztlich das Funktionieren des beschriebenen Marktes sichergestellt werden.

Die generelle Vorgabe, Steuerungsvorgänge durch unterstützende Funktionen der Dienststeuerung beherrschbar zu gestalten, läßt sich herunterbrechen auf konkrete Anforderungen aus Sicht der einzelnen Marktakteure. Sie sind im folgenden aufgeführt.

2.7.2 Anforderungen aus Sicht der Dienstnutzer

Telekommunikationsdienste werden zur Realisierung verteilter Anwendungen angefordert. Der Wunsch nach vielfältigen, multimedialen Anwendungen führt zu einer Reihe neuer Anforderungen an die zugrundeliegenden TK-Dienste.

Erweiterte Funktionalität: Zukünftige TK-Dienste sollten Mehrteilnehmer- und Mehrverbindungsrufe ermöglichen, sowie eine Änderung der Rufstruktur (Teilnehmer- und Medienanzahl) während der Dauer einer Kommunikationsbeziehung. Dies setzt entsprechend erweiterte Eingabemöglichkeiten an der Schnittstelle zum Dienstbetreiber voraus, um den gewünschten TK-Dienst, beziehungsweise Änderungen an ihm, präzise und vollständig spezifizieren zu können.

Benutzerfreundliche Dienstanfrage: Gleichzeitig ist es erforderlich, durch Abstraktion und Transparenz die Komplexität bei der Anforderung von Diensten zu reduzieren. Heterogene Endgeräteeigenschaften sollten dem Dienstnutzer genauso verborgen bleiben, wie der Einsatz unterschiedlicher Transportprotokolle oder die Verwendung von Spezialressourcen in Form von Konvertern oder Konferenzbrücken.

Unterstützung von Dienstqualität: Multimediaanwendungen stellen vielfältige Anforderungen an die Qualität der genutzten TK-Dienste. Die gewünschten Qualitätseigenschaften sollten bei der Dienstanforderung spezifiziert werden können und bei der Diensterbringung eingehalten werden.

Neben diesen weithin bekannten Anforderungen [ITU93h, Mü96] ergibt die Kombination zweier Entwicklungen - komplexe Multimediadienste einerseits und größere Freiheit bei der Netzbetreiberauswahl andererseits - eine wichtige neuartige Anforderung. Die meisten Multimediaanwendungen gestatten einen Betrieb mit unterschiedlicher Qualität. Angesichts des stärker werdenden Wettbewerbs ist mit einer Vielzahl von Angeboten für Verbindungssegmente zu rechnen, die sich in Preis und

Qualität unterscheiden. Eine segmentweise Netzbetreiberauswahl ermöglicht es, einen TK-Dienst mit vielfältigen Qualitätsabstufungen und resultierenden Preisunterschieden zu realisieren. Dem obigen Grundsatz der Transparenz folgend, sollte der Dientnutzer die Auswahl der Netzbetreiber nicht selber vornehmen müssen. Angesichts der Vielfalt und der Dynamik wird er dies auch nicht können. Äußerst hilfreich ist es daher, wenn er durch den Dienstbetreiber Realisierungsalternativen aufgezeigt bekommt, auf deren Basis er sich für einen, gemäß seinen Preis- und Qualitätsvorstellungen maßgeschneiderten Dienst entscheiden kann.

2.7.3 Anforderungen aus Sicht der Dienstbetreiber

Eine wichtige Zielsetzung des Dienstbetreibers ist es, die Anforderung der Dienstnutzer an Funktionalität, Preis und Qualität eines TK-Dienstes bestmöglich zu erfüllen. Dies setzt die Existenz und Auswahl geeigneter Netzressourcen voraus. Bei komplexen, „ressourcenintensiven" Multimediadiensten einerseits und einer wettbewerbsbedingten Vielfalt von Ressourcenangeboten andererseits, gestaltet sich der Auswahlprozeß als äußerst schwierig. Er ist dabei für alle Dienstbetreiber gleichermaßen von zentraler Bedeutung, er besitzt den Charakter einer Standardfunktion der Dienststeuerung. Folglich betreffen die Anforderungen aus Sicht der Dienstbetreiber vornehmlich die Eigenschaften der Verfahren zur Auswahl von Netzressourcen.

Die Freiheit, auch für einzelne Bestandteile eines TK-Dienstes Angebote unterschiedlicher Netzbetreiber wahrnehmen zu können, gereicht letztlich nur dann Dienstbetreiber und Dienstnutzer zum Vorteil, wenn der Auswahlprozeß netzbetreiberübergeordnet erfolgen kann. Diese Anforderung muß in der Architektur einer Dienststeuerung berücksichtigt werden. Sie setzt insbesondere die Trennung der Wegewahlverfahren von den Steuerungsfunktionen der Netzbetreiber voraus.

Weitere Anforderungen betreffen die Leistungsfähigkeit der Verfahren zur Ressourcenauswahl. Genauer sollten sie derart gestaltet sein, daß es vom Grundsatz her, weitgehend unabhängig von der eingesetzten Rechnertechnik möglich ist, kurze Ausführungszeiten zu erzielen. Auf diese Weise kann die Rufaufbauverzögerung gering gehalten und Fehler aufgrund zwischenzeitlich geänderter Angebote verhindert werden. Darüber hinaus sollten eine Vielzahl von Angeboten in den Auswahlprozeß einbezogen werden, um bestmögliche Ergebnisse zu erzielen. Demgegenüber besteht die Forderung nach einer Skalierbarkeit der Auswahlverfahren und nach einem geringen Aufwand bei der Verwaltung der Ressourcenangebote.

Nicht zuletzt ist es erforderlich, daß einzelne Verbindungssegmente signalisierungstechnisch angefordert und zu einer Verbindung zusammengeschaltet werden können. Dies erfordert einen Zugriff auf die Vermittlungseinrichtungen eines Netzbetreibers, der über einen stellvertretenden Verbindungsaufbau hinausgeht.

2.7.4 Anforderungen aus Sicht der Netzbetreiber

Der Wettbewerb ist auf Netzbetreiberebene am intensivsten. Um das Risiko eines ruinösen Wettbewerbs zu verringern und gleichzeitig die Angebotsvielfalt zu erhöhen, sollte eine Dienststeuerung das Bestreben der Netzbetreiber nach Differenzierung unterstützen:

- Im Rahmen eines Ressourcenangebots sollte ein Netzbetreiber neben den Nutzungsgebühren auch Qualitätseigenschaften spezifizieren können. Auf diese Weise besteht die Möglichkeit, daß beide Angebotseigenschaften bei der Auswahl geeigneter Netzbetreiber berücksichtigt werden können.
- Geeignete Signalisierungsmechanismen sind erforderlich, die einem Netzbetreiber helfen, seine Angebote bei potentiellen Nachfragern unter den Dienstbetreibern bekannt zu machen.
- Bei der Gestaltung der Mechanismen zur Angebotsverbreitung und zur Betreiberauswahl sind zeitliche Anforderungen zu berücksichtigen. Nur so kann ein Netzbetreiber die Vorteile einer nachfrageadaptiven Tarifierung mit kurzfristigen Angebotsänderungen vollständig nutzen.

- Besonders zum Schutz kleiner Netzbetreiber mit Nischenangeboten ist eine faire, nur an den Angebotseigenschaften ausgerichtete Ressourcenauswahl erforderlich.

- Ein segmentweiser Verbindungsaufbau von dritter Seite erfordert Veränderungen in der Verbindungssteuerung. Sie sollten Netzbetreiberanforderungen bezüglich Zugriffssicherheit und Vergebührung Rechnung tragen. Darüber hinaus ist das Ausmaß an Steuerungserweiterungen möglichst gering zu halten. Nutzung und Anpassung bestehender Mechanismen zum Verbindungszugriff ist der Vorzug vor neuen Signalisierungsprotokollen auf Verbindungsebene zu geben.

- Auch wenn die verbindungsindividuelle Wegewahl beim Dienstbetreiber angesiedelt ist, sollte es dem Netzbetreiber aus Wettbewerbsgründen möglich sein, seine physikalische Netzstruktur, die eingesetzten Transportprotokolle und die Verkehrslenkung für seine Angebote zu verbergen.

Abschließend sei darauf hingewiesen, daß die im Rahmen dieser Arbeit entwickelte Dienststeuerung alle vorgestellten Marktentwicklungen und resultierenden Steuerungsanforderungen berücksichtigt. Angesichts der Prognoseunsicherheit wurde gleichzeitig darauf Wert gelegt, durch Gestaltung der Steuerungsarchitektur und der neu hinzukommenden Steuerungsverfahren ein Höchstmaß an Flexibilität zu erreichen, damit die Dienststeuerung auch dann vorteilhaft eingesetzt werden kann, wenn nicht alle prognostizierten Veränderungen auf dem TK-Markt eintreffen.

Kapitel 3

Bestehende Ansätze zur Steuerung von Multimediadiensten

Das folgende Kapitel gibt den Stand der Technik zur Steuerung von Multimediadiensten wieder[1]. Die beschriebenen Ansätze werden dabei anhand ihrer Eignung für eine Anwendung im zuvor geschilderten, zukünftigen Telekommunikationsmarkt-Szenario bewertet.

Die Ausführungen beginnen mit dem von der ITU-T für das B-ISDN (Broadband Integrated Services Digital Network) empfohlenen Signalisierungssystem [Q.2xxx]. Zusammen mit den verwandten Ansätzen des ATM-Forums [ATMxx] bildet es die Basis für die Signalisierung in heutigen und zukünftigen ATM-Netzen. Aufgrund seiner engen Anlehnung an die Signalisierung im Schmalband-ISDN weist die B-ISDN-Signalisierung Unzulänglichkeiten bei der Steuerung von Multimediadiensten auf. In zahlreichen Arbeiten wurden daher Verbesserungsvorschläge erarbeitet. Herausgegriffen werden zwei besonders fortschrittliche Vertreter: die im RACE II-Projekt (Research in Advanced Communications for Europe II) erarbeitete Signalisierungsarchitektur MAGIC (Multiservice Applications Governing Integrated Control) [MAGICxx] und die in [Mü96] vorgestellte Signalisierungsarchitektur AMSA (Advanced Multimedia Signaling Architecture). Sie beinhalten eine verbesserte Modellierung von Multimediarufen und eine weitere Modularisierung und Optimierung der Signalisierungsarchitektur.

Im Gegensatz zu den vorherigen Ansätzen erfolgt die Dienststeuerung im Konzept des Intelligenten Netze der ITU-T (IN) [Q.12xx] in einem zentralen, von den Vermittlungsfunktionen getrennten Dienststeuerungsknoten. Das IN-Prinzip wurde nicht direkt für Multimediadienste konzipiert, läßt sich aber durch einige beschriebene Erweiterungen an deren Anforderungen anpassen und wird daher in die Betrachtungen einbezogen.

Als Vertreter des Forschungsbereichs Verteilte Systeme wird die Steuerungsarchitektur TINA (Telecommunication Information Networking Architecture) [TINAxx] untersucht. Ausgangspunkt ist eine offene Ausführungsplattform (TINA-DPE) in der kooperierende Steuerungsmodule netz- und anwendungsnahe Dienste bereitstellen.

Als letzte Gruppe werden Arbeiten aus dem Umfeld der Agententechnologie betrachtet, insbesondere der Ansatz der FIPA (Foundation for Intelligent Physical Agents) [FIP97] zur Steuerung von Multimediadiensten.

3.1 Signalisierung im Breitband-ISDN

Seit Mitte der Achziger Jahre wird in der ITU-T unter der Bezeichung B-ISDN an der Standardisierung der Breitbandkommunikation gearbeitet. Neben der Entwicklung der breitbandigen Übermittlungstechnik ATM (Asynchonous Transfer Mode, [ITU95d]) liegt ein Arbeitsschwerpunkt auf der

[1] Siehe hierzu auch [KQ98].

Signalisierung für das B-ISDN. Die in [Q.2xxx] zusammengefaßten Empfehlungen bilden die Grundlage für die Dienststeuerung im B-ISDN. Das ATM-Forum hat eigene Signalisierungsansätze erarbeitet [ATM94a, ATM96a]. Sie sind den Vorschlägen der ITU-T sehr ähnlich. Aus diesem Grund wird auf eine getrennte Erläuterung und Bewertung verzichtet. Eine ausführliche Darstellung vorhandener Unterschiede findet sich in [ATM94b].

Bei der Standardisierung der B-ISDN-Signalisierung wird ein evolutionärer Ansatz verfolgt. Ausgangspunkt sind die Signalisierungsprotokolle des Schmalband ISDN (N-ISDN) [ITU93e]. Die Erweiterungen zum B-ISDN werden in Form zweier Ausbaustufen (Capability Sets, CS) zusammengefaßt. Das CS 1 beschränkt sich auf Punkt-zu-Punkt-Verbindungen und Rufe mit lediglich einer Verbindung. Darüber hinaus muß die Reservierung von Übermittlungsressourcen längs einer Verbindung auf Basis der Spitzenzellrate eines Datenstroms erfolgen.

Dienste variabler Bitraten werden genausowenig unterstützt, wie eine nachträgliche Änderung von Attributen einer aktiven Verbindung. Es ist offensichtlich, daß mit obigen Einschränkungen die Erbringung multimedialer Dienste nur bedingt möglich ist. Aus diesem Grund wird derzeit die Standardisierung des CS 2, genauer der Untermenge CS 2.1, vorangetrieben. Der vorliegende Kontext läßt eine Beschränkung auf das CS 2 sinnvoll erscheinen.

Die wichtigsten Zusätze des CS 2 betreffen die Bereitstellung von Punkt-zu-Mehrpunkt-Verbindungen, die Unterstützung variabler Bandbreiten, die Aushandlung und nachträgliche Änderung von Verbindungsparametern, den vorausschauenden Rufaufbau (Look-ahead) und die Steuerung von Mehrfachverbindungen. Diese Funktionalitätserweiterung führt zu einer Reihe neuer Steuerungsaufgaben. Deren Einführung und rufindividuelle Durchführung wird durch eine Steuerungsarchitektur mit getrennter Ruf- und Verbindungssteuerung erleichtert. Sie ist in Abbildung 3.1 dargestellt. Die vorgenommene Modularisierung soll hauptsächlich bewirken, daß kleinere, besser handhabbare Funktionseinheiten entstehen.

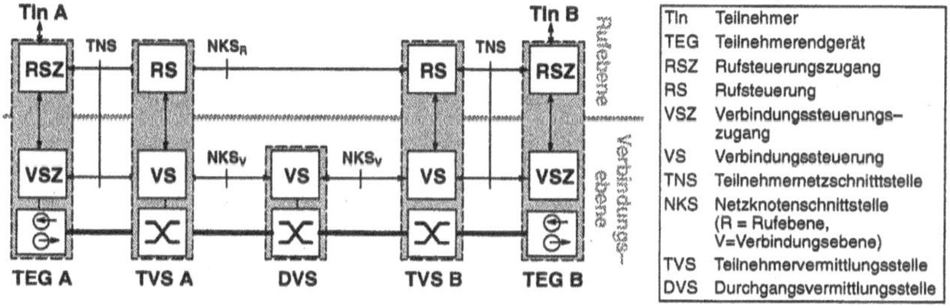

Abbildung 3.1: Funktionales Modell der B-ISDN-Signalisierung der ITU

Die Anforderung eines Rufes durch ein Endgerät erfolgt über Signalisierungsnachrichten an der Teilnehmernetzschnittstelle (TNS). Empfänger ist eine Instanz der Rufsteuerung (RS) in der Teilnehmervermittlungsstelle. Zusätzliche Signalisierungsparameter [ITU95b] erlauben eine Beschreibung statistischen Verkehrs für ATM-Dienste mit variablen Bandbreiten (VBR-Dienste [ATM96c]).

Rufbezogene Steuerungsaufgaben werden nur noch in den Teilnehmervermittlungsstellen beider Partner abgearbeitet. Zwischenliegende Netzknoten sind nicht mehr beteiligt. Dies hat den Vorteil geringeren Signalisierungs-, Verarbeitungs- und Koordinierungsaufwandes. Die zugehörigen RS-Instanzen kommunizieren über eine Netzknotenschnittstelle NKS. Sie wird bei der ITU-T in der Empfehlung Q.2721 [ITU96a] als Erweiterung der NKS auf Verbindungsebene (Empfehlungen [Q.296x]) festgelegt.

Besonders deutlich werden die Vorteile einer getrennten Ruf- und Verbindungssteuerung beim vorausschauenden Rufaufbau ([ITU96c] bzw. [ITU96b]). In einer dem Verbindungsaufbau vorgelagerten

Phase wird die Kompatibilität und Verfügbarkeit des entfernten Teilnehmers überprüft. Involviert sind lediglich die teilnehmernahen Signalisierungsinstanzen. Schlägt die Prüfung fehl, so konnte eine unnötige Inanspruchnahme von Netzressourcen vermieden werden.

Hauptaufgabe auf Rufebene ist die Steuerung von Mehrverbindungsrufen. Einige Konzepte werden in [ITU94b] vorgeschlagen. Die erforderliche Assoziierung von Ruf und Verbindung erfolgt über Ruf- und Verbindungsreferenzen. Eine abschließende Standardisierung steht allerdings noch aus.

Bewertung

Die Signalisierung im Breitband-ISDN orientiert sich sehr stark an den entsprechenden Protokollen im Schmalband-ISDN. Dies bringt in Bezug auf das vorgestellte Marktszenario und dessen Signalisierungsanforderungen die folgenden wesentlichen Nachteile mit sich.

Eine funktionale Trennung ist nur ansatzweise definiert. Sie wird erst in CS 2 eingeführt und beschränkt sich auf eine Trennung von Ruf- und Verbindungsebene. Eine weitergehende Modularisierung findet nicht statt. Zudem sind die Schnittstellen zwischen Ruf- und Verbindungssteuerung nicht fest definiert und beide Protokolle sind nicht vollständig voneinander entkoppelt. Insbesondere letzteres verhindert, zumindest erschwert die wünschenswerte Aufteilung von Diensten der Ruf- und Verbindungsebene auf getrennte Betreiber.

Die ITU-T hat sich für ATM als Übermittlungstechnik des B-ISDN entschieden. Die Signalisierungsprotokolle sind auf ATM ausgerichtet. Deutlich wird dies anhand ATM-spezifischer Parameter in den Signalisierungsnachrichten. Der Einsatz anderer Übermittlungstechnologie ist direkt nicht möglich, er würde zusätzliche Umsetzungseinrichtungen erfordern.

Ruf- und Verbindungssteuerung erfolgt über ein zustandsbasiertes Rufmodell. Bereits im Falle von Schmalbanddiensten werden 16 teilnehmerseitige und 17 netzseitige Rufzustände unterschieden [ITU93e]. Die Steuerung multimedialer Rufe führt zu erheblich komplexeren Zustandsautomaten, mit einer Vielzahl neuer Signalisierungsnachrichten, Rufzustände und Zustandsübergänge. Die Implementierung und Erweiterung von Steuerungsmodulen wird dadurch ebenfalls komplexer; [MBPR95], ein Kritikpunkt, der zu einer Reihe alternativer Vorschläge zur Rufmodellierung geführt hat (siehe Abschnitt 3.2 oder [BMMM94, LPV95]).

Die B-ISDN Teilnehmernetzschnittstelle erlaubt keine direkte Eingabe von Mehrteilnehmer und Mehrverbindungsrufen. Zunächst muß eine Punkt-zu-Punkt-Verbindung existieren; weitere Teilnehmer oder Verbindungen können anschließend mittels spezieller Signalisierungsnachrichten (ADD_PARTY bzw. ADD_CONNECTION) zugeschaltet werden. Insbesondere bei komplexeren Konferenzschaltungen mit mehreren Medien ist die sequentielle Vorgehensweise bei der Rufanforderung wenig benutzerfreundlich, da zeitaufwendig.

Das in [ITU96c] und [ITU96b] definierte Look-ahead-Verfahren bewirkt einen Abbruch des Rufaufbaus bei inkompatiblen Endgeräten. Eine Umsetzung unterschiedlicher Kodierungsverfahren durch netzseitige Konverter ist nicht vorgesehen. Beschränkt sich die Inkompatibilität auf die Bandbreite, die von den Endgeräten unterstützt wird, so kann durch einen einfachen Aushandlungsvorgang ein vorzeitiger Abbruch vermieden werden. Hierbei gibt das initiierende Endgerät eine alternativ akzeptierte Bandbreite an. Die Vorgehensweise ist auf Punkt-zu-Punkt-Verbindungen beschränkt, eine Erweiterung auf Mehrteilnehmerrufe ist bisher nicht standardisiert worden.

Eine Konferenzschaltung kann nur über mehrere Punkt-zu-Mehrpunkt-Verbindungen realisiert werden. Eine für die Teilnehmer transparente Auswahl und Beschaltung von Konferenzbrücken findet nicht statt.

Die teilnehmerseitige Angabe von Qualitätswünschen beschränkt sich auf QoS-Parameter der Übermittlungstechnik und ist, wie bereits oben erwähnt, ATM-spezifisch. Eine Spezifikation anwendungsnaher Qualitätsparameter mit anschließender transparenter Abbildung wird nicht untersützt. Bezüglich des Detailierungsgrades unterscheiden sich die Konzepte der ITU-T und des ATM-Forums. Während die aktuell gültige Teilnehmerschnittstelle der ITU-T [ITU94a] außer der Angabe einer gewünschten Ende-zu-Ende-Zellverzögerung keine weiteren QoS-Angaben vorsieht, erlaubt die

Teilnehmernetzschnittstelle des ATM-Forums [ATM96a] die Spezifikation aller QoS-Parameter des gewählten ATM-Übermittlungsdienstes.

Angesichts fehlender Unterstützung getrennter Betreiber für die beiden Steuerungsebenen erübrigt sich die Diskussion um eine übergeordnete Auswahl der Netzbetreiber auf Verbindungsebene. Die Auswahlfreiheit beschränkt sich auf einen Fernnetzbetreiber. Eine automatisierte Auswahl wird netzseitig nicht unterstützt. Hierzu sind entsprechende Funktionen im Endgerät oder Zusatzeinrichtungen (Least-Cost-Router) zwischen Endgerät und Netzabschluß erforderlich.

Der Verbindungsaufbau erfolgt durch Weiterreichen von IAM-(Initial Address Message)-Nachrichten an der Netzknotenschnittstelle. Anhand gespeicherter Routeninformationen legt der jeweils aktuelle Vermittlungsknoten den darauffolgenden fest. Der sukzessive Aufbau setzt sich bis zur Teilnehmervermittlungsstelle des Kommunikationspartners fort. Die Möglichkeit, einzelne Verbindungssegmente separat zu schalten und auf diese Weise von außen Einfluß auf die Wegführung einer Verbindung zu nehmen, besteht nicht.

Durch den Parameter Transit-Network-Selection der SETUP-Nachricht ([ITU94a], Annex D) an der Teilnehmernetzschnittstelle kann eine Präferenz für zwischenliegende Netze angegeben werden. Die Zahl spezifizierbarer Transitnetze ist allerdings begrenzt, zudem müssen die Angaben nicht zwingend berücksichtigt werden.

3.2 Signalisierung im RACE-Projekt MAGIC

Ziel des europäischen Forschungsprojektes RACE II / MAGIC (Research in Advanced Communications for Europe II / Multiservice Applications Governing Integrated Control) war die Untersuchung und Weiterentwicklung von Signalisierungsprotokollen für Multimediadienste. Besonderer Schwerpunkt lag auf der verbesserten Rufbehandlung zur Unterstützung von Mehrteilnehmer- und Mehrverbindungsrufen. Erreicht wird dies durch ein objektorientiertes Rufmodell als Grundlage für Rufbeschreibung und Rufsteuerung [MAGIC93c, MAGIC94]. Erste Ansätze hierzu wurden bereits 1987 von S. Minzer und D. Spears veröffentlicht [MS87], sie finden auch in der Signalisierungsarchitektur EXPANSE [BMMM94] Anwendung[2].

Das Rufmodell erlaubt eine abstrakte, logische Sicht auf Kommunikationsbeziehungen. Mögliche Einzelbestandteile eines Rufes werden als elementare Rufobjekte definiert. Unterschieden werden im wesentlichen die Rufobjekte Teilnehmer, Dienstkomponente, Dienstzugang und Abbildungselement. Umfaßt ein Ruf Informationsströme unterschiedlicher Medien, so wird jedes einzelne Medium durch eine Dienstkomponente repräsentiert. Gleichermaßen werden Rufteilnehmer durch ein Teilnehmerobjekt modelliert. Sendende Teilnehmer speisen Informationen in eine Dienstkomponente ein, empfangende Teilnehmer entnehmen Informationen aus ihr. Die Art und Weise des Informationsaustausches wird durch die Verknüpfung von Teilnehmerobjekten und Dienstkomponenten über Abbildungselemente und Dienstzugänge beschrieben. Dienstzugangsattribute beispielsweise kennzeichnen das Kodierungsverfahren eines Datenstroms näher oder die gewünschte Qualität, mit der Daten empfangen werden sollen. Abbildungselemente erlauben es einem Teilnehmer, die Datenpräsentation individuell zu gestalten.

Für die Rufobjekte stehen die Operationen Anlegen, Verändern und Löschen zur Verfügung. Durch die Kombination der Basisbausteine „Rufobjekt" und die Wahl ihrer Attribute lassen sich beliebig komplexe Rufe bilden. Jedem Rufobjekt sind nur wenige Zustände zugeordnet. Der Gesamtzustand eines Rufes ergibt sich aus den Einzelzuständen seiner Objekte. Ein komplexer monolithischer Zustandsautomat wie bei traditioneller Signalisierung kann auf diese Weise vermieden werden, die Komplexität wird auf mehrere objektspezifische Zustandautomaten verteilt.

Beim Rufaufbau werden die benötigten Rufobjekte angelegt. Hierzu sind mehrere Rufobjekte nötig. Aus diesem Grund wurde im Rahmen von MAGIC ein atomares Signalisierungsprotokoll (Atomic

[2] Auf die Signalisierungsarchitektur EXPANSE wird hier aufgrund der engen Verwandtschaft zu MAGIC nicht näher eingegangen. Eine ausführliche Diskussion findet sich in [Mü96].

Action Protocol [MAGIC93c]) definiert, welches es erlaubt, Operationen auf mehrere Rufobjekte zu gruppieren. Eine derartige Zusammenfassung von Objektoperationen kann lediglich als Ganzes angenommen oder abgelehnt werden. Die Grundideen des Atomic Action Protocol gehen auf das Transaktionsprotokoll CCR (Commitment, Concurrency and Recovery) der ITU-T [ITU93a, ITU93b] zurück. Ein großer Vorteil der beschriebenen Signalisierung liegt in ihrer Kompaktheit. Es ist keine Fülle unterschiedlicher Signalisierungsnachrichten nötig, komplexe Rufoperationen werden durch die geeignete Kombination der obigen Basisoperationen angestoßen.

Das objektorientierte Rufmodell erlaubt es, komplexe Rufstrukturen zu beschreiben und anzufordern, die zur Unterstützung von Multimediaanwendungen erforderlich sind. Insbesondere lassen sich Konferenzschaltungen beliebiger Art, selbst mit heterogenen Endgeräten realisieren. Wichtig ist in diesem Zusammenhang das Konzept netzseitiger Spezialressourcen (SR). Dies sind Zusatzeinrichtungen eines Kommunikationsnetzes zur Konversion oder Mischung von Datenströmen. Spezialressourcen werden innerhalb MAGIC transparent geschaltet. Anders als beispielsweise bei Konferenzschaltungen im B-ISDN ist für den Teilnehmer oder die Anwendung, die einen Multimediaruf anfordert, keine Kenntnis über Zahl und Art der benötigten Konferenzbrücken oder deren Standort erforderlich. Dies trägt wesentlich zu einer höheren Benutzungsfreundlichkeit bei, aus diesem Grund wird der Ansatz transparenter Spezialressourcen in vorliegender Arbeit übernommen.

Mit der Einführung von Spezialressourcen entstehen neue Steuerungsaufgaben. Sie lassen sich grob in Konkretisierungs- und Lokalisierungsfunktionen einteilen. Erstere ermitteln aus dem abstrakten Rufmodell die erforderlichen SR, letztere sind für deren Auffinden, Auswählen und Einbinden verantwortlich. Ort der Lokalisierungsfunktionen ist eine zusätzlich eingeführte Steuerungsebene, die Ressourcenebene. Die Signalisierungsarchitektur von MAGIC gliedert sich damit vertikal in eine Ruf-, Ressourcen- und Verbindungsebene. Die Schichten unterscheiden sich durch ihre Sichtweise auf einen Kommunikationsdienst. Nach oben hin nimmt der Abstraktionsgrad zu, netzinterne Details werden zunehmend verborgen.

Abbildung 3.2 zeigt das funktionale Modell der Signalisierungsarchitektur am Beispiel eines Rufes zwischen den heterogenen Endgeräten A und B mit einer Dienstkomponente. Die erforderliche Kon-

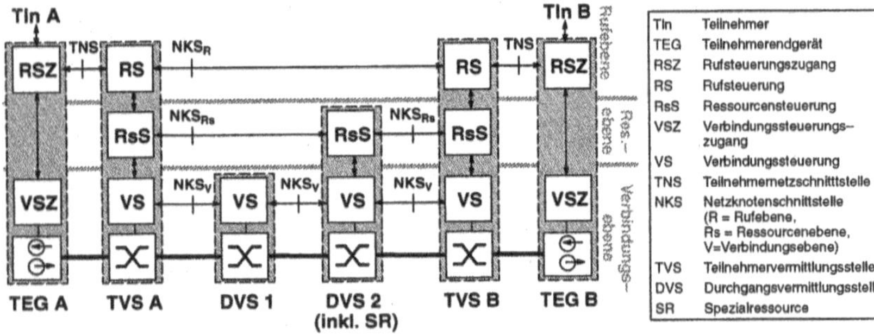

Abbildung 3.2: Funktionales Modell der Signalisierung von MAGIC

versionseinheit ist in der Durchgangsvermittlungsstelle DVS2 lokalisiert. In der Darstellung nicht berücksichtigt wurden zusätzlich Steuerungseinheiten in den Endgeräten [MAGIC93a]. Sie sind in MAGIC für spezifische Telekommunikationsanwendungen definiert worden (z.B. breitbandige Videokonferenz, TV-Verteildienst), bilden letztere in ein objektorientiertes Rufmodell ab und fordern dieses über den Rufsteuerzugang (RSZ) an.

Im folgenden sei das Zusammenspiel der Steuerungsinstanzen am Beispiel des Rufaufbaus erläutert. Initiiert werde der Ruf durch Teilnehmer A. Der RSZ des Engerätes A fordert hierzu über die Teilnehmernetzschnittstelle TNS das Erzeugen von Rufobjekten bei der ihm zugeordneten Rufsteuerungsinstanz in TVS_A an. Das signalisierte Rufmodell beschreibt zunächst den Rufwunsch aus Sicht des Teilnehmers A, es wird deshalb als Lokales Rufmodell A (LRM_A) bezeichnet. Auf Anfrage der RS in TVS_B (über NKS) wird ein LRM_B erzeugt. In diesem modifiziert Teilnehmer B bzw. sein RSZ das LRM_A gemäß seinen Endgeräteigenschaften und Qualitätswünschen. Über einen Aushandlungsvorgang zwischen den beiden RS werden die beiderseits akzeptierten Rufobjekte, ihre Verknüpfung und ihre Attribute, kurz das Globale Rufmodell (GRM) bestimmt. Aus diesem lassen sich über einen Abbildungsvorgang die benötigten SR (Konverter und Mischer), sowie Verbindungsressourcen ableiten. Sie bilden zusammengenommen das sogenannte Ressourcenmodell, die Sichtweise der Ressourcenebene auf einen Kommunikationsdienst. Die Ressourcenabbildung findet bei MAGIC auf Rufebene statt.

Die Rufsteuerung in TVS_A fordert die Objekte des Ressourcenmodells bei der Ressourcensteuerung an. Über eine dezentralen Mechanismus wird die Lokalisierung der benötigten SR vorgenommen. Die genaue Vorgehensweise wurde dabei in der MAGIC-Spezifikation weitgehend offen gelassen (siehe unten). Sobald der Ort aller SR bestimmt ist, können sie über ihren Zugang (RsSZ) angefordert werden. Darüber hinaus liegen zu diesem Zeitpunkt alle Verbindungsendpunkte fest, die benötigten Verbindungen können aufgebaut werden. Hierzu wird ein der ITU-T Empfehlung Q.2931 ähnliches Protokoll eingesetzt.

Bewertung

In MAGIC wird mit der Ressourcenebene eine dritte Steuerungsebene eingeführt. Die Komplexität der Steuerungsaufgaben in den einzelnen Ebenen kann dadurch überschaubarer gehalten werden. Die Art der Funktionalitätsaufteilung verhindert allerdings eine vollständige Entkopplung der Schichten und damit die Möglichkeit getrennter Betreiber. So erfolgt die SR-Konkretisierung in der Rufsteuerung. Die hierzu erforderlichen Informationen über die Art verfügbarer SR müssen entweder ständig von der Ressourcensteuerung angefordert werden oder auf beiden Ebenen doppelt gespeichert werden. Angesichts der Interdependenzen zwischen SR-Konkretisierung und SR-Lokalisierung ist deren Zuordnung zu verschiedenen Steuerungsebenen wenig sinnvoll.

Die Verbindungssteuerung greift nicht über eine offengelegte Schnittstelle auf die Vermittlungseinrichtungen zu. Ein Wechsel der Übermittlungstechnologie unter Beibehaltung der Verbindungssteuerung wird dadurch erschwert.

MAGIC führt das Konzept der Spezialressourcen ein. Anders als in [Mü96] fehlt mit der eindeutigen Festlegung einer Schnittstelle zur Ansteuerung der SR allerdings eine wesentliche Voraussetzungen dafür, daß Spezialressourcendienste durch getrennte Betreiber bereitgestellt werden. Die enge Verknüpfung zwischen SR-Funktionen und Vermittlungssoftware erschwert das Einführen neuer SR-Funktionen, wie z.B. Konverterfunktionen für neue Kodierverfahren.

Haupterrungenschaft von MAGIC ist das Rufmodell. Der objektorientierte Ansatz erlaubt die direkte Anforderung beliebig komplexer Multimediarufe mit mehreren Teilnehmern oder Verbindungen. Die Rufspezifikation kann zudem in einer von technischen Einzelheiten abstrahierenden, daher benutzernahen Art erfolgen. Ein weiterer Vorteil ist die Transparenz gegenüber Zusatzeinrichtungen zur Unterstützung von Konferenzschaltungen oder von heterogenen Endgeräten. Deren Notwendigkeit wird automatisch erkannt, bei der Rufanforderung sind keine zusätzlichen Angaben erforderlich. Genauso bleiben die Vorgänge bei der Lokalisierung und Schaltung der Spezialressourcen dem Teilnehmer verborgen.

Das Konzept lokaler Rufmodelle ermöglicht eine teilnehmerindividuelle Rufwunschbeschreibung. Dies ist Voraussetzung für einen verbesserten Teilnehmerabgleich. Entsprechende Aushandlungsvorschläge, insbesondere für den Fall von Mehrteilnehmerrufen, fehlen jedoch. Die lokalen Rufmodelle beteiligter Teilnehmer sind in den Rufsteuerinstanzen der Teilnehmervermittlungsstellen getrennt gespeichert. Dieser dezentrale Ansatz der Rufsteuerung führt zu einem erhöhten Koordinierungs- und Signalisierungsaufwand im Falle eines Teilnehmerabgleichs.

Ein weiterer Kritikpunkt bildet die nur ansatzweise und auf ATM-Netzparameter beschränkte Angabe von QoS-Wünschen in den Attributen der Rufobjekte. Sie setzt außerdem die Kenntnis der dazugehörigen Tarife beim Teilnehmer voraus. Eine Unterstützung des Teilnehmers durch die Rufsteuerung bei einer Preis-/Qualitätsabwägung gemäß seiner individuellen Präferenzen findet nicht statt. Hierzu fehlt vor allem die Möglichkeit, Preisvorstellungen im Rufmodell auszudrücken. Genausowenig ist es möglich, flexible Qualitätswünsche zu spezifizieren, die der Rufsteuerung erlauben würden, gegebenenfalls Qualitätsabstriche vorzunehmen, um den Rufaufbau zu sichern.

MAGIC verwendet ein der B-ISDN Signalisierung sehr ähnliches Protokoll für den Verbindungsaufbau. Wie im vorherigen Abschnitt erklärt, gestattet dieses keinen getrennten Aufbau einzelner Verbindungssegmente und damit eine erweiterte, übergeordnete Betreiberauswahl. Problematisch wird auch der Einsatz von Least-Cost-Routern (LCR). Er ist zunächst auf reine Punkt-zu-Punkt-Verbindungen beschränkt. Eine Erweiterung auf Punk-zu-Mehrpunkt-Verbindungen oder komplexere Topologien ist schwierig. Beide werden in MAGIC über die Ressourcensteuerungsinstanzen der benötigten SR aufgebaut. Auf die Wegeführung dort angestoßener Verbindungen hat ein am Teilnehmerendgerät angeschlossener LCR keinen Einfluß. Grundsätzlich bestünde die Möglichkeit, LCR-Funktionalität auch in den SR-Knoten bereitzustellen. Angesichts der Tatsache, daß MAGIC keine getrennten Betreiber von Spezial- und Verbindungsressourcen kennt, erscheint eine solche Lösung aber nicht vorstellbar. Ein Betreiber wird in seiner Spezialressource nicht per LCR für die Auswahl eines anderen Betreibers für die abgehende Verbindung sorgen.

Die Angaben über das Verfahren zur SR-Lokalisierung sind unzureichend. Skizziert werden lediglich zwei einfache Ansätze, komplexere Möglichkeiten werden dem Implementierer überlassen [MAGIC93c]. Ein erster Ansatz sieht vor, daß ausschließlich lokale Ressourcen verwendet werden. Verfügt die TVS des initiierenden Teilnehmers nicht über die nötigen SR, so wird der Ruf abgelehnt. Die zweite Methode erlaubt ein begrenztes Suchen von SR in der Umgebung der initiierenden TVS. Bei beiden Verfahren erfolgt keine Berücksichtigung von Verbindungskosten bei der Festlegung eines SR-Standortes. Eine Minimierung der Gesamtkosten einer Ressourcenkonfiguration kann so nicht erreicht werden.

MAGIC kennt keine zentrale Speicherung von SR-Daten auf Ressourcenebene. Es kann somit erst nach einem erfolglosen Suchprozeß entschieden werden, ob eine beantragte Ressourcenkonfiguration so überhaupt realisierbar ist. Dies führt zu unnötigen Verzögerungen beim Rufaufbau.

Eine Zuordnung von Steuerungsaufgaben verschiedener Ebenen zu verschiedenen Betreibern wird in MAGIC nicht diskutiert. Sie ist, wie oben gezeigt, auch nicht direkt möglich. Ruf-, Ressourcen und Verbindungssteuerung befinden sich folglich in der Hand eines Betreibers. Er kann in herkömmlicher Weise anfallende Gebühren in Rechnung stellen. Komplexere Vergebührungsszenarien, wie im Falle getrennter Betreiber wurden bei MAGIC nicht untersucht.

3.3 Erweiterung der MAGIC-Signalisierung durch AMSA

Das Signalisierungskonzept AMSA [Mü96] baut auf den Ansätzen von MAGIC auf, nimmt aber einige Modifikationen vor, die sich in Hinsicht auf die in Abschnitt 2.7 aufgelisteten Anforderungen als günstig erweisen.

Die wichtigsten Veränderungen lassen sich am besten anhand der Architektur von AMSA erklären (Abbildung 3.3). Besonderer Wert wird auf eine funktionale Dekomposition der Steuerungsaufgaben gelegt. Vorgeschlagen wird eine Dreiteilung in Ruf-, Ressourcen- und Verbindungssteuerung. Sie geht über die Ansätze in MAGIC hinaus. Durch Offenlegung und Definition der vertikalen Schnittstellen und durch eine modifizierte Funktionalitätszuordnung wird eine bessere Unterstützung getrennter Betreiber erreicht. In diesem Zusammenhang besonders zu erwähnen ist die Tatsache, daß Steuerungsaufgaben, die mit der Integration von SR zusammenhängen (SR-Konkretisierung und Lokalisierung) nur noch in der Ressourcenebene angesiedelt sind. Dadurch wird eine konsequente Trennung von Ruf- und Ressourcensteuerung erreicht. Für die netzseitigen Steuerungsinstanzen (RS, RsS) werden aber keine getrennten Betreiber vorgeschlagen. Sie sind lediglich für Vermittlungsfunktionen und für externe Spezialressourcen angedacht. Fragestellungen zur Dienstabrechnung bei getrennten Betreibern

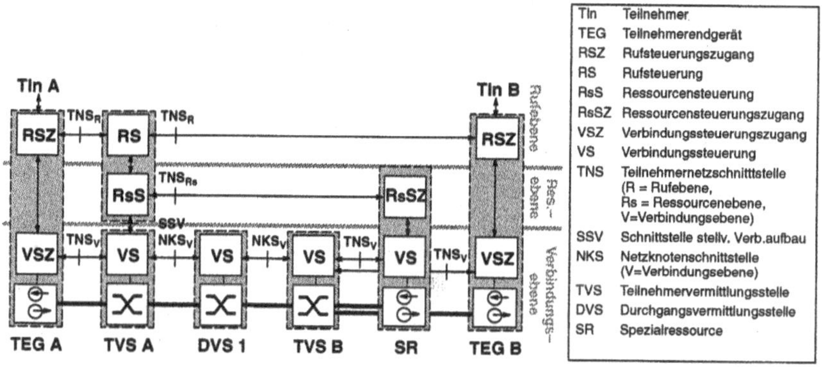

Abbildung 3.3: Funktionales Modell der Signalisierung von AMSA

werden nicht erörtert.

In AMSA kommt das Konzept einer zentralisierten Rufsteuerung zum Einsatz. Für einen Ruf ist lediglich eine Steuerungsinstanz auf Rufebene aktiv. Sie erhält beim Rufaufbau die lokalen Rufmodelle jedes Teilnehmers. Dies verringert den Signalisierungsaufwand bei der Koordination mehrerer Teilnehmer. Darüber hinaus entfällt die Notwendigkeit, eine Netzknotenschnittstelle auf Rufebene zu spezifizieren und zu implementieren. Die zentralisierte Rufsteuerung ist von einer zentralen Rufsteuerung, wie sie etwa bei der Realisierung von Konferenzrufen im Intelligenten Netz anzutreffen ist, zu unterscheiden. Der „Zentralitätsgedanke“ ist rufindividuell zu sehen. Für verschiedene Rufe sind verschiedene Steuerungsinstanzen zuständig, je nach Initiator auch in unterschiedlichen Teilnehmervermittlungsstellen. Konzentrationseffekte mit negativen Folgen auf die Ausfallsicherheit und die Performanz der gesamten Rufsteuerung sind damit weitestgehend ausgeschlossen.

Im Gegensatz zu MAGIC sind die Spezialressourcen über definierte, offengelegte Schnittstellen an das Netz angebunden. Damit sind eigenständige Betreiber für Konverter- oder Konverenzbrücken möglich. Darüber hinaus wird die Erweiterung bestehender oder Einführung neuer SR, beispielsweise aufgrund neuer Kodierverfahren erleichtert. Das Prinzip externer SR ist dabei nicht neu, es wird auch im Eurescom Projekt P103 angewandt [EUR95]. Mit externen SR ist ein Nischengeschäft verbunden, an dem insbesondere neue Netzbetreiber Interesse haben könnten. Aus diesem Grund werden sie auch in vorliegender Arbeit berücksichtigt.

Auf Verbindungsebene ist ein eigenständiges Protokoll zur verteilten Verbindungssteuerung vorgesehen. Das Multicast Connection Management Protocol (MCMP [Mü96]) baut auf dem von Bellcore entwickelten Generic Signaling Protocol (GSP) [MT92a, MT92b] auf, gestattet breitbandige Punkt-zu-Mehrpunkt-Verbindungen und einen stellvertretenden Verbindungsaufbau durch die Steuerungsinstanz der Ressourcenebene. Ein weiterer Vorteil liegt in der Architektur von MCMP begründet. Die Trennung von Verbindungssteuerung und Vermittlungshardware vereinfacht den Einsatz unterschiedlicher Übermittlungstechnologien. Kritisch ist anzumerken, daß MCMP zwar die Möglichkeit bietet, Qualitätsparametern an der Schnittstelle zur Verbindungssteuerung (TNSv bzw. SSV) anzugeben, deren Berücksichtigung bei der Wegewahl aber nicht deutlich wird.

Bewertung

Die Rufspezifikation an der Teilnehmerschnittstelle erfolgt über das aus MAGIC bekannte Rufmodell (Abschnitt 3.2, [MAGIC93c, MAGIC94]). Folglich treffen die Vorteile einer abstrakten, benutzerfreundlichen Rufeingabe mit direkter Anforderung von Mehrteilnehmer- und Mehrverbindungsrufen auch für AMSA zu. Gleiches gilt für die Transparenz gegenüber heterogenen Endgeräteeigenschaften, aber auch für die verbleibenden Unzulänglichkeiten des MAGIC-Rufmodells. Wie im vorherigen Abschnitt erwähnt, gestattet es nicht die Angabe von teilnehmerseitig akzeptierten Preis- und Qualitätsgrenzen, wie sie angesichts vermehrter betreiberseitiger Qualitätsdifferenzierung sinnvoll sein können. Eine Unterstützung des initiierenden Teilnehmers mit unterschiedlichen Preis-/Qualitätskombinationen für einen Ruf ist damit ebensowenig denkbar, wie eine flexible Reaktion der Rufsteuerung auf die Rückmeldung der Ressourcensteuerung, daß einzelne Qualitätsparameter nicht eingehalten werden können. Der Rufaufbau wird in diesem Fall abgebrochen, ein weiterer Versuch mit verminderten Qualitätsanforderungen wird nicht eingeleitet.

Eine wichtige Aufgabe der Ressourcensteuerung ist die Lokalisierung von Spezialressourcen. Wurden deren Standorte ermittelt, so sind auch die Endpunkte aller dazwischenliegenden Verbindungen bekannt. Durch die zentralisierte Ressourcensteuerung werden sie über einen stellvertretender Verbindungsaufbau von der Verbindungssteuerung angefordert. Wie oben erläutert, unterstützt die AMSA-Architektur getrennte Betreiber für die Aufgaben der Ruf-/Ressourcensteuerung einerseits (Dienstbetreiber) und die Übermittlungs- und SR-Dienste andererseits (Netzbetreiber). Die vorgeschlagene Funktionalitätsverteilung - Spezialressourcen werden in der Ressourcensteuerung lokalisiert - ermöglicht darüber hinaus Dienstbetreibern in Grenzen eine netzbetreiberübergeordnete Ressourcenauswahl. In der bestehenden Version von AMSA gilt dies zunächst nur für SR. Im Gegensatz zu MAGIC wäre es aber denkbar, die Ressourcensteuerung um LCR-Funktionalität zu ergänzen, so daß auch für Verbindungen eine optimale Betreiberauswahl erfolgt. Die Erweiterung hätte allerdings Nachteile, die hauptsächlich in der zentralisierten Arbeitsweise der Ressourcensteuerung begründet sind:

- Auch Verbindungen, deren beide Endpunkte nicht am Ort der Ressourcensteuerung liegen, werden von letzterer geschaltet. Eine optimale Betreiberauswahl setzt Tarifkenntnisse der entfernten Region voraus. Bei internationalen Verbindungen führt dies rasch zu wesentlich größeren LCR-Routingtabellen als gegenwärtig. Die Problematik erhöht sich, wenn Tarife regelmäßig aktualisiert werden oder zusätzliche Qualitätseigenschaften bei der Betreiberauswahl berücksichtigt werden sollen.
- Beim stellvertretenden Verbindungsaufbau werden Signalisierungsnachrichten über zwischenliegende Vermittlungsknoten weitergereicht, bis sie den Bestimmungsort, den Anfangspunkt einer entfernten Verbindung erreicht haben. Der Aufbau einer Transportverbindung beginnt erst dort. Bei Anwendung des LCR-Prinzips könnte dies dazu führen, daß Aufbausingale zunächst durch das Netz eines Betreibers geleitet werden, im Bestimmungsknoten ausgewertet werden und für den Aufbau der Transportverbindung ein anderer Betreiber ausgewählt wird. Abgesehen von der Kontrollierbarkeit einer solchen Vorgehensweise würden zwischenliegende Betreiber zusätzliche Signalisierungslast tragen, bei der Transportverbindung aber leer ausgehen.
- Eine erweiterte, verbindungssegmentbezogene Auswahlfreiheit ist nicht möglich, wie generell bei LCR-Ansätzen (siehe Abschnitt 3.1). Denkbar wäre allenfalls eine MCMP-Protokollergänzung im Stile des B-ISDN-Parameters Transit Network Selection mit allen resultierenden Nachteilen.

Interessant erscheint die in AMSA vorgeschlagene Verwendung von Datenbanken zur Unterstützung der SR-Auswahl. Anders als bei MAGIC stehen einer RsS-Instanz damit SR-Kenntnisse gebündelt zur Verfügung, sie müssen nicht durch Anfrage bei Vermittlungsknoten ermittelt werden. Mit entsprechenden Meldeprotokollen versehen gelänge es einem SR-Betreiber auch aktiv auf seine SR-Angebote hinzuweisen. Die geschilderten Datenbankkonzepte sind aber nicht daraufhin ausgelegt, zusätzlich Verbindungsdaten zu erfassen.

SR bestimmen über ihren Standort die Verbindungsendpunkte und dadurch indirekt die Verbindungskosten. Die vorgeschlagene Heuristik zur SR-Lokalisierung berücksichtigt diese Interdependenz nur ansatzweise über eine entfernungsabhängige Schätzung der Verbindungskosten. Netzlastabhängige Tarife können damit genausowenig erfaßt werden wie zusätzliche QoS-Parameter.

3.4 Intelligente Netze

Das Konzept des Intelligenten Netzes (IN) verfolgt das Ziel, die Einführung von Leistungsmerkmalen (LM) in öffentlichen Netzen zu erleichtern und damit zu beschleunigen. Standardisiert wird es in den Empfehlungen Q.1200 bis Q.1218 der ITU-T[3]. Dabei sind verschiedene Ausbaustufen vorgesehen. Der hier betrachtete Funktionsumfang ist durch die erste Ausbaustufe (CS 1) festgelegt, bereits vollständig standardisiert wurde.

Charakteristisch für die IN-Architektur ist eine getrennte Ruf- und Leistungsmerkmalsteuerung. In traditionellen Ansätzen ist die Behandlung von Leistungsmerkmalen in die Steuerungslogik der Rufsteuerung integriert. Sie nimmt einen gewichtigen Teil der gesamten Vermittlungssoftware ein [CHW92]. Mit einer Herauslösung der LM-spezifischen Steuerungsfunktionen und deren Abarbeitung in einer getrennten Steuerungseinheit sind zwei wesentliche Vorteile verbunden. Zum einen wird die Einführung, Wartung und Änderung von Leistungsmerkmalen erleichtert, da kein Eingriff in die Vermittlungssoftware mehr erforderlich ist. Zum anderen vereinfacht sich die Behandlung von LM-Konflikten [CV91], wie sie bei gleichzeitig aktivierten Leistungsmerkmalen auftreten können. Auf eine genauere Darstellung dieser Thematik wird an dieser Stelle nicht näher eingegangen, eine fortschrittliche Lösung wird in [Fri95] beschrieben.

Abbildung 3.4 zeigt die funktionalen Bestandteile der IN-Architektur gemäß den Empfehlungen [ITU92d] und [ITU93d] der ITU-T. Die Rufsteuerfunktion (RSF) ist für den Auf- und Abbau von

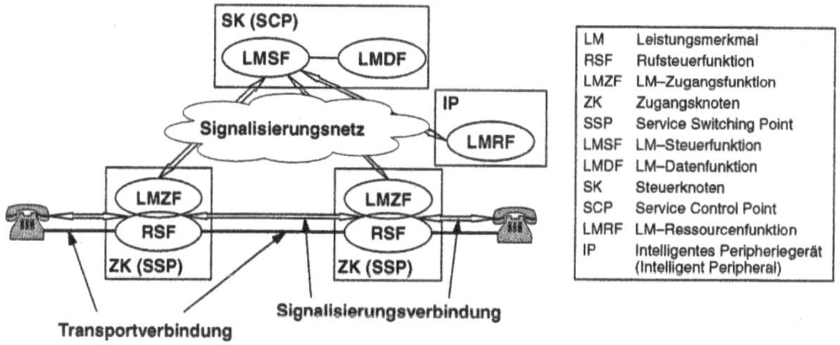

Abbildung 3.4: Grundlegende Architektur des Intelligenten Netzes (IN)

Basisrufen zuständig. Als solche werden einfache Zwei-Teilnehmer-Rufe mit einer Verbindung bezeichnet. Über die LM-Zugangsfunktion (LMZF) kann von außen auf die Steuerabläufe in der RSF zugegriffen werden. Dies ermöglicht die Realisierung von Leistungsmerkmalen durch eine externe Steuerungsfunktion (LMSF). Sie enthält die Logik der einzelnen Leistungsmerkmale. LM-spezifische Daten sind in der LM-Datenbank (LMDF) abgelegt. Leistungsmerkmale laufen in der LM-Steuerung ab. Die Kommunikation zwischen RSF/DZF und LMSF erfolgt über das IN-Anwendungsprotokoll (INAP) [ITU92e]. Dessen Nachrichten werden über einen zentralen Zeichengabekanal (Zeichengabesystem Nr.7) und somit über ein logisch getrenntes Signalisierungsnetz transportiert.

Die LMZF ermöglicht der LMSF eine abstrahierende Sicht auf die Vermittlungsvorgänge in Form eines Rufmodells. Das Rufmodell beschreibt zunächst die Ruftopologie, bestehend aus miteinander verbundenen Rufsegmenten. Ein Zwei-Teilnehmerruf setzt sich im einfachsten Fall aus zwei Rufsegmenten zusammen, einem rufenden und einem gerufenen. Jedem Rufsegment ist ein Zustandsautomat zugeordnet. Mit den einzelnen Zuständen sind Steuerungsaktivitäten innerhalb der Rufsteuerung assoziiert. Die Umsetzung in das Rufmodell wird durch die LMZF vorgenommen. Zwischen den Zuständen

[3]Eine Darstellung der Grundpinzipien findet sich in [ITU92c].

sind Punkte zur Ereignisgenerierung (Triggerpunkte) definiert. Wird ein aktivierter Triggerpunkt erreicht, so wird der weitere Ablauf innerhalb der Rufsteuerung unterbrochen. Sind bestimmte Triggerbedingungen erfüllt, wurde beispielsweise eine bestimmte Rufnummer (z.B. 0130-Nummer) gewählt, so generiert die LM-Vermittlung ein Ereignis und übermittelt es an die LM-Steuerung. Die weitere Steuerung wird damit an die LMSF übergeben. Anhand der Ereignisangaben wird das gewünschte Leistungsmerkmal bestimmt und abgearbeitet. In Abhängigkeit von der LM-Logik werden beispielsweise Intelligente Peripheriegeräte (IP) zum Einspielen von Nachrichten oder Abfragen zusätzlicher Teilnehmerinformationen angesteuert, Triggerpunkte aktiviert und Triggerbedingungen gesetzt oder die Rufsteuerung in anderen Zuständen fortgesetzt.

Das Rufmodell wurde von der ITU-T standardisiert [ITU93c]. Dieser Umstand erlaubt eine einheitliche Sicht auf Vermittlungsvorgänge, unabhängig von deren Implementierung. Sowohl die Vermittlungstechnik, als auch die LM-Steuerung lassen sich auf diese Weise unabhängig voneinander ändern, erweitern oder austauschen.

Bewertung

Der Einsatz der IN-Architektur beschränkt sich bisher auf Leistungsmerkmale schmalbandiger Dienste. Der Grund hierfür ist hauptsächlich im Rufmodell zu sehen. Es ist auf die Funktionalität in schmalbandigen Vermittlungssystemen zugeschnitten und nur bedingt zur Beschreibung von Multimediarufen geeignet (vgl. [Fri95] und [Mü96]).

Erweiterungen der IN-Architektur mit einer Eignung für die Steuerung von Multimediadiensten sind in Form zweier grundsätzlich verschiedener Ansätze vorstellbar. Ein erster Ansatz besteht darin, die geforderten Eigenschaften allgemeiner Multimediadienste (Mehrverbindungsrufe, Mehrteilnehmerufe) als zusätzliche Leistungsmerkmale aufzufassen und die zugehörigen Steuerungsaufgaben in der IN-LM-Steuerung zu realisieren. Die RSF in den Vermittlungsknoten behält ihre Funktionalität bei und ist für die Steuerung einzelner Verbindungen zuständig. Die neuartigen, den gesamten MM-Ruf betreffenden Steuerungsaufgaben werden in der LM-Steuerung realisiert und über die LMZF wird auf die Verbindungen eines Rufes zugegriffen. Einen ersten Schritt in diese Richtung stellt die zukünftige Steuerung von Konferenzdiensten nach dem IN-Prinzip gemäß CS 2 dar.

Der zweite Ansatz multimedialer IN-Erweiterungen setzt eine multimediafähige Basisrufsteuerung voraus. Das IN-Konzept wird hier nicht zur Erweiterung einer „monomedialen" Rufsteuerung eingesetzt. Die LM-Steuerung beschränkt sich auf ihre eigentliche Aufgabe, die Steuerung von Zusatzdiensten. Dieser Ansatz ist universell einsetzbar. Beispielsweise kann eine IN-artige LM-Steuerung auch auf der hier beschriebenen Steuerungsarchitektur aufsetzen.

Die folgenden Ausführungen beziehen sich auf eine Bewertung des ersten Ansatzes, da nur hier die eigentliche multimediale Dienststeuerung mit IN-Konzepten vorgenommen wird.

Einer der großen Vorteile der IN-Architektur liegt in einer konsequenten Trennung von Leistungsmerkmal- und Basisrufsteuerung. Die LM-Steuerung setzt auf der Basisrufsteuerung auf, definierte Steuerungsnachrichten (INAP) und Rufmodellierung sichern einen herstellerunabhängigen Zugriff. Mit funktionaler Trennung einerseits und definierter Schnittstelle andererseits sind die Voraussetzungen dafür erfüllt, die Steuerungsaufgaben auch unterschiedlichen Betreibern zuzuordnen. Entsprechend ließe sich im Falle einer IN-artigen Multimedia-Dienststeuerung die Verbindungs- und Rufsteuerung getrennten Betreibern (Netz- bzw. Dienstbetreiber) zuordnen und damit eine gleichlaufende Entwicklung auf dem TK-Markt zu unterstützen.

Schwierigkeiten würde allerdings der teilnehmerseitige Zugang zum Dienstbetreiber bereiten. Eine grundlegende Eigenschaft des IN-Konzeptes besteht darin, daß die LM-Steuerung nur über die Basisrufsteuerung aktiviert werden kann. Ein Multimediaruf, als LM von einem getrennten Dienstbetreiber realisiert, ließe sich folglich nur indirekt aufrufen, der Kontakt zum Dienstbetreiber wäre nur über den Netzbetreiber möglich. Dies könnte dazu führen, daß die freie Wahl eines Dienstbetreibers durch den Netzbetreiber eingeschränkt wird.

Unkomfortabel wäre auch der Aufruf eines komplexen Multmediarufes selbst. An die Möglichkeit, gewünschte Medien und Teilnehmer direkt anzufordern, ist aufgrund fehlender Signalisierungsnachrichten an der Teilnehmerschnittstelle und der Schnittstelle zwischen LMZF und LSF nicht zu denken. Der Aufbau müßte schrittweise erfolgen. Nach Anregung durch eine spezifische Rufnummer würde die LM-Steuerung die Steuerungsvorgänge übernehmen und für den Aufbau weiterer Verbindungen sorgen. Zusätzliche Teilnehmer-Rufnummern müßten gegebenenfalls über Intelligente Peripheriegeräte abgefragt werden. Das aktuell standardisierte Rufmodell bezieht sich allein auf Zweiteilnehmerrufe. Für Mehrverbindungs- und Mehrteilnehmerrufe müßte es um zusätzliche Zustände und Triggerpunkte erweitert werden. Ein möglicher Ansatz ist in [WFKM95] zu finden.

3.5 Dienststeuerung in TINA

Zur Unterstützung verteilter Anwendungen hat die ITU-T eine offene Ablaufumgebung (ODP, Open Distributed Processing [ITU97] standardisiert. Deren Grundprinzipien: Objektorientiertheit, Abstraktion von der ausführenden Rechner- und Netztechnik und schnittstellenbasierte Objektvermittlung durch sogenannte Objekttrader, sollen eine schnelle Einführung und Wartung beliebiger verteilter Anwendungen auf unterschiedlichen Rechnersystemen ermöglichen.

Die TINA-Initiative (Telecommunication Information Networking Architecture) [TINA95, DNY95, ES96] verfolgt das Ziel, die Grundsätze offener Verarbeitungsumgebungen zur Realisierung von Telekommunikationsanwendungen anzuwenden. TINA geht auf Ansätze von Bellcore (INA, Information Networking Architecture [RN94]) zurück; momentan wird TINA durch ein Firmenkonsortium (TINA-C) weiterentwickelt.

Die Funktionalität einer TINA-basierten Dienststeuerung wird durch verteilte, kommunizierende Komponenten (Computational Objects) erbracht. Kommunikationsplattform ist die TINA-DPE (Distributed Processing Environment) [TINA94].

Ein wichtiges Anliegen der TINA-Initiative ist es, durch eine Erfassung und Strukturierung von Steuerungsfunktionalität und eine sinnvolle Aufteilung resultierender „Funktionsbausteine" auf TINA-Komponenten eine effiziente Erstellung und beschleunigte Einführung von TK-Diensten zu erleichtern [BBI93].

Ein erster Strukturierungsansatz besteht in der Trennung von Dienst- und Netzebene [TINA97c, TINA97a]. Auf Dienstebene wird die gesamte Logik zum Management von Dienstnutzern und Servereinheiten definiert. Dabei findet eine Unterteilung in Funktionen und Komponenten statt, die den Dienstzugang (Service Access) ermöglichen und solche, die die Dienstnutzung (Service Usage) steuern.

Aufgrund der Möglichkeit einer anwendungsspezifischen Ausgestaltung eines TINA-Dienstes ist der Dienstbegriff wesentlich weiter gefaßt, als das bei der hier zugrundeliegenden MM-Basisdienst-Definition der Fall ist. Die eigentliche Steuerung multimedialer Basisdienste ist in der TINA-Architektur Aufgabe der Komponenten der Netzebene [TINA97a]. Sie soll im folgenden schwerpunktmäßig betrachtet werden.

Zur Modellierung von Kommunikationsnetzen werden in TINA die Prinzipien vertikaler und horizontaler Partitionierung angewandt. Sie basieren auf der Empfehlung [ITU95a] der ITU-T. Als Folge vertikaler Partitionierung werden mehrere logische Netzschichten (Network Level) innerhalb der Netzebene definiert. In einer Netzschicht kann durch horizontale Partitionierung eine Einteilung in Domänen erfolgen, die die Zugehörigkeit von Netzelementen zu unterschiedlichen Betreibern oder gemeinsam verwalteten Bereichen modellieren.

Innerhalb jeder Netzschicht kann eine logische Netzverbindung angefordert werden. Die Steuerung wird durch eine schichtspezifische Steuerungskomponente vorgenommen. Die Abbildung von logischen auf physikalische Verbindungen erfolgt rekursiv gemäß Ansätzen des Netzmanagement-Konzeptes TMN [ITU92a]. Eine logische Verbindung in Netzschicht (n) setzt sich aus mehreren logischen Verbindungen der Netzschicht (n-1) zusammen. Zwischen den Steuerungsinstanzen besteht eine Client-Server-Beziehung. Um eine Netzverbindung aufzubauen, werden Teilverbindungen bei der Steuerungsinstanz der darunterliegenden Netzschicht angefordert werden. Dieser Vorgang setzt sich bis zu den einzelnen Vermittlungseinrichtungen fort. Auf den oberen Netzschichten können mehrere Verbindungen zu einem Verbindungsgraph zusammengefaßt werden und als Gruppe angefordert werden. In Abbildung 3.5 sind die wichtigsten logischen Netzschichten, deren Steuerungskomponenten und Verbindungen dargestellt[4]. Im einzelnen wird unterschieden zwischen:

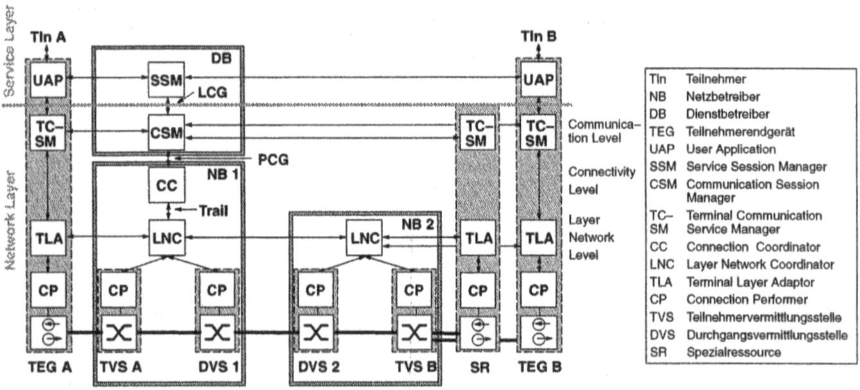

Abbildung 3.5: Aufbau der Steuerungsarchitektur TINA

Communication Level: Diese Netzschicht umfaßt das gesamte TINA-Kommunikationsnetz, d.h. Teilnetze beliebiger Netzbetreiber (Connectivity Provider) und beliebiger Übermittlungstechnologien. Zusätzlich sind Kommunikationsendgeräte Bestandteil des Communication Level. Kommunikationsbeziehungen über die Kommunikationsschicht, sogenannte Service Flow Connections (SFCs) enden an logischen Endpunkten (SFEPs, Service Flow Endpoints) innerhalb eines Endgerätes. SFCs werden von der Dienstebene, genauer dem Service Session Manager (SSM) bei der Steuerungskomponente des Communication Level, dem Communication Session Manager (CSM) angefordert. Die gebündelte Anforderung mehrerer SFCs ist möglich, sie bildet das TINA-Rufmodell, den Logical Connection Graph (LCG). Der CSM stellt eine Komponente der Netzebene dar, ist im TINA- Geschäftsmodell aber dem Dienstbetreiber zugeordnet [TINA97d, TINA97a].

Gemäß den Prinzipien einer rekursiven Verbindungsschaltung bildet der CSM eine SFC in eine Network Flow Connection (NFC) und mehrere Terminal Flow Connections (TFCs) ab. Die NFC ist eine Verbindung des Connectivity Level und wird bei der zugehörigen Steuerungsinstanz, dem Connection Coordinator (CC) angefordert. TFCs repräsentieren interne Verbindungen in einem Endgerät, sie werden beim Terminal Communication Session Manager (TCSM) angefordert. Letzterer nimmt beispielsweise nötige Betriebsmittelreservierungen im Endgerät vor. Wie später noch genauer erläutert, ist bei TINA angedacht, daß durch den CSM auch Spezialressourcen geschaltet werden. Sie besitzen ebenfalls einen TCSM, über den die weitere Ansteuerung durch den CSM vorgenommen wird. In Abbildung 3.5 ist ein Konverter in den Verbindungsweg geschaltet.

Connectivity Level: Ein Connectivity Network umfaßt nur Netzeinrichtungen eines Netzbetreibers (Connectivity Provider). Von der eingesetzten Übermittlungstechnologie wird bei Betrachtungen auf Connectivity Level aber noch abstrahiert. Die Verbindung über das Connectivity

[4]Auf eine Übersetzung der englischen Fachbegriffe wird hier ausnahmsweise verzichtet, um den Vergleich zur Originalspezifikation zu erleichtern.

Network, die NFC, endet an den Netzzugangspunkten der Endgeräte (Network Flow Endpoints, NFEPs). NFCs werden bei der Steuerungskomponente Connection Coordinator (CC) angefordert. Eine gebündelte Anforderung in Form eines Physical Connection Graph (PCG) ist möglich. Der CC bildet eine NFC auf mehrere Trails, d.h. Verbindungen einer Übermittlungstechnologie ab. Gegebenenfalls nehmen spezifische Netzübergänge, bei TINA als Adaptor bezeichnet, eine Umsetzung der Datenströme vor.

Layer Network Level: Ein Layer Network enthält nur Netzelemente gleicher Übermittlungstechnologie (z.B. ATM). Verbindungen im Layer Network, sogenannte Trails, werden über den Layer Network Coordinator (LNC) angefordert. Dieser nimmt via Terminal Layer Adaptor (TLA) auch die Ansteuerung von Endgeräten auf physikalischer Ebene vor.

Kann ein Netzbetreiber eine Verbindung nicht bis zum Teilnehmer aufbauen, so wird deren Weiterführung bei einem benachbarten Betreiber über dessen LNC angefordert. In Abbildung 3.5 erfolgt beispielsweise ein einmaliger Netzbetreiberwechsel. Für den Aufbau eines Trails wird in TINA ein hierarchisches Verfahren vorgeschlagen. Es beruht auf den Grundprinzipien des TMN-Verbindungsmanagements (Abschnitt 6.4.4.1, [ITU92a]). Der Zugriff auf die Vermittlungseinrichtungen erfolgt über Connection Performer (CP).

Bewertung

Die gesamte Steuerungsarchitektur von TINA weist eine starke funktionale Trennung entsprechend den logischen Netzschichten auf. Die Schnittstellen zwischen schichtspezifischen Steuerungskomponenten sind dabei wohldefiniert. Sie umfassen jeweils einen Standardsatz an notwendigen Steuerungsoperationen zum Aufbau, zur Änderung und zum Abbau von logischen Verbindungen. Eine getrennte Bereitstellung der schichtspezifischen Steuerungsaufgaben ist somit grundsätzlich möglich. Im Rahmen der TINA-Architektur wird ein Geschäftsmodell definiert [TINA97d], welches die Zuordnung von Steuerungskomponenten zu verschiedenen Akteuren auf dem TK-Markt festlegt. Dabei werden u.a. Dienst- und Netzbetreiber unterschieden. Es gilt die grobe Regel, daß die Komponenten der Dienstebene Dienstbetreibern und die Komponenten der Netzebene Netzbetreibern zugeordnet sind. Einzige Ausnahme bildet der Communication Session Manager (CSM). Seine Steuerungsfunktionen werden durch den Dienstbetreiber wahrgenommen. Die Betreiberschnittstelle liegt folglich zwischen CSM und CC.

Die Konzepte der Verbindungssteuerung sind technologieunabhängig. Es besteht eine klare Trennung zwischen steuernden und ausführenden Einheiten. Dies ermöglicht mit relativ geringem Zusatzaufwand den Einsatz von TINA-Konzepten auf der Basis unterschiedlicher Transportnetze. Eine Migration für eine Reihe von Übermittlungstechnologien wird in [EUR97] untersucht.

Zur Beschreibung der Kommunikationsbeziehungen für einen TINA-Dienst wird der LCG benutzt. Er erlaubt die unmittelbare Anforderung von Mehrteilnehmer- und Mehrverbindungsrufen. Unterstützt werden auch Kommunikationsbeziehungen zwischen heterogenen Endgeräten auf der Basis beliebiger Transportnetze. Dabei wurde berücksichtigt, daß für Konferenzschaltungen, aber auch zur Überwindung von Protokollunterschieden Zusatzeinrichtungen in Form von Konferenzbrücken und Umsetzern nötig sind. Letztere werden zusätzlich in Kodierungskonverter und Transportnetzadapter (Layer Network Adaptors, [TINA97a]) aufgeteilt. Detailliertere Angaben über derartige Spezialressourcen finden sich nicht, insbesondere bleibt offen, ob sie von der übrigen Vermittlungstechnik getrennte Netzeinrichtungen darstellen, die auch eigenständige Betreiber zulassen.

Zur Eingabe von Qualitätswünschen sind Attribute der Verbindungsendpunkte SFEP eines LCG vorgesehen [TINA97b]. Einzelheiten werden aber nicht festgelegt. Folglich lassen sich keine näheren Aussagen darüber machen, welche Qualitätsaspekte auf welchem Abstraktionslevel angegeben werden können und wie eine etwaige Abbildung erfolgt. Vorläufig spezifiziert sind lediglich ATM-QoS-Parameter.

Können die QoS-Forderungen nicht erfüllt werden, so wird der angeforderte LCG vom CSM abgelehnt. Der CSM besitzt nicht die Funktionalität, wahlweise einen Rufaufbau mit verminderten QoS-Anforderungen vorzuschlagen und vorzunehmen. Zum gegenwärtigen Stand der TINA-Spezifikationen wird vorausgesetzt, daß teilnehmer- bzw. dienstbetreiberseitig die Tarife bekannt sind. Eine weitergehende Unterstützung durch die Steuerungseinheiten auf Netzebene findet nicht statt. Genausowenig besteht die Möglichkeit, Qualitätswünsche an Preisgrenzen zu koppeln. Als Grundvoraussetzung fehlt die Möglichkeit, Preise im LCG anzugeben.

Die TINA-Architektur sieht grundsätzlich die Möglichkeit der freien Betreiberauswahl vor. Die Zuständigkeit der Netzbetreiber beginnt auf der Konnektivitätsebene des Netzmodells, die Auswahl muß daher im CSM erfolgen. Dies bringt einige Einschränkungen mit sich:

- Der CSM ist dem Communication Level zugeordnet und hat folglich eine technologieunabhängige Sicht auf den gesteuerten Kommunikationsdienst (s.o), ohne direkte Kenntnisse oder Steuerungszugriff auf einzelne Verbindungen oder gar Verbindungsabschnitte. Die Betreiberauswahl im CSM orientiert sich an der Betreiberanbindung der Endgeräte eines Kommunikationsdienstes. Das genaue Auswahlkriterium wird in TINA nicht spezifiziert, denkbar wäre eine Entscheidung für den Betreiber, bei dem die meisten Endgeräte abonniert sind. Eine Auswahl auf Basis von Verbindungsparametern (Kosten, Qualität) ist mangels detaillierter Kenntnisse nicht möglich.

- Auf dem Connectivity Level erfolgt die Festlegung auf eine oder auch mehrere Übermittlungstechnologien, inklusive einer Lokalisierung von benötigten Protokollkonvertern (Adaptors). Der Betreiber hat nur die Kenntnis über von ihm angebotene Übermittlungstechnologien. Die frühe Festlegung auf einen Betreiber birgt die Gefahr einer unnötigen Einschränkung.

- Für den Fall, daß der vom CSM ausgewählte Betreiber nicht alle Endteilnehmer erreicht, sieht TINA das Konzept der Tandem-Verbindungen (Tandem-Connections, TC) vor. Eine TC führt näher an den Zielteilnehmer heran und wird durch einen anderen Netzbetreiber gesteuert[5]. Die Auswahl der Netzbetreiber für die unmittelbar angrenzenden TCs erfolgt durch den vom CSM bestimmten Betreiber. Sollten weitere TCs nötig sein, so wird der nächste Betreiber jeweils durch den in Aufbaurichtung vorangehenden Betreiber festgelegt. Dies entspricht einer sukzessiven Betreiberauswahl, wie sie vom ISDN-Verbindungsaufbau bekannt ist. Die Auswahl erfolgt aus der lokalen Sicht eines Betreibers, die Auswahlkriterien sind zwangsläufig betreiberorientiert. Eine betreiberübergeordnete Auswahl mit teilnehmerorientierten Auswahlkriterien ist nicht möglich.

Schwächen weist das in TINA skizzierte Konzept von Spezialressourcen und deren transparente Bereitstellung auf. Wie oben dargestellt muß zwischen sogenannten Layer-Network-Adaptern zur Protokollumsetzung und Spezialressourcen zur Konvertierung und Mischung von Informationsströmen unterschieden werden. Erstere werden bei der Auswahl der Übermittlungstechnologie lokalisiert, letztere werden bereits durch die Dienststeuerung (SSM) festgelegt. Dieser Punkt ist in der TINA Spezifikation noch offengelassen: Es wird zur Diskussion gestellt, die SR-Lokalisierung auch durch den CSM in der Communication Session vorzunehmen.

Sowohl der SSM, als auch der CSM haben eine technologieunabhängige Sicht auf den Kommunikationsdienst. Die Übermittlungstechnologie wird erst durch den CC auf Connectivity-Ebene festgelegt. Die aus Endteilnehmersicht gewünschten Protokolle, die die Spezialressource unterstützen soll, liegen damit noch nicht fest. Vielmehr ist es sogar so, daß die SR mit ihren Protokollen (kodiert in NFEPs) die Technologiewahl mitbeeinflussen.

Die technologieunabhängige Sicht impliziert darüber hinaus, daß über die Kosten der benötigten Verbindungen noch keine Kenntnisse vorliegen können. Beide Tatsachen sind eine Folge der frühen Lokalisierung der Spezialressourcen und widersprechen einer auch nur annähernd optimalen Ressourcenauswahl.

[5] Die Steuerung der Gesamtverbindung (Trail) erfolgt zentral beim ersten Netzbetreiber, die Steuerung der einzelnen TCs erfolgt verteilt.

Die Abrechnung von Diensten ist weitestgehend festgelegt [TINA97a, Ham96]. Sie basiert auf der Client-Server-Beziehung zwischen Steuerungskomponenten. Jede Serverkomponente stellt ihre Leistungen der anfordernden Clientkomponente in Rechnung. Die Einzelbeträge summieren sich dabei bis zur Dienstebene auf. Der Dienstnutzer erhält nur eine Gesamtrechnung vom Dienstbetreiber. Eine vergleichbare Form kaskadierter Abrechnung wird auch in vorliegender Arbeit angewandt (Abschnitt 4.1.3.3).

3.6 Dienststeuerung durch FIPA-Agenten

Die „Foundation for Intelligent Physical Agents" (FIPA) ist eine nichtkommerzielle Interessensgemeinschaft von Firmen und wissenschaftlichen Einrichtungen, die sich zum Ziel gesetzt hat, agentenbasierte Anwendungen, Dienste und Geräte zu fördern. Zu diesem Zweck erarbeitet sie Empfehlungen, die die Interoperabilität agentenbasierter System erleichtern sollen. Seit ihrer Gründung im Jahre 1996 hat die FIPA ein umfangreiches Regelwerk veröffentlicht [FIP97]. Es umfaßt 7 Teile, deren Bedeutung in Tabelle 3.6 zusammengefaßt ist. Die in Teil 1 beschriebene Agentenplatt-

	Titel	Bedeutung
Teil 1	Agent Management	Definition einer Agentenablaufumgebung
Teil 2	Agent Communication Language	Kommunikationssprache zur Agentenkooperation
Teil 3	Agent/Software Integration	Einbindung bestehender Sofware in Agentensysteme
Teil 4	Personal Travel Assistance	Agentenbasierte Anwendung zur Reiseplanung
Teil 5	Personal Assistant	Ansätze zur Gestaltung der Mensch-Agenten-Schnittstelle
Teil 6	Audio/Video Entertainment and Broadcasting	Methoden der Suche und Filterung von Informationen, z.B. im Internet
Teil 7	Network Management and Provisioning	Bereitstellung multimedialer Kommunikationsdienste durch Agenten

form entspricht mit ihren Grundansätzen einer Ablaufumgebung für verteilte Anwendungen (vgl. ODP, Abschnitt 3.5). Einen gewichtigen Teil der Arbeit nimmt die Definition einer Interagenten-Kommunikationssprache ein. Sie wird in Kapitel 5 noch genauer erläutert. In vorliegender Arbeit wurden die FIPA-Sprachkonventionen übernommen, um die konzipierten Agenten FIPA-konform zu gestalten.

Für die folgende Bewertung ist der siebte Teil der FIPA-Spezifikationen (Network Management and Provisioning) besonders interessant. Sein Schwerpunkt liegt auf der Bereitstellung von multimedialen Kommunikationsdiensten. Die hierzu nötigen Steuerungsaufgaben werden durch Agenten vorgenommen. Vorteile erhofft man sich von deren Verhandlungsfähigkeit. So verhandeln Teilnehmeragenten (TA), Dienstbetreiberagenten (DBA) und Netzbetreiberagenten (NBA) jeweils im Sinne ihrer Eigner über die Ressourcen und die Ausgestaltung des optimalen Kommunikationsdienstes. Zugrunde liegt den Agentenverhandlungen das Kontraktnetz-Protokoll [DS83]. Es formalisiert einen einstufigen Ausschreibungsprozeß, in dessen Verlauf ein Agent als Auftraggeber Angebote anderer Agenten für eine ausgeschriebene Aufgabe einholt und sich nach Ablauf einer festgelegten Frist für das beste Angebot entscheidet.

Abbildung 3.6 zeigt das funktionale Modell der agentenbasierten Dienststeuerung gemäß den FIPA-Vorschlägen. Die Darstellungsweise wurde dabei früheren Abbildungen angepaßt, um eine Vergleichbarkeit der unterschiedlichen Ansätze zu gewährleisten. Zugrunde liegt ihr ein simpler Zweiteilnehmerruf, anhand dessen Aufbau die im einzelnen ablaufenden Verhandlungsvorgänge verdeutlicht werden sollen. Sie werden zwischen den folgenden Agenten geführt:

Teilnehmeragenten: Dem eigentlichen Rufaufbau vorgelagert ist eine Verhandlung zwischen Teilnehmeragenten. In ihremVerlauf werden Endgeräteigenschaften auf ihre Kompatibilität hin überprüft und Qualitätsansprüche der Teilnehmer abgeglichen.

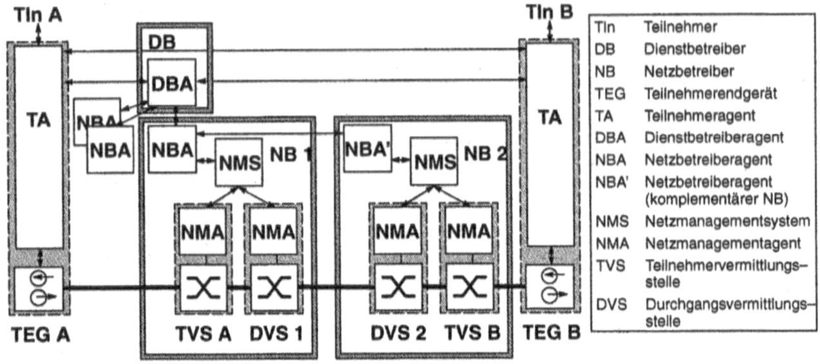

Abbildung 3.6: Dienststeuerung gemäß FIPA

Initiierender Teilnehmeragent und Dienstbetreiberagent: Liegt ein Konsens über den endgültigen Rufwunsch vor, so wird dieser als Auftrag an mehrere Dienstbetreiber gerichtet. Die zurückkommenden Angebote werden durch den initiierenden Teilnehmeragenten ausgewertet und führen zur Auswahl des kostengünstigsten Dienstbetreibers.

Dienstbetreiberagent und Netzbetreiberagenten: Zur Realisierung eines Rufes sind Netzverbindungen erforderlich. Damit ein Dienstbetreiber Angebote für einen Rufaufbauauftrag abgeben kann, muß er zuvor in Verhandlung mit mehreren Netzbetreibern treten. Offen bleibt, inwieweit hier eine Bündelung vorgenommen wird, d.h. ob sich die Netzbeteiberangebote auf einzelne oder auf die Gesamtheit aller Verbindungen eines Rufes beziehen.

Netzbetreiberagenten: nicht in jedem Fall wird der vom Dienstbetreiber ausgewählte Netzbetreiber alle Teilnehmer erreichen. Über Verhandlung mit komplentären Netzbetreiberagenten (NBA') bestimmt er jene Netzbetreiber, die die fehlenden Verbindungsabschnitte zu den besten Konditionen anbieten. Hierbei ist eine rekursive Fortsetzung möglich.

In Abbildung 3.6 sind nur die Ressourcen des Netzbetreibers dargestellt, der als Sieger aus dem Ausschreibungsprozeß hervorgegangen ist und die des benötigten komplementären Betreibers (NPA'). Die Abfragen nach dem Belegungszustand von Vermittlungseinrichtungen, die Reservierung und die Belegung von Ressourcen erfolgen über das Netzmanagementsystem (NMS) eines Betreibers.

Bewertung

Oberflächlich betrachtet erscheint die Grundidee sehr verlockend, durch Verhandlungsvorgänge die Wettbewerbssituation auf dem Telekommunikationsmarkt besser auszunutzen. Bedauerlicherweise werden im FIPA-Ansatz einhergehende Schwierigkeiten, beispielsweise Signalisierungslast oder Zeit- und Rechenaufwand nicht berücksichtigt. Angesichts des zu erwartenden Aufwandes erscheint es fraglich, ob einzelne Teilnehmer für einen multimedialen Basisdienst in direkte Verhandlung mit Dienst- bzw. Netzbetreibern treten sollten oder ob nicht, wie in vorliegender Arbeit, eine Beschränkung auf die bestmögliche Vermittlung von bestehenden Betreiberangeboten sinnvoller ist.

Beim Entwurf der FIPA-Architektur wurde explizit von getrennten Betreibern auf Dienst- und Netzebene ausgegangen. Dies wird anhand zweier Eigenschaften besonders deutlich. Zum einen wurden getrennte Agenten definiert, die im Auftrag von Dienst- oder Netzbetreibern handeln. Zum anderen wurde besonderer Wert auf deren Interoperabilität gelegt. Die Schnittstelle zwischen beiden Agententypen ist offengelegt. Sie umfaßt die Nachrichtentypen der FIPA-Sprachdefinition zur Verhandlung. Der „Verhandlungsgegenstand Multimedaruf" bildet den Inhalt der Agentennachrichten und wird über vordefinierte Diensttypen beschrieben. Nicht diskutiert wird allerdings die Abrechnung von Diensten bei getrennten Betreibern auf Dienst- und Netzebene.

Vorteilhaft erscheint die Unabhängigkeit der Verbindungssteuerung im Netzbetreiberagenten von den Übermittlungseinrichtungen. Dies gestattet den Einsatz unterschiedlicher Übermittlungsprotokolle.

Zur Beschreibung eines Kommunikationsdienstes durch den Teilnehmeragenten werden vier Diensttypen definiert: Video-, Sprach-, Datendienste und Videokonferenzdienste. Erstere sind auf zwei Teilnehmer begrenzt, lediglich der Konferenzdienst erlaubt die direkte Eingabe mehrerer Teilnehmer. Ähnlich unzureichend ist die Behandlung von Mehrverbindungsrufen. Verbindungen unterschiedlicher Diensttypen können nicht gemeinsam angefordert werden. Dies ist lediglich indirekt beim Videodienst möglich und setzt entsprechende integrierte Kodierverfahren (Video + Audio) voraus. Nicht vorgestellt wird, wie die Steuerung multimedialer Dienste im Dienstbetreiberagenten erfolgt.

Die definierten Kommunikationsdienste sollen auch zwischen heterogenen Endgeräten möglich sein. Nicht geklärt wird allerdings, wie Kodierungs- und Protokollunterschiede ausgeglichen werden. Konverter werden weder als vermittlungsknoteninterne noch als zusätzliche Einheiten erwähnt. Besitzen Endgeräte keine Mehrfachanschlüsse, so sind Konferenzbrücken zum Mischen von Informationsströmen erforderlich. Auf sie wird weder auf Dienst- noch auf Netzebene eingegangen.

Zur Feststellung von Endgeräteeigenschaften und zum Abgleich unterschiedlicher Teilnehmerwünsche kommunizieren die Teilnehmeragenten direkt miteinander. Die erforderliche Verhandlungsfunktionalität erhöht die Komplexität der Endgeräte und widerspricht den ursprünglichen Absichten der FIPA-Architektur, auch einfachste Endgeräte zu unterstützen. Angesichts der Vorteile, die ein zentralisierter Teilnehmerabgleich diesbezüglich und auch in punkto Signalisierungsaufkommen bietet (vgl. Abschnitt 4.2.2), erscheint es sinnvoll, die zugehörigen Funktionen in den Dienstbetreiberagenten zu verlagern.

Die Verhandlung zwischen Teilnehmer- und Dienstbetreiberagent soll sich laut FIPA-Anforderungsbeschreibung auf Qualitäts-, Preis- und Zeitaspekte eines Rufes erstrecken können. In der Rufspezifikation sind aber lediglich Qualitätsparameter vorgesehen, Zeit- bzw. Preisattribute fehlen. Darüber hinaus beschränken sich erstere auf netznahe Parameter. Explizit verwiesen wird auf die QoS-Parameter der ATM-Übermittlungsdienste. Benutzernahe, abstrakte Qualitätsangaben fehlen ebenso, wie die zugehörigen Abbildungsfunktionen.

Der DBA erlaubt eine teilnehmerseitige Preisabfrage zu einem übermittelten Rufwunsch. Dies entlastet den initiierenden Teilnehmer. Durch Agentenabfrage kann er sich einen Überblick über die Preise unterschiedlicher Rufrealisierungen verschaffen, umfangreiche Tarifkenntnisse werden so nicht vorausgesetzt. Interessierende Realisierungsalternativen eines Rufes müssen allerdings durch den Teilnehmer einzeln spezifiziert und abgefragt werden. Dies entspricht einer wiederholten Rufanforderung mit geänderten Rufattributen. Die Forderung nach komfortableren, netzinternen Lösungen gemäß Abschnitt 2.7.2 wird damit nicht erfüllt.

Kritisch erscheinen auch die Vorgänge, die jede Preisabfrage nach sich zieht. Der Dienstbetreiberagent tritt in Verhandlung mit mehreren Netzbetreiberagenten. Jeder einzelne davon reserviert im Netz des zugehörigen Netzbetreibers die für den angefragten Ruf benötigten Ressourcen. Mit jeder Preisabfrage, die ja nicht zwingend zu Etablierung eines Rufes führen muß, sind eine Vielzahl unnötiger Ressourcenbelegungen verbunden.

Insgesamt erscheint die FIPA-Spezifikation noch zu wenig ausgearbeitet. Es wird zwar ein umfangreicher Anforderungskatalog formuliert, für die meisten der genannten Anforderungen fehlt es aber an Lösungansätzen in Form von konkreten Steuerungsverfahren.

3.7 Agentenbasierte Steuerung virtueller Firmennetze

1995 wurde durch das Unternehmen British Telecom eine verteilte, agentenbasierte Netzmanagementanwendung zur Einrichtung und Steuerung von Verbindungen virtueller Firmennetze als Patent angemeldet [BPCY94]. Grundlage bildet das Kommunikationsnetz eines Netzbetreibers (siehe Abbildung 3.7). Jeder Vermittlungsknoten wird durch einen Agenten verwaltet, der den Namen

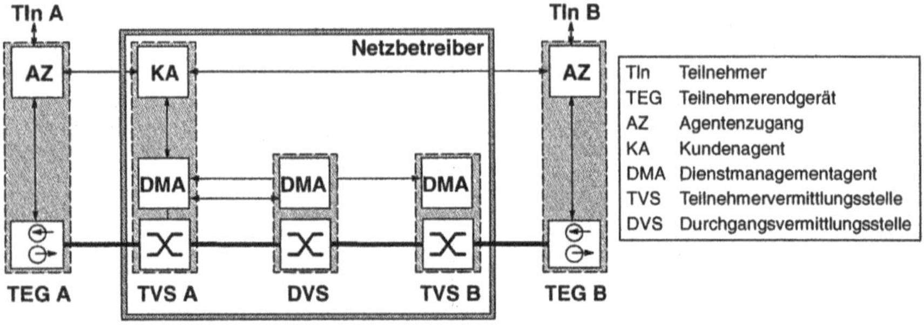

Abbildung 3.7: Agentenbasierte Steuerung virtueller Firmennetze

Dienstmanagementagent (DMA) trägt. Leitungsabschnitte zwischen den Knoten sind durch einen bandbreitebezogenen Kostenterm gekennzeichnet, der sich aus ihrem aktuellen Belegungszustand ergibt. Die Addition der Leitungsabschnittskosten ergibt den Preis einer Verbindung.

Über einen Kundenagenten (KA) können Ende-zu-Ende-Übermittlungsdienste zwischen beliebigen Knoten angefordert werden. Jeder beim KA angeforderte Übermittlungsdienst beinhaltet neben den Endknoten auch Kundenanforderungen bezüglich Preis, Bandbreite und Qualität der Verbindung. Der KA vermittelt zwischen Kunden und Netzbetreiber. Hierzu fordert er zunächst den initialen Dienstwunsch bei einem zugeordneten DMA an. Mehrere Dienstmanagementagenten kooperieren daraufhin, um über einen verteilten Algorithmus eine Verbindungswegeführung zu ermitteln, die allen Kundenanforderungen gerecht wird. Ist dies nicht möglich, läßt sich beispielsweise der gewünschte Preis nicht einhalten, so nimmt der KA weitere Versuche mit schrittweise reduzierter Bandbreite vor. Vorraussetzung ist, daß der Dienstnutzer entsprechende Degradationen zuläßt.

Bewertung

Die vorgestellte Managementanwendung weist eine Reihe von Einschränkungen auf, die ihren Einsatz zur Steuerung von Multimediadiensten in vorliegender Ausgangssituation ungeeignet erscheinen läßt. In erster Linie ist die Beschränkung auf einen Netzbetreiber zu nennen. Für eine Verbindung werden nur Ressourcen eines Betreibers genutzt. Auf diese Weise kann ein Dienstnutzer von der Wettbewerbssituation zwischen unterschiedlichen Netzbetreibern nicht profitieren. Der Kundenagent handelt zwar im Auftrag des Kunden, wird aber durch einen Netzbetreiber bereitgestellt, ist folglich keinesfalls unabhängig.

Darüber hinaus beschränken sich die angebotenen Dienste auf einfache Punk-zu-Punkt-Verbindungen. Mehrpunktverbindungen und Mehrverbindungsrufe werden nicht unterstützt. Mangels fehlender Möglichkeiten, Endgeräteeigenschaften bei der Dienstanforderung anzugeben, kann des weiteren davon ausgegangen werden, daß nur kompatible Endgeräte miteinander verbunden werden können. Die genannten Punkte bewirken, daß Konverter oder Konferenzbrücken als zusätzliche Netzressourcen nicht betrachtet werden müssen. Zusammen mit der Tatsache, daß Qualitätsanforderungen an eine Verbindung nur eine untergeordnete Rolle spielen, hat dies zur Folge, daß die

Wegewahlverfahren der DMA sehr einfach gehalten werden können.

Die Berechnung einer optimalen Wegeführung läuft für jede angeforderte Verbindung neu ab. Dies verzögert den Verbindungsaufbau erheblich und würde insbesondere dann problematisch werden, wenn nicht Verbindungen länger bestehender virtueller Firmennetze, sondern Gespräche einzelner öffentlicher Kunden mit engeren Anforderungen an die maximale Rufaufbauzeit geschaltet werden müßten. Gleiches gilt für den Fall multimedialer Rufe aufgrund der dort benötigten komplexeren Wegewahlverfahren.

Interessant erscheint das BT-Patent aus folgendem Grund. Durch die Möglichkeit, beim Rufaufbau zusätzlich Preisvorgaben machen zu können, erhöht sich zunächst das Risiko einer Rufablehnung. Waren bisher nur belegte Netzressourcen ein Grund, so kommt nun auch dann ein Ruf nicht zustande, wenn sein Preis zu hoch ist. Durch Abschwächung anderer Rufeigenschaften, hier der geforderten Bandbreite, kann eine flexiblere Reaktion erreicht werden. Der Dienstnutzer gibt dabei nur den Rahmen akzeptierter Änderungen vor, alles weitere wird vom Kundenagent autonom erledigt. Darin kommt sein Agentenscharakter zum Ausdruck. Offen bleibt allerdings, wie dieser Ansatz auf komplexere Dienste erweitert werden könnte.

3.8 Zusammenfassung

Die vorangegangenen Untersuchungen zeigen deutlich, daß die Anforderungen, die der betrachtete, zukünftige TK-Markt an eine Steuerung von Multimediadiensten stellt, durch bestehende Ansätze nur begrenzt erfüllt werden können. Die Anzahl der abgedeckten Anforderungen variiert dabei erheblich. Die von der ITU-T empfohlene Signalisierung für das B-ISDN weist in erster Linie Mängel bei der Bereitstellung der für Multimediadienste geforderten Funktionalität und bei der Dienstspezifikation an der Teilnehmernetzschnittstelle auf. Die Ursache dafür ist im verwendeten, auf das Schmalband-ISDN zugeschnittene Rufmodell zu sehen. Gleiches gilt für die Ansätze des Intelligenten Netzes (IN) und seine multimedialen Erweiterungen.

Eine weitere Schwierigkeit stellt die Unterstützung getrennter Betreiber und der dazu erforderlichen Modularisierung der Netzdienste dar. Hier zeichnet sich durch die Trennung von Ruf- und Verbindungssteuerung in der zweiten Ausbaustufe (CS 2) der B-ISDN-Signalisierung ein erster Lösungsansatz ab. Er wird in der Signalisierungarchitektur MAGIC erweitert und in AMSA durch die Offenlegung der Zugangsschnittstellen zwischen den Steuerungsebenen komplettiert. Beide Signalisierungsarchitekturen zeichnen sich ferner durch das verwendete objektorientierte Rufmodell aus, welches die flexible Eingabe und Steuerung komplexer Multimediarufe unterstützt.

Die zunehmende Differenzierung der Netzdienste und Freiheit der Betreiberauswahl werden in bestehenden Ansätzen nur unzureichend berücksichtigt. Noch am ehesten geeignet erscheint diesbezüglich die Dienststeuerung TINA. Die Steuerungsmodule der TINA-Netzebene schaffen den konzeptionellen Rahmen für eine netzbetreiberübergeordnete und -übergreifende Auswahl von Netzressourcen, Mängel der Funktionsaufteilung und Einzelheiten der Verbindungssteuerung verhindern aber deren tatsächliche Realisierung.

Sie steht im Vordergrund der in dieser Arbeit entwickelten Dienststeuerung. Neben der Allokation von Übermittlungsressourcen spielt dabei die Lokalisierung von Spezialressourcen, wie sie bei MAGIC und AMSA eingeführt wurden, eine wichtige Rolle. In gleichem Maße wird auf die Unterstützung der Dienstnutzer geachtet. Durch den Rufagenten bleiben letzteren die komplexen Vorgänge der Ressourcenebene verborgen. Er trägt ferner durch Rufalternativen zu einer Flexibilisierung der Rufsteuerung bei, wie sie in allerersten Ansätzen der FIPA und Patenten von BT zu erkennen sind. Die vorgestellten Konzepte der Ruf- und Ressourcensteuerung sind unabhängig von der eingesetzten Übermittlungstechnik auf Verbindungsebene. Sie können insbesondere auch in einem zukünftigen Internet angewandt werden.

Kapitel 4

Die agentenunterstützte Dienststeuerung im Überblick

Wie in den zurückliegenden Kapiteln gezeigt, resultieren aus einer weitergehenden Liberalisierung des TK-Marktes zahlreiche neue Anforderungen an die Steuerung von Multimediadiensten, die in bestehenden Ansätzen allenfalls in geringem Umfang berücksichtigt wurden.

Die im Rahmen dieser Arbeit entwickelte Dienststeuerung AUREUS (Agentenunterstützte Ressourcenallokation und Steuerung von Multimediadiensten) verfolgt die Zielsetzung, diesen zukünftigen Erfordernissen in vollem Umfang gerecht zu werden. Ihre Grundkonzepte bilden den Inhalt vorliegenden Kapitels. Eine detaillierte Beschreibung und Diskussion der wesentlichen Neuerungen bezüglich Signalisierung, Funktionsumfang der Dienststeuerung und eingesetzter Verfahren erfolgt in den Kapiteln 5 und 6.

Im Kapitelaufbau spiegelt sich der Entstehungsprozeß von AUREUS wider. Ausgangspunkt bildet das Modell der Dienststeuerung nach dem Vorbild einer idealisierten Agentur. Seine Bestandteile, die Agenten, nehmen Rollen wahr, die die grundlegenden Steuerungsfunktionen und deren Zusammenspiel begründen. Es folgt die Umsetzung der Modellvorstellung in eine modulare Steuerungsarchitektur. Hier wird deutlich, wie der dreischichtige Steuerungsaufbau und die offengelegten Zugriffsschnittstellen der Steuerungsebenen die Voraussetzungen für die geforderte Aufteilung der Steuerungsfunktionen auf unterschiedliche Anbieter (Marktakteure) schaffen. Darüber hinaus wird aufgezeigt, welche innere Stuktur der einzelnen Steuerungsebenen vor dem Hintergrund einer effizienten Durchführung der Steuerungsfunktionen sinnvoll ist. Die resultierenden Steuerungsinstanzen, ihre Funktionalität und Interaktion werden im letzten Kapitelabschnitt eingeführt und anhand eines Beispiels verdeutlicht.

4.1 Modellierung der Dienststeuerung

Um die Neuerungen der agentenunterstützten Dienststeuerung zu veranschaulichen, eignet sich ein Steuerungsmodell. Es definiert die wesentlichen Bestandteile der späteren Steuerungsarchitektur und dient als Diskussiongrundlage für Problemstellungen, die das Zusammenspiel dieser Bestandteile betreffen. Dem anschaulichen Charakter der Grundidee vorliegender Arbeit folgend, wird einer ebensolchen Modellierungsmethode der Vorzug vor einer formalen Modellierung gegeben.

4.1.1 Agentenbasierte Modellierungsmethode

Softwareagenten werden in den unterschiedlichsten Anwendungsbereichen erfolgreich zur Modellierung komplexer Steuerungssysteme eingesetzt[1]. Daher wird in ihnen vielfach ein mächtiges

[1] Eine Kurzübersicht findet sich in [WJ95b]. Aktuelle Anwendungsbereiche werden in der jährlich stattfindenden PAAM-(Practical Application of Intelligent Agents and Multi-Agent-Technology)-Konferenz vorgestellt.

Strukturierungs- und Modellierungskonzept gesehen [Woo97]. Im Kern basiert die Modellierung durch Agenten auf der Identifikation von chararakteristischen Rollen in dem zu modellierenden System [Sun93]. Sie sind durch abgrenzbare Ziele und Verhaltensweisen gekennzeichnet. Jedem Agent ist eine spezifische Rolle zugeordnet, er kapselt dabei die notwendigen Aktionsmuster, Wissensbestandteile und Wissenserwerbsmethoden, um seiner Rolle gerecht zu werden. Die Prinzipien der Rollenorientierung und Kapselung sind verantwortlich für eine Reihe der folgenden Vorzüge der agentenbasierten Modellierungsmethode.

4.1.1.1 Abstraktheit

Rollen, die ein Agent verkörpert, fassen eine Vielzahl von Einzelfunktionalitäten zusammen. Auf diese Weise lassen sich hochgradig abstrakte Modelle erstellen, in denen oft wenige Agenten ausreichen, um das grundlegende Verhalten komplexer Systeme nachzubilden. In dem Ausmaß der Abstraktheit und Zusammenfassung geht die agentenbasierte Modellierung dabei stark über die objektorientierte Modellierung hinaus. Beispielsweise läßt sich ein neuartiges, flexibles Fertigungskonzept über lediglich zwei Agentenrollen beschreiben [Hah96].

Softwaretechnisches Grundverständnis läßt einen die Vorteile abstrakter Modellierung schnell erkennen. Klassische Ansätze, beispielsweise das Wasserfallmodell von Boehm [Boe81], unterteilen den Software-Entwicklungsprozeß in die Phasen Design, Entwurf, Implementierung und Integration. Besonders die Designphase profitiert von der Übersichtlichkeit abstrakter Modelle: die Konzentration auf wenige Modellelemente erleichtert es, konzeptionelle Problemstellungen aufzudecken und verschiedene Ansätze zu deren Lösung aufzustellen und zu untersuchen. Im praktischen Einsatz hat sich gezeigt, daß aus dem Zusammenwirken weniger Agenten im Modell wichtige Rückschlüsse auf das Verhalten des realen Systems gewonnen werden können, die andere Modellierungsmethoden nur mit wesentlich höherem Aufwand ermöglichen [Sun93].

Auch in den weiteren Phasen der Softwareentwicklung ist die Abstraktheit der agentenbasierten Systemmodellierung von Vorteil. Insbesondere dann, wenn sie mit einer strikten Kapselung der Funktionalität und in der Folge semantisch klaren und oft auch einfachen Schnittstellen einhergeht. Während der Entwurfsphase gelingt so in natürlicher Weise die Umsetzung des Systemmodells in eine modulare Programmstruktur [Woo97, Bur98], die eine einfachere Implementierung und Testphase nach sich zieht.

Die genannten Vorteile kamen bei der Entwicklung und Implementierung der Dienststeuerung zum Tragen. Das relativ einfache, aus lediglich drei Agentenrollen bestehende Agenturmodell fördert die Diskussion und Lösung grundlegender Problemstellungen und erlaubt die direkte Umsetzung in eine modulare Systemarchitektur.

4.1.1.2 Intuitive Vorgehensweise

Rollen, die ein Agent wahrnimmt, orientieren sich häufig an typischen menschlichen Verhaltensweisen. Deren, aus Alltagssituationen bekanntes Zusammenwirken bildet in der Folge das Vorbild für die Funktionsweise technischer Syteme. Bekannt wurde die agentenbasierte Modellierungsmethode durch Shoam [Sho93b]. Sie fördert eine intuitive Vorgehensweise, deren wesentlicher Vorteil in der Ähnlichkeit zu bekannten Formen menschlicher Interaktion besteht. Die damit verbundenen Vergleichs- bzw. Transfermöglichkeiten erleichtern den Systementwurf, insbesondere das Erkennen und Verbessern konzeptioneller Schwachpunkte [Bur98].

Aus softwaretechnischer Sicht ist die Definition von universellen Rollentypen und Agentenbibliotheken vor allem hinsichtlich der Wiederverwendbarkeit interessant. Ein häufig wiederkehrender Rollentyp ist beispielsweise der eines Maklers oder Brokers.

Mit Hilfe einer modalen Logik wurde der Versuch unternommen, die agentenbasierte Modellierungsmethode zu formalisieren. Das Verhalten eines Agenten ist dabei Resultat seiner Wünsche (Desire) und seines Wissens über seine Umwelt (Beliefs). Es bildet sich dynamisch auf Handlungsabsichten

(Intentions) ab, die der Agent im Zusammenspiel mit anderen Agenten zu realisieren versucht. Die Komplexität der enstandenen BDI-Logik (Belief, Desire, Intention [RG95]) führt dazu, daß agentenbasierte Modelle rasch ihren intuitiven Charakter einbüßen. In der Folge geht auch der anschauliche Charakter von Transferlösungen verloren. Die hier vorgestellte Systemmodellierung verzichtet daher auf eine Formalisierung mittels BDI-Logik.

4.1.1.3 Benutzernahe Modellierung

In zahlreichen Projekten steht die Kooperation eines Agenten mit einem Menschen im Vordergrund [Mac94, Lie95, CM96, SM95]. Für ersteren hat sich daher der Begriff des Benutzeragenten (User Agent oder Userbot [KSC94]) eingeprägt. Mit ihnen ist die Vorstellung eines elektronischen Dieners verbunden, der Routineaufgaben übernimmt, Entscheidungsunterstützung gewährt und proaktiv eigene Vorschläge unterbreitet. Diese Metapher nährt die Hoffnung, daß eine agentenbasierte Systemkonzeption sich wesentlich stärker an den Anforderungen des menschlichen Systemnutzers orientiert, als an der reinen technischen Machbarkeit [RM94]. Zweifelsohne zwingt die Erstellung eines Benutzeragenten dazu, sich intensiv mit den Anforderungen des potentiellen Nutzers auseinanderzusetzen. Gleichwohl wird deutlich vor überzogenen Erwartungen an die Leistungsfähigkeit von Agenten gewarnt [Nor94].

Die Komplexität und Dynamik eines zukünftigen TK-Marktes macht zahlreiche teilnehmerunterstützende Funktionen innerhalb einer Dienststeuerung erforderlich. Insbesondere die proaktive Erarbeitung verschiedener Realisierungsalternativen eines Multimediarufes stellt eine typische Agentenaufgabe dar. Daher empfiehlt sich die Modellierung teilnehmernaher Systemeinheiten als Benutzeragent.

4.1.1.4 Verteilte Systemmodellierung und erweiterte Client-Server-Kooperation

Agentenbasierte Systemmodelle bestehen üblicherweise aus mehreren Agenten (Multiagentensysteme [WJ95b]). Die einhergehende Aufgabenverteilung fördert die Skalierbarkeit und Ausfallsicherheit abgeleiteter Systemarchitekturen.

In Multiagentensystemen kooperieren die Agenten auf der Grundlage des Client-Server-Prinzips [Gei95]. Sie agieren als Auftraggeber (Client) oder Auftragnehmer (Server). Eine Interaktion ist nicht auf andere Agenten beschränkt, sie schließt menschliche Auftraggeber und andere technische Systeme als Auftragnehmer ein. Der Zugang zu letzteren erfolgt über sogenannte Agent-Wrapper (vgl. Abschnitt 6.4.4).

Neben der reinen Auftragsvergabe sind eine Vielzahl weiterer Kooperationsmechanismen denkbar. Eine erste Auswahl wurde von der FIPA (vgl. Abschnitt 3.6) standardisiert. In vorliegender Arbeit besonders wichtig ist die unverbindliche Anfrage auftragsbezogener Informationen und die Anforderung verbindlicher Angebote für die Auftragsbearbeitung.

Die Standardisierung von Agentenkooperationen vermag die Entwicklung von Multi-Agenten-Systemen zu beschleunigen. Grundvoraussetzung ist eine strukturierte Kommunikationssprache mit semantisch eindeutigen Sprachprimitiven. Derzeit bemüht sich die FIPA um eine Zusammenführung der zahlreichen existierenden Sprachansätze [GK94]. Die enstehende Agenten-Kommunikationssprache bildet eine wichtige Grundlage vorliegender Arbeit (vgl. Abschnitt 5.3.4).

Weitere Vorteile agentenbasierter Modellierung sind in den Ansätzen für einen strukturierten inneren Aufbau eines Agenten zu sehen. Levy beispielsweise beschreibt das Verhalten von Agenten durch einen Arbeitszyklus [Lev89]. Er durchläuft die Stufen Perzeption, Planung und Aktion. Die erste Stufe wird über Sensorfunktionen angeregt, mit denen der Agent sein äußeres Umfeld wahrnimmt. In der letzten Stufe wirkt der Agent durch seine Handlungen auf dieses Umfeld ein. In der zwischenliegenden Planungsphase werden aus wahrgenommenen Umweltänderungen und agenteneigenen Zielvorgaben die passenden Aktionen ermittelt. Im Falle Intelligenter Agenten kommen Techniken der Forschungsrichtung Künstliche Intelligenz (KI) zum Einsatz [WJ95a], beispielsweise die explizite Repräsentation von Agentenwissen und Inferenzverfahren zur Deduktion von Agentenaktionen. Insbesondere bei zeitkritischen Anwendungen wird vom Einsatz von KI-Techniken abgeraten [Bro91]. Die Steuerung von Kommunikationsdiensten ist in hohem Maße zeitkritisch. Der Einsatz von KI-Techniken ist daher im Rahmen vorliegender Arbeit wenig geeignet.

4.1.2 Das Agenturmodell der Dienststeuerung

In Grenzen läßt sich der Aufbau eines Telekommunikationsdienstes vergleichen mit dem Erwerb komplexer Produkte oder Dienstleistungen. Angenommen ein Kunde möchte ein für seine Anwendungen maßgeschneidertes Rechnersystem erwerben, plant eine aufwendige Reise oder möchte ein Aktienportfolio gemäß seinen finanziellen Mitteln und seiner Risikobereitschaft zusammenstellen. Einerseits werden Standardlösungen, so sie denn existieren, die spezifischen Anforderungen des Kunden nur teilweise befriedigen, andererseits wird es ihm an der Kenntnis aller Angebote und an der Expertise bei der Auswahl geeigneter Produktkomponenten fehlen. In diesem Fall wird der Kunde ein Fachgeschäft, ein Reisebüro oder eine Finanzberatung aufsuchen, um dort eine Art Makler zu Rate zu ziehen, etwa einen Rechnerfachhändler, einen Reisekaufmann oder einen Wertpapierberater.

Verallgemeinert man die aufgeführten Beispiele, so lassen sich mit Kunden, Maklern und Anbietern drei Personengruppen ausmachen, die maßgeblich am Erwerb komplexer Produkte oder Diensteistungen beteiligt sind. Ihre Zielsetzungen, ihr Wissen und die resultierenden Verhaltensweisen definieren drei abstrakte Rollen: eine Kunden-, eine Makler- und eine Anbieterrolle. Die Einrichtung, in der alle drei Personengruppen zusammentreffen, wird mit dem Oberbegriff Agentur bezeichnet.

Im Zentrum der Anforderungen an eine zukünftige Dienststeuerung stehen vergleichbare beratende, vermittelnde und unterstützende Aufgaben (vgl. Abschnitt 2.7). Aus diesem Grund liegt ein Modell der Dienststeuerung nahe, welches sich am Vorbild einer Agentur orientiert. Es wird als Agenturmodell bezeichnet und ist in Abbildung 4.1 dargestellt. Die Funktionsweise der Dienststeuerung wird

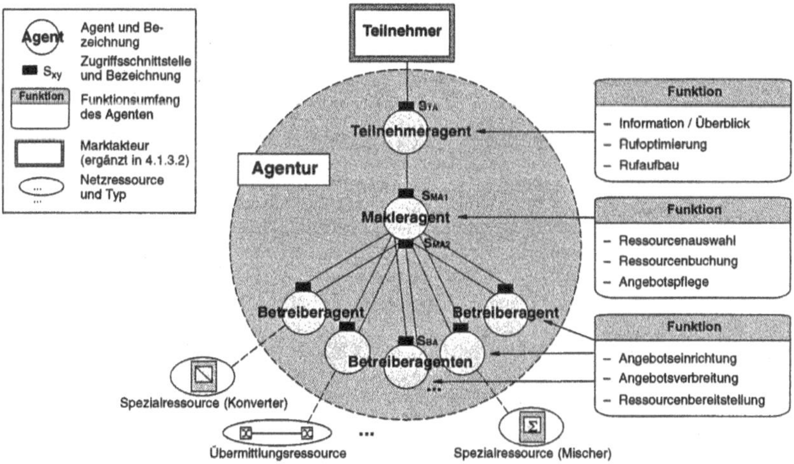

Abbildung 4.1: Das Agenturmodell der Dienststeuerung

durch die Kooperation dreier Arten von Agenten modelliert: Teilnehmeragent, Makleragent und Betreiberagent. Sie nehmen oben geschilderte Kunden-, Makler- und Anbieterrollen wahr. In der Namensgebung der Agenten spiegelt sich die Zuordnung zu den Akteuren des TK-Marktes wider, in dessen Auftrag sie handeln. Eine Sonderstellung nimmt der Makleragent ein. Er steht für eine neuartige Funktionalität. Seine Zuordnung zu einem Marktakteur wird erst später erläutert (Abschnitt 4.1.3.2).

In den folgenden Abschnitten werden zunächst die wichtigsten Fähigkeiten der Agenten genauer erklärt. Dabei wird der Transfergedanke des agentenbasierten Modelles deutlich. Zahlreiche neue Steuerungsfunktionalitäten werden durch die Analogie zu den Vorgängen bei einer Reiseplanung motiviert. Anschließend wird auf die grundlegenden Problemstellungen bei der Kooperation der Agenten eingegangen.

4.1.2.1 Teilnehmeragent

Der Teilnehmeragent ist elektronischer Stellvertreter des rufinitiierenden Teilnehmers. Er handelt als dessen Auftragnehmer. Auftragsgegenstand ist ein MM-Dienst bzw. dessen Realisierung als MM-Ruf. Er wird über die Schnittstelle S_{TA} angefordert. Der Teilnehmeragent übernimmt planerische Tätigkeiten, die in anderen Fällen ein Kunde selbst verrichten würde, der Initiator eines MM-Dienstes aber aus technischen Gründen oder Aufwandsgründen nicht wahrnehmen kann oder will.

In Analogie zur Reiseplanung lassen sich drei Grundaufgaben unterscheiden:

Vorplanung - Überblick über Realisierungsmöglichkeiten: Hat ein Reisewilliger mangels Kenntnis aktueller Preise nur grobe Vorstellungen über seine Reise, so wird er sich zunächst einen Überblick über verschiedene Gestaltungsmöglichkeiten verschaffen. Sind in Anlehnung daran von einem MM-Dienst als Mindestvoraussetzung nur die partizipierenden Teilnehmer bekannt, so besteht eine erste Aufgabe des Teilnehmeragenten darin, einen Überblick über die Realisierungsmöglichkeiten des Dienstes hinsichtlich Nutzungsgebühr und Dienstqualität zu erarbeiten und diese dem Teilnehmer in angemessener Form zu präsentieren. Hierbei eingeschlossen ist die Verständigung mit partizipierenden Rufteilnehmern, um deren Anforderungen berücksichtigen zu können.

Zur Erfüllung seiner Aufgaben kooperiert der Teilnehmeragent mit dem Makleragenten (Schnittstelle S_{MA1}). Dieser besitzt die Fähigkeit zur Ressourcenauswahl. Er liefert auf Anfrage die Rufeigenschaften zurück, die auf der Grundlage der Netzressourcen zu verwirklichen sind.

Optimierung einer Realisierungsmöglichkeit: Sind die Vorstellungen eines Reisewilligen präziser, hat er beispielsweise konkrete Anforderungen an den maximalen Reisepreis, so wird er versuchen, die Reisemöglichkeit zu finden, die unter Einhaltung obiger Randbedingung andere Reiseeigenschaften optimiert. Vergleichsweise handelt der elektronische Stellvertreter des initiierenden Teilnehmers im Falle eines Multimediarufes. Gibt letzterer eine Obergrenze für die Nutzungsgebühr vor, so ermittelt der Teilnehmeragent nach einer ihm innewohnenden Strategie schrittweise Realisierungsalternativen mit variierenden Anforderungen an die Dienstqualität und gegebenenfalls auch die Ruftopologie und fragt die zugehörige Nutzungsgebühr beim Makleragenten ab.

Im Gegensatz zur erstgenannten, auf die Orientierung des Teilnehmers abzielenden Agentenaufgabe, sind die vom Teilnehmeragenten hier erarbeiteten und angebotenen Realisierungsmöglichkeiten verbindlicher Natur. Dies erfordert eine Reservierung von Netzressourcen (vgl. hierzu Abschnitt 4.3.2.4 und Abschnitt 6.4).

Aufbau, Modifizierung und Abbau von Rufen: Hat der Kunde ein konkretes Angebot erhalten, etwa als Folge der obigen Informationssammlung, so wird er es buchen. Analog dazu gilt folgendes: Besitzt ein Teilnehmeragent aus den vorangegangenen Vorgängen Informationen über mögliche Realisierungsmöglichkeiten, so kann er in Abstimmung mit dem Teilnehmer eine Rufrealisierung in Auftrag geben, die den Anforderungen genügt. Dieser Vorgang wird als Rufaufbau bezeichnet und mündet in die Belegung der benötigten Ressourcen, die Freigabe restlicher Alternativen und die Alarmierung aller Teilnehmer.

Ähnlich wie bei der Umbuchung einer Reise können auch an einem MM-Dienst Änderungen vorgenommen werden, beispielsweise die Hinzunahme von Teilnehmern und Medien. Vor der Durchführung einer solchen Rufmodifizierung kann der Rufinitiator die gleichen Informations- und Optimierungsvorgänge in Anspruch nehmen wie beim Rufaufbau. Ein Sonderfall ist der Rufabbau. Hier erfolgt eine sofortige Freigabe belegter Ressourcen.

4.1.2.2 Makleragent

Im Agenturmodell der Dienststeuerung nimmt der Makleragent die Rolle des Vermittlers zwischen Angebot und Nachfrage wahr. Als solcher ist er für Aufgaben zuständig, die die Betreiberagenten in der Anbieterrolle und den Teilnehmeragenten in der Kundenrolle unterstützen und zusammenführen. Es lassen sich drei wesentliche Aufgaben des Makleragenten identifizieren:

Ressourcenauswahl: Ein Reisewilliger mit konkreten Vorstellungen über die Gestaltung seiner Reise wird sich mangels Kenntnis des Leistungsspektrums einzelner Tourismusdienstleister an einen Reisekaufmann wenden, um aktuelle Einzelheiten zu erfahren. Sind dabei Wünsche des Kunden nicht erfüllbar, so gibt letzterer Hinweise auf die möglichen Ursachen und wirkt auf diese Weise beratend bei der Wahl einer alternativen Reisegestaltung. Gleichermaßen verfährt der Makleragent im Agenturmodell der Dienststeuerung. Über die Schnittstelle S_{MA1} fragt der Teilnehmeragent Einzelheiten über die für einen MM-Ruf benötigte Ressourcenkonfiguration ab. Der Makleragent ist hierzu in der Lage, geeignete Einzelressourcen zu kombinieren. Dieser Prozeß der Ressourcenauswahl ist eine Kernfunktionalität des Makleragenten.

Läßt sich eine gewünschte Ressourcenkonfiguration nicht realisieren, so liefert der Makleragent eine Rückmeldung, welche den Teilnehmeragenten bei der Erstellung einer alternativen Rufrealisierung unterstützt.

Ressourcenbuchung: Die Einwilligung des Reisenden vorausgesetzt, bucht der Reisekaufmann die zur Reise gehörigen Einzelleistungen. Entsprechend verfährt der Makleragent. Die Ressourcenbuchung erfolgt dabei auf der Grundlage obiger Ressourcenauswahl über die Schnittstelle S_{BA} zu den Betreiberagenten. Sie besteht aus zwei Phasen, einer Reservierungs- und einer Belegungsphase. Diese Unterteilung eröffnet die Möglichkeit für eine unterschiedliche Vergebührung. Üblicherweise erhebt ein Netzbetreiber erst in der Belegungsphase Nutzungsgebühren.

Pflege von Ressourcenangeboten: Eine wichtige Aufgabe eines Reisekaufmanns besteht darin, regelmäßig Angebote einzuholen, zu ordnen und zusammenzustellen. Analog hierzu sorgt der Makleragent für die Erfassung von Betreiberangeboten für Übermittlungs- und Spezialressourcen. Hierzu kooperiert er mit Betreiberagenten (Schnittstelle S_{MA2}), nimmt deren Angebote entgegen und führt eine sinvolle Vorverarbeitung durch, um spätere Anfragen zu beschleunigen. Folge der Angebotserfassung ist ein umfassendes und aktuelles Wissen über die im Netz verfügbaren Ressourcen. Es bildet die Grundlage für die Ressourcenauswahl und Ressourcenbuchung.

4.1.2.3 Betreiberagent

Im letzten Abschnitt sollen die Anbieter auf dem TK-Markt, die Netzbetreiber betrachtet werden. Im Agenturmodell handeln Betreiberagenten stellvertretend für die Netzbetreiber. Jeder einzelne Agent übernimmt die Verantwortung für die Angebote der ihm zugeordneten Betreiberressourcen. Im einzelnen sorgt er für die:

Angebotseinrichtung: Neben dem Preis umfaßt ein Ressourcenangebot Bestandteile, die die Qualität einer Ressourcennutzung beschreiben. Ähnlich wie ein Hotelbesitzer logistische Maßnahmen ergreift, um sein Serviceniveau zu garantieren, konfiguriert der Betreiberagent Ressourcen derart, daß die aktuell angebotenen Qualitätseigenschaften eingehalten werden können. Letztere können in beliebigen Zeitabständen geändert werden (vgl. Abschnitt 2.5). Der Betreiberagent ermöglicht durch fortwährende Nachfragebeobachtung eine marktgerechte Gestaltung des Angebots. Die Entscheidung über Angebotsänderungen wird in Kooperation mit dem Netzbetreiber bzw. dessen Netzmanagementsystem getroffen.

Angebotsverbreitung: Der Betreiberagent nutzt die Absatzmöglichkeiten, die die Agentur bietet, indem er die aktuellen Ressourcenangebote an den Makleragenten meldet (Schnittstelle S_{MA2}). Hierzu bestehen Abkommen zwischen den zugeordneten Marktakteuren (vgl. Abschnitt 6.1.3). Zu beachten ist, daß die mit einer Angebotsanpassung verbundenen Betreiberziele (z.B. Mehrgewinne) sich nur umsetzen lassen, wenn der Makleragent eine zügige Aufnahme, Vorverarbeitung und Weiterverbreitung gewährleistet. Ansonsten erhöht sich das Risiko von Nachahmeffekten und von Fehlanpassungen aufgrund einer zwischenzeitlich geänderten Nachfragesituation.

Ressourcenbereitstellung: Soll ein Betreiberangebot wahrgenommen werden, so ermöglicht der Betreiberagent über die Schnittstelle S_{BA} die Reservierung und den Zugriff auf die zugrundeliegenden physikalischen Ressourcen entsprechend den gemeldeten Angebotskonditionen. Um diese während der Ressourcennutzung einzuhalten, greift der Betreiberagent auf qualitätssichernde Maßnahmen, beispielsweise des Verkehrsmanagements, zurück. Darüber hinaus hat der Betreiberagent die Verpflichtung, für bestehende Rufe die zum Augenblick der Anforderung gültigen Konditionen aufrecht zu erhalten und ist nicht zuletzt für einen sicheren Zugriff auf Netzressourcen verantwortlich.

4.1.3 Diskussion von Grundproblemen anhand des Agenturmodells

Mit dem Agenturmodell wurde im vorangegangenen Abschnitt das Modell der in dieser Arbeit entwickelten Dienststeuerung vorgestellt. Der Schwerpunkt der Darstellung lag bisher auf den einzelnen Bestandteilen des Modells, den Agenten. Mit der Festlegung dreier charakteristischer Rollen und den daraus abgeleiteten Agentenaufgaben werden bereits einige der an die Dienststeuerung gestellten Anforderungen abgedeckt. Weitere der in Abschnitt 2.7 aufgeführten Anforderungen können erst durch die Zusammenarbeit der Agenten erfüllt werden. Die Grundkonzepte der Agentenkooperation bilden daher den Schwerpunkt der folgenden Ausführungen.

Bei allen angeführten Fragestellungen erleichtert es die agentenbasierte Modellierung infolge ihrer Abstraktheit und Übersichtlichkeit, grundsätzliche Alternativen bei der Zusammenarbeit der Agenten zu konzipieren und zu diskutieren. Das Zusammenspiel der Agenten steht dabei modellhaft für das Zusammenwirken von Steuerungseinheiten in der späteren Steuerungsarchitektur. Die aus dem Modell gewonnen Ergebnisse können direkt im Rahmen der Steuerungsarchitektur übernommen werden.

4.1.3.1 Agentenkooperation beim Rufaufbau

Wird ein Ruf angefordert, so sind bereits heute eine Reihe von Steuerungsaufgaben zu verrichten. Die Realisierung multimedialer Rufe auf einem weiter liberalisierten Markt erfordert eine Reihe zusätzlicher Steuerungsvorgänge. Die wesentlichen Neuerungen betreffen teilnehmerunterstützende und ressourcenoptimierende Zusatzfunktionen. Sie wiederum führen auf verschiedene Problemstellungen, die die Kooperation funktionserbringender Bausteine betrifft.

Abfrage mehrerer Realisierungsalternativen

Ein MM-Ruf läßt vielfältige Realisierungsmöglichkeiten zu. Die Zahl steigt in dem Maße, wie Netzbetreiber die Möglichkeit nutzen, sich durch unterschiedliche Qualitätswerte ihrer Ressourcenangebote zu differenzieren. Eine wesentliche Fähigkeit des Teilnehmeragenten besteht darin, durch die Veränderung von Qualitäts- und Topologieeigenschaften eines Rufes selbständig Realisierungsalternativen zu generieren. Der initiierende Teilnehmer kann von dieser System-, Parameter- und Netzkenntnisse erfordernden und mit zusätzlichem Eingabeaufwand verbundenen Tätigkeit entlastet werden.

Der Teilnehmeragent nutzt mittels Abfrage die Fähigkeit des Makleragenten, Einzelressourcen bestmöglich zu einer Ressourcenkonfiguration zu kombinieren, die den Anforderungen der betrachteten Realisierungsalternative genügt. Mit jeder Rufalternative, die untersucht wird, ist ein solcher Abfragevorgang verbunden. Bei mehreren Altenativen ist dieser Abfragevorgang wiederholt auszuführen. Grundsätzlich sind zwei Abfragemodi zu unterscheiden:

Sequentielle Abfrage: Alternative Ressourcenkonfigurationen werden nur bei Bedarf abgefragt, d.h. wenn zuvor keine Rufalternative den Teilnehmerwünschen entsprach. Dies hat den Vorteil, daß bei Generierung der Alternative Fehlermeldungen des Makleragenten berücksichtigt werden können, daß weniger Ressourcen unnötig reserviert werden und daß, je nach Umfang der Abfragesequenz, ein geringeres Meldungsaufkommen verursacht wird.

Parallele Abfrage: Dieser Modus ist gekennzeichnet durch die gleichzeitige Abfrage aller oder mehrerer denkbarer Rufalternativen. Größter Vorteil ist ein verringerter Zeitaufwand und damit auch eine höhere Aktualität der Abfrageergebnisse bei adaptiver Tarifierung.

Die Methoden, mit denen Rufalternativen generiert werden, betreffen nicht die Kooperation der Agenten. Sie sind entscheidend von der Rufmodellierung abhängig und werden in Abschnitt 5.4.2 behandelt.

Entscheidungsautonomie des Teilnehmeragenten

Wie oben geschildert, nimmt der Teilnehmeragent eigenständig die Bildung und Abfrage von Rufalternativen vor. Vor diesem Hintergrund ist zu überlegen, inwieweit der Teilnehmeragent auch autonom über den Aufbau einer Alternative entscheiden sollte. Abbildung 4.2 illustriert zwei unterschiedliche Vorgehensweisen bei der Agenten-Teilnehmer-Kooperation. Links dargestellt ist eine vollständig

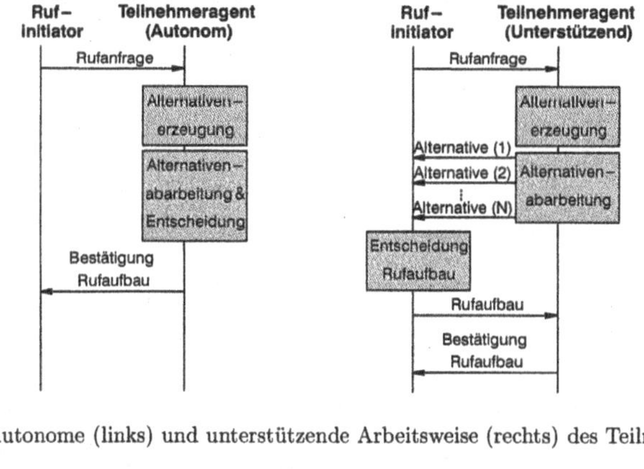

Abbildung 4.2: Autonome (links) und unterstützende Arbeitsweise (rechts) des Teilnehmeragenten

autonome Arbeitsweise des Teilnehmeragenten. Die Existenz von Rufalternativen bleibt dem Rufinitiator verborgen. Er wird lediglich über den erfolgreichen Rufaufbau oder über Fehlerursachen im Falle eines Abbruchs informiert. Im linken Teil der Abbildung wird der Rufinitiator über alle vom Teilnehmeragenten untersuchten Rufalternativen informiert und fällt selbst die Entscheidung. Der Teilnehmeragent hat einen rein unterstützenden Charakter.

Die autonome Arbeitsweise der Teilnehmeragenten bringt den Vorteil eines verringerten Nachrichtenaustausches zwischen Teilnehmeragent und Rufinitiator mit sich. Darüber hinaus kann der Rufaufbau schneller abgewickelt werden, da eine teilnehmerseitige Überdenkzeit entfällt. Netzbetreiber profitieren hiervon durch eine geringere Ressourcenreservierungszeit.

Die Vorteile einer unterstützenden Arbeitsweise des Teilnehmeragenten sind weniger technischer, als psychologischer Natur. Normann bescheinigt in [Nor94] Agentensystemen mit kontinuierlicher Informationsversorgung und Entscheidungshoheit der Agentennutzer eine höhere Akzeptanz; Kontrollierbarkeit wird gegenüber Autonomie bevorzugt. Maes schlägt in [Mae94] für ein Mailfilterwerkzeug vor, die Autonomie eines Agenten schrittweise, mit wachsendem Vertrauen in dessen Arbeitsweise, zu erhöhen. Damit lassen sich nach einer gewissen Übergangszeit die Vorteile eines autonomen Agenten nutzen. Unter dem Einsatz fallbasierter Enscheidungstechniken kann dieses Prinzip auch auf die Etablierung von MM-Diensten übertragen werden [Que96a].

Für die unterschiedlichen Aufgaben des Teilnehmeragenten ist ein unterschiedlicher Autonomiegrad angebracht. Die adäquate Arbeitsweise für den Überblickdienst ist die unterstützende Arbeitsweise. Die Reservierungsproblematik wird durch das Netzwissen des Makleragenten gelöst (vgl. Abschnitt 6.1.4). Bei der Optimierung einer präzisen Teilnehmervorgabe besteht keine Notwendigkeit, den Rufinitiator über einzelne Zwischenschritte zu informieren. Hinsichtlich einer schnellen Auftragsbearbeitung ist eine autonome Arbeitsweise vorzuziehen - gegebenenfalls mit der Einschränkung, die endgültige Entscheidung über den Rufaufbau beim Rufinitiator zu belassen.

Involvierung partizipierender Teilnehmer

Neben dem Initiator sind gewöhnlich weitere Teilnehmer an einem Multimediadienst beteiligt, für deren Benachrichtigung (Alarmierung) ebenfalls der Teilnehmeragent verantwortlich ist. Vereinfacht dargestellt ist ein erfolgreicher Rufaubau von zwei Faktoren abhängig. Zum einen müssen die Netzressourcen zur Verfügung stehen, zum anderen müssen die partizipierenden Teilnehmer den Rufwunsch des Initiators annehmen. Beide Faktoren beeinflussen sich wechselseitig: ohne Netzressourcen können entfernte Teilnehmer nicht partizipieren und ohne deren Teilnahmebereitschaft müssen keine Netzressourcen belegt werden.

Verschiedene Rufaufbaustrategien unterscheiden sich in der Reihenfolge, in der Netzressourcen belegt und Teilnehmer alarmiert werden. Bei einer Postallokation alarmiert der Teilnehmeragent zunächst alle partizipierenden Teilnehmer und macht den weiteren Rufaufbau von deren Teilnahmebereitschaft abhängig. Bei der Präallokation erfolgt die Teilnehmeralarmierung nur, falls alle Ressourcen zur Verfügung stehen. Traditionelle Signalisierungsverfahren sehen nur die Präallokation vor.

Beide Strategien sind in der betrachteten Marksituation mit Nachteilen verbunden. Die Präallokation führt dazu, daß in hohem Maße Ressourcen unnötig belegt werden, insbesondere bei Mehrteilnehmer- und Mehrverbindungsrufen und bei der Betrachtung mehrerer Realisierungsalternativen. Bezieht man die Möglichkeit ein, heterogene Endgeräte zuzulassen, so ist eine Präallokation nicht möglich, da die Konverterressourcen von den Geräteeigenschaften abhängen, die erst im Zuge der Alarmierung festgestellt werden können.

Bei einer Postallokation werden Ressourcen nur belegt, wenn sie auch wirklich benötigt werden. Auf der anderen Seite treten nach Bekundung der Teilnahmebereitschaft Wartezeiten auf, die umso größer sind, je mehr Realisierungsalternativen untersucht werden. Außerdem kann die unangenehme Situation eintreten, daß alle Teilnehmer einen Ruf akzeptieren, dieser aber mangels verfügbarer Netzressourcen doch nicht zustande kommt.

Einen Ausweg verspricht das Konzept des vorausschauenden Rufaufbaus (look-ahead, vgl. Abschnitt 3.1). Dabei wird die Abfrage von Endgeräteeigenschaften und die Alarmierung von Teilnehmern getrennt vorgenommen. Übertragen auf die Funktionsweise der Agentur (Abbildung 4.3) bedeutet dies, daß der Teilnehmeragent, nachdem er den Auftrag zum Rufaubau vom Initiator erhalten hat (1), zunächst Informationen über Endgeräteeigenschaften einholt (2), auf deren Basis in Kooperation mit dem Makleragenten mögliche Realisierungsalternativen prüft (3) und erst nach einer Entscheidung durch den Initiator (4) die weiteren Teilnehmer alarmiert (5). Typische Endgeräteeigenschaften betreffen das verwendete Kodierverfahren oder die zulässige Bandbreite des Zugangsanschlusses, darüber hinaus lassen sich aber auch Informationen über den momentanen Aufenthaltsort eines mobilen Teilnehmers oder voreingestellte Mindestqualitätsansprüche abfragen. Der Nachteil, möglicher-

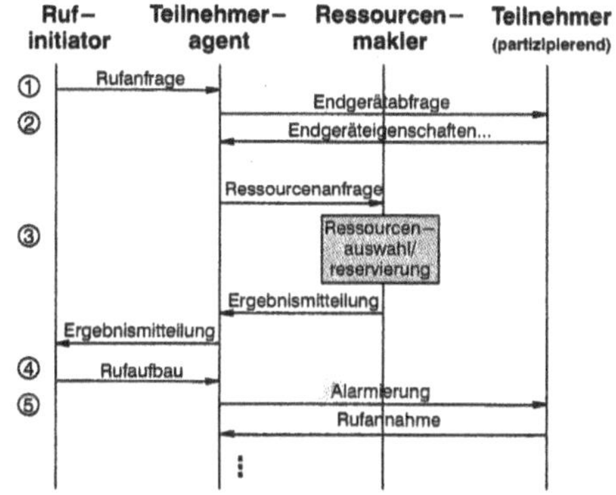

Abbildung 4.3: Involvierung partizipierender Teilnehmer beim vorausschauenden Rufaufbau

weise unnötig Netzressourcen belegt zu haben, bleibt beim vorausschauenden Rufaufbau bestehen. Er kann allerdings auf eine Rufalternative beschränkt werden.

Zeitpunkt der Angebotserfassung

Damit aus einzelnen Ressourcenangeboten eine Ressourcenkonfiguration zusammengestellt werden kann, muß der Makleragent die entsprechenden Angebotseigenschaften kennen. Er kooperiert zu diesem Zwecke mit den Betreiberagenten. Ein Freiheitsgrad ist der Zeitpunkt, zu dem der Makleragent seine Kenntnis über Ressourcenangebote erlangt. Hier sind prinzipiell zwei Möglichkeiten denkbar: eine Angebotserfassung im Anschluß an eine Anfrage durch den Teilnehmeragent oder eine ständige Angebotserfassung ohne direkten Rufbezug (Abbildung 4.4).

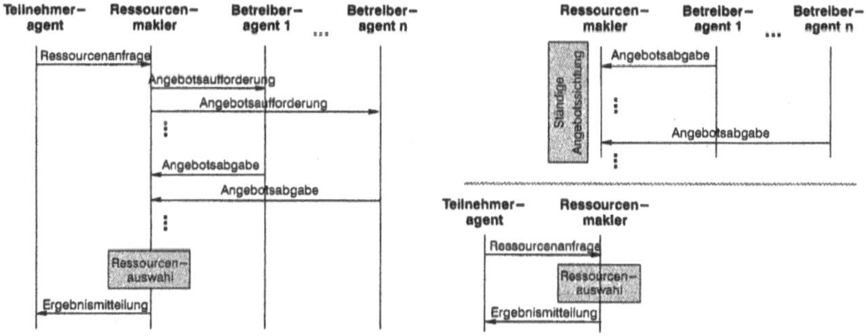

Abbildung 4.4: Auftragsgebundene (links) und ständige Angebotserfassung (rechts)

Der Vorteil einer ständigen Angebotserfassung besteht darin, daß im Moment des Anfrageeingangs die benötigten Angebotskenntnisse vorhanden sind. Dies verkürzt die Rufaufbauzeiten und verringert die Signalisierungslast, da nicht für jeden Ruf erneut Betreiberagenten abgefragt werden müssen.

Eine auftragsgebundene Recherche andererseits läßt sich in der Regel auf einige wenige Netzbetreiber einschränken und erlaubt direkte Verhandlungen im Stile des Kontraktnetzansatzes [DS83], die bei der ständigen Angebotserfassung mangels konkretem Auftragsgegenstand nicht möglich sind.

Darüber hinaus sind die unmittelbar vor einem Rufaufbau eingeholten Ressourcenangebote aktuell, eine Fehlauswahl aufgrund zwischenzeitlich geänderter Angebotseigenschaften ist weitgehend ausgeschlossen.

Wie bereits in Abschnitt 3.6 erläutert, stehen die Vorzüge direkter Verhandlungen mit einzelnen Netzbetreibern bei „Kleinaufträgen" in keinem Verhältnis zum erforderlichen Aufwand. Angesichts der Zeitanforderungen, die wesentlich stärker ins Gewicht fallen, wird eine ständige Angebotserfassung vorgezogen. Möglicherweise inkonsistenten Ressourcenangeboten wird durch flexible Verfahren bei der Ressourcenreservierung und Schaltung begegnet (Crankback-Verfahren, vgl. Abschnitt 6.4.5.3).

4.1.3.2 Zuordnung der Agenten zu Marktakteuren und Geschäftsmodell

Die Agenten verkörpern Rollen, die eine Reihe assoziierter Steuerungsfunktionen zusammenfassen. Die Frage, welche Steuerungsfunktionen von welchem Marktakteur wahrgenommen werden und damit die Frage nach möglichen Geschäftsmodellen, kann im Agenturmodell anhand der Zuordnung der Agenten zu den auf dem TK-Markt auftretenden Akteuren diskutiert werden.

In der Vergangenheit standen sich auf dem Telekommunikationsmarkt zwei Arten von Marktakteuren gegenüber: auf der einen Seite Netzbetreiber, die gleichzeitig als Dienstbetreiber agierten, indem sie einfache Sprach-, Fax- oder Datendienste über ihre Netze anboten und auf der anderen Seite die potentiellen Dienstnutzer, die Rufteilnehmer. Eine agenturartige Dienststeuerung war angesichts der überschaubaren Angebotssituation nicht erforderlich. Dennoch lassen sich funktionelle Ähnlichkeiten zu Least-Cost-Routern (LCR) entdecken. Kommen sie zum Einsatz, so verrichten sie eingeschränkte Maklerfunktionen. Die Pflege der Routing-Tabellen kann von dritter Seite vorgenommen werden. Least-Cost-Routing steht somit für eine neue Art von Dienstleistung, die durch das Agenturmodell eine wichtige Erweiterung erfährt.

Ihren vollen Nutzen erbringt die agenturartige Dienststeuerung auf dem betrachteten zukünftigen TK-Markt. Durch ihre Agenten ist sie in der Lage, die Anforderungen an eine zukünftige Dienststeuerung zu erfüllen. Einen gewichtigen Einfluß darauf hat die Zuordnung der Agenten zu den zukünftigen Marktakteuren.

Aufgrund seiner zentralen Bedeutung soll diese Problematik zunächst für den Makleragenten untersucht werden.

Als ein Aspekt der TK-Marktentwicklung wurde die Trennung von Dienst- und Netzbetreiber vorgestellt. Sie manifestiert sich bereits in aktuellen Signalisierungsarchitekturen. Netzbetreiber sind dabei für Vermittlungs- und Spezialressourcen zuständig, sie stellen die Infrastruktur für die Dienste der Dienstbetreiber. Netzbetreiber haben ein vitales Geschäftsinteresse an einer optimalen Ressourcenauswahl. Durch die Nutzung von Makleragenten können sie ihre eigenen Gewinnspannen erhöhen oder Ersparnisse an die Dienstnutzer weiterreichen. Darüber hinaus stellt die bessere Erfüllung nutzerseitiger Qualitätsanforderungen einen wichtigen Wettbewerbsvorteil dar.

Eine erste Zuordnungsvariante besteht darin, Maklerfunktionen in die Steuerungsoftware eines Dienstbetreibers zu intergrieren. Sie ist in Abbildung 4.5 auf der rechten Seite dargestellt. Der Makleragent ist bei dieser Zuordnung Eigentum des Dienstbetreibers. Der Vorteil liegt in einer individuellen Gestaltbarkeit der Algorithmen zur Ressourcenauswahl, sie können auf die spezifischen Dienste des Betreibers hin angepaßt werden. Nachteilig wirkt sich aus, daß jeder Dienstbetreiber, der eine optimale Netzbetreiberauswahl vornehmen möchte, seine Dienststeuerung um Maklerfunktionen erweitern muß. Entscheidend ist jedoch die Tatsache, daß Netzbetreiber, die ihre Angebote vermittelt haben möchten, diese jedem Dienstbetreiber mitteilen müssen. Damit ist aus Aufwandsgründen angesichts der zu erwartenden hohen Anzahl an Dienstbetreibern, häufigen Angebotsaktualisierungen und weltweiten Angeboten nicht zu rechnen.

Eine zweite Zuordnungsvariante ist in Abbildung 4.5 links dargestellt. Maklerfunktionen sind für alle Dienstbetreiber gleichermaßen von Interesse. Es ist daher sinnvoll, sie als zusätzliche, separate Dienstleistungen anzubieten. Anhand des Agenturmodells formuliert bedeutet dies, daß der Makleragent

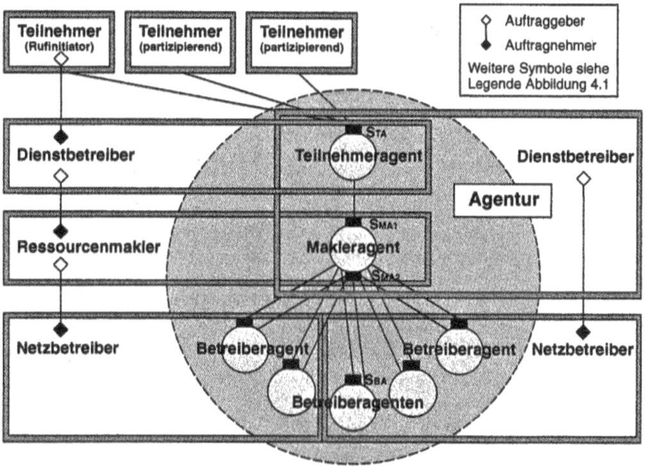

Abbildung 4.5: Varianten bei der Zuordnung von Agenten zu Marktakteuren

einem neu entstehenden Marktakteur zugeordnet wird. Er wird im folgenden als Ressourcenmakler bezeichnet.

Für die Dienstbetreiber entfällt bei diesem Geschäftsmodell die Notwendigkeit, ihre Steuerungssoftware zu erweitern. Dies erleichtert auch den Übergang von einer Marktsituation, in der noch keine Makler erforderlich sind, zu einem Szenario, in dem segmentweise Auswahlfreiheit herrscht. Offen muß zum jetzigen Zeitpunkt bleiben, wie viele solcher Ressourcenmakler entstehen könnten. Angesichts der erforderlichen Betriebsmittel ist aber mit deutlich weniger Ressourcenmaklern als Dienstbetreibern zu rechnen. Das aus Sicht der Netzbetreiber belastende Mehrfachmelden von Angeboten entfällt somit ganz oder kommt nur in geringerem Ausmaß zum Tragen.

Problematisch ist bei beiden Zuordnungsvarianten eine zentrale Arbeitsweise des Makleragenten, wie sie das Agenturmodell zunächst suggeriert. Neben hohen Rufaufbauverzögerungen, insbesondere bei einem segmentweisen Aufbau internationaler Rufe, sind für eine zentrale Maklereinrichtung hohe Rechenkapazitäten erforderlich, um die Anfragen der Dienstbetreiber zeitgerecht zu bearbeiten. Im Gegensatz zum ersten Geschäftsmodell läßt sich aber bei der zweiten Zuordnungsvariante eine verteilte Architektur der Maklerdienstes verwirklichen, ohne daß die Steuerungsarchitektur des Dienstbetreibers anpaßt werden muß[2].

Auf einzelne Anwendungen abgestimmte Maklerdienste erscheinen in dem auf Mehrfachnutzung abzielenden Geschäftsmodell wenig sinnvoll. Sie bedeuten für einen Ressourcenmakler Mehraufwand, den er nur für einen oder bestenfalls wenige Dienstbetreiber aufbringt. Durch parametrisierbare Maklerabfragen kann aber zumindest dafür gesorgt werden, daß eine Vielzahl von Dienstenanforderungen abgedeckt wird.

Eine dritte Möglichkeit besteht darin, Maklerfunktionen jedem Teilnehmer zuzuordnen. Die Auswahl von Netzressourcen wird im Endgerät oder direkt vom Teilnehmer durchgeführt. Angesichts der beschriebenen Marktentwicklung würde eine derartige Lösung schnell an Akzeptanz- und technische Grenzen führen.

Weitere Zuordnungsvarianten scheiden aus. Während die obigen Geschäftsmodelle eine betrei-

[2]Vgl. hierzu die Architektur der Ressourcenebene (Abschnitt 4.2.3).

berunabhängige, übergeordnete Ressourcenauswahl garantieren, ist dies sicher nicht der Fall, wenn der Netzbetreiber die Ressourcenauswahl selbst vornimmt.

Die Zuordnung der restlichen Agenten und ihrer Funktionen ist verhältnismäßig einfach. Betreiberagenten verrichten ihre Aufgaben für die Netzbetreiber, Teilnehmeragenten werden durch Dienstbetreiber bereitgestellt und handeln dort stellvertretend für die Teilnehmer eines MM-Dienstes.

4.1.3.3 Agentenkooperation bei der Abrechnung von Diensten

Im vorliegenden Abschnitt sollen die Grundprinzipien der Abrechnung in einer agenturartigen Dienststeuerung erläutert werden. Ausgangspunkt der folgenden Überlegungen ist das Geschäftsmodell des vorherigen Abschnitts mit seinen vier Marktakteuren Teilnehmer, Dienstbetreiber, Ressourcenmakler und Netzbetreiber, die in einem kaskadierten Auftraggeber-/Auftragnehmerverhältnis stehen (Abbildung 4.5). Darüber hinaus soll vereinfachend davon ausgegangen werden, daß der initiierende Nutzer eines Dienstes auch für dessen Bezahlung zuständig ist.

Die Abrechnung von Diensten läßt sich in vier Teilvorgänge zerlegen: Gebührenbestimmung, Verbreitung der Gebühreninformationen, Rechnungsstellung und Bezahlung (vgl. auch [KSWS98]).

Im vorliegenden Fall umfaßt die Bereitstellung eines Kommunikationsdienstes Leistungen mehrerer Marktakteure, im einzelnen die Leistungen der Dienstbetreiber, sowie Makler-, Übermittlungs- und Spezialressourcendienste. Ein derart arbeitsteiliges Vorgehen hat auch mehrere Abrechnungsvorgänge zur Folge. Auf eine effiziente Gestaltung des Abrechnungsverfahrens ist daher besonders zu achten.

In Abbildung 4.6 sind sinnbildlich zwei Grundformen der Dienstabrechnung dargestellt. Die Pfei-

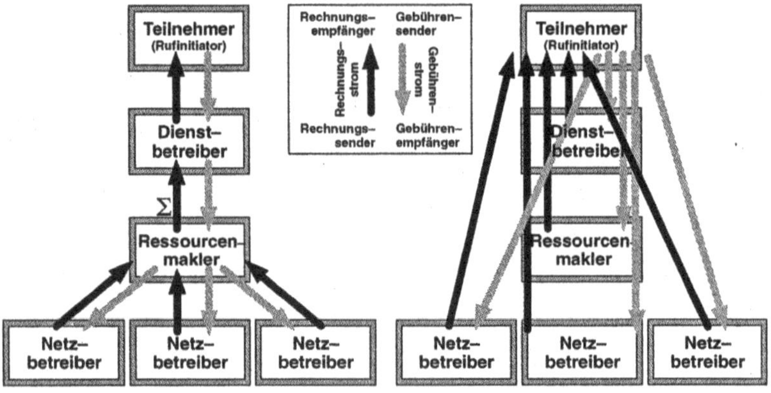

Abbildung 4.6: Kaskadierte (links) und teilnehmerzentrierte Abrechnung (rechts)

le symbolisieren Informationsströme bei Gebührenmitteilung und Rechnungsstellung einerseits und Geldströme bei der Bezahlung andererseits. Bei der teilnehmerzentrierten Abrechnung (rechts im Bild) ist der initiierende Teilnehmer Empfänger aller Rechnungen und Gebühreninformationen, sowie Ausgangspunkt aller Gebührenzahlungen. Die kaskadierte Abrechnung (links im Bild) erfolgt in Anlehnung an die Auftragnehmer-/Auftraggeberbeziehungen des Geschäftsmodells: Übermittlungsdienste werden dem Ressourcenmakler in Rechnung gestellt, Maklerdienste dem Dienstbetreiber und dessen Leistungen letztendlich dem Teilnehmer. Neben diesen beiden Grundformen sind Mischformen denkbar.

Die teilnehmerzentrierte Abrechnung ist mit zahlreichen Nachteilen verbunden:

- Der initiierende Teilnehmer wird mit einer hohen Anzahl von Rechnungen belastet. Bei einer segmentweisen Betreiberauswahl steigt sie mit jedem zusätzlich involvierten Netzbetreiber.
- Die einzelnen übermittelten Gebühreninformationen beziehen sich nur auf einen Teil des Dienstes. Einen Überblick über die laufenden Gesamtgebühren macht die Addition der Einzelbeträge erforderlich.
- Die Tatsache, daß mehrere Rechnungssteller existieren, führt auch zu Schwierigkeiten bei einer späteren Rechnungsüberprüfung. Um dies zu umgehen, müßte die Gebührenaufteilung auch zu Beginn der Dienstnutzung mitgeteilt werden. Dies brächte eine Fülle zusätzlicher Detailinformationen mit sich.
- Damit Netzbetreiber ihre Übermittlungsleistungen in Rechnung stellen können, muß der Teilnehmer bekannt sein. Bei internationalen Verbindungen mit mehreren entfernten Betreibern kann dies nicht vorausgesetzt werden. Die Schwierigkeit vergrößert sich bei flexibleren Abrechnungsmodelle, in denen nicht nur der initiierende Teilnehmer für die Kommunikationskosten aufkommt.
- Neben der Steuerung von Kommunikationsdiensten ist auch deren Abrechnung mit dem Austausch von Signalisierungsnachrichten verbunden. Besonders hoch ist die zusätzliche Signalisierungslast bei wiederholten Vorgängen während einer Dienstnutzung, beispielsweise der Verbreitung von Gebühreninformationen.

Bei einer kaskadierten Abrechnung sind diese Probleme weitestgehend ausgeschlossen. Sie hat den wesentlichen Vorteil, daß der Teilnehmer nur eine Rechnung vom Dienstbetreiber erhält, alle weiteren Leistungen werden zwischen den restlichen Marktakteuren verrechnet. Letzteres kann in größeren Zeitabständen und gebündelt erfolgen, mit der Folge geringerer Zusatzkosten pro Transaktion.

Angesichts der Nachteile einer teilnehmerzentrierten Abrechnung wird in der agentenunterstützten Dienststeuerung eine kaskadierte Abrechnung angewandt. Die vorgestellten Zahlungsvorgänge im Agenturmodell zeigen dabei das grundlegende Konzept. Die Prinzipien lassen sich problemlos auf die Steuerungsarchitektur und die Steuerungseinheiten übertragen. Auf eine wiederholte Diskussion der Abrechnungsproblematik im weiteren Verlauf der Arbeit wird daher verzichtet.

4.2 Architektur der Dienststeuerung

In vorliegendem Abschnitt wird die Steuerungsarchitektur von AUREUS vorgestellt. Sie basiert auf dem Agenturmodell. Die Definition der Steuerungsmodule orientiert sich in bezug auf Funktionsumfang und Schnittstellen an den dreierlei Agenten des Agenturmodells. Dies garantiert eine vergleichbare Arbeitsweise und ermöglicht das anhand des Agenturmodells eingeführte Geschäftsmodell (vgl. Abschnitt 4.1.3.2).

Abbildung 4.7 zeigt die Steuerungsarchitektur von AUREUS am Beispiel eines einfachen Zweiteilnehmerrufes. Dargestellt sind die teilnehmerseitigen und netzseitigen Steuerungsinstanzen und deren gemeinsame Schnittstellen. In der Namensgebung für die netzseitigen Steuerungsinstanzen kommt die funktionale Verwandtschaft zu den Bestandteilen des Agenturmodells zum Ausdruck (vgl. auch linker Abbildungsrand). Sie werden daher ebenfalls als Agenten bezeichnet, allerdings mit einem Namenszusatz, der sich weniger an einer abstrakten Rolle, als an einer konkreten Steuerungsaufgabe orientiert.

Einige der Schnittstellen zwischen den Steuerungsinstanzen sind hervorgehoben und zur späteren Referenzierung mit einem Bezeichner versehen. Ihre Definition und Offenlegung ist zwingend erforderlich für ein Geschäftsmodell mit getrennten Betreibern. Die restlichen Schnittstellen sind interne Schnittstellen entweder im Endgerät oder in den Vermittlungseinrichtungen. Ihre genaue Definition ist hier nicht erforderlich.

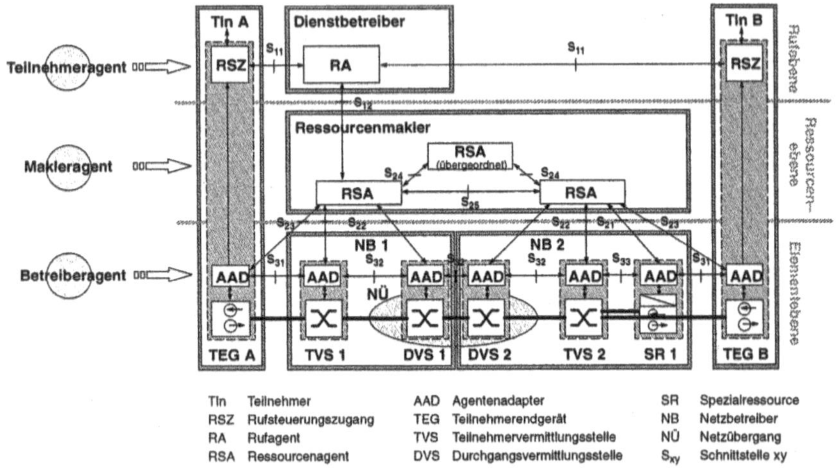

Abbildung 4.7: Die Steuerungsarchitektur von AUREUS

Die beiden Teilnehmer A und B sind exemplarisch bei zwei unterschiedlichen Netzbetreibern (NB1, NB2) angeschlossen. Der Anschluß erfolgt an die Teilnehmervermittlungsstellen TVS1 oder TVS2. Die Netzbetreiber sind über einen Netzübergang (NÜ) verbunden, welcher sich aus zwei Durchgangsvermittlungsstellen (DVS1, DVS2) zusammensetzt. Das Verbindungsmodell von AUREUS gestattet den Einsatz unterschiedlicher Übermittlungstechnologie. Gegebenenfalls erfolgt im Netzübergang ein Wechsel der Übermittlungstechnologie. Aus Gründen der Übersichtlichkeit ist die zugehörige Umsetzungseinheit nicht eingezeichnet.

AUREUS unterstützt Konferenzschaltungen, heterogene Teilnehmerendgeräte und den damit verbundenen Einsatz von Spezialressourcen. Verwenden beispielsweise die beiden Teilnehmer unterschiedliche Kodierungsverfahren, so wird der Einsatz eines Kodierungskonverters (SR1) erforderlich.

Die Architektur einer Dienststeuerung hat erheblichen Einfluß auf deren Funktionsweise. Im folgenden wird daher näher erläutert, welche Architekturentscheidungen für eine bestmögliche Unterstützung der neuartigen Steuerungsfunktionen sorgen

4.2.1 Dreischichtige Steuerungsarchitektur

Bei der Steuerung multimedialer Dienste lassen sich Steuerungsaufgaben unterschiedlichen Abstraktionsgrades unterscheiden. Im Agenturmodell wird durch Teilnehmer-, Makler- und Betreiberagent eine Dreiteilung in Steuerungsaufgaben vorgenommen, die den gesamten Ruf, dessen Ressourcenkonfiguration und einzelne Ressourcen eines Betreibers betreffen. Diese Einteilung setzt sich in einer dreischichtigen Steuerungsarchitektur mit getrennter Ruf-, Ressourcen- und Elementebene fort. Neben den horizontalen Schnittstellen sind auch die vertikalen Schnittstellen zwischen den Steuerungsebenen offengelegt. Die Steuerungsinstanzen unterschiedlicher Ebene stehen dabei in einem Client/Server-Verhältnis, in dessen Rahmen Steuerungsinstanzen der jeweils höheren Steuerungsebene eine Dienstschnittstelle angeboten wird.

Mit der Einführung getrennter Steuerungsebenen sind einige Vorteile verbunden. Zunächst entstehen durch die funktionale Dekomposition handhabbare Steuerungsmodule, die sich einfacher implementieren, warten und erweitern lassen. Darüber hinaus können mit der Festlegung der vertikalen Schnittstellen Steuerungsinstanzen unterschiedlicher Ebenen weitgehend unabhängig voneinander implementiert werden. Hierdurch wird insbesondere der Wechsel der Übermittlungstechnologie bei gleichbleibender Ruf- und Ressourcensteuerung unterstützt. Ein letzter, aber bedeutender Vorteil ist die Tatsache, daß mit der Offenlegung der vertikalen Schnittstellen die Voraussetzung für eine Zuordnung der ebenenspezifischen Steuerungsinstanzen zu unterschiedlichen Marktakteuren geschaffen wird. Ohne sie ist eine zukünftig partitionierte Betreiberlandschaft nicht möglich.

Die funktionale Trennung der Steuerungsaufgaben in eine Ruf- und Verbindungsebene geht auf die Signalisierungsarchitektur der ITU für das B-ISDN (Capability Set 2, Abschnitt 3.1) zurück. In den Ansätzen der MAGIC-Signalisierung wird mit der Ressourcenebene eine weitere Steuerungsebene eingeführt. Ihre Aufgabe besteht darin, die für Multimediarufe zusätzlich benötigten Spezialressourcen zu verwalten und zu steuern (vgl. Abschnitt 3.2)[3]. Der wesentliche architekturelle Unterschied in AUREUS besteht in der Eigenständigkeit der Ressourcenebene. Sie erlaubt es, die Forderung nach einer netzbetreiberübergeordneten Ressourcenauswahl zu erfüllen. Neben der Festlegung geeigneter Schnittstellen zur Ruf- und Elementebene ist dafür vor allem die Konzentration aller Ressourcenauswahlfunktionen, inklusive der einzelne Verbindungssegmente betreffenden, erforderlich.

Die Eigenständigkeit der Ressourcenebene eröffnet neue Geschäftsmöglichkeiten. Sie erlaubt die Zuordnung der Ressourcenauswahl zu einem eigenständigen Anbieter, dem Ressourcenmakler. Damit unterstützt die Steuerungsarchitektur die anhand des Agenturmodells motivierte Anbietertrennung in Dienstbetreiber, Ressourcenmakler und Netzbetreiber. Die zugeordneten Steuerungsinstanzen sind in Abbildung 4.7 jeweils von einem Rahmen umgeben. Aus Teilnehmersicht laufen die Vorgänge auf Ressourcenebene transparent ab. Aus diesem Grund sind keine teilnehmerseitigen Steuerungsinstanzen erforderlich.

4.2.2 Zentralisierte Rufsteuerung im Rufagenten

Der Rufagent ermittelt für einen über die Teilnehmernetzschnittstelle S_{11} angeforderten Dienst bestmögliche Realisierungsmöglichkeiten. Er stellt damit die aus dem Teilnehmeragenten des Agenturmodells abgeleitete Steuerungsinstanz dar. Zur Erfüllung seiner Aufgabe benötigt der Rufagent die Kenntnis der Endgeräteeigenschaften der weiteren Teilnehmer. Die Speicherung der Daten erfolgt teilnehmerindividuell in einer lokalen Rufsicht. Eine verteilte Rufsteuerung besitzt mehrere lokale Rufsteuerungsinstanzen, die die lokalen Rufsichten verwalten. Vor jeder Rufrealisierung ist die Koordinierung dieser Instanzen erforderlich, um im Rahmen der Kompatibilitätsprüfung eine gemeinsame, sogenannte globale Rufsicht zu erhalten.

Mit dem Rufagenten wird der Ansatz einer zentralisierten Rufsteuerung weiterverfolgt, wie er in [Mü96] als Neuerung eingeführt wurde. Pro Ruf ist jeweils ein Rufagent aktiv, der alle teilnehmerspezifischen Rufsichten verwaltet. Die Folge ist ein verringerter Rechen- und Signalisierungsaufwand bei der Kompatibilitätsprüfung - ein Vorteil, der insbesondere dann zum Tragen kommt, wenn mehrere Rufrealisierungen überprüft werden. Ein weiterer Vorteil ist die Einsparung einer Netzknotenschnittstelle auf Rufebene.

Die zentralisierte Rufsteuerung ist nicht mit einer zentralen Rufsteuerung gleichzusetzen. Die physikalische Realisierung der Steuerungsplattform ist gänzlich unabhängig von der logischen Architektur. Vorstellbar ist eine verteilte Ablaufumgebung mit mehreren Rufagenten und eine Zuordnung der Rufbearbeitung in Abhängigkeit von der Auslastung der Rufagenten.

4.2.3 Hybride Architektur der Ressourcenebene

Die geschichtete Steuerungsarchitektur mit offenengelegten vertikalen Schnittstellen ermöglicht eine übergeordnete Ressourcenauswahl. Sie ist die Hauptaufgabe der Ressourcenebene. Die zugehörigen Maklerfunktionen, wie sie im Agenturmodell durch den Makleragenten eingeführt wurden, werden durch Ressourcenagenten wahrgenommen.

[3] Vergleichbares gilt für die Signalisierungsarchitektur AMSA [Mü96].

Maklerfunktionen bilden eine wichtige funktionale Neuerung von AUREUS. Eine effiziente Funktionsweise in einer realen Telekommunikationsumgebung ist mit hohen Zeit- und Genauigkeitsanforderungen verbunden. Zudem ist bei weltweiten Ressourcenangeboten der Erfassungsaufwand zu berücksichtigen. Die Architektur der Ressourcenebene spielt eine wesentliche Rolle bei der Erfüllung dieser Anforderungen.

In der Literatur existieren zwei konträre Ansätze über den Aufbau der Ressourcenebene. Die Steuerungsarchitektur MAGIC verwendet einen verteilten Ansatz mit Ressourcensteuerungsinstanzen in jeder Teilnehmer- und Durchgangsvermittlungsstelle, die SR-Funktionen beinhaltet. Die einzelnen Steuerungsinstanzen besitzen nur Kenntnis über lokal vorhandene Mischer- oder Konverterfunktionalität. Eine optimale Ressourcenkonfiguration kann auf diese Weise nicht ermittelt werden. Der in einer erweiterten Version zusätzlich definierte Flutungsmechanismus ermöglicht zwar das Aufspüren entfernter SR, führt aber auf der anderen Seite zu einem erhöhten Signalisierungsaufkommen und verzögert den Rufaufbau. Darüber hinaus wird die erste gefundene Spezialressource belegt; eine Vorgehensweise, die keinesfalls zu einer optimalen Ressourcenauswahl führt.

Die Steuerungsarchitektur AMSA verfolgt einen zentralisierten Ansatz mit einer aktiven Ressourcensteuerungsinstanz pro Ruf. Sie besitzt Kenntnis über weltweite Standorte und Nutzungsgebühren von Spezialressourcen, so daß deren optimale Auswahl von zentraler Stelle aus erfolgen kann. Nutzungsgebühren der für den gesamten MM-Ruf benötigten Verbindungsressourcen werden lediglich über entfernungsabhängige Pauschalwerte berücksichtigt. Eine veränderte Angebotsbildung mit qualitätsbasiert tarifierten Netzabschnitten unterschiedlicher Netzbetreiber kann nur schwer berücksichtigt werden. Die Ausweitung der Angebotskenntnisse in einer Ressourcensteuerungsinstanz auf eine weltweite Netztopologie wäre mit erheblichem Speicheraufwand und hohem Rechenaufwand bei der Durchführung der Wegewahl verbunden. Die Problematik verstärkt sich in dem Maße, in dem die Tarifierung von Verbindungsressourcen ständigen Änderungen unterworfen ist. Zusätzlicher Aufwand für die Pflege der Angebote und ein erhöhtes Signalisierungsaufkommen für eine konsistente Datenhaltung sind die Folge.

In vorliegender Steuerungsarchitektur werden durch einen hybriden Ansatz, d.h. eine Kombination beider bekannter Architekturvorschläge, die jeweiligen Nachteile vermieden. Je nach Maklerfunktion agieren die Ressourcenagenten wie eine zentralisierte Ressourcensteuerungsinstanz oder im Verbund mit anderen Agenten.

Die Angebotserfassung wird verteilt vorgenommen. Die Meldung oder Abfrage von Ressourcenangeboten erfolgt über eine Schnittstelle zu den Agentenadaptern der Netzbetreiber (Schnittstelle S_{21} bzw. S_{22}). Jeder Ressourcenagent ist dabei nur für eine festgelegte Anzahl von Ressourcen zuständig (Verantwortungsdomänen). Dadurch läßt sich der Aufwand für die Angebotsverwaltung gering halten.

Um den Kenntnisstand zu erweitern, kooperieren die Ressourcenagenten miteinander. Der Austausch von Ressourcenangeboten umfaßt eine hierarchische Zusammenfassung, er erfolgt über sogenannte übergeordnete Agenten (Schnittstelle S_{24}).

Eine verteilte Architektur auf Ressourcenebene ist die Voraussetzung für eine gemeinsame Bereitstellung der Maklerfunktionen durch eine Föderation von Ressourcenmaklern. Durch sie wird ein plausibles Einführungsszenario beschrieben, in welchem zunächst mehrere nationale Ressourcenmakler entstehen, die gegenseitig Angebotsinformationen austauschen, um globale Rufe zu ermöglichen. Voraussetzung ist eine Offenlegung der horizontalen Schnittstellen auf Ressourceneben (S_{24} und S_{25}) und eine Vereinheitlichung der Verantwortungsdomänen.

Resultat der Angebotserfassung ist eine hierarchische Netzsicht. Sie ermöglicht jedem Ressourcenagenten einen Überblick über die gesamten Netzangebote, wenn auch mit abnehmendem Detaillierungsgrad in entfernten Netzregionen. Die Ressourcenauswahl für einen Ruf kann somit zentralisiert durch einen Ressourcenagenten erfolgen. Dies führt zu einer architekturbedingten Beschleunigung und ist insbesondere dann vorteilhaft, wenn für einen Ruf mehrere Realisierungsalternativen zu überprüfen sind.

Die Verfahren der Ressourcenauswahl werden in Abschnitt 6.3 eingehend erläutert. Eine wesentliche Neuerung besteht darin, daß die Lokalisierung von Spezial- und Verbindungsressourcen nicht getrennt, sondern gemeinsam erfolgt. Diese integrierte Vorgehensweise ermöglicht es, den Einfluß der SR-Standorte auf die Verbindungskosten zu berücksichtigen. Sie wird durch eine zentralisierte Vorgehensweise wesentlich vereinfacht. Dezentrale Algorithmen wären zudem mit großem Koordinierungsaufwand verbunden.

Die Art der Implementierung der SR-Funktionen ist unerheblich. Sie können Bestandteil eines Vermittlungsknotens oder einer externen Rechnereinrichtung sein. Letzteres erlaubt eigenständige Anbieter und führt zu einer größeren Flexibilität hinsichtlich der Einführung neuer SR-Funktionen.

Der Verbindungsaufbau erfolgt wieder dezentral (Schnittstelle S_{25}). Er kommt erst dann zustande, wenn durch Abfrage der hierarchischen Netzsicht eine Ressourcenkonfiguration gefunden wurde, die die Anforderungen des Rufagenten erfüllt. Die Zusammenfassung von Angebotsinformationen in der hierarchischen Netzsicht ist zwangsläufig mit Ungenauigkeiten verbunden. Die Ressourcenagenten entlang einer Verbindungsroute nehmen daher eine Verfeinerung der Ressourcenauswahl auf der Basis ihrer lokalen Angebotskenntnisse vor. Darüber hinaus reagieren sie auf Fehlersituationen, beispielsweise vollständig belegte oder nicht mehr aktuelle Ressourcenangebote.

Der Ressourcenagent ist als monolithische Einheit vorgesehen, der alle Makleraufgaben wahrnimmt. Eine beispielhafte Implementierung wird in Kapitel 7 beschrieben. Sie zeigt auch einen möglichen modularen inneren Aufbau des Agenten.

4.2.4 Verteilte Architektur der Elementebene

Der Zugriff der Ressourcenagenten auf Spezialressourcen, Übermittlungsressourcen für Verbindungssegmente und Verbindungszugänge in den Teilnehmerendgeräten erfolgt über dedizierte Agentenadapter (Schnittstellen S_{21}, S_{22}, S_{23}). Demnach werden in Ergänzung zu Abbildung 4.7 drei Adaptertypen unterschieden: SR-AAD, V-AAD und T-AAD. Von besonderer Bedeutung ist der V-AAD. Über ihn wird die Belegung einzelner Verbindungssegmente realisiert und folglich eine segmentweise Betreiberauswahl ermöglicht.

Agentenadapter entsprechen den Betreiberagenten im Agenturmodell. Eine wichtige Aufgabe ist die Umsetzung der für die Agentenkommunikation vorgesehenen abstrakten Sprachelemente auf bestehende, ressourcenspezifische Zugriffsfunktionen. Durch sie wird Unabhängigkeit der höheren Steuerungsebenen von der eingesetzten Übermittlungstechnologie erreicht. Ein Beispiel für den Zugriff auf die Vermittlungsfunktionalität eines ATM-Knotens ist in Abschnitt 6.4.4 erläutert.

Die Agentenadapter bilden eine eigenständige Steuerungsebene. Prinzipiell wäre auch ein direkter Zugriff der Ressourcenagenten auf die Netzelemente (z.B. Koppeleinrichtungen, Brücken) und Endgeräteelemente (Netzzugangskarten) vorstellbar. Mit der Entkopplung wird zusätzliche Sicherheit erreicht. Durch die Implementierung von Sicherheitsmechanismen in den Adaptern kann sich der Netzbetreiber vor unberechtigten Zugriffen seitens des Ressourcenmaklers schützen. Ähnliche Konzepte werden gegenwärtig im PARLAY-Konsortium diskutiert[4].

Die Geschwindigkeitsvorteile eines verteilten, segmentweisen Verbindungsaufbaus durch die Ressourcenagenten kommen nur bei entsprechender Verteiltheit auf Elementebene zur Geltung, beispielsweise durch eine Eins-zu-Eins-Zuordnung von Adapter und Netzelement. In gewissen Maßen sind auch Pooling-Konzepte mit der Steuerung mehrerer Ressourcen über einen AAD möglich. Ein zentraler Ansatz dagegen, beispielsweise in Form einer zentralen Netzmanagementanwendung zur Realisierung der Adapterfunktionalität, würde die Vorteile der verteilten Ressourcensteuerung zunichte machen.

Für einen verteilten Verbindungsaufbau ist es erforderlich, daß die Adapter übermittlungstechnologiespezifische Informationen austauschen, beispielsweise den VCI-Bezeichner des zurückliegenden Verbindungssegments im Falle ATM. Dies geschieht über die Schnittstelle S_{32} bzw. S_{31}.

Eine weitere Aufgabe der V- und SR-AAD besteht in der Meldung von Ressourcenangeboten oder der Beantwortung diesbezüglicher Abfragen. Beide Modi der Angebotserfassung werden durch die Schnittstelle S_{22} bzw. S_{21} unterstützt.

[4]siehe hierzu http://www.parlay.org.

4.3 Funktionsweise der Dienststeuerung

Mit der aus dem Agenturmodell abgeleiteten Steuerungsarchitektur wurden bereits einige Anforderungen erfüllt, die ein zukünftiger TK-Markt an eine Dienststeuerung stellt. So unterstützt sie u.a. getrennte Dienst- und Netzbetreiber, eine unabhängige Netzbetreiberauswahl und das separate Belegen von Verbindungssegmenten. Den verbleibenden Anforderungen wird durch eine wesentlich erweiterte Funktionalität begegnet, in deren Zentrum unterstützende, agententypische Steuerungsaufgaben stehen. Im folgenden soll ein Überblick über die Funktionsweise der AUREUS-Agenten gegeben werden. Eine ausführliche Darstellung findet sich in den Kapiteln 5 und 6.

4.3.1 Funktionsweise des Rufagenten

Der Rufagent ist die netzseitige Steuerungsinstanz der Rufebene. Er hat eine logische Sicht auf einen Ruf, die netzinterne Details verbirgt. Seine Funktion ist es, die Auswahlkomplexität bei der Etablierung eines Rufes zu reduzieren. Der gewählte Ansatz besteht darin, daß der Dienstnutzer nicht über die Lokalisierung einzelner Ressourcen entscheiden muß, um Qualitäts- und Preisvorstellungen zu realisieren, sondern auf abstraktem, benutzernahem Niveau eine Entscheidung zwischen Realisierungsalternativen seines Rufwunsches treffen kann. In diesem Zusammenhang entstehen neuartige Steuerungsfunktionen, die über die Basisfunktionen (Teilnehmerkoordinierung, QoS-Abbildung, Ressourcenanfrage[5]) einer Rufsteuerung hinausgehen. So werden durch den Rufagenten autonom Realisierungsalternativen erzeugt, deren erreichbare Eigenschaften (Preis, Qualität) bei einer Umsetzung im Netz ermittelt und die Resultate dem initiierenden Dienstnutzer zur Entscheidung vorgelegt. Diese Fähigkeiten führen zu einer wesentlichen Flexibilisierung der Rufbearbeitung. Die Vorzüge liegen in einer verbesserten Berücksichtigung individueller Kosten-Qualitäts-Vorlieben des Rufinitiators, insbesondere angesichts des betrachteten Marktszenarios, in dem die Kosten eines Rufes nicht von vornherein bekannt sind, in einem verminderten Risiko der Rufablehnung und in einer stärker am tatsächlichen Bedarf ausgerichteten Belegung von Netzressourcen.

Zur Ruf- und Alternativenbeschreibung wird ein objektorientiertes Rufmodell verwendet. Die einzelnen Bestandteile eines Rufes werden durch elementare, attributierte Rufobjekte repräsentiert. Durch die Verknüpfung der Rufobjekte und die Wahl ihrer Attribute lassen sich beliebig komplexe Rufkonfigurationen mit den unterschiedlichsten Endgeräten und Dienstgüteanforderungen erzeugen, wie dies zur Unterstützung von Multimediaanwendungen erforderlich ist. Mit der Transparenz gegenüber Netzressourcen erfüllt das Rufmodell außerdem die Anforderungen nach einer gewissen Bedienfreundlichkeit bei der Rufwunscheingabe.

Das Grundprinzip objektorientierter Rufmodellierung soll am Beispiel einer Videokonferenz (Abbildung 4.8 erklärt werden. Eine ausführliche Beschreibung und Begründung des Rufmodells findet sich in Abschnitt 5.2, eine Auflistung der wichtigsten Objektparameter im Anhang.

An der Beispielkonferenz sind die vier Teilnehmer A, B, C und D mit unterschiedlichen Endgeräten beteiligt. Für jeden von ihnen wird ein Teilnehmerobjekt angelegt. Wichtigster Parameter ist die Adresse des Endgerätes, unter der der zugeordnete Teilnehmer erreicht werden kann. Ist ein Teilnehmerobjekt optional gesetzt, so kann notfalls auf die Partizipation dieses Teilnehmers verzichtet werden. Das Rufobjekt Dienstkomponente (DK) repräsentiert den möglichen Informationsaustausch über ein einzelnes Medium. Der Medientyp wird über einen Objektparameter festgelegt. Der Video- und Audioteil des Beispielrufes hat zwei Dienstkomponenten (DK_A1: Audio und DK_A2: Video) im Rufmodell zur Folge. Neben dem Medientyp können über DK-Parameter Angaben zur gewünschten Qualität spezifiziert werden. Zum Zwecke zeitlicher Synchronisation lassen sich mehrere DK zu einer Dienstkomponentengruppe (DKG) gruppieren.

Über Zugangsanschlüsse (ZA) und Abbildungselemente (AE) sind Teilnehmer mit der Dienstkategorie verknüpft. Dadurch kommt die Art und Weise zum Ausdruck, in der Teilnehmer untereinander Informationen austauschen. Jedem unidirektionalen Informationsstrom, den ein Teilnehmer sendet

[5] vgl. hierzu Abschnitt 5.4.1.

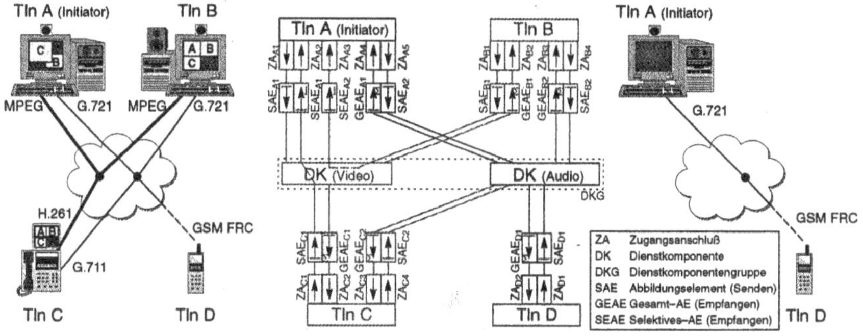

Abbildung 4.8: Konferenzruf (links), Rufmodell (Mitte) und maximal degradierte Realisierungsalternative (rechts)

oder empfängt, ist ein ZA zugeordnet. Im Beispielruf senden und empfangen alle vier Teilnehmer Audio, aber nur drei Teilnehmer sind an der Videokommunikation beteiligt.

Die Parameter des ZA beziehen sich auf Endgeräteeigenschaften, beispielsweise das verwendete Kodierverfahren oder die gewünschte Dienstgüte eines Informationsstromes. Über Abbildungselemente (AE) kann die Darstellung des Informationsstromes genauer angegeben werden. AE in Empfangsrichtung geben beispielsweise an, wie auf die Informationen mehrerer Teilnehmer zugegriffen werden soll. Dies ist besonders bei Konferenzschaltungen wichtig. Im Beispiel erhalten die Teilnehmer B und C ein „Mosaikbild" aller Videoströme. Diese Präsentationsart ist Folge des verwendeten Gesamtabbildungselements (GEAE). Teilnehmer A bevorzugt einen selektiven, unabhängigen Zugriff auf Videoinformationen der Teilnehmer C und B.

Grundlage der Rufmodellierung in AUREUS bildet das objektorientierte Rufmodell von MAGIC [MAGIC94, MAGIC93c] bzw. die in AMSA [Mü96] verwendete Variante. Es wurde speziell für MM-Rufe entwickelt. Im Hinblick auf eine flexible Rufwunschbearbeitung im Rufagenten waren einige Erweiterungen erforderlich. So läßt sich unter anderem eine Obergrenze für die Rufkosten (Preisziel) und eine Untergrenze für akzeptierte Qualitätseinbußen spezifizieren. Darüber hinaus kann jedes Objekt gewissen Regeln folgend optional und damit eliminierbar gesetzt werden. Im Beispielruf akzeptiert der Rufinitiator das Eliminieren von Zugangsanschlüssen, Teilnehmern (B,C) und der Videokomponente. Diese optionalen Rufobjekte sind in Abbildung 4.8 grau eingefärbt.

Die Teilnehmerschnittstelle auf Rufebene (S_{11}) verbindet den Rufsteuerzugang (RSZ) im Teilnehmerendgerät mit dem Rufagenten. Über sie wird ein Ruf angefordert, verändert oder abgebaut. Jede Rufmanipulation setzt sich aus Grundoperationen (Anlegen, Verändern, Löschen) zusammen, die auf die einzelnen Rufobjekte angewandt werden. Die Gruppierung der Einzeloperationen und ihre konsistente Abarbeitung wird über das Agenten-Kommunikations-Protokoll (AKP) an der Teilnehmernetzschnittstelle sichergestellt. Eine AKP-Nachricht besteht im wesentlichen aus zwei Teilen: aus dem eigentlichen Nachrichteninhalt, einer Gruppe von Rufobjektoperationen entsprechend des gewünschten Rufes bzw. des zugehörigen Rufmodells und einer vorangestellten Kommunikationsprimitive. Sie bestimmt die Arbeitsweise des Rufagenten. Wird er über die Primitiv QUERY angesprochen, so liefert er einen Überblick über verschiedene Realisierungsalternativen eines Rufwunsches. Die ermittelten Alternativeneigenschaften haben informativen Charakter, garantieren aber nicht, daß die benötigten Netzressourcen auch verfügbar sind. Anders bei einer CALL-FOR-PROPOSAL-(CFP)-Nachricht: In diesem Fall erarbeitet der Rufagent ein verbindliches Angebot für eine Rufalternative, die dem initialen Rufwunsch am nähesten kommt. Implizit ist damit die Reservierung von Netzressourcen auf Elementebene verbunden.

Die Differenzierung unterstützender Agentendienste in unverbindliche Informationsabfragen zu Überblickszwecken einerseits und der Erarbeitung verbindlicher Angebote andererseits ist von grundsätzlicher Bedeutung. Sie bildet auch die Grundlage für die Arbeitsweise der weiteren Agenten in AUREUS. Ihr Vorteil liegt in der Vermeidung einer unnötigen und zeitaufwendigen Ressourcenreservierung.

Das Agenten-Kommunikations-Protokoll gehört zur Gruppe atomarer Transaktionsprotokolle (vgl. CCR der ITU-T [ITU93a, ITU93b], AAP bei MAGIC [MAGIC93c, MAGIC94] oder ATP bei AMSA [Mü96]). Als solches sorgt es dafür, daß eine Gruppe von Einzeloperationen nur als Ganzes ausgeführt oder abgelehnt wird. Darüber hinaus ermöglicht es die Koordination mehrerer Steuerungsinstanzen und eine rekursive Abarbeitung von Operationen. Seine Anwendung beschränkt sich nicht auf die Rufebene, es wird auch zur Kommunikation innerhalb und zwischen den restlichen Steuerungsebenen eingesetzt.

Wird der Rufagent mit der Steuerung eines neuen Rufes beauftragt, so bezieht sich das mittels AKP-Nachricht angelegte Rufmodell zunächst auf die Vorstellungen des initiierenden Teilnehmers. Es wird daher als lokale Rufsicht bezeichnet. Eine erste Aufgabe des Rufagenten besteht im sogenannten Teilnehmerabgleich. In dessen Verlauf werden Endgeräteeigenschaften und individuelle Qualitätspräferenzen anderer Teilnehmer abgefragt und deren Vereinbarkeit überprüft. Gegebenenfalls sind Änderungen am initialen Rufwunsch erforderlich. Solange keine obligaten Rufobjekte gestrichen oder Objektattribute über die Akzeptanzgrenzen abgesenkt werden müssen, besteht Vereinbarkeit. In diesem Fall nimmt der Rufagent die weitere Rufbearbeitung vor. Andernfalls wird der Ruf abgelehnt.

Resultat des Teilnehmerabgleichs ist die Globale Rufsicht. Sie enthält die Rufobjekte, deren Attribute und Untergrenzen, denen alle Teilnehmer zustimmen. In Abbildung 4.8 ist bereits die Globale Rufsicht dargestellt. Sie bildet den Ausgangspunkt für die Erzeugung von Rufalternativen. Dieser agenteninterne Vorgang umfaßt die schrittweise Eliminierung optionaler Rufobjekte und die Änderung von Objektattributen innerhalb der teilnehmerseitig vorgegebenen Attributsgrenzen. Die Vorgehensweise ist dabei nicht trivial. Zum einen existieren zahlreiche Freiheitsgrade, wie unter anderem der Zeitpunkt der Alternativenerzeugung oder die Reihenfolge von Topologie- und Attributsänderungen. Zum anderen sind vielfältige Abhängigkeiten zwischen den Rufobjekten zu berücksichtigen. Eine systematische Zusammenstellung und Diskussion der Problematik der Alternativenerzeugung einschließlich einiger Empfehlungen für eine sinnvolle Vorgehensweise ist in Abschnitt 5.4.2 wiedergegeben.

In Abbildung 4.8 ist rechts die Rufalternative dargestellt, die sich ergibt, wenn bis zu den die Entfernung von Rufobjekten betreffenden Akzeptanzgrenzen vorgegangen wird. Der Konferenzruf fällt dann zu einer Zwei-Teilnehmerverbindung zusammen.

Für jede Rufalternative ist eine individuelle Kombination einzelner Ressourcen erforderlich, deren Angebote letztlich die im Netz erreichbaren Eigenschaften der Rufalternative bestimmen. Die Trennung von Rufsteuerung und Ressourcensteuerung in AUREUS bedeutet, daß Informationen über betreiberseitige Ressourcenangebote nur im Ressourcenagenten vorliegen. Ähnlich der Teilnehmersignalisierung auf Rufebene beauftragt der Rufagent den Ressourcenagenten mittels AKP-Nachrichten mit der Zusammenstellung optimaler Ressourcen für eine Rufalternative (Schnittstelle S_{12}). Der Nachrichteninhalt ist dabei eine ressourcennähere Beschreibung eines Rufes bzw. einer Rufalternative in Form des Impliziten Ressourcenmodells (vgl. Abschnitt 5.4.1.5).

Die vom Ressourcenagenten zurückgemeldeten Abfrageergebnisse werden im Rufagenten ausgewertet. Unter der Voraussetzung, daß alle Rufobjekte mindestens mit den angegebenen Qualitätswerten realisiert werden können, entscheidet allein der Vergleich zwischen nutzerseitigem Preisziel und gemeldetem, tatsächlich erreichbarem Preis darüber, ob eine weitere Rufalternative betrachtet werden muß. Vereinfacht dargestellt beschreibt die erweiterte Rufsteuerung somit einen iterativen Vorgang, in dessen Verlauf solange Änderungen am initialen Rufwunsch abgefragt werden, bis das Preisziel erfüllt wird oder der Aufbau endgültig abgebrochen werden muß, da die Akzeptanzgrenzen erreicht wurden. Abweichungen von dieser Vorgehensweise, beispielsweise die für den unverbindlichen Informationsüberblick besser geeignete, parallele Abfrage von Rufalternativen oder eine sinnvolle kombinierte Vorgehensweise sind in Kapitel 5 ausführlich erläutert.

Die Funktionsweise des Rufagenten und die Interaktion mit dem Rufsteuerungszugang und dem

Ressourcenagenten ist in Abbildung 4.9 sinnbildlich wiedergegeben. Ihr liegt obiges Konferenzbeispiel zugrunde. Dargestellt ist lediglich der iterative Vorgang (Schritte (1) bis (5)). Nicht enthalten ist der Rufaufbauvorgang und die Basisfunktionen der Rufsteuerung (vgl. hierzu Kapitel 5).

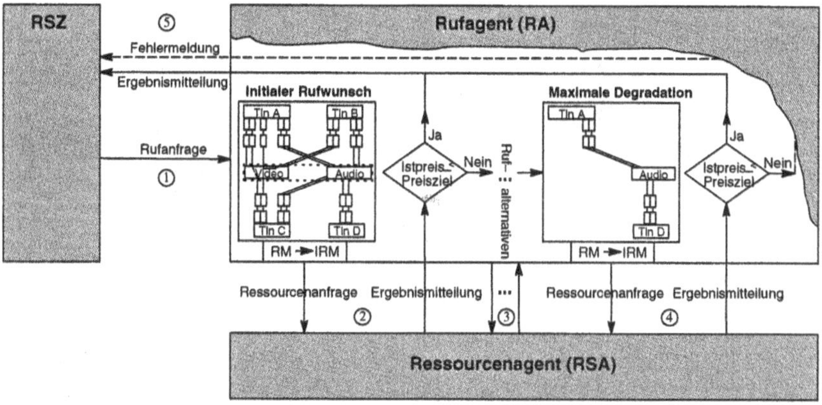

Abbildung 4.9: Funktionsweise des Rufagenten und Anwendung der Rufalternativen im Rufagenten

4.3.2 Funktionsweise der Ressourcenagenten und der Agentenadapter

Der Ressourcenagent nimmt die Abbildung der vom Rufagenten über die Schnittstelle angeforderten, abstrakten Ressourcenkonfiguration einer Rufalternative auf konkrete Betreiberangebote für Verbindungsabschnitte und Spezialressourcen vor. Diese Ressourcenauswahl ist die komplexeste der neuen, maklerartigen Steuerungsaufgaben auf Ressourcenebene. Den Grund hierfür bilden die Charakteristika von Multimediaanwendungen. Sie verlangen nach einer Berücksichtigung mehrerer Angebotskriterien, Punkt-zu-Mehrpunkt-Verbindungen und Spezialressourcen (Mischer, Kodierungskonverter). Darüber hinaus bestehen hohe Zeitanforderungen, da ein Rufaufbau in der Regel mehrere Alternativen und folglich mehrere Auswahlprozesse umfaßt. Neben architekturbedingten Ansätzen zur deren Erfüllung (vgl. Abschnitt 4.2.3) spielt die Vorgehensweise bei der Durchführung der Ressourcenauswahl und beim Zusammenspiel mit den weiteren Maklerfunktionen eine wesentliche Rolle. Die grundlegenden Konzepte sind im folgenden anhand eines einfachen Netz- und Rufbeispiels erläutert.

4.3.2.1 Ständige Angebotserfassung

Entsprechend der segmentweisen Auswahlfreiheit errichten Netzbetreiber auf der Basis ihrer Netzinfrastruktur Angebote zur späteren Etablierung von Verbindungssegmenten oder SR-Diensten (siehe Beispielnetz in Abbildung 4.10). Sie enthalten verpflichtende Preis- und Qualitätsangaben. Für die Weiterveräußerung sind die Ressourcenagenten zuständig; jeder für einen Teil des Angebotsnetzes, seine Verantwortungsdomäne (VD). Ein wesentliches Kennzeichen ist die ständige Angebotserfassung. Diese Vorgehensweise schafft die Voraussetzung für eine schnelle Ressourcenauswahl. Trifft der diesbezügliche Auftrag eines Rufagenten ein, liegen die Einzelangebote bereits vor. Aktualitätsfördernd ist eine proaktive Angebotsmeldung durch die angebotsassoziierten Agentenadapter, wie in Abbildung 4.10 für einige Adapter dargestellt.

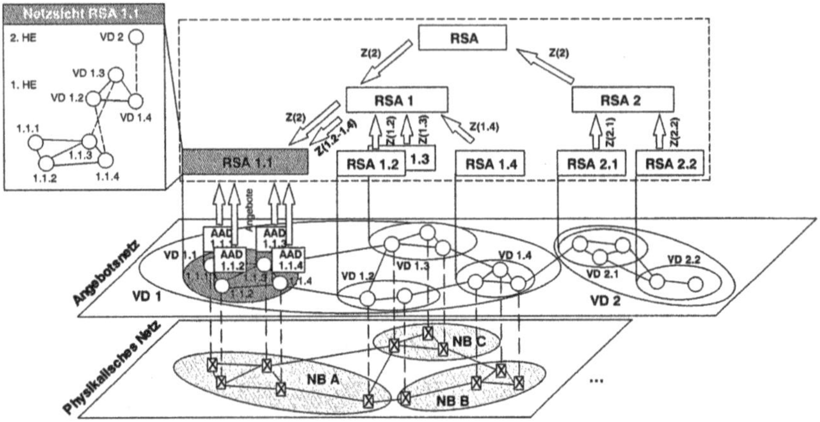

Abbildung 4.10: Netzinfrastruktur, Angebotserfassung und hierarchische Netzsicht

4.3.2.2 Bildung der hierarchischen Netzsicht

Die Ressourcenagenten stehen in einem hierarchischen Kooperationsverhältnis zum Austausch von Angebotskenntnissen über entfernte Verantwortungsdomänen. Letztere liegen in zusammengefaßter Form (Z) vor, um die Skalierbarkeits- und Verwaltbarkeitsvorzüge der verteilten Architektur zu erhalten. Die Teilnetzzusammenfassung, die jeder Ressourcenagent für seine Domäne vornimmt, basiert auf Aggregierungsalgorithmen. Vereinfacht ausgedrückt ermitteln sie Repräsentativangebote für den Durchgang durch ein Teilnetz (vgl. Abschnitt 6.1.4.1)

Der kaskadierte Informationsfluß aus Sicht des Ressourcenagenten RSA 1.1 ist in Abbildung 4.10 durch Pfeile symbolisiert. Er erfolgt über die Schnittstelle S_{24} auf Basis des Agenten-Kommunikations-Protokolls und ermöglicht jedem Ressourcenagenten eine globale Sicht auf das Angebotsnetz. Diese sogenannte hierarchische Netzsicht schafft die Voraussetzung für eine zentralisierte, durch einen Agenten durchgeführte Ressourcenauswahl und damit, wie in Abschnitt 4.2.3 bereits erwähnt, für eine architekturbedingte Beschleunigung des Auswahlprozesses.

In Abbildung 4.10 ist am linken Rand exemplarisch die hierarchische Netzsicht des RSA 1.1 dargestellt. Entfernte Teilnetze sind dabei zu einem logischen Knotenpunkt zusammengefaßt. Dies ist nur eine Möglichkeit der Aggregierung. Eine weitaus genauere, die Struktur eines Teilnetzes berücksichtigende Form ist zusammen mit den Aggregierungsalgorithmen in Abschnitt 6.1.4 beschrieben.

Als erster Ansatzpunkt für die Bildung hierarchischer Netzsichten sind die Vorschläge des ATM-Forums für eine Netzknotenschnittstelle in privaten Netzen (PNNI [ATM96b]) zu sehen. Sie mußten an die hierarchische Agentenstruktur der Ressourcenebe angepaßt und in Hinblick auf die geforderten Eigenschaften multimedialer Dienste erweitert werden. Hierzu zählt die integrative Berücksichtigung von Spezialressourcen und mehrerer Angebotscharakteristika bei der Teilnetzzusammenfassung.

4.3.2.3 Ressourcenanfrage und Vorverarbeitung

Die AKP-Anfrage eines Rufagenten (Schnittstelle S_{12}) enthält die Ressourcenkonfiguration des gewünschten Rufes oder der Rufalternative in impliziter Form, d.h. ohne Angaben über Typ und Lokalisierung von SR-Funktionen. In einer Art Vorverarbeitung, der Ressourcenkonkretisierung, werden die benötigten SR-Typen bestimmt. Beschrieben wird das Ergebnis durch ein weiteres, das Explizite

Ressourcenmodell (vgl. hierzu Abschnitt 6.2.3). Die Abbildung vom Impliziten auf das Explizite Ressourcenmodell ist im allgemeinen nicht eindeutig. Beispielsweise implizieren unterschiedliche Kodierungsangaben in den Endpunkten des Impliziten Ressourcenmodells (IRM), daß eine Konvertierung notwendig ist. Sie kann durch eine entsprechende SR, aber auch durch eine Kette von Konvertern über Zwischenformate realisiert werden.

Mit dem Expliziten Ressourcenmodell stehen alle benötigten SR und (Teil-)Verbindungen eines Rufes inklusive der zugehörigen Dienstgüteangaben fest. In der anschließenden Ressourcenauswahl bestimmt der Ressourcenagent durch Kombination ihm bekannter Ressourcenangebote die bestmögliche Umsetzung der Ressourcenkonfiguraton auf die Netze. Die Ergebnisse werden an den Rufagenten zurückgemeldet. Er entscheidet über die Vorlage beim initiierenden Rufteilnehmer oder die Untersuchung weiterer Rufalternativen.

4.3.2.4 Ressourcenauswahl

Die Ressourcenauswahl erfolgt auf der Grundlage der hierarchischen Netzsicht des beauftragten Ressourcenagenten. Ein wichtiger Bestandteil ist die Vorberechnung optimaler Routen zwischen allen Endpunkten der hierarchischen Netzschicht. Sie wird mit jeder Angebotsmodifikation vorgenommen und setzt Routingverfahren ein, die mehrere Angebotskriterien (z.B. Preis und Verzögerung) und die besondere, hierarchische Form des Netzes mit seinen teilnetzzusammenfassenden Knoten berücksichtigen. Vergleichbar der ständigen Angebotspflege erfolgt auch die Routenvorberechnung als „offline"-Prozeß, so daß auf ihre Ergebnisse zum Zeitpunkt des Auftragseingangs zurückgegriffen werden kann.

Auftragsgebunden, da rufspezifisch, ist nur die Lokalisierung der SR-Funktionen. Unter dieser Aufgabe versteht man die Auswahl geeigneter SR-Standorte. Infolge der Abhängigkeit zwischen SR-Standort und Kosten oder anderen Eigenschaften der angeschlossenen Verbindungen erfolgt die SR-Lokalisierung sinvollerweise nicht getrennt, sondern in einer integrierten Art und Weise. Mathematisch ergibt sich ein nicht-polynomiales Optimierungsproblem [GJ79], dessen Lösung unter den gegebenen Zeitanforderungen die Anwendung einer Heuristik erforderlich macht. Ein geeigneter Ansatz wird in Abschnitt 6.3.4 vorgestellt. Er wurde speziell für den Einsatz in hierarchischen Netzen und für eine Mehrkriterienwegewahl erweitert.

Die im Ressourcenagenten vorgenommene Ressourcenauswahl ist die Erweiterung einer hierarchischen, quellbasierten Wegewahl. Eine optimale Verbindungsführung im gesamten Angebotsnetz wird durch einen sogenannten hierarchisch optimalen Pfad in der hierarchischen Netzsicht angenähert. In Abbildung 4.11 ist er besonders hervorgehoben.

Infolge der Teilnetzzusammenfassung ist diese Form der Wegewahl zwangsläufig mit einer Suboptimalität verbunden, deren Ausmaß vom eingesetzten Aggregierungsverfahren abhängt (vgl. Abschnitt 6.3.1). Die Ergebnisse der Ressourcenauswahl besitzen lediglich Hinweischarakter. Sie sind als Antwort auf eine unverbindliche Informationsfrage des Rufagenten aber ausreichend. Im Unterschied hierzu steht die verbindliche Arbeitsweise des Ressourcenagenten. Hier schließt sich an die zentralisierte Ressourcenauswahl auf Basis der hierarchischen Netzsicht eine Ressourcenreservierung entlang der ermittelten Verbindungsrouten an. Sind Ressourcen nicht verfügbar oder zuvor ermittelte Kosten- bzw. Dienstgüteangaben nicht erreichbar, so wird zunächst ein lokaler Ersatzpfad gesucht, bevor schließlich eine Fehlermeldung an den Rufagenten ergeht.

4.3.2.5 Exemplarischer Rufaufbau

Die prinzipielle Vorgehensweise bei der Ressourcenreservierung[6] ist in Abbildung 4.11 erläutert. Aus Gründen der Übersichtlichkeit wurde als Beispiel ein einfacher Punkt-zu-Punkt-Ruf zwischen dem Rufinitiator A (am Knoten 1.1.2) und einem partizipierenden Teilnehmer B (am Knoten 2.2.1)

[6] Analoges gilt für die endgültige Ressourcenbelegung nach erfolgreicher Teilnehmeralarmierung

gewählt. Dies ist keine grundsätzliche Einschränkung. Die notwendigen Erweiterungen zum Aufbau allgemeiner MM-Rufe sind in Abschnitt 6.4.3 beschrieben.

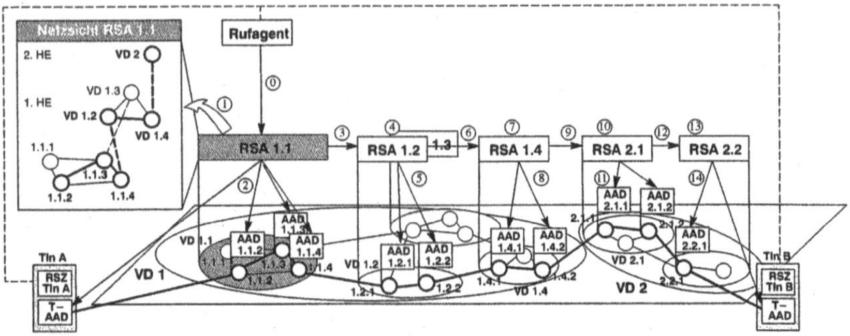

Abbildung 4.11: Exemplarischer Rufaufbau

Ausgangspunkt für die Ressourcenreservierung bildet die verbindliche Ressourcenanfrage durch den Rufagenten (Schritt (0)). Die vorangegangenen Bearbeitungs- und Signalisierungsschritte im Rufagenten und in den Rufsteuerungszugängen sind in Abbildung 4.11 nur angedeutet. Sie wurden bereits in Abschnitt 4.3.1 erläutert. An den Erhalt der Ressourcenanfrage schließen sich die folgenden Vorgänge an:

- (1) RSA 1.1 erkennt anhand der Adreßangaben in der Ressourcenanfrage, daß der entfernte Teilnehmeranschluß in der VD 2 liegt. Sie wird durch einen Knoten in der höchsten Hierarchieebene seiner hierarchischen Netzsicht repräsentiert.

  Als Folge der Vorberechnung hierarchisch optimaler Routen liegt ein Vorschlag für die Wegeführung zum Knoten 2 bereits vor. Sie ist in Abbildung 4.11 fett eingezeichnet und wird vom Ressourcenagenten in Form einer hierarchischen Angebotsliste (HAL: [1.1.2-1.1.3-1.1.4][1.2-1.4][2]) gespeichert.

- (2) Entsprechend der HAL nimmt der Ressourcenagent über die zugehörigen Verbindungsadapter (1.1.2, 1.1.3, 1.1.4) die Reservierung der Übermittlungsressourcen seiner Verantwortungsdomäne VD 1.1 vor. Außerdem sorgt er über den T-AAD für die Anbindung des Teilnehmerzugangs auf Elementebene.

- (3) Durch Zugriff auf den AAD 1.1.4 wird ein Grenzangebot zur Nachbardomäne VD 1.2 reserviert. RSA 1.1 übergibt daraufhin den weiteren Verbindungsaufbau an RSA 1.2

- (4) RSA 1.2 erkennt anhand der erhaltenen HAL, daß sein nächstes Ziel der Übergang zur VD 1.4 ist. An den im RSA 1.1 getroffenen Routingentscheidungen nimmt er keine Änderung vor. Er ergänzt sie lediglich um die Routenführung durch seine Domäne (Knoten 1.2.1 und 1.2.2).

- (5) RSA 1.2 reserviert die Übermittlungsressourcen seiner Verantwortungsdomäne entsprechend Schritt (2).

- (6),(7),(8) Die Vorgänge (3) bis (5) wiederholen sich für den Fall des Ressourcenagenten 1.4.

- (9),(10) Mit der Übergabe des Reservierungsauftrags an RSA 2.1 liegt eine neue Situation vor. RSA 2.1 muß die HAL zunächst um eine Route durch die erste Hierarchieebene seiner hierarchischen Netzsicht ergänzen, bevor er die Wegeführung innerhalb seiner VD festlegen kann ([2.1-2.2] bzw. [2.1.1-2.1.3]). Ersteres erfolgt anhand der Zieladresse, deren zugehörige VD als Knoten 2.2 erscheint.

- (11), (12), (13), (14) Die Reservierung in VD 2.1, die Übergabe an RSA 2.2, die Festlegung und Reservierung der Ressourcen im VD 2.2 sowie die Anbindung des entfernten Teilnehmeranschlusses beenden den Reservierungsvorgang.

Kapitel 5

Teilnehmerunterstützung im Rufagenten

Nachdem im vorangegangenen Kapitel das Grundkonzept der agentenunterstützten Dienststeuerung AUREUS beschrieben wurde, insbesondere die Ableitung der Architektur und neuen Steuerungsfunktionen aus dem Agenturmodell, werden in den folgenden beiden Kapiteln Einzelheiten erläutert. Der Schwerpunkt liegt zunächst auf der Rufebene und dem Rufagenten.

Das Ziel des Rufagenten ist die Verbesserung der Teilnehmerunterstützung. Dies hat vielseitige Auswirkungen auf die grundsätzlichen Mechanismen der Rufsteuerung. Sie sind in den folgenden Unterkapiteln erläutert. Ausgehend von einem bekannten Ansatz zur objektorientierten Modellierung von Multimedia-Rufen[1] werden in Abschnitt 5.2 zunächst notwendige Rufmodellerweiterungen beschrieben. In Abschnitt 5.3 wird die Rufsignalisierung behandelt. Vorgestellt wird ein Agentenkommunikationsprotokoll, welches es erlaubt, die Signalisierungsanforderungen einer objektorientierten Rufmodellierung zu erfüllen und gleichzeitig die Vorgaben der FIPA[2] zur Agentenkommunikation (FIPA-ACL) zu berücksichtigen. Den Schwerpunkt vorliegenden Kapitels bilden die neuen Steuerungsfunktionen, die der Rufagent wahrnimmt (Abschnitt 5.4). Sie umfassen die Erzeugung und die Abarbeitung der Rufalternativen. Die zahlreichen Vorgehensvarianten werden ausführlich diskutiert und durch Beispiele ergänzt.

5.1 Grundkonzept Rufalternativen

Betreiber- und Dienstevielfalt führen zu einer höheren Komplexität bei der Anforderung eines Kommunikationsdienstes. Insbesondere die gestiegene Auswahlfreiheit und Betreiberdifferenzierung eines zukünftigen TK-Marktes verlangt nach einer Teilnehmerunterstützung, die über bestehende Least-Cost-Routing-Systeme hinausgeht. Nur so lassen sich auch die Vorteile obiger Entwicklungen nutzen.

Im einzelnen sind die folgenden Problemstellungen zu adressieren:

- Die Eingabe von Qualitätsanforderungen an der Teilnehmernetzschnittstelle bestehender Signalisierungsansätze erfordert ausreichende Kenntnisse darüber, wie einzelne Dienstgüteparameter zusammenwirken und welche Parameterwerte zu setzen sind, um daraus den gewünschten Qualitätseindruck zu erzeugen. Zusätzliches Detailwissen ist erforderlich, um Dienstgüteparameter so abzuändern, daß ein individuelles Kostenziel erreicht wird.
- Die bestmögliche Kombination von Übermittlungsressourcen erfordert ein umfangreiches Wissen über Ressourcenangebote unterschiedlicher Netzbetreiber. Die zu erwartende hohe Ange-

[1] vgl. [MAGIC93b, BMMM94] bzw. [Mü96])
[2] Foundation for Intelligent Physical Agents [FIP97], vgl. Abschnitt 3.6.

botsanzahl, möglicherweise verbunden mit häufigen Angebotsänderungen sprechen dagegen, daß dieses Wissen jedem Teilnehmer zur Verfügung stehen wird.

- Parametereingabe und Ressourcenauswahl sind bei jedem Ruf und jeder Rufmodifikation zu wiederholen. Die Bereitschaft dafür kann als eher gering eingeschätzt werden. Ohne Benutzerakzeptanz ist aber nicht damit zu rechnen, daß sich Auswahlfreiheit und Betreiberdifferenzierung durchsetzen.

Als Lösung wird eine neue Steuerungsfunktion zur besseren Teilnehmerunterstützung vorgeschlagen. Sie umfaßt die benutzernahe Rufspezifikation, die transparente Initiierung einer automatisierten Ressourcenauswahl und die autonome Ermittlung von Realisierungsalternativen zum initialen Rufwunsch.

5.1.1 Lokalisierung der Steuerungsfunktionalität

Angesichts der geschichteten Steuerungsarchitektur ist zunächst zu überlegen, welcher Abstraktionsebene die Steuerungsfunktion am besten zugeordnet werden kann. Für die Wahl der Rufebene sprechen die folgenden Punkte:

- In der Rufebene erfolgt die Rufbeschreibung auf höchstem Abstraktionsniveau. Dies vereinfacht die Alternativenbildung. Sie ist lediglich mit der Änderung einiger weniger Rufbestandteile verbunden.

- Nicht alle Realisierungsalternativen sind aus Teilnehmersicht erwünscht. Die Spezifikation akzeptierter Änderungen sollte daher möglich sein. Sie erfolgt am besten in der gewohnten Beschreibungssprache, in der auch der initiale Rufwunsch eingegeben wird.

- Mit dem Rufaufbau ist eine Konkretisierung von Parametern zur Dienstgütebeschreibung verbunden. Die Rückabbildung ist nicht in allen Fällen eindeutig. Aus Teilnehmersicht ist die Eingabe von Qualitätsanforderungen in Form abstrakter Parameter sinnvoll. Erfolgt die Bildung von Realisierungsalternativen nicht durch Änderungen dieser Parameter, wie dies bei einer Alternativenerzeugung auf Ressourcenebene der Fall wäre, so kann deren Wirkung auf den Qualitätseindruck beim Teilnehmer nur schlecht abgeschätzt werden.

- Die Änderung von Dienstgüteparametern ist häufig nur in bestimmten Stufen sinnvoll, die durch Endgeräteeigenschaften (z.B. Kodierverfahren) vorgegeben werden. Diese Zusammenhänge sind nur in der Rufebene bekannt.

Aus diesen Gründen erfolgt in AUREUS die Bildung von Realisierungsalternativen in der Rufebene. Sie werden fortan als Rufalternativen bezeichnet und definieren sinnvolle Abweichungen vom initialen Rufwunsch.

An der Rufsteuerung sind teilnehmer- und netzseitige Steuerungsinstanzen, Rufsteuerungszugang (RSZ) und Rufagent, beteiligt. Die Alternativenbildung erfolgt im Rufagenten. Sie ist gegenüber einer Durchführung im RSZ mit zahlreichen Vorteilen verbunden:

- Im Rufagenten sind Endgeräteeigenschaften und Qualitätswünsche anderer Teilnehmer vor der Alternativenbildung bekannt (vgl. Abschnitt 5.4.1). Auf diese Weise kann verhindert werden, daß nicht realisierbare Rufalternativen generiert werden.

- Der Signalisierungsaufwand an der Teilnehmernetzschnittstelle beschränkt sich auf ein Minimum.

- Die Lokalisierung der Steuerungsfunktionalität im Rufagenten ermöglicht einfachere Endgeräte.

- Der Rufagent ist einem Dienstbetreiber zugeordnet (vgl. Abbildung 4.7). Dies erlaubt eine dienstspezifische Ausrichtung der Alternativenerzeugung.

- Der Rufagent beantragt die für einen Ruf benötigten Ressourcen auf Ressourcenebene. Nur er erhält die detaillierten Rückmeldungen und kann daraus eine Erfahrungsbasis gewinnen, um die Alternativenerzeugung weiter zu verbessern.

5.1.2 Vorteile von Rufalternativen

Durch die autonome Betrachtung von Realisierungsvarianten eines initialen Rufwunsches wird die Flexibilität der Rufsteuerung wesentlich gesteigert. Die Folge sind eine Reihe von Verbesserungen bei bekannten Problemstellungen, aber auch zahlreiche neue Anwendungsbereiche:

Umgehung netzseitiger Rufablehnung: Blockierte oder fehlende Übermittlungs- und Spezialressourcen führen normalerweise zur Rufablehnung. Änderungen am initialen Rufwunsch (Qualität, Kodierungsverfahren, Ruftopologie) resultieren in geänderten Anforderungen auf Ressourcenebene. Sie bieten die Chance, daß nunmehr geeignete Ressourcen vorhanden sind, die einen erfolgreichen Rufaufbau ermöglichen.

Rufaufbau bei abweichenden Teilnehmeranforderungen: Rufalternativen erlauben es, einen Konsens zu ermitteln, falls unterschiedliche Teilnehmeranforderungen an einen Ruf bestehen. Dies schließt den Fall heterogener Endgeräteeigenschaften ein. Darüber hinaus kann der erforderliche Teilnehmerabgleich dadurch beschleunigt werden, daß der Rufinitiator von vorneherein seinen Verhandlungsspielraum angibt.

Reduktion der Auswahlkomplexität: Rufalternativen erleichtern aus Teilnehmersicht die Entscheidung für eine Realisierungsvariante des gewünschten Rufes, indem sie von der Vielzahl denkbarer Netzressourcenkombinationen abstrahieren.

Bedarfsgerechte Ressourcennutzung: Rufalternativen unterstützen den Rufinitiator bei der Auswahl einer Dienstrealisierung gemäß seinen Preis- und Qualitätsvorstellungen. Dies führt zu einer effizienten, am tatsächlichen Bedarf ausgerichteten Ressourcennutzung.

Anwendung während der Dienstnutzung: Die vorliegende Arbeit beschreibt den Einsatz von Rufalternativen während des Rufaufbaus oder teilnehmerinitiierten Rufmodifikationen. Vorstellbar ist aber auch eine Anwendung im Verlauf der Dienstnutzung, beispielsweise als Reaktion auf eine beobachtete Abnahme der Übermittlungsqualität.

Ausgangspunkt für Verhandlungen: Durch die Fähigkeit zur Alternativenbildung ist der Rufagent in der Lage, einfache Verhandlungsvorgänge zu führen, beispielsweise mit einem als Wiederverkäufer auftretenden Ressourcenagenten. Ein mögliches Verhandlungsziel könnte darin bestehen, innerhalb einer vom Rufinitiator gewährten Zeitspanne durch schrittweise Anhebung des Preises und Absenkung der Qualitätsanforderungen Einigung über die Bereitstellung von Ressourcen zu erzielen.

5.1.3 Schwierigkeiten im Zusammenhang zu Rufalternativen

Obigen Vorteilen von Rufalternativen stehen auch einige potentielle Nachteile gegenüber. Das Hauptproblem ist sicherlich die aus Sicht der Netzbetreiber unnötige Belegung von Netzressourcen. Sie entsteht, wenn Ressourcen zwar reserviert, aber noch nicht genutzt und vergebührt werden. Rufalternativen bergen die Gefahr eines starken Anstiegs unnötiger Ressourcenbelegung. Zum einen liegt dies an der Tatsache, daß jeder Rufaufbau möglicherweise mehrere Rufalternativen umfaßt, für die Ressourcen zu reservieren sind. Zum anderen verfolgen Rufalternativen die Zielsetzung, eine breite Orientierungshilfe für den Rufinitiator zu schaffen. Der tatsächliche Aufbau und die Nutzung eines Rufes schließt sich, wenn überhaupt, nur für die aus Sicht des Rufinitiators am besten geeignete Rufalternative an.

Entsprechend den Ausführungen für das Agenturmodell (Abschnitt 4.1.2) werden zwei unterschiedliche Arbeitsweisen des Rufagenten vorgeschlagen, eine unverbindliche und eine verbindliche. Erstere wird angewandt, um einen breit angelegten Überblick über Realisierungsalternativen eines Rufes zu erzeugen. Die ermittelten Preis- und Qualitätsangaben der Rufalternativen haben lediglich Hinweischarakter; mit der unverbindlichen Arbeitsweise ist eine Informationsabfrage aber keine Ressourcenreservierung auf Ressourcenebene verbunden. Die verbindliche Arbeitsweise führt zur Abgabe eines bindenden Angebotes durch den Rufagenten. Mit Ausnahme auftretender Fehlerfälle muß er die angegebenen Preis- und Qualitätseigenschaften garantieren. Hierzu ist eine Ressourcenreservierung erforderlich.

Eine zweite Schwierigkeit resultiert aus der Tatsache, daß mit jeder Rufalternative ein Auswahlprozeß auf Ressourcenebene angestoßen wird. Mit der Möglichkeit, im Rahmen eines Rufaufbaus mehrere Rufalternativen durchzuspielen, erhöhen sich zwangsläufig die zeitlichen Anforderungen an die einzelne Ressourcenauswahl.

5.2 Rufmodellierung

Das Rufmodell nimmt eine zentrale Aufgabe innerhalb der Dienststeuerung wahr. Es definiert die Sicht der Teilnehmer auf die vom Dienstbetreiber zur Verfügung gestellten Kommunikationsdienste. Mit seiner Hilfe werden Kommunikationsdienste angefordert und verändert.

Das Rufmodell muß der erweiterten Funktionalität von MM-Diensten Rechnung tragen. Als solches muß es die Möglichkeit bieten, Rufe mit mehreren Medien und Teilnehmern zu spezifizieren, sowie teilnehmerspezifische Endgeräteeigenschaften und Qualitätsanforderungen zu erfassen. Um das Konzept der Rufalternativen zu unterstützen, ist es darüber hinaus sinnvoll, daß der Teilnehmer Mittel zur Beeinflussung der Alternativenerzeugung an die Hand bekommt. Sie stellen sicher, daß die autonome Arbeitsweise des Rufagenten in den teilnehmerseitig akzeptierten Grenzen verläuft.

5.2.1 Das objektorientierte Rufmodell

In bestehenden Signalisierungssystemen wird ein Ruf als Zustandsautomat modelliert. Jeder Zustand repräsentiert den momentanen Status der Rufbearbeitung. Hauptkritikpunkt dieser Rufmodellierung ist, daß bei einer Erweiterung der Ruffunktionalität die Komplexität des Zustandsraumes, d.h. die Anzahl an Zuständen, Zustandsübergängen und auch Signalisierungnachrichten erheblich zunimmt.

Aus diesem Grund hat sich in neueren Signalisierungsansätzen die Verwendung eines objektorientierten Rufmodells durchgesetzt [MAGIC93b, BMMM94, TINA95, EUR95, Mü96]. Es bildet die Basis für die Rufmodellierung in AUREUS. Ein Ruf wird aus mehreren attributierten Basisobjekten zusammengesetzt. Jedes Basis- bzw. Rufobjekt modelliert einen Rufbestandteil. Durch die Wahl der Objektattribute und die Verknüpfung vieler solcher Rufobjekte lassen sich beliebig komplexe Rufstrukturen beschreiben. Jedes Rufobjekt kann durch Elementaroperationen angelegt, verändert und gelöscht werden. Der zugeordnete Zustandsraum beschränkt sich auf wenige Zustände. Auf diese Weise wird eine Dekomposition des komplexen Rufgesamtzustandes in mehrere einfache Objektzustände erreicht.

Die objektorientierte Modellierung wird neben der Rufebene auch auf Ressourcenebene angewandt. Das Rufmodell wird dabei in ein Ressourcenmodell transformiert. Genauer lassen sich das Implizite Ressourcenmodell (IRM) und das Explizite Ressourcenmodell (ERM) unterscheiden. Ersteres definiert die an der Schnittstelle zwischen Rufsteuerung und Ressourcensteuerung angeforderten Ressourcen, zweiteres dient der internen Darstellung einer Ressourcenkonfiguration im Ressourcenagenten. Auf das IRM wird in Abschnitt 5.4.1.5, auf das ERM in Abschnitt 6.2.3 näher eingegangen.

Abbildung 5.1 zeigt das Rufmodell des Konferenzbeispiels aus Kapitel 4. Die Bedeutung der Rufobjekte zur Beschreibung der Kommunikationsstruktur eines Dienstes, der sogenannten Ruftopologie, ist im folgenden Abschnitt erläutert. In Abschnitt 5.2.1.2 wird auf die Objektattribute zur Modellierung der Dienstgüte eingegangen. Die am linken Abbildungsrand dargestellten Rufmodellerweiterungen bilden den Schwerpunkt von Abschnitt 5.2.2.

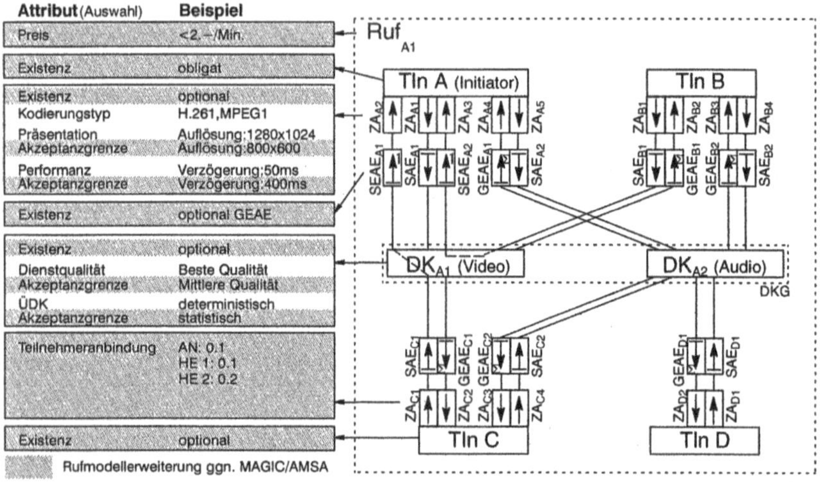

Abbildung 5.1: Objektorientiertes Rufmodell und Erweiterungen

5.2.1.1 Modellierung der Ruftopologie durch Elementarobjekte

Der Ruf als Sammelobjekt umfaßt die folgenden Elementarobjekte:

Teilnehmer (Tln): Für jeden Kommunikationspartner wird ein Teilnehmerobjekt angelegt. Neben der Teilnehmeradresse enthält es Attribute, die Berechtigungen zu Rufänderungen, sowie Hinweise auf spezifische Rollen des Teilnehmers (z.B. Konferenzleiter) erfassen. Eine besondere Rolle ist die des initiierenden Teilnehmers. In vorliegender Arbeit wird davon ausgegangen, daß er die Gebühren des Rufes entrichtet und im Gegenzug das alleinige Änderungsrecht besitzt. Weitere Rollen sind nur für eine übergeordnete Dienststeuerung von Bedeutung.

Zugangsanschluß (ZA): Ein Teilnehmerobjekt kann mit einem oder mehreren Zugangsanschlüssen verknüpft sein. Jeder von ihnen repräsentiert einen unidirektionalen Informationsstrom, den der Teilnehmer entweder ins Netz sendet oder aus diesem empfängt. Über ZA-Attribute lassen sich unterschiedliche Kodierverfahren angeben, die im Teilnehmerendgerät verarbeitet werden können, sowie qualitative Anforderungen an den zugeordneten Informationsstrom beschreiben. Die Angabe mehrerer Attributswerte ermöglicht dabei den Abgleich unterschiedlicher Teilnehmerpräferenzen.

Dienstkomponente (DK): Umfaßt ein Ruf mehrere Medien, so ist für jeden Informationstyp eine Dienstkomponente erforderlich. Bildlich gesprochen repräsentiert sie einen Sammelbehälter in den Teilnehmer Informationen eines Typs (z.B. Video) einspeisen oder entnehmen. Die Kommunikationsbeziehungen zwischen Teilnehmern werden durch die Verknüpfung von Teilnehmerobjekten und Dienstkomponenten über Zugangsanschlüsse und Abbildungselemente beschrieben.

Dienstkomponentengruppe (DKG): Dieses Rufobjekt erlaubt es, mehrere Dienstkomponenten zu gruppieren, um auf diese Weise wechselseitige Abhängigkeiten, beispielsweise zeitlicher Art, zu erfassen.

Abbildungselemente (AE): Es sind Abbildungselemente in Sende- und in Empfangsrichtung zu unterscheiden. Ein Abbildungselement in Senderichtung (SAE) verknüpft die Objekte Dienstkomponente und Zugangsanschluß eines Teilnehmers, der Informationen ins Netz einspeist. Durch Zusatzattribute kann eine Vorverarbeitung spezifiziert werden.

Abbildungselemente in Empfangsrichtung legen fest, wie im Falle eines Mehrteilnehmerrufes auf mehrere gesendete Informationen zugegriffen werden soll. Selektive Abbildungselemente (SEAE) modellieren einen dedizierten Zugriff auf Informationen eines Teilnehmers. Die Verwendung mehrerer SEAE-Objekte gestattet darüber hinaus, Gruppierungen von Informationsströmen auszuwählen. Die SEAE-Objekte können wahlweise mit einem oder mehreren Zugangsanschlüssen verknüpft werden. Ersteres impliziert ein Mischen der Informationsströme in netzseitigen Spezialressourcen, letzteres bedeutet, daß das Endgerät diese Funktion übernimmt. Ist ein Zugangsanschluß über ein Gesamtabbildungselement (GEAE) mit einem DK-Objekt verknüpft, so entnimmt der zugeordnete Teilnehmer immer alle Informationsströme der Dienstkomponente, einschließlich des eigenen. Eine derartige Rufmodellierung erfordert Mischer, die daraus einen resultierenden Informationsstrom formen. Greifen alle am Ruf Beteiligten per GEAE auf eine Dienstkomponente zu, so ergeben sich Kostenvorteile durch die gemeinsame Nutzung eines Mischers und die Möglichkeit, den Ausgangsinformationsstrom in Form einer Punkt-zu-Mehrpunkt-Verbindung zu führen. Auf diesen Punkt wird bei der Alternativenbildung noch genauer eingegangen (Abschnitt 5.4.2).

5.2.1.2 Dienstgütemodellierung in Objektattributen

Angesichts der Tatsache, daß Betreiberdifferenzierung und Auswahlfreiheit die Bereitstellung von MM-Diensten mit unterschiedlichen Qualitätsabstufungen ermöglichen, ist eine entsprechende Qualitätsspezifikation im Rufmodell unabdingbar. Sie erfolgt in den Attributen der Rufobjekte. Grundlage ist ein geschichtetes Qualitätsmodell (vgl. [AC95, Haf94, Sti96]), welches die Angabe von Dienstgüte mit unterschiedlichen Abstraktionsgraden gestattet. Unterschieden wird zwischen Nutzerdienstgüte, Endsystemdienstgüte und Transportdienstgüte[3]. Die entsprechenden Dienstgüteparameter werden im Rahmen der Dienstgüteabbildung umgewandelt.

Durch das Konzept der Nutzerdienstgüte wird die Forderung nach abstrakter, benutzernaher Qualitätsbeschreibung erfüllt. Die Hauptschwierigkeit ist die Subjektivität der Angaben. Bevor ein Abgleich mit Angaben anderer Teilnehmer erfolgen kann, ist eine Umsetzung in objektive Angaben erforderlich. Sie kann, wie später dargestellt, mit Hilfe individueller QoS- Profile erfolgen.

Auf den beiden restlichen Abstraktionsebenen des Qualitätsmodells wird zwischen Präsentationsparametern und Performanzparametern unterschieden. Präsentationsparameter legen die gewünschte Darstellung des Inhalts eines Mediums fest. Im Falle des Mediums Video ist dies beispielsweise die Auflösung, die Bildwiederholrate und die Farbtiefe. Performanzparameter beschreiben die Güte, mit der der Informationsstrom übermittelt werden soll. Auf Transportebene sind die Performanzangaben zwischen Netzzugangspunkten definiert, auf Endsystemebene sind zusätzlich die Einflüsse notwendiger Informationsverarbeitung im Teilnehmerendgerät enthalten.

Das Rufmodell gestattet die Angabe von Qualitätsanforderungen in den beiden Objekten Dienstkomponente und Zugangsanschluß. Erstere haben die Bedeutung eines Vorgabewertes. Sie bleiben unberücksichtigt, falls teilnehmerspezifische Angaben in den ZA-Objekten gemacht werden. Eine ähnliche Prioritätsregel besteht bei gleichzeitiger Qualitätsspezifikation auf unterschiedlicher Abstraktionsebenen des QoS-Modells. Die konkreten Werte der tieferen Ebenen haben Vorrang vor der abstrakten Angabe einer Nutzerdienstgüte.

[3]Eine ähnliche Einteilung wird von Hafid in [Haf94] vorgeschlagen.

Da sendende und empfangende Zugangsanschlüsse unterschiedlicher Teilnehmer sich auf den gleichen Informationsstrom beziehen können, bestehen Konsistenzanforderungen an die Objektattribute. Auf sie wird im Rahmen des Teilnehmerabgleichs (Abschnitt 5.4.1.3) und bei der Bildung von Rufalternativen (Abschnitt 5.4.2) genauer eingegangen.

5.2.2 Erweiterungen des Rufmodells

Das in AUREUS verwendete Rufmodell baut auf der Rufbeschreibung des Signalisierungsansatzes MAGIC [MAGIC94] auf. Es berücksichtigt darüber hinaus Änderungen der Objektattribute, die eine Anwendungsunabhängigkeit sicherstellen, wie in [Mü96] beschrieben. Neu hinzu kommen Erweiterungen, die im Zusammenhang zur autonomen Ermittlung von Rufalternativen stehen. Im einzelnen sind dies:

Gebührenangaben: Damit ein an teilnehmerindividuellen Preis- und Qualitätsvorlieben angepaßter Ruf angeboten werden kann, muß das Rufmodell neben obigen Qualitätsattributen auch Preisangaben zulassen. Es besteht die Möglichkeit, eine Obergrenze für die Nutzungsgebühr des Gesamtrufes anzugeben. Eine detailliertere, objektbezogene Spezifikation ist grundsätzlich vorstellbar, führt aber auch zu einer weiter zunehmenden Komplexität des Rufmodells.

Akzeptanzgrenzen: Durch die Angabe einer Mindestqualität können Rufteilnehmer die für sie akzeptablen Rufalternativen eingrenzen und so eine zielgerichtete, zeitsparende Alternativensuche veranlassen. Die Spezifikation derartiger Akzeptanzgrenzen ist auf allen Ebenen des QoS-Modells und für alle Präsentations- und Performanzattribute möglich. Sie lassen sich außerdem in einem Benutzerprofil mit Vorgabecharakter für alle Rufe zusammenfassen. Auf diese Weise wird verhindert, daß Akzeptanzgrenzen mit jedem neuen Ruf spezifiziert werden müssen.

Optionale Rufobjekte: Durch ein zusätzliches Existenzattribut kann ein Rufobjektobjekt als optional gekennzeichnet werden. Optionale Objekte können im Verlauf der Alternativenermittlung gestrichen werden, um teilnehmerseitige Preisanforderungen zu erfüllen. Eine Besonderheit gilt für die Abbildungselemente in Empfangsrichtung. Über das Existenzattribut kann eingestellt werden, daß mehrere SEAE bei Bedarf in ein GEAE umgewandelt werden können.

Performanzattribut Übermittlungsdienstkategorie (ÜDK): Das Ausmaß der Garantie für die in den Performanzattributen spezifizerten Qualitätseigenschaften der Informationsübertragung hängt von der Übermittlungstechnologie ab. Gebräuchliche Abstufungen sind deterministische, statistische und bestmögliche Qualitätsgarantie. Durch ein zusätzliches Performanzattribut kann einer dieser Werte ausgewählt werden. Er wirkt sich auf die Auswahl einer geeigneten Übermittlungstechnologie auf Ressourcenebene aus.

Daten zur Teilnehmeranbindung: Im Agentenadapter eines Teilnehmerendgerätes sind Informationen über dessen Netzanbindung gespeichert. Sie umfassen Preis- und Qualitätsinformationen zu mehreren Grenzknoten entsprechend der hierarchischen Netzmodellierung auf Ressourcenebene (vgl. Abschnitt 6.1.4). Über den Rufzugang werden sie im Rufmodell verfügbar und können an den Ressourcenagenten durchgereicht werden. Letzterer gelangt auf diese Weise in den Besitz wegewahlverbessernder Zusatzinformationen über die Anbindung entfernter Teilnehmer. Eine vertiefende Darstellung findet sich in Abschnitt 6.1.4.3 und [QZ99].

Die aufgelisteten Erweiterungen sind im Rufmodellbeispiel aus Abbildung 5.1 grau unterlegt eingezeichnet und durch exemplarische Parameterwerte ergänzt.

Eine letzte Erweiterung betrifft den Verzicht auf eine gesonderte Darstellungsart für lokale Rufsichten. Wie bereits in Abschnitt 4.3.1 erwähnt, werden die lokalen Rufsichten, mittels derer die einzelnen Teilnehmer ihre Rufanforderungen definieren, und die als Folge des Teilnehmerabgleichs gewonnene globale Rufsicht auf die gleiche Weise modelliert. Dies erlaubt eine durchgängige Rufbeschreibung sowohl an der Teilnehmernetzschnittstelle als auch im Rahmen der Steuerungsvorgänge im Inneren des Agenten.

5.3 Rufsignalisierung

5.3.1 Anforderungen an die Rufsignalisierung

Zunächst sind Anforderungen zu beachten, die aus der Verwendung eines objektorientierten Rufmodells resultieren. Im Gegensatz zu funktionalen Ansätzen, bei denen für jede Veränderung eines Rufes eine eigene Nachricht existiert[4], erfolgt die Rufsteuerung auf Basis eines objektorientierten Rufmodells, indem Elementaroperationen (Erzeugen, Modifizieren, Löschen) auf Rufobjekte angewandt werden. Jede beabsichtigte Rufveränderung setzt sich aus einer Reihe von Elementaroperationen zusammen. Soll beispielsweise ein Ruf aufgebaut werden, so sind mehrere Rufobjekte zu erzeugen. Das Signalisierungsprotokoll muß folglich Transaktionscharakter besitzen, d.h. die Fähigkeit, Einzeloperationen zu gruppieren, so daß diese als Ganzes bestätigt oder abgelehnt werden können. Dies bedeutet auch, daß im Falle der Ablehnung einer Objektoperation der Gruppe alle bereits erfolgreichen Einzeloperationen rückgängig gemacht werden müssen.

Weitere Anforderungen an die Rufsignalisierung betreffen die Koordinierung mehrerer Steuerinstanzen, beispielsweise die Rufsteuerungszugänge mehrerer Teilnehmer, sowie die Notwendigkeit eines flexiblen Nachrichtenformats angesichts der variablen Anzahl von Objekten und Attributen eines Rufes.

Neuartige Anforderungen an die Rufsignalisierung resultieren aus der erweiterten Steuerungsfunktionalität im Rufagenten. Wie eingangs des Kapitels erläutert, birgt die Berücksichtigung mehrerer Rufalternativen die Gefahr unnötiger Ressourcenreservierung in sich. Vorgeschlagen werden daher zwei unterschiedliche Arbeitsweisen des Rufagenten, eine unverbindliche und eine verbindliche. Sie unterstützen zwei Anwendungsfälle des Rufagenten, die Erzeugung eines Überblicks über Realisierungsalternativen eines Rufwunsches und den direkten Rufaufbau. Beide Arbeitsweisen müssen über unterschiedliche Nachrichten der Rufsignalisierung angefordert werden können.

Eine letzte Forderung ergibt sich aus den fortgeschrittenen Standardisierungsaktivitäten im Bereich der Agentenkommunikation. Die durch die FIPA vorgegebenen Konventionen sollen weitestgehend übernommmen werden, um Interoperabilität zu anderen Agentensystemen zu erreichen. Sie ist beispielsweise beim Zugriff durch agentenbasierte Anwendungsprogramme oder übergeordnete, dem IN-Prinzip ähnliche Dienststeuerungen von Bedeutung. Sie führt auch dazu, daß das Signalisierungsprotokoll von universellem Charakter ist und so nicht nur an der Teilnehmernetzschnittstelle, sondern auch zwischen allen Schichten der Signalisierungsarchitektur eingesetzt werden kann.

5.3.2 Rufsignalisierung bei MAGIC

Die Grundlage der Rufsignalisierung in der Signalisierungsarchitektur MAGIC bilden die Elementaroperationen für die Einzelbausteine eines Rufes, die Rufobjekte. Sie beschränken sich auf die Basisfunktionalitäten Anlegen (Create), Verändern (Modify) und Löschen (Delete). Da ein Ruf aus einer Kombination von Rufobjekten besteht, ist die Gruppierung der Objektoperationen nötig, um den Gesamtruf aufzubauen, zu verändern oder abzubauen. In MAGIC wird hierzu ein generisches Verfahren, das Atomare Aktionsprotokoll (Atomic Action Protocol, AAP) definiert [MAGIC93c, MAGIC94][5]. Das AAP bildet ein Rahmenprotokoll, dessen Protokollelemente (Begin, Ready oder Refuse, Commit oder Rollback) eine Gruppe von Objektoperationen ansprechen. Auf diese Weise wird deren konsistente Bearbeitung sichergestellt.

5.3.3 Ansätze zur Agentenkommunikation

Die Ursprünge der Interagentenkommunikation sind dadurch gekennzeichnet, daß zu beinahe jedem Multiagentensystem eine eigene Agentenkommunikationssprache definiert wurde. Eine Übersicht der

[4] Ein Beispiel ist die ADD-PARTY Nachricht in der B-ISDN-Signalisierung der ITU [ITU95c].

[5] Grundlage des AAP ist das bei der ITU standardisierte Verfahren Commitment, Concurrency and Recovery (CCR) [ITU93a].

bekanntesten Ansätze findet sich in [WJ95a]. Ausgangspunkt ist in den meisten Fällen die Sprechakt-Theorie von Searle [Sea69], deren Haupterrungenschaft die Definition einer dreischichtigen Sprachstruktur darstellt. Die Grundlage einer Agentensprache sind dem Sprechakt-Ansatz entsprechend Objekte, die Wissensbestandteile eines Agenten repräsentieren. Vereinfacht dargestellt bilden sie das Vokabular der Sprache. Unterschiedliche Objektbezeichnungen werden in Ontologien zusammengefaßt. Darauf aufbauend wird durch Kommunikationsprimitive festgelegt, welche Agentenhandlungen auf den Objekten auszuführen sind. Die Komunikationsprimitive können schließlich zu Sprechakten zusammengesetzt werden, die den gesamten Kommunikationsvorgang beschreiben.

Die Beschränkung auf wenige, wohldefinierte Kommunikationsprimitive und die Bereitstellung grundlegender Sprechakte vereinfacht die Erstellung und Verifizierung einer Agentenkommunikation. Darüber hinaus garantieren sie ein Grundmaß an Interoperabilität über die Grenzen eines Multiagentensystems hinaus. Shoham sieht in der Fähigkeit zur strukturierten Kommunikation ein wesentliches Unterscheidungsmerkmal zwischen agentenbasierten und objektorientierten Systemen [Sho93b].

Die bekannteste Weiterentwicklung der Sprechakt-Theorie ist die Wissensaustausch- und Abfragesprache KQML/KIF (Knowledge Query and Manipulation Language / Knowledge Interchange Format [Fe93, GF92]). Sie bildet die Vorlage für die Bestrebungen der FIPA, mit der Agent Communication Language (ACL) einen Sprachstandard zu definieren (vgl. auch Abschnitt 3.6).

5.3.4 Agentenkommunikationsprotokoll AKP

Das in AUREUS eingesetzte Agentenkommunikationsprotokoll AKP vereint Eigenschaften der empfohlenen Agentensprache FIPA-ACL und der MAGIC-Rufsignalisierung. Deren Rufmodell und besonders die elementaren Objektoperationen ersetzen das unzureichende FIPA-Modell zur Rufbeschreibung. Im Gegenzug wird das MAGIC-Rahmenprotokoll AAP an die FIPA-Konventionen zur Agentenkommunikation angepaßt und um die Möglichkeit einer unverbindlichen Rufanfrage ergänzt. Die folgenden Abschnitte gehen genauer auf das Nachrichtenformat und die Funktionsweise des Agentenkommunikationsprotokolls ein.

5.3.4.1 AKP-Nachrichtenformat

Eine AKP-Nachricht besteht aus einem Nachrichtentyp, einigen zusätzlichen Nachrichtenparametern und dem Nachrichteninhalt. Bestimmender Parameter ist der Nachrichtentyp. Er legt die Kommunikationsprimitive fest. Die für AUREUS relevanten Nachrichtentypen werden im folgenden Abschnitt erläutert. Die Nachrichtenparameter umfassen unter anderem den Referenzbezeichner der AKP-Konversation, Sender- und Empfängeragenten, die verwendete Sprache für den Inhalt und einen verpflichtenden Antwortstermin. Der Nachrichteninhalt setzt sich aus Rufobjektoperationen entsprechend der zuvor erläuterten Rufmodellierung zusammen.

Zur Verdeutlichung des Agentenkommunikationsprotokolls ist in Abbildung 5.2 der Ausschnitt einer beispielhaften Aufforderung zur Abgabe eines verbindlichen Angebots (CFP-Nachricht, s.u.) wiedergegeben.

5.3.4.2 AKP-Sprechakte

Die definierte Abfolge von AKP-Nachrichten wird als Sprechakt bezeichnet. Sprechakte regeln den Nachrichtenaustausch an der Teilnehmernetzschnittstelle. Über zwei von der FIPA vordefinierte Sprechakte wird darüber hinaus die Arbeitsweise des Rufagenten festgelegt:

Unverbindliche Informationsanfrage: Die unverbindliche Informationsanfrage ist in Abbildung 5.3 auf der linken Seite dargestellt. Sie basiert auf dem FIPA Query-Sprechakt [FIP97]. Per QUERY-Primitive, einer AKP-Nachricht mit Nachrichtentyp QUERY, wird der Rufagent aufgefordert, Eigenschaften eines Rufes zu ermitteln und in einer INFO-Nachricht zurückzusenden. Den Inhalt beider Nachrichten bilden die angefragten Rufobjekte; die Abfrageergebnisse

Nachrichtentyp

Nachrichtenparameter

Nachrichteninhalt, Rufmodell

```
CFP{(K-ID,3),(Sender,RSZA),(Empfänger,RA1),(Inhalt,AUREUS-RM),(Termin,+1s),
  {Erzeuge(R,(RID,Ruf_A1),(Preis,2.-/min),
   Erzeuge(Tln,(Tln-ID,A),(Ex.,obligat),(Rolle,Initiator),(Adresse,1.1.2.7)),
   Erzeuge(Tln,(Tln-ID,B),(Ex.,optional),(Rolle,Tln),(Adresse,3.2.1.5)),
   ...
   Erzeuge(DK,(DK-ID,DK_A2),(DK-Art,Audio),(Misch_Fkt,Summe),(Qualität,beste,mittlere)),
   ...
   Erzeuge(ZA,(ZA-ID,ZA_A5),(Ex.,obligat),(T-ID,A),(Kod_Typ,G.711,G.721),(Richtung,Senden),
          (ÜDK,det.),(Abtast.,8,7),(Quant.,16,8),(TA,(1.1.2,0.1),(1.1P3,0.2),(1P4,0.3))),
   ...
   Erzeuge(ZA,(ZA-ID,ZA_B3),(Ex.,optional),(T-ID,B),(Kod_Typ,G.721),(Richtung,Empf.),
          (ÜDK,det.),(Abtastrate,7),(Quant,8),(Verzögerung,50,200),
          (TA,(3.2.1,0.1),(3.2P1,0.1),(3P2,0.2))),
  ...
   Erzeuge(SAE,(SAE-ID,SAE_A2),(DK-ID,DK_A2),(ZA-ID,ZA_A5)),
  ...
   Erzeuge(GEAE,(GEAE-ID,GEAE_B2),(DK-ID,DK_A2),(ZA-ID,ZA_B3)),
  ...}}
```

Optionales Rufobjekt (Bsp.)

Akzeptanzgrenze (Bsp.)

Tln.–Anschlußinformationen (Bsp.)

Abbildung 5.2: AKP-Nachricht zum Rufaufbau

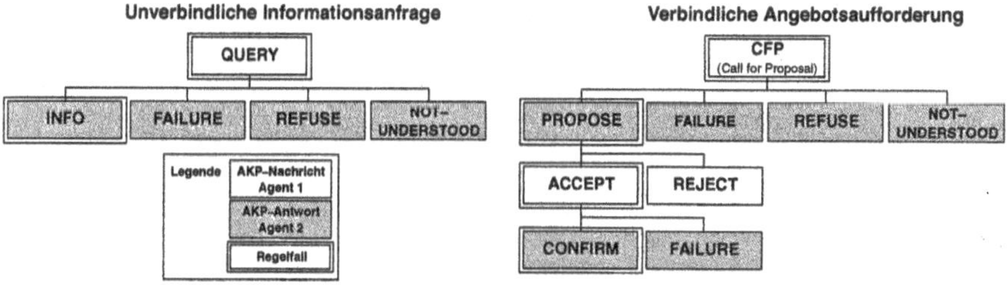

Abbildung 5.3: AKP-Sprechakte

finden sich in den Objektattributen. Die Query-Anfrage ist unverbindlich. Dies bedeutet, daß sie keine Ressourcenreservierung zur Folge hat. Die Eigenschaften der für einen Ruf benötigten Ressourcenkonfiguration werden ebenfalls durch eine unverbindliche QUERY-Anfrage ermittelt, die vom Rufagenten an einen Ressourcenagenten gerichtet wird (vgl. Abschnitt 6.2).

Der angesprochene Rufagent kann durch eine FAILURE-Nachricht darauf aufmerksam machen, daß der gewünschte Ruf und die durch etwaige Akzeptanzgrenzen implizierten Alternativen nicht realisierbar sind. Die Fehlerursachen werden entweder in Form überschriebener QoS-Parameter oder gelöschter Rufobjekte mitgeteilt. Darüber hinaus ist durch eine REFUSE-Meldung eine Ablehnung der Anfrage, beispielsweise aus Lastgründen, möglich.

Eine Erweiterung des Basissprechaktes erlaubt es dem Rufagenten, einen Überblick über Alternativen zum initialen Rufwunsch zu liefern. In diesem Falle sendet er mehrere INFO-Nachrichten zurück. Ein vorzeitiger Abbruch ist durch eine teilnehmerseitige CANCEL-Nachricht möglich.

Verbindliche Angebotsaufforderung: Die Nachrichtenfolge bei einer Aufforderung zur verbindlichen Angebotsabgabe basiert auf den Ansätzen des Kontraktnetzes [DS83]. Der ebenfalls von der FIPA übernommene Kontraktnetz-Sprechakt (Abbildung 5.3, rechts) besteht aus zwei Phasen. In der ersten Phase erfolgt über eine CFP-(Call for Proposal)-Nachricht die Aufforderung an den Rufagenten, ein Angebot für den im Nachrichtenrumpf angegebenen Rufwunsch abzugeben. Die positive Antwort in Form einer PROPOSE-Nachricht hat verbindlichen Charakter und unterscheidet sich diesbezüglich von der Antwort auf eine QUERY-Anfrage. Wird das Angebot in der zweiten Phase des Sprechaktes durch eine ACCEPT-Nachricht angenommen, so muß der Rufagent in der Lage sein, den Ruf mit den zuvor gemeldeten Rufeigenschaften auch tatsächlich zu etablieren und jenes Ereignis per CONFIRM-Nachricht zu melden. Hierzu ist eine Reservierung der benötigten Ressourcen erforderlich. Sie wird über eine CFP-Aufforderung an einen Ressourcenagenten angestoßen (siehe hierzu Abschnitt 6.2.1).

Über die beschriebene Nachrichtenfolge im Erfolgsfall hinaus definiert der Kontraktnetz-Sprechakt die folgenden Abbruchmöglichkeiten: Der Rufagent kann die Angebotsabgabe verweigern (REFUSE-Nachricht) oder durch eine FAILURE-Nachricht[6] darauf hinweisen, daß der angeforderte Rufwunsch nicht realisierbar ist. Teilnehmerseitig kann ein Angebot durch Senden einer REJECT-Nachricht ablehnt werden. In diesem Fall sorgt der Rufagent dafür, daß alle vorgenommenen Ressourcenreservierungen rückgängig gemacht werden. Dies entspricht dem Rücknahme-Vorgang (Rollback) beim Aktionsprotokoll von MAGIC. Treten Fehler bei der Nutzung der Netzressourcen auf, so führt dies zu einer FAILURE-Nachricht als Antwort auf eine ACCEPT-Primitive.

Die FIPA-Sprechakte beschränken sich auf zwei kommunizierende Agenten. Für eine Anwendung zur Rufsteuerung werden zweierlei Erweiterungen eingeführt. Die erste Erweiterung besteht darin, daß sich Anfragen in rekursiver Weise weitergeben lassen. Entsprechend der geschichteten Steuerungsarchitektur bearbeitet der Rufagent die Aufforderung zur Angebotsabgabe, indem er seinerseits per CFP-Nachricht ein Angebot für die Ressourcenkonfiguration einer Rufalternative vom Ressourcenagenten einholt. Sobald dessen positive Rückmeldung eintrifft, kann der Rufagent mit einer PROPOSE-Nachricht antworten. Der Ressourcenagent fungiert somit als Unterauftraggeber des Rufagenten. Er selbst setzt die „Auftragskette“ fort, indem er mit den gleichen Kommunikationsprimitiven die Ressourcenreservierung bei den Agentenadaptern beantragt.

Dies zeigt bereits die zweite Erweiterung, die Koordination mehrerer Auftragnehmer. Es ist erforderlich, daß alle parallel angesprochenen Auftragnehmer per PROPOSE-Nachricht zustimmen. Bei einer Verweigerung (FAILURE oder REFUSE) müssen alle bereits erfolgten, positiven Rückmeldungen abgelehnt werden (REJECT). Resultat der Kombination beider Erweiterungen ist eine baumförmige Auftraggeber-/Auftragnehmer-Abhängigkeit. Ein Beispiel ist in Abbildung 6.18 dargestellt.

Abschließend sei auf einige Aspekte der Agentenkommunikation eingegangen, die nicht zum Schwerpunkt vorliegender Arbeit gehören:

- Weitere FIPA-Kommunikationsprimitive können eingesetzt werden, um zusätzliche Leistungsmerkmale zu realisieren. Mit einer bedingten Anfrage (REQUEST-WHEN) läßt sich beispielsweise ein Rückruf-Auftrag etablieren, in dessen Rahmen der Rufagent den Rufaufbau vornimmt, wenn eine besonders günstige Marktsituation vorherrscht.
- Neben den technischen, die Ressourcenreservierung betreffenden Unterschieden kann die Einteilung der Rufagentendienste in unverbindliche Informationsanfrage und verbindliche Angebotsaufforderung als Ausgangspunkt für Fragestellungen dienen, die den rechtlichen Anspruch auf Rufeigenschaften und mögliche Gebührenrückerstattung beinhalten.
- Offen gelassen ist die Bezahlung der Anfragen. Neben einer direkten Gebühr für die Dienstnutzung bietet sich auch die Möglichkeit einer indirekten Bezahlung über Aufschläge auf Rufgebühren.

[6] Die FAILURE-Nachricht ist eine Erweiterung des FIPA-Kontraktnetzes. Wie oben erläutert, werden die Fehlerursachen durch das Rufmodell im Nachrichteninhalt mitgeteilt.

5.3.5 Transport der AKP-Nachrichten

AUREUS definiert die Software-Architektur, die Agentenfunktionen und die Interagentenkommunikation über das Agentenkommunikationsprotokoll (AKP). Zum Austausch der AKP-Nachrichten ist eine Kommunikationsplattform erforderlich. Als Teil einer verteilten Verarbeitungsumgebung stellt sie die Mechanismen für den Transport der AKP-Nachrichten zwischen Agenten unterschiedlicher Marktakteure zur Verfügung. Sie können auf dedizierten Signalisierungsverbindungen zwischen den Agenten basieren oder einen paketvermittelten, verbindungslosen Nachrichtenaustausch vornehmen (z.B. über ein IP-Netz). Eine mögliche Verarbeitungsumgebung wird von der FIPA spezifiziert ([FIP97], Teil 1). Vorstellbar ist auch der Einsatz der Verarbeitungsumgebung TINA-DPE [TINA94], die die Kommunikation der TINA-Komponenten unterstützt.

5.4 Erweiterte Rufsteuerung im Rufagenten

Die Rufsteuerung erfolgt im Rufagenten. Die Gesamtaufgabe läßt sich in mehrere unabhängige Teilaufgaben zerlegen. Um die Neuerungen in AUREUS zu verdeutlichen, wird im folgenden zwischen Basisfunktionen und Steuerungserweiterungen unterschieden. Erstere sind bereits Gegenstand anderer Arbeiten [MAGIC93c, Mü96] und werden nur des besseren Gesamtverständnisses wegen aufgeführt (Abschnitt 5.4.1). Neuartig sind die Aufgaben der Alternativenerzeugung und -abarbeitung (Abschnitte 5.4.2, 5.4.3), sowie die Integration dieser Teilaufgaben in den gesamten Steuerungsablauf (Abschnitt 5.4.3.1). Eine prototypische Implementierung des Rufagenten ist in Kapitel 7 beschrieben.

5.4.1 Basisfunktionen

Die Basisfunktionen der Rufsteuerung lassen sich unterteilen in die Aufgabenschwerpunkte Teilnehmerkoordinierung und Interaktion mit der Ressourcenebene (vgl. auch Abbildung 5.6). Der erste Aufgabenschwerpunkt umfaßt jene Teilaufgaben, die erforderlich sind, um einen Multimedia-Ruf mit mehreren beteiligten Endgeräten zu steuern. Hierzu zählt die Adressierung und Adreßumsetzung, die Abfrage von Endgeräteeigenschaften, einschließlich der zugehörigen Signalisierung, und der Abgleich der lokalen Rufsichten aller Rufteilnehmer. Der zweite Aufgabenschwerpunkt beinhaltet die Funktionsmodule, die eine Zusammenarbeit mit dem Ressourcenagenten sicherstellen.

5.4.1.1 Adressierung und Adreßumsetzung

Die Adreßangaben in den Teilnehmerobjekten lassen eine direkte oder indirekte Adressierungsart zu. Erstere kann beispielsweise auf Basis des ISDN-Numerierungsplanes E.164 [ITU91] erfolgen. Letzteres erfordert eine Adreßumsetzung. Sie kann im Rufagenten oder in externen Adreßdatenbanken vorgenommen werden. Die Adreßumsetzung ist die Basis einfacher Leistungsmerkmale (Rufumleitung) und Teilnehmermobilität.

5.4.1.2 Endgeräteabfrage

Wie anhand des Agenturmodells erläutert, bietet sich im Falle heterogener Endgeräteeigenschaften der vorausschauende Rufaufbau als Kompromißlösung zwischen der Post- und Präallokation von Ressourcen an. Er beinhaltet eine Abfrage von Endgeräteeigenschaften, bevor Netzressourcen reserviert und Teilnehmer alarmiert werden. Eine wichtige Voraussetzung ist die vorangehende Umwandlung subjektiver Qualitätsanforderungen des Rufinitiators in konkrete Angaben zu Präsentationsparametern und Performanzparametern. Dieser hier als Qualitätskonkretisierung bezeichnete Vorgang kann auch bereits im Rufsteuerungszugang (RSZ) des Rufinitiators ablaufen. Er kann wahlweise auf individuellen Benutzerprofilen oder „pauschalen“ Abbildungstabellen basieren.

Die eigentliche Abfrage von Endgeräteeigenschaften erfolgt, indem der Rufagent den Rufwunsch des Rufinitiators an die RSZ der anderen Teilnehmer weiterleitet. Diese prüfen, ob die angebotenen Rufkomponenten unterstützt werden. Gegebenfalls sind Änderungen an den Rufobjekten vorzunehmen. Können beispielsweise die durch eine Dienstkomponente modellierten Medien nicht bereitgestellt werden, so müssen die teilnehmerspezifischen Zugangselemente gelöscht werden.

Ein anderes Beispiel betrifft die in den Zugangsanschlußattributen angegebenen Qualitätsakzeptanzgrenzen. Mittels voreingestellter Qualitätswünsche in seinem Benutzerprofil kann ein Teilnehmer deren Anhebung bewirken. Darüber hinaus trägt der RSZ in den entsprechenden Objektattributen ein, welche medienspezifischen Kodierverfahren im Endgerät unterstützt werden, welche Bandbreite maximal verarbeitet werden kann, welche Qualitätsgarantie (ÜDK-Wert) das Zugangsnetz bietet und welche Kosten-/Qualitätswerte für die Teilnehmeranbindung in der Ressourcenebene zu erwarten sind (vgl. Abschnitt 6.1.4.3)

5.4.1.3 Abgleich lokaler Rufsichten

Die Summe aller im RSZ vorgenommenen Modifikationen am initialen Rufwunsch beschreiben die lokale Rufsicht eines Teilnehmers. Der Rufagent überprüft schrittweise die Vereinbarkeit aller lokaler Rufsichten einschließlich des Rufwunsches des Rufinitiators. Resultat dieses Abgleichvorgangs ist die globale Rufsicht. Folgende Konfliktfälle werden betrachtet:

Löschen von Rufobjekten: Dies ist nur bei optionalen Rufobjekten möglich. Dabei sind Abhängigkeiten zu anderen Rufobjekten zu beachten. Beispielsweise sind Abbildungselemente und empfangende Zugangsanschlüsse zu entfernen, wenn ein sendender Zugangsanschluß gelöscht wird. Sobald obligate Rufobjekte betroffen sind, antwortet der Rufagent mit einer Fehlermeldung (FAILURE) und bricht den weiteren Rufaufbau ab.

Abweichender Informationszugriff: Forderungen nach einem selektiven Zugriff auf den Informationsstrom anderer Teilnehmer können erfüllt werden, sofern kein obligates GEAE dagegen spricht. Analoges gilt für das Ersetzen vorhandener SEAE-Objekte durch ein GEAE-Objekt.

Unterschiedliche Qualitätsanforderungen an einen Informationsstrom: Sie äußern sich durch die Angabe modifizierter Werte der Präsentations- und Performanzparameter und ihrer Akzeptanzgrenzen. Dabei ist nur eine Änderung innerhalb des ursprünglich angegebenen Toleranzbereichs zulässig. Bessere Qualitätswerte als die durch den initialen Rufwunsch vorgegebenen sind ebenso ausgeschlossen, wie eine Absenkung der Akzeptanzgrenzen. Erlaubt sind die beiden folgenden Fälle: Durch eine Degradation der Qualitätsparameter wird angezeigt, daß ein Endgerät nicht in der Lage ist, besseren Werten entsprechend zu senden oder zu empfangen; durch eine Anhebung der Akzeptanzgrenzen wird angezeigt, daß ein Teilnehmer nicht gewillt ist, Informationen geringerer Qualität anzunehmen. Abbildung 5.4 verdeutlicht die Auswirkungen differierender Qualitätsanforderungen am Beispiel des Präsentationsparameters Auflösung. Auf der linken Seite ist dargestellt, wie sich der für spätere Rufalternativen zur Verfügung stehende Toleranzbereich verringert. Auf der rechten Seite ist der Fall wiedergegeben, in der die Toleranzbereiche beider lokaler Rufsichten keinen gemeinsamen Bereich aufweisen. Dieser Fall führt zu einem nicht zu lösenden Konflikt und zu einer Fehlermeldung seitens des Rufagenten.

Abweichende Kodierverfahren: Durch die Verwendung von Kodierungskonvertern können auch Endgeräte miteinander kommunizieren, die unterschiedliche Kodierungsverfahren einsetzen. Dieser Konfliktfall wird folglich auf Ressourcenebene entschärft. Stehen in einem Endgerät mehrere Kodierungsverfahren zur Verfügung, so besteht für den Rufagenten die Möglichkeit, eine Auswahl zu treffen. Sie kann sich beispielsweise an der Eignung von Kodierungsverfahren für einzelne Dienstgüteklassen orientieren.

Ein letzter Konfliktfall betrifft die Bandbreite eines Zugangsanschlusses. Die Präsentationsparameter können höhere Bandbreiten erforderlich machen, als das Zugangsnetz oder das Endgerät eines Teilnehmers zulassen. In diesem Fall ist eine Dienstgüteabsenkung notwendig. Sie kann zum Abbruch des Rufaufbaus führen, falls Akzeptanzgrenzen unterschritten werden. Eine Entscheidung kann aber erst nach der Abbildung auf die Transportdienstgüte getroffen werden.

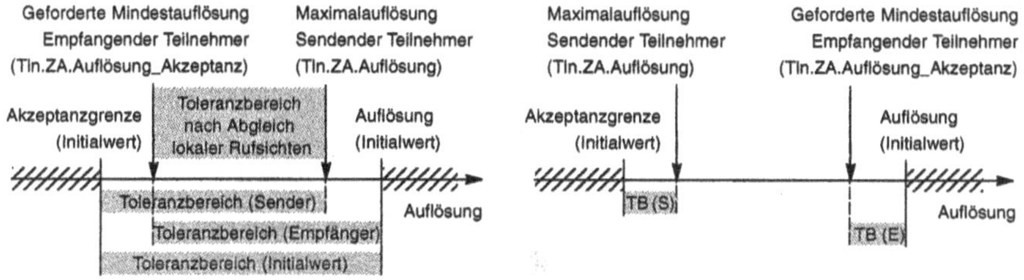

Abbildung 5.4: Zwei Fälle differierender Qualitätsanforderungen

5.4.1.4 Bestimmung der Transportdienstgüte

Bezogen auf das Dienstgütemodell aus Abschnitt 5.2.1.2 wird die Abbildung der Nutzerdienstgüte auf die Parameter der Endsystemdienstgüte bereits vor der Endgeräteabfrage im Rahmen der Qualitätskonkretisierung vorgenommen. Darüber hinaus wird bei der Ermittlung der globalen Rufsicht eine Entscheidung über die zu verwendenden Kodierverfahren getroffen. Damit sind alle Voraussetzungen vorhanden, um die Endsystemdienstgüte auf die Transportdienstgüte abbilden zu können. Die einzelnen Parameter der Transportdienstgüte beschreiben die Anforderungen an die Informationsübermittlung über die zugrundeliegende Netzinfrastruktur und sind Bestandteil des impliziten Ressourcenmodells (IRM) an der Schnittstelle zur Ressourcenebene (siehe unten).

Der Abbildungsvorgang umfaßt zum einen die Ermittlung der Verkehrscharakteristika jedes ausgehenden Informationsstromes aus den zugehörigen Präsentationsparametern. Hierbei müssen die Eigenschaften des Kodierverfahrens einbezogen werden, beispielsweise ob die Kodierung zu einer konstanten oder variablen Bitrate führt. Im einfachsten Fall reduzieren sich die Verkehrscharakteristika eines Informationsstromes zu einer reinen Bandbreiteangabe, die sich multiplikativ aus den Präsentationsparametern ergibt. Zum anderen sind die vom Netz geforderten Performanzeigenschaften (z.B. Verzögerung, Fehlerrate) unter Abschätzung des Einflusses der Verarbeitungsvorgänge im Endsystem aus den Parametern der Endsystemdienstgüte abzuleiten. In [Haf94] und [JS93] finden sich Beispielalgorithmen für diese Problemstellung.

Abschließend sei angemerkt, daß bei beiden Teilaufgaben der Dienstgüteabbildung die einzelnen Parameterwerte übermittlungstechnologieunabhängig gehalten sind. Referenzgegenstand sind die einzelnen Bits eines Informationsstromes. Die Umrechnung des Bezugs der Dienstgüteangaben auf Bitpakete übermittlungstechnologiespezifischer Größe ist auf Elementebene zu leisten.

5.4.1.5 Implizites Ressourcenmodell, Bildung und Abfrage

Das objektorientierte, implizite Ressourcenmodell (IRM) nach Müller [Mü96] beschreibt die an der Schnittstelle zur Ressourcenebene angeforderten Ressourcen eines Rufes oder einer Rufalternative. Da im Rufagenten kein Wissen über die verfügbaren Spezialressourcen und Übermittlungsressourcen vorliegt, muß die Darstellung in impliziter Form erfolgen. Dies bedeutet, daß benötigte Konverter oder Mischer nicht als dedizierte IRM-Objekte definiert sind, sondern ihre Notwendigkeit nur aus den Angaben im Endpunkt und der Verschaltung der Endpunkte ersichtlich wird. Die Realisierung einer Verbindung zwischen Endpunkten unterschiedlicher Informationskodierung oder einer Mehrpunktverbindung ist alleinige Aufgabe des Ressourcenagenten. Der zugehörige Vorgang wird als Ressourcenkonkretisierung bezeichnet und ist in Abschnitt 6.2.3 genauer erklärt.

Abbildung 5.5 zeigt das Implizite Ressourcenmodell für den Konferenzruf aus Abbildung 4.8. Die Objekte des IRM sind die Virtuelle Globale Ressource (VGR) als Sammelobjekt, der Virtuelle Endpunkt (VEP) und die Virtuelle Ressourcenfunktion (VRF). Sie werden im Rahmen der Ressourcenabbildung aus den Objekten des Rufmodells erzeugt. Dieser Abbildungsvorgang ist eindeutig, allerdings haben nicht alle Rufobjekte eine Entsprechung im IRM, da sie entweder nur zur Unterstützung des Teilnehmerabgleichs benötigt werden oder der Verknüpfung anderer Objekte dienen. Die grundsätzlichen Abbildungsvorschriften sind im Anhang aufgeführt.

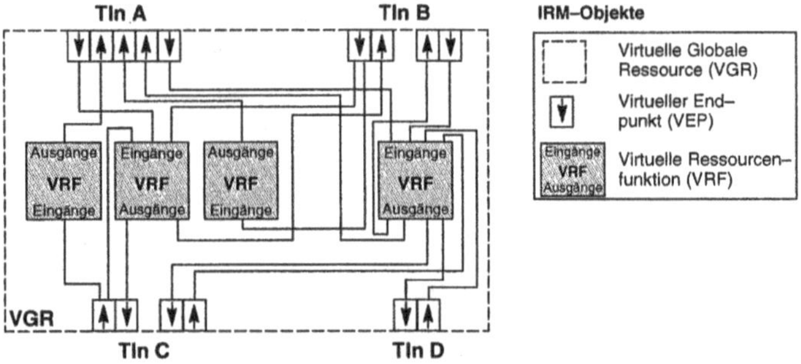

Abbildung 5.5: Implizites Ressourcenmodell

Der Virtuelle Endpunkt entspricht einem Zugangsanschluß des Rufmodells. Die Virtuelle Ressourcenfunktion verknüpft die Virtuellen Endpunkte und ergibt sich aus der Verschaltung der ZA-, AE- und DK-Objekte des Rufmodells. Dabei bleibt aus den oben genannten Gründen zunächst offen, ob zur Umsetzung der VRF im Netz eine einfache Punkt-zu-Punkt-Verbindung ausreicht, ob und wieviele Konverter erforderlich sind und ob ein Mischer eingefügt werden muß.

Die aus dem Rufmodell bekannten Elementaroperationen sind auch für die IRM-Objekte definiert. Für die Anfrage einer Ressourcenkonfiguration bei einem Ressourcenagenten sind mehrere dieser Operationen zu gruppieren. Als Rahmenprotokoll wird wiederum das Agentenkommunikationsprotokoll AKP angewandt.

Abschließend sei darauf hingewiesen, daß es prinzipiell auch möglich wäre, das Rufmodell an der Schnittstelle zum Ressourcenagenten zu verwenden. Die Verwendung des Impliziten Ressourcenmodells entkoppelt beide Steuerungsebenen. Dies hat den Vorteil, daß Rufmodellerweiterungen vorgenommen werden können, ohne daß eine Änderung auf Ressourcenebene notwendig wird.

5.4.1.6 Abfolge der Basisfunktionen

Zusammenfassend ist in Abbildung 5.6 auf der linken Seite die Abfolge der Basisfunktionen dargestellt. Die Basisfunktionen werden dabei von oben beginnend sequentiell durchlaufen. Zur Verdeutlichung der vorgenommenen Erweiterungen ist in Abbildung 5.6 auf der rechten Seite der schematische Aufbau des Rufagenten wiedergegeben. Die neu hinzugekommenen Steuerungsmodule der Alternativenerzeugung und Alternativenabarbeitung, sowie deren Zusammenspiel, werden ausführlich in den folgenden Abschnitten erläutert.

5.4.2 Alternativenerzeugung

Rufalternativen werden mit dem bekannten objektorientierten Rufmodell beschrieben und intern gespeichert. In dieser Hinsicht besteht zwischen einer teilnehmerseitig vorgenommenen Rufmodifikation und einer netzseitig angeregten Rufalternative kein Unterschied.

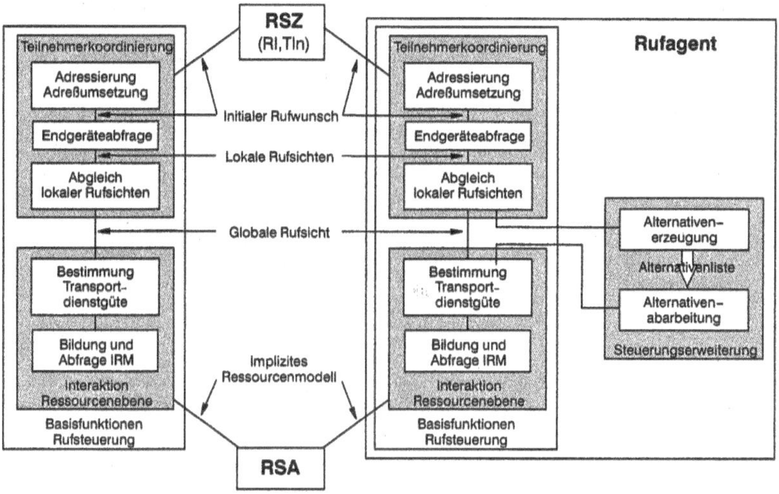

Abbildung 5.6: Basisfunktionen einer Rufsteuerung und Erweiterung zum Rufagenten

Vereinfacht dargestellt lassen sich auf zweierlei Arten Rufalternativen bilden. Durch das Löschen und Erzeugen von Rufobjekten werden Änderungen an den Kommunikationsbeziehungen eines Rufes, an der Ruftopologie vorgenommen. Durch die Modifikation von Objektattributen werden die qualitativen Eigenschaften einer Kommunikationsbeziehung variiert. Die Schwierigkeiten der Alternativenerzeugung bestehen in den vielfältigen Abhängigkeiten zwischen den Rufobjekten und in den zahlreichen Freiheitsgraden der Vorgehensweise. Sie werden in den folgenden Abschnitten ausführlich erläutert.

5.4.2.1 Topologieänderungen

Abbildung 5.7 zeigt die Auswirkung von Topologieänderungen anhand des Rufbeispiels aus Abbildung 4.8. Dargestellt ist die Entfernung von Zugangsanschlüssen (links oben, Video-ZA von B eliminiert), Teilnehmerobjekten (rechts oben, Teilnehmer B eliminiert) und Dienstkomponenten (links unten, DK Video entfernt) im Rufmodell. Die Auswirkungen auf den Konferenzruf sind im Anhang wiedergegeben.

Deutlich zu sehen sind die Abhängigkeiten zwischen den Rufobjekten, die bei der Alternativenbildung zu beachten sind, da das Löschen eines Rufobjektes kein isolierter Vorgang ist. Wird beispielsweise ein Zugangsanschluß gelöscht, so sind die Abbildungselemente zu entfernen, die die Verknüpfung zur Dienstkomponente herstellen. Darüber hinaus sind im Falle eines sendenden ZA die korrespondierenden empfangenden ZA anderer Teilnehmer zu eliminieren und umgekehrt. Gegebenenfalls sind weitere Folgewirkungen zu beachten, wie die Entfernung eines Teilnehmerobjektes, wenn alle ZA-Objekte gelöscht wurden. Die Objektabhängigkeiten lassen sich in einem einfachen Regelwerk beschreiben. Es ist in [Str99] genauer beschrieben.

Mit einer Topologieänderung sind einschneidende Änderungen am initialen Rufwunsch verbunden. Entsprechend groß sind die Auswirkungen auf der Ressourcenebene und letztlich auf die Kosten des Rufes. Wird beispielsweise eine Dienstkomponente entfernt, so müssen etliche Verbindungen nicht aufgebaut werden. Hierdurch läßt sich in der Regel eine höhere, eher „grobgranulare" Kostensen-

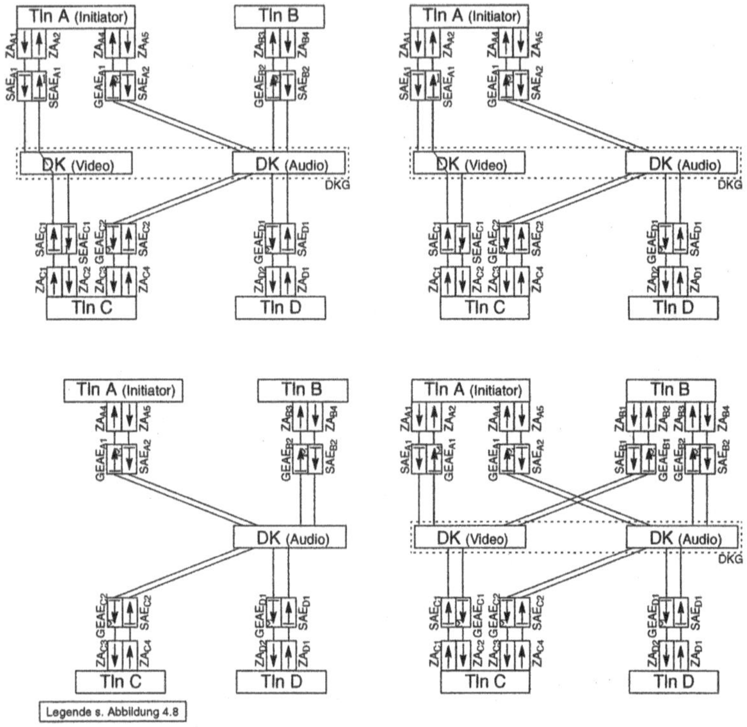

Abbildung 5.7: Beispielhafte Topologieänderungen

kung verwirklichen, als bei der unten dargestellten Qualitätsdegradation. Topologieänderungen sind insbesondere dann zu empfehlen, wenn zwischen den Preisvorstellungen eines Rufteilnehmers und dem realisierbaren Preis der aktuell angeforderten Ressourcenkonfiguration eine große Abweichung besteht.

Prinzipiell kann auf der Basis jedes Rufobjektes eine Topologieänderung erzeugt werden. Einen Sonderfall nimmt die Umwandlung von Abbildungselementen ein (Abbildung 5.7, rechts unten). Unter der Voraussetzung einheitlicher korrespondierender Zugangsanschlüsse lassen sich SEAE-Objekte durch GEAE-Objekt ersetzen. Die Wirkung ist eine Zusammenfassung von Informationsströmen, in der Hoffnung, durch das Zusammenlegen von Punkt-zu-Punkt-Verbindungen Kosten zu sparen.

Der Rufinitiator kann anzeigen, welche Topologieänderungen er akzeptiert, indem er Rufobjekte als obligat oder optional kennzeichnet. In Tabelle 5.1 sind alle denkbaren Kombinationen und ihre Bedeutung aufgeführt. Dabei ist anzumerken, daß aufgrund von Objektabhängigkeiten auch obligate Objekte zwangsläufig entfallen, wenn andere, optionale Objekte eliminiert werden.

DK	Tln	ZA	Bedeutung
opt	opt	opt	Alle Rufobjekte dürfen gelöscht werden.
opt	opt	obl	Das Teilnehmerobjekt kann gelöscht werden. Damit entfallen zwangsläufig alle zugeordneten ZA-Objekte. Ist das Teilnehmer-Objekt vorhanden, so darf der Zugangsanschluß nicht entfernt werden.
opt	obl	opt	Das Teilnehmerobjekt wird nur „passiv", d.h. beim Entfernen der DK, gelöscht.
opt	obl	obl	Teilnehmer und ZA dürfen nicht gelöscht werden. Eine Ausnahme bildet der Fall, wenn alle DK gelöscht werden, an denen der Teilnehmer partizipiert.
obl	opt	opt	Einzelne Teilnehmerobjekte können gelöscht werden, nicht aber die DK, außer für den Fall, daß sie nach Löschen aller beteiligter Tln.-Objekte obsolet wird.
obl	opt	obl	Nur das Teilnehmerobjekt kann aktiv eliminiert werden.
obl	obl	opt	Nur das ZA-Objekt kann aktiv eliminiert werden.
obl	obl	obl	Keines der Rufobjekte darf gelöscht werden.

Tabelle 5.1: Kombination obligater und optionaler Rufobjekte und erlaubte Topologieänderungen

5.4.2.2 Qualitätsänderungen

Für die Alternativenbildung entscheidend sind die konkreten QoS-Werte der Zugangsanschlüsse. Durch die Vorverarbeitung in den Basisfunktionen ist sichergestellt, daß sie, sofern nicht direkt vorhanden, aus den Vorgabewerten der Dienstkategorie übernommen oder durch Abbildung aus der abstrakten Nutzerdienstgüte gewonnen werden. Im einzelnen lassen sich dann Qualitätsänderungen durch Veränderung der Präsentations- und der Performanzparameter erzeugen.

5.4.2.2.1 Präsentationsparameter

Präsentationsparameter bilden sich letztlich auf Bandbreiteanforderungen ab. Rufalternativen zeichnen sich durch geänderte Präsentationsparameter aus. Durch ihre Degradation bis zur angegebenen Grenze lassen sich im Sinne der Teilnehmer die Bandbreiteerfordernisse des Datenstroms verringern und damit die Kosten des Rufes reduzieren. Eine Rufalternative besteht beispielsweise darin, die Auflösung des Mediums Video von 1280x1024 auf 640x480 Bildpunkte abzusenken und somit die erforderliche Übertragungsbandbreite zu vierteln.

Schwierigkeiten bei der Bildung von Rufalternativen entsprechend dieses Beispiels bereiten die folgenden Abhängigkeiten:

Abhängigkeit zwischen sendenden und empfangenden Zugangsanschlüssen: Eine Änderung der Präsentationsparameter eines ZA kann nicht isoliert erfolgen. Im Falle eines sendenden ZA ist zu überprüfen, ob in den zugeordneten empfangenden ZA dieser Dienstkomponente eine entsprechende Änderung erlaubt ist. Liegen die beabsichtigten Werte außerhalb der dort angegebenen Grenzen, so sind entweder die ursprünglichen Werte beizubehalten oder es ist ein zweiter sendender ZA anzulegen, der die inkompatiblen Empfänger-ZA versorgt. Letzteres erfordert zum einen Geräteeigenschaften, die einen weiteren Zugangsanschluß gestatten und führt zum anderen auf Ressourcenebene zwangsläufig zu einer neuen Verbindung. Die Folge wird nur in den seltensten Fällen eine Kostenreduktion sein. Hinzu kommen komplexere Umgestaltungen der Ruftopologie für den Fall einer Informationsentnahme über GEAE-Objekte. Lassen einige empfangende ZA die Änderung der Präsentationsparameter nicht zu, so müssen die GEAE-Objekte durch SEAE-Objekte ersetzt werden. Auch in diesem Fall ist zu bezweifeln, ob die Änderung der Präsentationsparameter noch die gewünschte verringernde Wirkung auf die Kosten des Rufes hat.

Abhängigkeit vom verwendeten Kodierverfahren: Eine Änderung der Präsentationsparameter ist nur dann sinnvoll, wenn das oder die verwendeten Kodierverfahren entsprechende

Einstellmöglichkeiten bieten. Ist dies gegeben, so richtet sich die Granularität, mit der Änderungen vorgenommen werden können, nach den Wertestufen der Einstellparameter der Kodierer. Darüber hinaus muß das Kodierverfahren in der Lage sein, unterschiedliche Ausgangsbandbreiten zu erzeugen, sonst bleibt die erhoffte Wirkung einer Parameteränderung auf die Bandbreite aus. Skalierbare Kodierverfahren sind ein Beispiel für Kodierverfahren, die beide Anforderungen erfüllen. Werden weniger flexible Kodierverfahren eingesetzt, stehen aber mehrere von ihnen zur Auswahl, so besteht nur die Möglichkeit, durch den Wechsel des Kodierers die Änderungen der Präsentationsparameter zu unterstützen.

5.4.2.2.2 Performanzparameter

Auch über die Änderung der Performanzparameter lassen sich sinnvolle Alternativen erzeugen. Durch eine Degradation der Parameterwerte lassen sich die Anforderungen an die Netzdienste relaxieren. Auch dadurch ist eine Kostenreduktion möglich. Ein wichtiger Performanzparameter ist die Datenverzögerung. Teil einer Rufalternative kann es beispielsweise sein, die Verzögerung von einem ursprünglich gewünschten Wert von 50 ms auf einen zehnfachen Wert heraufzusetzen.

Bei der Bildung von Rufalternativen sind abgesehen von den Akzeptanzgrenzen für Performanzparameterwerte folgende Aspekte zu beachten:

- Über eine Dienstgruppe lassen sich Synchronisationsbeziehungen zwischen Dienstkomponenten ausdrücken. Geänderte Performanzparameter bei den ZA-Objekten einer Dienstkomponente setzen den Synchronisationsvorgaben entsprechende Änderungen bei den ZA-Objekten der abhängigen DK voraus.
- Bei gleichbleibender Kodierung lassen sich Performanzparameter unabhängig einstellen. Anders sieht es bei einer Änderung der Kodierung aus. Hier ist möglicherweise eine Umbewertung vorzunehmen: So ist beispielsweise leicht einzusehen, daß ein stärker komprimierendes Kodierungsverfahren eine geringere Fehlerrate ratsam erscheinen läßt.

Eine letzte Qualitätsänderung kann durch die Wahl einer alternativen Übermittlungsdienstkategorie (ÜDK) erreicht werden. Gemäß der ÜDK-Definition in Abschnitt 5.2.2 sind davon alle Performanzparameter betroffen. Mit dieser Alternativenform ist die Hoffnung verbunden, daß eine Abschwächung der netzseitig geforderten Garantie der Performanzwerte zu geringeren Rufkosten führt[7].

5.4.2.3 Freiheitsgrade bei der Alternativenerzeugung

Nachdem in den vorangegangenen Abschnitten vorgestellt wurde, welche Änderungskategorien (Topologieänderung, Qualitätsänderung) für Rufalternativen zur Verfügung stehen und welche Problemstellungen damit verbunden sind, liegt der Schwerpunkt in vorliegendem Unterkapitel auf einer systematischen Vorgehensweise bei der Alternativenerzeugung. Grundsätzlich ist festzustellen, daß eine Reihe von Gestaltungsfreiräumen gegeben sind. Die wichtigsten werden beschrieben, diskutiert und gegebenenfalls mit einer Empfehlung versehen. Ziel ist es, Hilfestellung beim Entwurf eines konkreten Algorithmus zu geben, ohne implementierungs- und damit agentenspezifische Freiheitsgrade unnötig einzuengen. Ein einfaches Beispiel ist in Abschnitt 5.4.2.4 erläutert.

5.4.2.3.1 Zeitpunkt der Alternativenerzeugung

In der Regel wird es im Lauf eines Rufaufbaus oder einer Rufmodifikation erforderlich sein, die Realisierungseigenschaften mehr als nur einer Rufalternative auf Ressourcenebene anzufragen. Ein erster Freiheitsgrad besteht in dem Zeitpunkt der Erzeugung der benötigten Rufalternativen. Es lassen sich die beiden folgenden Vorgehensweisen unterscheiden:

[7] Vgl. hierzu auch die Tarifierungsansätze in Abschnitt 2.3.3

- Die als initiale Alternativenerzeugung bezeichnete Methode besteht darin, alle denkbaren Rufalternativen zu Beginn des Rufaufbaus zu ermitteln und zur späteren Bearbeitung in einer Alternativenliste abzulegen. Die Vorteile liegen in der Möglichkeit einer parallelen Ressourcenanfrage (vgl. Abschnitt 4.1.3.1 und Abschnitt 5.4.3.2), der verhältnismäßig einfachen Implementierbarkeit und in der Tatsache, daß nur einmal, zu Beginn des Rufaufbaus, Zeit für die Bildung von Rufalternativen benötigt wird. Die resultierende Aufbauverzögerung kann zudem klein gehalten werden, falls die Alternativenliste parallel zur Ressourcenanfrage des initialen Rufwunsches gebildet wird.
- Die als bedarfsorientierte Alternativenerzeugung bezeichnete Vorgehensweise sieht die Bildung einer Rufalternative nur dann vor, wenn die aktuell betrachtete Alternative die Preisanforderungen des Rufinitiators nicht erfüllt oder die benötigten Netzressourcen nicht zur Verfügung stehen. Hauptvorteil ist die Tatsache, daß bei jeder neuen Rufalternative die Ergebnisse einer vorangegangenen Ressourcenanfrage berücksichtigt werden können. Der gestiegenen „Intelligenz" der Alternativenerzeugung steht allerdings die höhere Komplexität einer Implementierung gegenüber. Ein weiterer Nachteil ist die Zeitverzögerung, die entsteht, wenn jede weitere Rufalternative erst unmittelbar vor der Ressourcenanfrage erzeugt wird.

Im Rahmen des Prototyps wurde die Methode der initialen Alternativenerzeugung implementiert. Ein Ausschnitt aus der zugehörigen Alternativenliste ist in Abbildung 5.10 dargestellt.

5.4.2.3.2 Degradationsreihenfolge beider Änderungskategorien

Durch die Angabe von QoS-Akzeptanzgrenzen und optionaler Rufobjekte wird die Bereitschaft signalisiert, Rufalternativen auf der Basis beider Änderungskategorien (Dienstgüte und Ruftopologie) zuzulassen. In diesem Fall muß der Rufagent entscheiden, in welcher Reihenfolge er Degradationen vornimmt. Abbildung 5.8 zeigt schematisch drei beispielhafte Gestaltungsmöglichkeiten. Links und rechts im Bild sind sogenannte orthogonale Degradationsreihenfolgen dargestellt. Sie sind dadurch gekennzeichnet, daß zunächst alle Degradationsmöglichkeiten einer Änderungskategorie ausgeschöpft und auf niedrigster Stufe gehalten werden, bevor zur zweiten Änderungskategorie übergegangen wird. Ein wichtiger Nachteil resultiert aus der unterschiedlichen Wirkung der Änderungskategorien auf den

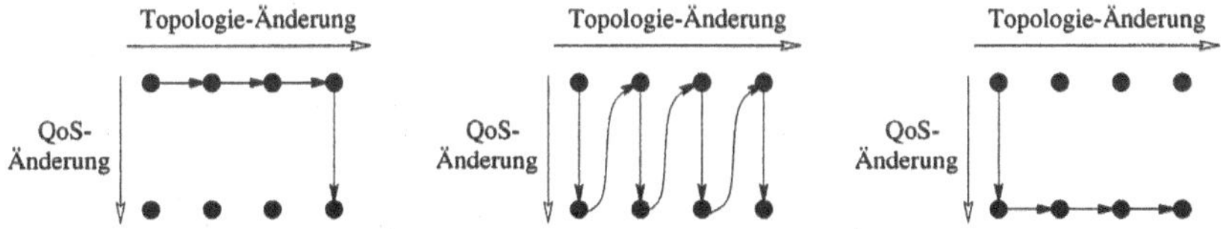

Abbildung 5.8: Freiheitsgrade bei der Degradationsreihenfolge

Preis eines Rufes. Wie zuvor erwähnt, kann davon ausgegangen werden, daß durch Topologieänderungen wesentlich höhere Preisreduktionen zu erreichen sind, als durch Qualitätsänderungen. Die Kombination in einer orthogonalen Degradationsabfolge bewirkt eine eher ungünstige Annäherung an einen durch den Rufinitiator vorgegebenen Zielpreis. Unabhängig davon, ob eine Topologieänderung vor oder nach einer Qualitätsänderung erfolgt, besteht die Gefahr, daß sie zu einer Preisreduktion führt, die den gewünschten Rufpreis zwar unterbietet, die aber aufgrund ihrer „grobgranularen" Wirkung weit über das Ziel hinausgeht.

Eine gleichmäßigere Annäherung kann durch die in der Bildmitte dargestellte Degradationsreihenfolge erreicht werden. Sie zeichnet sich dadurch aus, daß nach jeder Topologieänderung vorangegangene Qualitätsänderungen zurückgenommen werden. Die Grundlage dieses „Rücksprungverfahrens" ist die Vorstellung, daß der Rufagent nach jeder Topologieänderung überprüfen sollte, ob sich die Ausgangsqualität wieder erreichen läßt.

5.4.2.3.3 Degradationsreihenfolge innerhalb einer Änderungskategorie

Im folgenden seien die einzelnen Änderungskategorien genauer betrachtet. Sie können, abhängig von den Akzeptanzangaben im Rufmodell, mehrere löschbare Rufobjekte bzw. modifizierbare Objektattribute umfassen. Ein letzter Freiheitsgrad der Alternativenerzeugung ist die Reihenfolge der Änderungen innerhalb einer Änderungskategorie.

Topologieänderungen: Existieren optionale Zugangsanschlüsse, Teilnehmer und Dienstkomponenten, so ist die Änderungsreihenfolge davon abhängig, ob einem durch die Dienstkomponente repräsentierten Medium oder der Partizipation eines Teilnehmers eine höhere Bedeutung beigemessen wird. Zunächst werden alle ZA-Objekte gelöscht, die gleichermaßen mit optionalen Teilnehmern und Dienstkomponenten verknüpft sind. Anschließend verzweigt die Vorgehensweise. Im ersten Fall entfernt der Rufagent schrittweise alle optionalen Teilnehmer, bevor er optionale Dienstkomponenten eliminiert. Im zweiten Fall ist die Änderungsreihenfolge umgekehrt.

Die Änderungsreihenfolge bei Topologieänderungen bleibt grundsätzlich der Implementierung des Rufagenten überlassen. Dies gilt auch für die Entscheidung, welches Teilnehmerobjekt zuerst gelöscht wird, falls mehrere optionale Teilnehmerobjekte vorhanden sind. Eine Einschränkung dieser Agentenautonomie ließe sich beispielsweise dadurch erreichen, daß der Rufinitiator eine präferierte Änderungsreihenfolge durch die Vergabe von Prioritätswerten anzeigt. Hierzu wären lediglich geringfügige Erweiterungen am Rufmodell erforderlich.

Qualitätsänderungen: Aus der Vielzahl denkbarer Ansätze für eine Änderungsreihenfolge sollen zwei prinzipiell unterschiedliche Vorgehensweisen herausgegriffen und näher betrachtet werden. Sie werden als Tiefe-zuerst- bzw. Breite-zuerst-Strategie bezeichnet. Die Tiefe-zuerst-Strategie ist dadurch gekennzeichnet, daß die Werte eines Qualitätsattributs gänzlich herabgesetzt werden, bevor ein weiteres Attribut verändert wird. Bei der Breite-zuerst-Strategie werden alle Qualitätswerte möglichst gleichmäßig verschlechtert. Abbildung 5.9 illustriert die unterschiedliche Vorgehensweise beider Strategien am Beispiel der Video-Präsentationsparameter für den Fall, daß drei Rufalternativen gebildet werden. Der Gesamteindruck hinsichtlich der Medien-

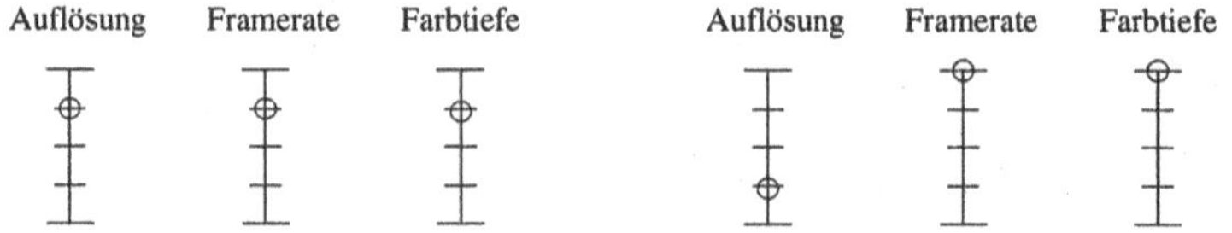

Abbildung 5.9: Breite-zuerst-Verfahren (links) und Tiefe-zuerst-Verfahren (rechts)

qualität wird durch alle Qualitätswerte bestimmt. Unter der Voraussetzung, daß sich ein sehr schlechter Qualitätswert nicht durch andere, sehr gute Werte kompensieren läßt, erscheint die Tiefe-zuerst-Strategie als weniger gut geeignet.

5.4.2.4 Beispiel zur Alternativenerzeugung

In Abbildung 5.10 ist eine einfache Vorgehensweise zur Alternativenerzeugung dargestellt, wie sie im Prototypen implementiert wurde. Grundlage ist das Konferenzbeispiel gemäß Abschnitt 4.3.1. Aus Gründen der Übersichtlichkeit wird nur die Qualitätsdegradation der Videokomponente des Multimediarufs betrachtet. Analoges ergibt sich für die Audiokomponente (siehe [Str99]).

Bezogen auf die vorgestellten Freiheitsgrade wird als Vorgehensweise eine initiale Alternativenerzeugung mit Topologie- und Qualitätsänderungen gemäß Rücksprungverfahren gewählt. Die Topologieänderung bewirkt den Wegfall der Zugangsanschlüsse des Teilnehmers B zur Videokomponente.

Parameter	Werte				Stufen
Auflösung [Pixel x Pixel]	1280x 1024	1024x 768	800x 600	640x 480	4
Rahmenrate [Rahmen/s]	30	20	15		3
Farbtiefe [Bit]	32	16			2
Verzögerung [ms]	50	200	500		3
ÜDK []	deterministisch	statistisch			2

Initialwert Akzeptanzgrenze

Verzö-gerung	ÜDK	Farb-tiefe	Auflö-sung	Rahmen-rate
3	2	2	4	3
3	2	2	3	3
2	2	2	3	3
2	2	2	2	3
2	2	2	2	2
1	2	2	2	2
1	1	2	2	2
1	1	1	2	2
1	1	1	1	2
1	1	1	1	1

Nächste Änderung

Alternativenliste

	Verzö-gerung	ÜDK	Farb-tiefe	Auflö-sung	Rahmen-rate	Teil-nehmer
AIRW	50	det.	32	1280x 1024	30	A,B,C
RA 1	50	det.	32	1024x 768	30	A,B,C
	200	det.	32	1024x 768	30	A,B,C
	200	det.	32	800x 600	30	A,B,C
	200	det.	32	800x 600	20	A,B,C
	500	det.	32	800x 600	20	A,B,C
	500	stat.	32	800x 600	20	A,B,C
	500	stat.	16	800x 600	20	A,B,C
	500	stat.	16	640x 480	20	A,B,C
RA 9	500	stat.	16	640x 480	15	A,B,C
Topologie-änderung	50	det.	32	1280x 1024	30	A,C
	50	det.	32	1024x 768	30	A,C
	200	det.	32	1024x 768	30	A,C
	200	det.	32	800x 600	30	A,C
	200	det.	32	800x 600	20	A,C
	500	det.	32	800x 600	20	A,C
	500	stat.	32	800x 600	20	A,C
	500	stat.	16	800x 600	20	A,C
	500	stat.	16	640x 480	20	A,C
RA 19 maximale Degradation	500	stat.	16	640x 480	15	A,C

Nächste Änderung

Abbildung 5.10: Systematische Alternativenerzeugung

Die Qualitätsänderung wird nach dem Breite-zuerst-Verfahren vorgenommen. Sind QoS-Parameter bereits gleichermaßen abgesenkt worden, so gilt für den darauffolgenden Degradationsschritt folgende Reihenfolge: Verzögerung, ÜDK, Farbtiefe, Auflösung, Rahmenrate.

Abbildung 5.10 ist dreigeteilt. Links oben sind die Beispielparameterwerte aufgeführt. Sie beziehen sich auf alle ZA-Objekte. Die Werte zwischen initialem Parameterwert und Akzeptanzgrenze werden durch den Rufagenten in voreingestellten Schritten ergänzt. Zur Vorbereitung des Breite-zuerst-Verfahrens einer Qualitätsdegradation wird die Anzahl parameterspezifischer Qualitätsstufen ermittelt. Für die Rahmenrate ergeben sich beispielsweise 3 Stufen. Das links unten dargestellte Breite-zuerst-Verfahren besteht darin, jeweils den QoS-Parameter mit der höchsten verbliebenen Stufenanzahl (grau unterlegt) um einen Degradationschritt herabzusetzen. Bei gleicher Anzahl wird gemäß obiger Reihenfolge verfahren. In Abbildung 5.10 ist schließlich auf der rechten Seite die komplette Alternativenliste wiedergegeben. Neben den Qualitätsänderungen findet bei der Rufalternative 10 eine Topologieänderung statt. Die Beteiligung von Teilnehmer B an der Videokommunikation wird gestrichen und im Zuge des Rücksprungverfahrens die ursprünglich gewünschte Dienstqualität wieder hergestellt.

5.4.3 Anwendung der Rufalternativen

Der bisherige Schwerpunkt lag auf der systematischen Erzeugung der Rufalternativen und der Diskussion der wichtigsten Vorgehensfreiheitsgrade. Die erzeugten Rufalternativen werden nun eingesetzt, um die gewünschte Flexibilisierung der Rufsteuerung und unterstützende Wirkungsweise des Rufagenten herbeizuführen. Hierzu ist eine Erweiterung des seither lediglich aus Basisfunktionen bestehenden Steuerungsablaufes erforderlich. Die vorangegangene Modularisierung in abgegrenzte Funktionseinheiten erleichtert die Steuerungserweiterung ebenso wie die Tatsache, daß Ruf und Rufalternative eine gemeinsame, objektorientierte Beschreibungsform zugrundeliegt. Aus Sicht der Basisfunktionen besteht somit kein Unterschied, ob es sich um den initialen Rufwunsch oder eine agentenerzeugte Rufalternative handelt. Die Integration der Alternativenerzeugung und -abarbeitung in den bisherigen Steuerungsablauf ist im folgenden Abschnitt beschrieben.

Ähnlich wie bei der Erzeugung von Alternativen sind auch bei deren Anwendung diverse Freiheitsgrade vorhanden. Sie stehen in engem Zusammenhang zu den mehrmals angeführten Arbeitsweisen des Rufagenten (vgl. Abschnitt 5.3.4.2). Eine sinnvolle Vorgehensweise einschließlich eines beispielhaften Signalisierungsablaufs zwischen allen beteiligten Steuerungsinstanzen ist in den Abschnitten 5.4.3.2 und 5.4.3.3 zu finden.

5.4.3.1 Integration in den Steuerungsablauf

Abbildung 5.6 zeigt auf der rechten Seite die erweiterte funktionale Architektur des Rufagenten. Im Vergleich zur links dargestellten „Basisrufsteuerung“ sind folgende Erweiterungen zu erkennen:

Teilnehmerabgleich: Das Ergebnis des Abgleichs lokaler Rufsichten, die globale Rufsicht, ist Ausgangspunkt für die Erzeugung von Rufalternativen. Zusätzlich zur Einleitung der Ressourcenanfrage muß die Alternativenerzeugung angestoßen werden. Dies geschieht durch die Übergabe der globalen Rufsicht.

Alternativenerzeugung: In diesem neuartigen Funktionsblock werden Rufalternativen gemäß den zuvor erläuterten Freiheitsgraden gebildet und zur Alternativenliste zusammengefaßt. Letztere wird an die Alternativenabarbeitung weitergereicht.

Ressourcenabfrage: Aus dem Ergebnis jeder Ressourcenabfrage läßt sich Rufpreis und Rufqualität bestimmen. Ferner teilt der Ressourcenagent mit, welche Ressourcen nicht zur Verfügung stehen, mit der Folge, daß die korrespondierenden Rufobjekte abgelehnt werden müssen. Rufeigenschaften und Fehlerinformationen werden in der erweiterten Rufsteuerung an die Alternativenabarbeitung übergeben.

Alternativenabarbeitung: Dieser Funktionsblock bildet die zweite Steuerungserweiterung. In Abhängigkeit von der Arbeitsweise des Agenten steuert er die Abarbeitung der Alternativenliste. Vergleichbar der Alternativenerzeugung gestattet auch die Alternativenabarbeitung unterschiedliche Vorgehensweisen. Einige Freiheitsgrade werden in den folgenden Abschnitten diskutiert. Eine simple Vorgehensweise besteht in der sequentiellen Abarbeitung der Alternativenliste. Ergibt ein Soll-Ist-Vergleich zwischen Rufwunsch (in Form der globalen Rufsicht) einerseits und Ergebnis der Ressourcenabfrage andererseits, daß das gewünschte Preisziel erfüllt und keine Akzeptanzgrenzen (QoS und Topologie) verletzt sind, so endet die Alternativenabarbeitung. Andernfalls wird mit der in der Liste folgenden Rufalternative fortgefahren.

5.4.3.2 Alternativenabarbeitung bei der unverbindlichen Informationsanfrage

Die unverbindliche Informationsanfrage ist prädestiniert dazu, einen Überblick über verschiedene Realisierungsmöglichkeiten eines Rufwunsches zu vermitteln. Die Zahl betrachteter Rufalternativen ist hierbei groß. Jede Ressourcenanfrage bringt eine Verzögerung mit sich. Um die Gesamtverzögerung gering zu halten, empfiehlt sich eine parallele Alternativenabarbeitung. Diese Vorgehensweise ist dadurch gekennzeichnet, daß (annähernd) gleichzeitig Ressourcenanfragen für alle Rufalternativen gestartet werden. Voraussetzung hierfür ist eine initiale Alternativenerzeugung.

Die parallele Alternativenabarbeitung ist die einfachste Gestaltungsmöglichkeit. Die Auswertung der Antworten der Ressourcenagenten beschränkt sich auf die Weitergabe der tatsächlich realisierbaren Rufalternativen einschließlich der erzielbaren Ruf-Gesamtgebühren an den Rufinitiator und das Verwerfen jener Rufalternativen, für die die zugrundeliegende Netzinfrastruktur keine geeigneten Ressourcen zur Verfügung stellen kann.

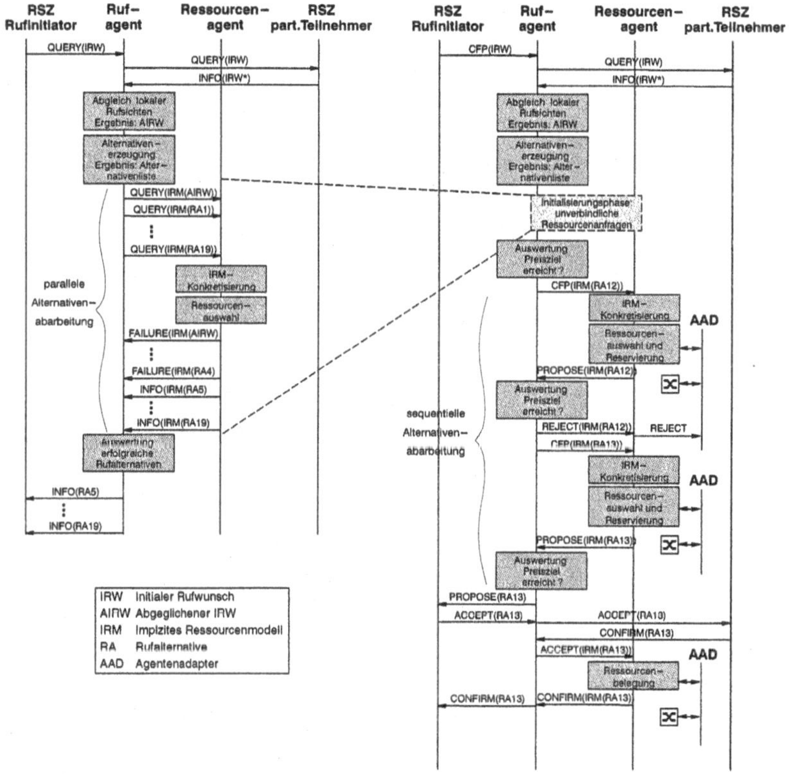

Abbildung 5.11: Alternativenabarbeitung bei unverbindlicher Informationsanfrage (links) und verbindlicher Angebotsaufforderung (rechts)

Abbildung 5.11 zeigt für den Fall einer unverbindlichen Informationsanfrage (QUERY) auf der linken Seite den Ablauf der Signalisierung zwischen den Steuerungsinstanzen der Ruf- und Ressourcenebene, sowie die wichtigsten „inneren" Steuerungsabläufe im Rufagenten. Insgesamt umfaßt die abzuarbeitende Alternativenliste neben dem initialen Rufwunsch (IRW) 19 Rufalternativen (vgl. Beispiel Abbildung 5.10). Die zugehörigen Ressourcenkonfigurationen werden unverbindlich angefragt (QUERY-Nachricht an den Ressourcenagenten). Die Anfrageergebnisse werden durch einen Ressourcenagenten auf der Basis seiner hierarchischen Netzsicht ermittelt. Eine Ressourcenreservierung findet nicht statt, folglich auch keine Signalisierung zu den Agentenadaptern.

Im Beispiel sind sowohl der abgestimmte initiale Rufwunsch (AIRW) als auch die ersten vier Rufalternativen (RA 1 bis RA 4) nicht realisierbar (FAILURE-Nachricht). Dementsprechend müssen nur Informationen zu den Gebühren und präzisen QoS-Parameterwerten der RA 5 bis RA 19 an den Rufinitiator weitergeleitet werden. Andere Teilnehmer sind bei der unverbindlichen Arbeitsweise nur im Rahmen der anfänglichen Endgeräteabfrage involviert.

Auffallend ist die hohe Anzahl paralleler QUERY-Abfragen. Eine Verringerung der Signalisierungslast ließe sich durch eine blockweise Zusammenfassung aller angefragten Rufalternativen erreichen. Gleiches ist für die Mitteilung der Anfrageergebnisse denkbar.

5.4.3.3 Alternativenabarbeitung bei der verbindlichen Angebotsaufforderung

Die Verbindlichkeit der zweiten Arbeitsweise des Rufagenten erfordert die Reservierung von Rufressourcen auf Ressourcenebene. Die resultierende, eingangs des Kapitels vorgestellte Gefahr unnötiger Ressourcenbelegung kann durch eine sequentielle Alternativenabarbeitung gering gehalten werden. Sie ist dadurch gekennzeichnet, daß jeweils nur eine Rufalternative betrachtet wird. Die Ergebnisse der Ressourcenanfrage der aktuellen Rufalternative werden abgewartet, bevor die nächste Rufalternative untersucht wird. Nicht benötigte Ressourcen können sofort freigegeben werden.

Diesem Vorteil steht ein potentiell höherer Zeitaufwand gegenüber. Folgende Punkte ermöglichen eine Begrenzung:

- Üblicherweise geht einer verbindlichen Angebotsaufforderung eine unverbindliche Information des Rufinitiators voran. Die als Folge des Überblicks ausgewählte und verbindlich angeforderte Rufalternative enthält bereits die aus der Netzsicht des Ressourcenagenten realisierbaren Preis- und Qualitätsanforderungen. Dies schließt nicht aus, daß weitere Rufalternativen nötig werden, um die Teilnehmeranforderungen mit verfügbaren Ressourcen zu erfüllen. Abhängig von der Präzision der vorangegangenen unverbindlichen Ressourcenauswahl wird man aber mit deutlich weniger Alternativen auskommen.

- Es ist möglich, daß der Rufinitiator seinen Rufwunsch direkt verbindlich anfragt. Daher empfiehlt sich im Rahmen der verbindlichen Angebotsaufforderung zunächst eine Art Initialisierungsphase, in der durch mehrere parallele unverbindliche Ressourcenanfragen ein akzeptabler Ausgangspunkt erzeugt wird. Die sich anschließende sequentielle Alternativenabarbeitung mit Ressourcenreservierung kann dadurch verkürzt werden.

Die sequentielle Alternativenabarbeitung erlaubt sowohl eine initiale als auch eine bedarfsorientierte Alternativenerzeugung. Wie in 5.4.2.3 erläutert, spricht für erstere die Einfachheit und der folglich geringere Implementierungsaufwand. Ferner kann auf diese Weise für beide Arbeitsmodi des Rufagenten auf die gleiche Methode der Alternativenerzeugung zurückgegriffen werden.

Liegt die initiale Alternativenerzeugung zugrunde, so ist eine Alternativenliste der Ausgangspunkt für die sequentielle Abarbeitung. Folgende Freiheitsgrade erlauben es, die Flexibilität einer bedarfsorientierten Vorgehensweise zumindest anzunähern:

Degradation oder Verbesserung: Bei Unerfüllbarkeit des initialen Rufwunsches muß entschieden werden, ob mit der besten Rufalternative und einer schrittweisen Degradation oder der schlechtesten Rufalternative und einer schrittweisen Verbesserung der Rufeigenschaften fortgefahren wird. Die erste Vorgehensweise zeichnet sich durch eine sparsame Ressourcenreservierung aus. Zu Beginn der Abarbeitung werden einige Rufalternativen in der Regel nicht den Preisanforderungen genügen. Ihre Ressourcen können sofort wieder freigegeben werden. Die erste Rufalternative, die das Preisziel unterbietet, ist gleichzeitig die bestmögliche. Weitere Rufalternativen sind nicht zu überprüfen. Im Gegensatz dazu muß bei der zweiten Vorgehensweise die Ressourcenreservierung einer Rufalternative mindestens solange aufrecht erhalten werden, bis eine bessere Realisierungsvariante gefunden wurde. Vorteilhaft ist hier die anfängliche Überprüfung, ob der maximal degradierte Ruf überhaupt realisierbar ist. Darüber hinaus wird sofort eine realisierbare Rufalternative zurückgemeldet. Der Rufinitiator kann sie annehmen oder mit etwas Geduld auf bessere Eigenschaften warten.

Intelligente Alternativenauswahl: Die schrittweise Abarbeitung der Alternativenliste ist die einfachste, aber auch zeitaufwendigste Methode. Durch die Kopplung der Alternativenauswahl an den zuletzt erzielbaren Preis kann eine wesentliche Beschleunigung erreicht werden. Sie wird dadurch herbeigeführt, daß bei einer großen Abweichung vom geforderten Preisziel mehrere aufgelistete Alternativen übersprungen werden. Die Schwierigkeit besteht darin, daß nicht im voraus abgeschätzt werden kann, in welchem Umfang eine Degradation den Rufpreis reduziert. In ganz ähnlicher Weise kann auf Fehlermeldungen reagiert werden.

Abbildung 5.11 zeigt auf der rechten Seite die Interaktion der Steuerungsebenen für die verbindliche Rufanfrage (CFP). Dargestellt ist eine Variante mit integrierter Initialisierungsphase. Im Unterschied zur unverbindlichen Arbeitsweise wird die Ressourcenkonfiguration derjenigen Rufalternative, die als erste das vom Rufinitiator angegebene Preisziel erfüllt, mit einer CFP-Nachricht vom Ressourcenagenten angefragt. Im Beispiel ist dies die RA 12. Im Zuge der Ressourcenreservierung stellt sich heraus, daß eine weitere Rufalternative (RA 13) betrachtet werden muß und schließlich akzeptiert und aufgebaut wird. Die Ursache hierfür ist in den Eigenschaften der Ressourcenauswahl im Ressourcenagenten zu sehen.

Kapitel 6

Maklerfunktionen der Ressourcenagenten

Um der steigenden Auswahlfreiheit und Betreiberdifferenzierung Rechnung zu tragen, wird eine erhebliche funktionale Erweiterung der Ressourcenebene vorgeschlagen. Die neuartigen Steuerungsaufgaben umfassen typische Maklerfunktionen, wie die Erfassung, die bestmögliche Auswahl, die Reservierung und Inanspruchnahme von Ressourcenangeboten. Eine besondere Problematik liegt in den hohen Anforderungen an die Geschwindigkeit, Genauigkeit und Skalierbarkeit der Verfahren.

Nachdem in Kapitel 4 überblicksartig gezeigt wurde, wie die Anforderungen in der Steuerungsarchitektur und der grundsätzlichen Gestaltung der Auswahlverfahren berücksichtigt wurden, ist die Zielsetzung dieses Kapitels eine detaillierte Darstellung und Untersuchung der Techniken zur Ressourcenmodellierung und Ressourcenauswahl. Hierbei wird besonderer Wert auf eine simulative Untersuchung der Auswahlverfahren anhand von Modellnetzen gelegt, um Verfahrensentscheidungen nicht nur qualitativ, sondern auch quantitativ begründen zu können.

Analog zu den Standardfunktionen der Dienstvermittlung in offenen Systemen [SPM94] lassen sich vier wesentliche Maklerfunktionen unterscheiden. Sie bestimmen die Gliederung dieses Kapitels. Im ersten Unterkapitel wird gezeigt, wie die zu makelnden Übermittlungs- und Spezialressourcendienste in Form von Ressourcenangeboten beschrieben, erfaßt und durch fortschreitende Teilnetzzusammenfassung zur hierarchischen Netzsicht der Ressourcenagenten aggregiert werden. Inhalt des zweiten Unterkapitels ist die Anfrage der Maklerfunktionen durch Rufagenten und die erforderlichen Vorverarbeitungsschritte, um die implizite Ressourcenanfrage in eine für die Ressourcenauswahl geeignete Beschreibungsform zu überführen. Die Ressourcenauswahl (Unterkapitel 6.3) bildet die komplexeste der Maklerfunktionen. Sie umfaßt zahlreiche neuartige Verfahren, die geordnet nach wachsender Komplexität (hierarchische-, Mehrkriterien-, integrierte SR-Wegewahl) vorgestellt und sofern nötig simulativ untersucht werden. In Unterkapitel 6.4 wird abschließend die Reservierung und Belegung von Ressourcen im Zusammenspiel mit den Steuerungsinstanzen der Elementebene beschrieben.

6.1 Autonome Erfassung von Ressourcenangeboten

Die Ausführungen zur Ressourcenerfassung beginnen mit einer Darstellung der Zusammenhänge zwischen der Netzinfrastruktur eines Netzbetreibers und seinen Ressourcenangeboten. Anschließend werden die Rahmenbedingungen und die Formen einer Kooperation zwischen Netzbetreiber und Ressourcenmakler, vertreten durch die Steuerungsinstanzen Agentenadapter (AAD) und Ressourcenagent (RSA), beschrieben. Ziel der Angebotserfassung aus Agentensicht ist die Bildung eines hierarchisch strukturierten Modells des gesamten Netzes der Angebote. Diese hierarchische Netzsicht ist die Grundlage der späteren Ressourcenauswahl. Die erforderlichen Verfahren der Partitionierung und Zusammenfassung von Teilen des Angebotsnetzes, inklusive einer Erfassung von Spezialressourcen und mehreren Angebotseigenschaften, bilden den Hauptteil dieses Unterkapitels.

6.1.1 Netzinfrastruktur und Angebotsnetz

Die bestehende TK-Netzinfrastruktur ist durch einen hohen Grad an Heterogenität bezüglich der eingesetzten Übermittlungstechnik gekennzeichnet. Die agentenunterstützte Dienststeuerung AUREUS erfordert keine dedizierte Zielübermittlungstechnik. Sie ist auf den Einsatz in einer heterogenen Netzinfrastruktur hin ausgerichtet. Auf diese Weise lassen sich die Vorteile einer ständig verbesserten Netzkopplung nutzen: Zum einen sind Rufe zwischen Endgeräten möglich, die an unterschiedliche Transportnetzen angeschlossen sind, zum anderen stehen durch die Möglichkeit des Transportnetzwechsels wesentlich mehr potentielle Übermittlungsressourcen zur Verfügung. Hiervon profitiert der Dienstnutzer bei der Ressourcenauswahl. Heterogene Übermittlungsressourcen unterscheiden sich in der zugrundeliegenden Übermittlungstechnik. Ihre Einbeziehung bei der Ressourcenauswahl setzt ein Mindestmaß an Vergleichbarkeit voraus. Dies wird durch das Konzept der Angebote erreicht. Ein Netzbetreiber hat seine Ressourcen in einer vorgegebenen, von der Übermittlungstechnik abstrahierenden Form zu melden (vgl. Abschnitt 6.1.1.1).

Abbildung 6.1 verdeutlicht die Zusammenhänge zwischen Angeboten, Angebotsnetz, Netzinfrastruktur und Transportnetz. Zugangsnetze, Teilnehmeranschlüsse und Endgeräte sind aus Gründen der Übersichtlichkeit nicht eingezeichnet. In der Bildmitte ist ein Ausschnitt einer beispielhaften Netz-

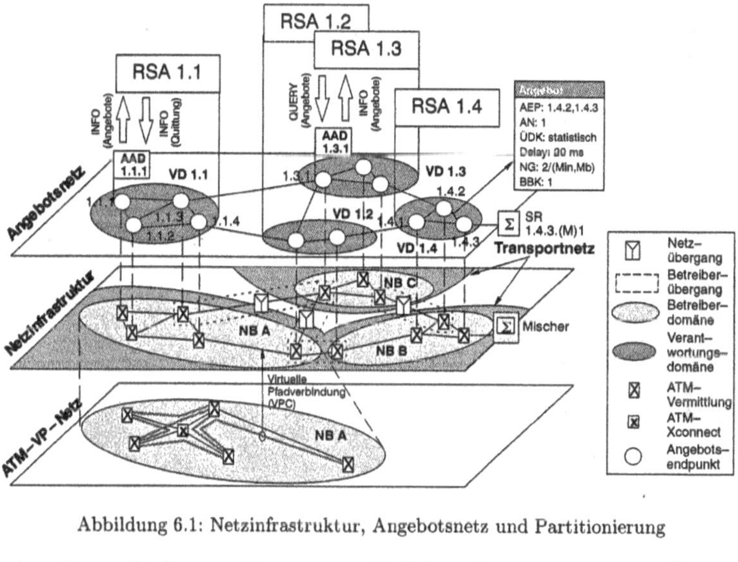

Abbildung 6.1: Netzinfrastruktur, Angebotsnetz und Partitionierung

infrastruktur dargestellt. Sie setzt sich aus unterschiedlichen, über Netzübergänge (NÜ) gekoppelten Transportnetzen zusammen. Jedes Transportnetz umfaßt Übermittlungsressourcen einer einheitlichen Übermittlungstechnik. Netzübergänge nehmen die notwendigen Anpassungen (z.B. Paketierung) beim Übergang in ein anderes Transportnetz vor. Des weiteren umfaßt die Netzinfrastruktur Spezialressourcen zur Mischung oder Konvertierung von Datenströmen. In Abbildung 6.1 ist beispielsweise ein Mischer an den Vermittlungknoten 1.4.3 angeschlossen.

Die Transportnetze sind horizontal in Domänen und vertikal in Netzebenen gegliedert[1]. Erstere werden als Betreiberdomänen bezeichnet, da sie die Transportnetzanteile eines Netzbetreibers umfas-

[1]Diese Vorgehensweise entspricht der ITU-Empfehlung G.805 [ITU95a] zur Strukturierung von Transportnetzen, die auch in anderen Dienststeuerungen (z.B. TINA [TINA97a]) und im Netzmanagement (ITU-T M-Serie [ITU92a]) Anwendung findet.

sen. Betreiberdomänen sind über Betreiberübergänge (BÜ) miteinander verbunden. Beinhaltet ein Domänenwechsel gleichzeitig ein Wechsel des Transportnetzes, so umfaßt der BÜ auch einen NÜ.

Zwischen den Netzebenen besteht eine Client-Server-Beziehung. Ein Netzabschnitt der Netzebene (n) wird durch die Verknüpfung von Netzabschnitten der nächsttieferen Netzebene (n-1) bereitgestellt. Betrachtet man beispielsweise ATM als Übermittlungstechnik, so wird, wie im unteren Abbildungsteil dargestellt, eine Übermittlungsressource durch eine virtuelle Pfadverbindung (VP-Connection) repräsentiert, welche sich aus VP-Abschnitten (VP-Links[2]) zusammensetzt. Dieses Prinzip läßt sich weiter fortsetzen. Jeder VP-Abschnitt kann beispielsweise auf einer SDH-Verbindung aufbauen, welche einzelne SDH-Übertragungsstrecken verknüpft.

In Form eines Angebots meldet der Netzbetreiber, zu welchen Konditionen er eine Übermittlungsressource zur späteren Etablierung eines Verbindungssegments bereitstellen kann. Ein wichtiger Vorteil der vertikalen Schichtung des Transportnetzes ist, daß trotz Bekanntgabe eines Ressourcenangebots die physikalische Netzstruktur eines Netzbetreibers verborgen bleiben kann.

Die Gesamtheit aller Angebote, einschließlich derer für Spezialressourcen, bildet das Angebotsnetz. Es ist im oberen Teil der Abbildung 6.1 dargestellt. Das Angebotsnetz beschreibt die abstrahierende Sicht der Ressourcenagenten. In ihm findet die spätere Ressourcenauswahl statt. Eine detaillierte Beschreibung der Angebotscharakteristika folgt in den nächsten beiden Unterkapiteln.

6.1.1.1 Betreiberangebote für Übermittlungsressourcen

Das Angebot für eine Übermittlungsressouce setzt sich aus den folgenden Attributen zusammen:

Angebotsendpunkte (AEP): Jedes Angebot wird von zwei Angebotsendpunkten begrenzt. Die AEP repräsentieren die Knoten des Angebotsnetzes und bilden sich auf Vermittlungseinrichtungen der Netzinfrastruktur ab. Jeder AEP ist über eine Adresse eindeutig identifizierbar. Sie wird durch den Ressourcenmakler vergeben.

In vorliegender Arbeit werden nur bidirektionale Angebote betrachtet. Eine weitergehende Unterscheidung der AEP ist daher nicht notwendig. Die Bidirektionalität der Angebote bedeutet keine Einschränkung. Sie hat lediglich zur Folge, daß unidirektionale Verbindungssegmente beider Richtungen das Angebot nutzen können. Übermittelt und vergebührt wird aber jeweils nur der unidirektionale Informationsfluß.

Angebotsnummer (AN): Zwischen einem Paar von Angebotsendpunkten können mehrere Angebote eingerichtet sein. Die Angebotsnummer dient zur eindeutigen Referenzierung.

Übermittlungsdienstkategorie (ÜDK): Übermittlungstechniken unterscheiden sich in dem Ausmaß, in dem sie die Güte der Informationsübertragung garantieren. Aus Rufsicht und folglich aus der Perspektive der Ressourcenauswahl sind nur grundsätzliche Verfahrensunterschiede von Bedeutung. Die Wahl der Übermittlungstechnik kann in diesen Grenzen frei durch den Netzbetreiber erfolgen. Im Angebot ist lediglich die Zugehörigkeit zu einer sogenannten Übermittlungsdienstkategorie (ÜDK) anzugeben. Unterschieden werden drei Dienstkategorien mit deterministischer, statistischer oder bestmöglicher Qualitätsgarantie. Diese Dreiteilung deckt sich weitgehend mit den Ansätzen bei bestehenden Übermittlungstechniken (vgl. [Sti96]).

Verkehrsklasse (VK): Effizientes Multiplexen von Informationsströmen erfordert eine Klassifikation nach Verkehrseigenschaften [RMV96]. Der Angebotsparameter VK spezifiziert die Grenzwerte für den Verkehr, den die Übermittlungsressource zuläßt. Eine einfache Spezialform der Verkehrsklasse ist die Bandbreiteklasse. Sie gibt die maximal akzeptierte Bandbreite an.

Qualitätseigenschaften (QoS): Sie beziehen sich auf Werte, die vom Netzbetreiber im Rahmen der angegebenen ÜDK garantiert werden. Besonderer Schwerpunkt liegt in vorliegender Arbeit

[2] VP-Connection und VP-Link sind Bezeichnungen der ITU-Empfehlung I.311 [ITU93f].

auf der Informationsverzögerung, die die Nutzung der Übermittlungsressource bei Übertragung und Vermittlung mit sich bringt. Darüber hinaus sind Angaben zu Jitter, Fehlerrate und Verfügbarkeit denkbar, um ein Angebot näher zu beschreiben.

Nutzungsgebühr (NG): Die Nutzungsgebühr, im folgenden auch als Kosten oder Preis eines Angebots bezeichnet, gibt an, wieviel der Netzbetreiber für die Informationsübertragung über die Übermittlungsressource verlangt. Die Semantik des Wertes kann dabei von der Dienstkategorie abhängen. Vorstellbar ist beispielsweise eine bandbreiteorientierte Nutzungsgebühr im Falle deterministischer oder statistischer Qualitätsgarantie und eine datenvolumenbasierte Nutzungsgebühr im Falle bestmöglicher Qualitätsgarantie. Die Nutzungsgebühr ist ein wichtiges Differenzierungsmittel. Eine Möglichkeit, die Nutzungsgebühr in Abhängigkeit von garantierten QoS-Werten zu bestimmen, ist in Abschnitt 2.3.3 beschrieben.

6.1.1.2 Betreiberangebote für Spezialressourcen

Spezialressourcen sind Netzeinheiten zur Unterstützung von Konferenzrufen und heterogenen Endgeräten. Ihre Referenzierung erfolgt durch Angabe des Angebotsnetzknotens (AEP-Nummer), mit welchem sie verbunden sind und durch eine knotenspezifische SR-Nummer.

Angebote für die Nutzung von Spezialressourcen spezifizieren darüber hinaus den SR-Typ, Eigenschaften der SR-Nutzung und des SR-Zuganges, sowie die Nutzungsgebühr. Der SR-Typ gibt an, ob es sich um einen Mischer oder Konverter handelt. Im Falle eines Mischers sind zusätzliche Angaben zur Mischfunktion, zum verwendeten Kodierverfahren und zur Anzahl mischbarer Informationsströme möglich. Im Falle eines Konverters müssen die Eingangs- und Ausgangskodierverfahren genannt werden. Nutzungs- und Zugangseigenschaften umfassen die bereits bei den Übermittlungsressourcen erwähnten QoS-Werte.

Über die Nutzungsgebühr kann die Leistungsfähigkeit einer SR berücksichtigt werden. Bessere Nutzungseigenschaften, wie beispielsweise eine verringerte Verarbeitungsdauer und damit Informationsverzögerung durch den Einsatz hochwertiger Signalprozessoren, werden einen höheren SR-Preis zur Folge haben.

Die SR-Nutzungsgebühr hat einen gewichtigen Anteil an den Gesamtgebühren eines Rufes. Sie liegt heutzutage in der Größenordnung nationaler Fernverbindungen[3].

6.1.2 Partitionierung des Angebotsnetzes

Die Pflege von Ressourcenangeboten in großen Netzen ist mit Speicher-, Rechen- und vor allem Signalisierungsaufwand verbunden. Die gesamte Netzinfrastruktur kann bei entsprechender Betreiberanzahl, separaten ÜDK- und Verkehrsklassen weltweit leicht Hunderttausende an Übermittlungs- und Spezialressourcen und deren zugehörige Angebote umfassen.

Obiger Aufwand steigt weiter an, wenn für die Netzbetreiber[4] die Möglichkeit gegeben sein soll, in kürzeren Zeitabständen nachfrageadaptiv Angebotsänderungen vorzunehmen. Um Speicher-, Rechen- und Signalisierungsaufwand zu reduzieren und aus Gründen der Skalierbarkeit wird eine verteilte Architektur auf Ressourcenebene vorgeschlagen.

In diesem Zusammenhang spielt der Begriff der Verantwortungsdomäne eines Agenten eine wichtige Rolle. Eine Verantwortungsdomäne umfaßt einen begrenzten Teil des Angebotsnetzes. Jeder Ressourcenagent ist für die Angebote innerhalb seiner Verantwortungsdomäne zuständig. Die Zuordnung von Ressourcenagent, Verantwortungsdomäne und Angebotsnetzknoten spiegelt sich in gleichen Adreßbestandteilen wider. Agent und Verantwortungsdomäne tragen eine identische Adresse, jeder Angebotsendpunkt wird durch eine zusätzliche Nummer gekennzeichnet. Aus der Adresse von

[3] Vgl. hierzu die Angebote unter http://www.gcs.de

[4] Der Begriff Netzbetreiber wird im folgenden verallgemeinernd für Betreiber von Übermittlungsressourcen und SR-Betreiber angewandt.

Angebotsendpunkten kann folglich direkt auf die Adresse des sie verwaltenden Agenten geschlossen werden. Eine Adreßumsetzung ist nicht erforderlich.

Im oberen Teil der Abbildung 6.1 ist für ein exemplarisches Angebotsnetz eine Einteilung in Verantwortungsdomänen (VD 1.1 bis VD 1.4) dargestellt. Die VD 1.4 des Ressourcenagenten 1.4 umfaßt beispielsweise die Knoten 1.4.1, 1.4.2, 1.4.3, die an ihnen endenden Angebote und als Spezialressource den Mischer 1.4.3(M1).

Die Partitionierung des Angebotsnetzes wird durch den Ressourcenmakler festgelegt. Sie ist für den Netzbetreiber bindend. Die Dimensionierung der Verantwortungsdomänen kann dabei nach unterschiedlichen Gesichtspunkten erfolgen. Eine einfache Möglichkeit stellt die Orientierung an bestehenden Domänen, z.B. geographischer Art dar. Sie bringt es mit sich, daß ein Agent in der Regel Angebote unterschiedlicher Netzbetreiber pflegt und daß das Netz eines Netzbetreibers auf mehrere Verantwortungsdomänen verteilt ist. In Abbildung 6.1 beispielsweise enthält die VD 1.2 Angebote der Betreiber A und B. Des weiteren erstreckt sich das Netz des Betreibers A über die beiden Domänen VD 1.1 und VD 1.2.

Unabhängig von vorgegebenen Domänen ließe sich durch sogenannte Clustering-Methoden eine Partitionierung des Angebotsnetzes erreichen, die sich stärker an dessen eigener Topologie orientiert [Mie98]. Derartige Methoden werden mit Erfolg in der Netzplanung zur Lösung einer verwandten Problemstellung, der Dimensionierung von Zugangsnetzbereichen, angewandt [Ker79].

Die Größe und innere Angebotsstruktur der Verantwortungsdomänen beeinflußt den Zeitaufwand und die Genauigkeit der Verfahren zur Angebotsauswahl (vgl. Abschnitt 6.3.1). Eine weitere Möglichkeit, die Grenzen einer Verantwortungsdomäne festzulegen, besteht somit darin, eines der beiden Kriterien zu optimieren. Van Mieghem schlägt in [Mie97] für PNNI-Netze eine Knotengruppierung vor, welche die Routingkomplexität minimiert. Nachteil der optimierten Partitionierung ist, daß sie streng genommen nur für die Ausgangstopologie gültig ist. Änderungen am Angebotsnetz erfordern eine erneute Optimierung. Angesichts der vorliegenden Angebotsdynamik erscheint eine Optimierung der Verantwortungsdomänen wenig sinnvoll.

6.1.3 Rahmenbedingungen und Verfahren der Angebotserfassung

Grundlage der Angebotserfassung ist ein Abkommen zwischen Ressourcenmakler und Netzbetreiber. Dessen konkrete Ausgestaltung liegt außerhalb des Fokus vorliegender Arbeit. Die folgende Liste enthält Empfehlungen für grundlegende Vertragsbestandteile, sowie einige beispielhafte Festlegungen, die das Verständnis nachfolgender Ausführungen erleichtern:

Ressourcenzuordnung: Über die Endpunktadressen liegt fest, durch welchen Ressourcenagenten ein Angebot verwaltet wird. Die Zuordnung wird durch den Ressourcenmakler vorgegeben und ist das Ergebnis der Angebotsnetzpartitionierung. Jede Angebotsänderung ist dem assoziierten Ressourcenagenten zu melden. Im Falle domänenübergreifender Übermittlungsressourcen sind die beiden Endpunkten zugeordneten Agenten zu informieren.

Angebotsbeschreibung: Die Vorschriften zur Angebotsbeschreibung umfassen die Semantik der Preis- und Qualitäts-Angaben. Sie sind für den Netzbetreiber bindend. Schwierigkeiten bereitet die Überprüfung durch die Agenten, da kein direkter Zugriff auf den Datenstrom besteht. Die einfachste Lösung besteht in einer stichprobenartigen QoS-Überprüfung mit Hilfe von Kontrollrufen, die vom Ressourcenmakler initiiert werden. Darüber hinaus ist vorstellbar, daß der Ressourcenagent Zugriff auf einen Teil der im Agentenadapter erfaßten QoS-Daten fordert (Reportpflicht).

Ein wichtiger Richtwert ist die Mindestgültigkeit einer Angebotsmeldung. Sie verhindert die Gefahr nur kurzfristig bestehender Lockangebote und sollte daher auch vom Ressourcenmakler zwingend vorgegeben werden.

Ressourcenzugang: Jedem Angebotsendpunkt ist in Form eines Agentenadapters (AAD) eine Steuerungsinstanz auf Netzbetreiberseite zugeordnet. Über den AAD erfolgt die Angebotserfassung und die Steuerung der Ressource. Beides erfordert Sicherheitsmaßnahmen, beispielsweise den Austausch von Zugriffsschlüsseln, die in den Bestimmungen zum Ressourcenzugang festgelegt werden müssen.

Vergebührung: Der Ressourcenmakler vermittelt im Auftrag des Netzbetreibers. Es ist vorstellbar, daß ersterer sich diesen Dienst bezahlen läßt. Eine Möglichkeit besteht darin, jede Angebotsmeldung mit einer Gebühr zu belegen (Makler-Courtage).

Betrachtet man die Angebotserfassung, so sind zweierlei Verfahren möglich, mittels derer der Ressourcenagent Kenntnis über aktuelle Angebotswerte erlangen kann (vgl. auch Abschnitt 4.3.2.1). Bei einer Angebotsabfrage geht die Initiative vom Agenten aus, bei einer Angebotsmeldung vom Netzbetreiber. Letzterer besitzt ein großes Interesse, daß die in höherer Gewinnerwartung erstellten Angebotswerte schnellstmöglich bekannt werden. Auch aus Gründen eines geringerer Signalisierungsaufkommens ist die Angebotsmeldung der Angebotsabfrage vorzuziehen.

Der Austausch von Angebotsinformationen zwischen Ressourcenagent und Adapter erfolgt über Nachrichten des Agentenkommunikationsprotokolls AKP (vgl. Abschnitt 5.3.4). Zur Angebotsmeldung sendet der AAD eine zu quittierende INFO-Nachricht an den RSA. Eine Angebotsabfrage erfolgt durch eine an den AAD gerichtete QUERY-Nachricht. Die Angebotseigenschaften bilden in beiden Fällen den Nachrichteninhalt. Durch Gruppierung mehrerer Angebote in einer Nachricht kann eine Reduktion des Meldeaufkommens erreicht werden. In Abbildung 6.1 ist die Angebotserfassung in ihren Ausprägungen Angebotsmeldung (z.B. RSA 1.1/VD1.1, AAD 1.1.1) und Angebotsabfrage (z.B. RSA 1.3/VD1.3, AAD 1.3.1) angedeutet.

6.1.4 Bildung der hierarchischen Netzsicht

Als Resultat der bisher beschriebenen Angebotserfassung kennt jeder Ressourcenagent nur die Angebote seiner Verantwortungsdomäne. Die Erfassung des gesamten Angebotsnetzes erfolgt durch eine hierarchische Agentenorganisation, in welcher sukzessive Agenten gruppiert und jeweils einem übergeordneten Agenten zugeordnet sind. Parallel dazu existiert eine fortlaufende Zusammenfassung der zugehörigen Ressourcenangebote. Je höher die Hierarchieebene, auf der ein Agent angesiedelt ist, desto größer wird die (indirekt) verwaltete Verantwortungsdomäne, aber desto weniger detailliert liegt ihm Wissen über die darin enthaltenen Ressourcenangebote vor.

Die Strukturierung der höheren Hierarchieebenen und, damit verbunden, die Bildung der hierarchischen Agentenorganisation kann mit den gleichen Verfahren erfolgen, mit denen das Angebotsnetz partitioniert wird. Sie hat, abgesehen von den Adressen, keine Auswirkungen auf die Netzbetreiber, da es sich um eine interne, logische Netzstrukturierung auf Ressourcenebene handelt.

In Abbildung 6.2 sind ein exemplarisches Angebotsnetz, seine Hierarchisierung und die verwaltenden Ressourcenagenten wiedergegeben.

Zwischen Agenten unterschiedlicher Hierarchieebenen findet ein Austausch zusammengefaßter Sichten auf die Angebote der zugeordneten Verantwortungsdomänen statt. Dessen kaskadierte Ausführungsweise wurde bereits in Abschnitt 4.3.2.2 erklärt und ist in Abbildung 4.10 veranschaulicht. Wie bei der lokalen Angebotserfassung wird das Agentenkommunikationsprotokoll angewandt. Nachrichteninhalt sind nunmehr die zusammengefaßten Angebotsinformationen.

Der geschilderte Informationsaustausch führt zur Bildung eines hierarchisch strukturierten Abbildes des Angebotsnetzes, der hierarchischen Netzsicht, in jedem einzelnen Ressourcenagenten. Das wesentliche Merkmal der hierarchischen Netzsicht besteht darin, daß Angebotsinformationen über entfernte Ressourcen auf höheren Hierarchieebenen und damit nur noch stark zusammengefaßt vorkommen. In Abbildung 6.2 ist die hierarchische Netzsicht des Ressourcenagenten 1.1 grau unterlegt.

Die hierarchische Netzsicht bildet die Grundlage für die Ressourcenauswahl. Durch sie besitzt jeder Agent das Wissen über netzweite Angebote, das ihn zu einer zentralisierten, d.h. quellenbasierten Ressourcenauswahl befähigt.

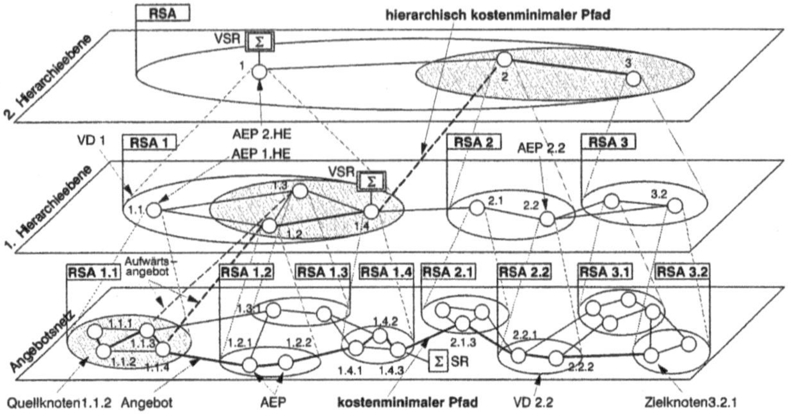

Abbildung 6.2: Hierarchisierung des Angebotsnetzes und hierarchische Netzsicht

Als Bestandteil der Netzknotenschnittstelle PNNI (Private Network Network Interface) hat das ATM-Forum ein ähnliches Konzept zur hierarchischen Netzbeschreibung definiert [ATM96b]. Ein wesentlicher Unterschied besteht darin, daß alle Prozesse (Erfassung von Lasteigenschaften eines Übermittlungsabschnitts, Aggregierung und Austausch) in den Vermittlungsknoten selbst ablaufen. Eine Trennung von Verbindungs- und Ressourcenebene mit eigenständigem Ressourcenmakler und einer betreiberübergeordneten Ressourcenauswahl ist damit nicht realisierbar. Darüber hinaus wird das Verfahren zur Teilnetzzusammenfassung nur grob spezifiziert und es fehlen Ansätze zur integrierten Behandlung von Spezialressourcen und mehreren Wegewahlkriterien.

In den folgenden Abschnitten wird die Vorgehensweise bei der Bildung der hierarchischen Netzsicht erläutert. Die vorgestellten Verfahren lassen sich nach geringfügigen Anpassungen auch als Erweiterung von PNNI nutzen. Ebenso können die Ergebnisse hier vorgenommener Verfahrensanalysen übertragen werden.

6.1.4.1 Teilnetzzusammenfassung

Die Teilnetzzusammenfassung ist eines der Grundprinzipien bei der Bildung einer hierarchischen Netzsicht. Ihr Ziel ist es, die Angebote einer Verantwortungsdomäne und damit eines Teiles des Angebotsnetzes zu wenigen repräsentativen Daten zu verdichten. Die Teilnetzzusammenfassung wird von den domänenzugeordneten Agenten durchgeführt. Die Ergebnisse werden an den übergeordneten Agenten gemeldet (vgl. Abbildung 4.10).

Die folgenden Ausführungen beschränken sich zunächst auf Angebote, die durch einen allgemeinen Kostenparamter, z.B. die Nutzungsgebühr charakterisiert sind. Eine Ausweitung auf mehrere Angebotsparameter wird in Abschnitt 6.1.4.5 beschrieben.

6.1.4.1.1 Allgemeine Vorgehensweise

Zunächst sei eine allgemeine, zweistufige Vorgehensweise bei der Teilnetzzusammenfassung vorgestellt, wie sie Lee in [Lee95] für PNNI beschreibt. Zwei konkrete Verfahren werden anschließend genauer erklärt.

Erster Reduktionsschritt

Ein Teilnetz wird in der nächsten Hierarchieebene durch einen sogenannten Mehrportknoten repräsentiert. Abbildung 6.3 zeigt im oberen Teil exemplarisch zwei Verantwortungsdomänen und die zugehörigen Mehrportknoten. Knoten, die eine Verbindung zu einem anderen Teilnetz haben (z.B. 2.1.1, 2.1.4), werden als Grenzknoten bezeichnet und bilden sich in die Ports ab. So wird beispielsweise Knoten 2.1.1 durch den Port P1 des Mehrportknotens 2.1 repräsentiert. Durch den Wegfall der inneren Knoten wird eine erste Reduktion des Teilnetzes erreicht.

Die möglichen Wege zwischen 2 Grenzknoten eines Teilnetzes bilden sich auf Intraknotenangebote zwischen den Ports eines Mehrportknotens ab. Angebote zu Übermittlungsressourcen zwischen den Teilnetzen bilden sich auf Interknotenangebote zwischen den Ports unterschiedlicher Mehrportknoten ab. In Abbildung 6.3 bildet sich beispielsweise das Angebot zwischen den Grenzknoten 2.1.4 und 2.2.1 der beiden Teilnetze 2.1 und 2.2 direkt in das Interknotenangebot P4 - P1 ab. Die Berechnung der Intra- und Interknotenangebotskosten ist im allgemeinen Fall, in denen die Grenzknoten selbst Mehrportknoten sind, nicht so einfach. Auf das dort gewählte Verfahren wird unten genauer eingegangen.

Zweiter Reduktionsschritt

Intraknotenangebote eines Mehrportknotens repräsentieren auf höherer Hierarchieebene den Durchgang durch das zugeordnete Teilnetz. Die Vorschrift, nach der die Kosten eines Intraknotenangebots berechnet werden, sollte das bei der Wegewahl angewandte Kriterium berücksichtigen. Werden Pfade mit minimalen Kosten bestimmt, so liegt es nahe, für die Kosten des Intraknotenangebots die Kosten des kostenminimalen Pfades zwischen den zugeordneten Grenzknoten des repräsentierten Teilnetzes anzusetzen. Im Beispiel erhält das Intraknotenangebot zwischen P1 und P4 des Knotens 2.1 den Wert 3 des kostenminimalen Pfades zwischen den Grenzknoten 2.1.1 und 2.1.4 (2.1.1 - 2.1.3 - 2.1.4).

Die vollvermaschte Mehrportknotendarstellung eines Teilnetzes (Full Mesh Representation, FMR) erhält man bei Betrachtung aller Port-Port-Angebote. Sie hat den Nachteil, daß die Zahl der Intraknotenangebote quadratisch mit der Anzahl der Grenzknoten steigt.

Durch einen zweiten Reduktionsschritt wird die Zahl der Intraknotenangebote verringert. Die höchste Reduktion an Intraknotenangeboten wird durch die Einfachknotendarstellung (Simple Node Representation, SNR[5] erreicht [ATM96b]).

Aus den Kosten aller Intraknotenangebote wird ein Durchschnittswert berechnet, der zu den Kosten der Interknotenangebote addiert wird. Die Intraknotenangebote können dann entfallen, ein Teilnetz wird lediglich durch einen einfachen Knoten repräsentiert. Das Verfahren zur Bildung der SNR wird unten genauer beschrieben. Zwischen den beiden Grenzfällen FMR und SNR sind zahlreiche Zwischenformen denkbar (z.B. die in PNNI vorgeschlagene Complex Node Representation [ATM96b]), die aber nicht weiter betrachtet werden.

6.1.4.1.2 Zusammenfassung bei SNR

Bei Verwendung der SNR existieren keine Intraknotenangebote mehr, die die Durchgangskosten durch das Netz repräsentieren könnten, sie müssen in die Kosten der Interknotenangebote einbezogen werden. Bei der Bildung der SNR, beispielhaft dargestellt in Abbildung 6.3, wird in einem ersten Schritt die FMR eines Teilnetzes gebildet. In einem zweiten Schritt wird die FMR in eine Sterndarstellung umgewandelt. Die Kosten eines Angebotes zwischen Port und Sternpunkt ergeben sich als halber Mittelwert der Kosten aller Intraknotenangebote. Unabhängig vom Portpaar werden somit die Durchgangskosten durch ein Teilnetz durch einen einzigen Mittelwert wiedergegeben. In einem dritten Schritt werden die Angebote zwischen den Ports zu Sternpunktangeboten verlängert. Mehrere Sternpunktangebote werden abschließend unter Kostenmittelung zu einem Angebot zusammengefaßt (Schritt 4).

[5] Im folgenden werden die englischen Abkürzungen FMR und SNR verwendet.

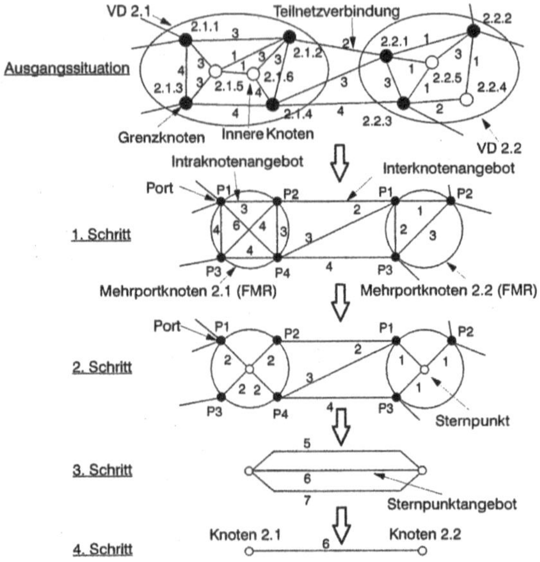

Abbildung 6.3: Zusammenfassung bei SNR

6.1.4.1.3 Gewinnung höherer Hierarchieebenen bei FMR

Wie zuvor erwähnt, ergibt sich bei der Bildung höherer Hierarchieebenen ($n \geq 2$) im Falle der FMR die Schwierigkeit, daß Knotengruppen nicht mehr aus einfachen Knoten, sondern aus Mehrportknoten bestehen. Im folgenden wird die Zusammenfassung eines aus Mehrportknoten bestehenden Teilnetzes PG_i^n der Hierarchieebene (n) zu einem Mehrportknoten K_i^{n+1} auf Hierarchieebene (n+1) beschrieben (siehe Abbildung 6.4). Zunächst werden die Grenzknoten B_j des Teilnetzes PG_i^n identifiziert. Sie entsprechen den Ports P_j des Knotens K_i^{n+1} auf Hierarcheebene (n+1). Die Kosten C_{P_j,P_l} des Intraknotenangebots zwischen zwei Ports P_j und P_l berechnen sich aus den kostenminimalen Pfaden zwischen allen Ports der zugehörigen Grenzknoten B_j und B_l zu:

$$C_{P_j,P_l} = f(C_{min\,P_r(B_j),P_s(B_l)}, \forall r, s).$$

Als Funktion wird in vorliegender Arbeit der Durchschnittswert betrachtet. In Abbildung 6.4 beispielsweise berechnen sich die Kosten des Intraknotenangebots P1-P2 als Mittelwert der Kosten der kostenminimalen Pfaden zwischen allen Ports der Grenzknoten 1.1 und 1.2.

Sind zwei Teilnetze der Hierarchieebene (n) miteinander verbunden, so existieren zwischen den Ports der Grenzknoten teilnetzverbindende Angebote. Aus deren Kosten berechnen sich die Kosten der Interknotenangebote auf Hierarchieebene (n+1) ebenfalls über Mittelwertbildung.

6.1.4.2 Ermittlung von Aufwärtsangeboten

Aufwärtsangebote bestehen zwischen Knoten unterschiedlicher Hierarchieebenen einer hierarchischen Netzsicht. Sie können dabei mehrere Hierarchieebenen überbrücken. Vergleichbar den Intra- und Interknotenangeboten stellen sie eine Art „virtuelles“ Angebot dar, welches auf reale Angebote zwischen

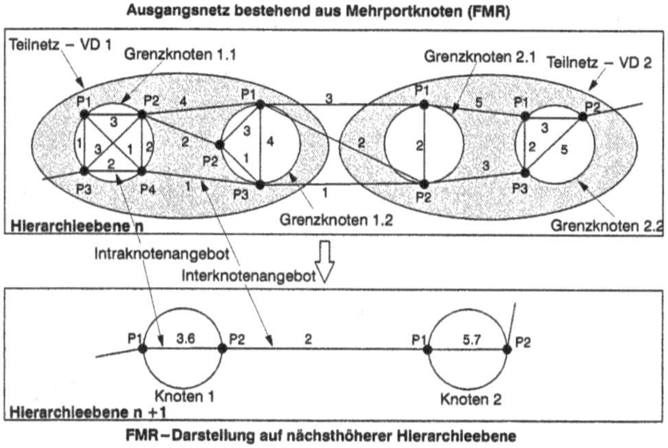

Abbildung 6.4: Zusammenfassung bei FMR

Knoten des Angebotsnetzes zurückgeht. Im Falle eines Aufwärtsangebotes sind letzteres die Grenzangebote, die aus der VD eines Ressourcenagenten oder seiner übergeordneten Agenten herausführen. In Abbildung 6.2 sind die Aufwärtsangebote gestrichelt eingezeichnet. Sie verbinden beispielsweise die Knoten 1.1.4 und 1.2 oder 1.4 und 2 und gehen auf die Grenzangebote 1.1.4 - 1.2.1 oder 1.4.3 - 2.1.3 zurück. Letzteres verläßt die VD 1 des übergeordneten Agenten RSA 1.

Die Bildung und Verbreitung eines Aufwärtsangebotes ist anhand eines Beispiels für den Fall einer FMR von Teilnetzen erläutert (Abbildung 6.5). Die besondere Problematik besteht darin, daß aus der Sicht des zusammenfassenden Agenten immer nur ein Ende des zugrundeliegenden Grenzangebotes bekannt ist. Ausgangspunkt bildet das Angebot zwischen den Endpunkten 6.3.4.2 und 6.1.4.1

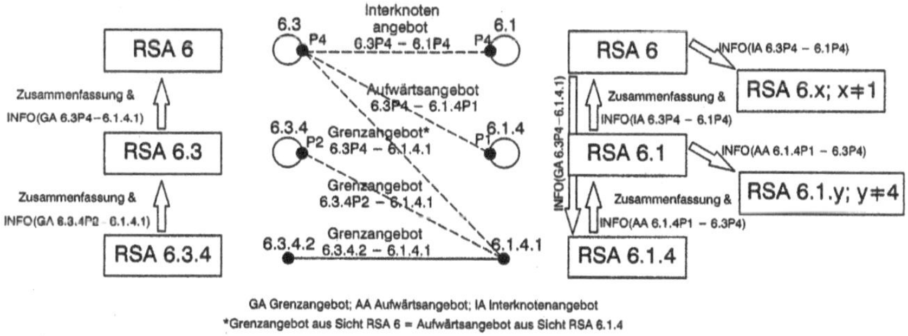

Abbildung 6.5: Bildung von Aufwärtsangeboten (Beispiel)

in einem Netz mit drei Hierarchieebenen. Aus Sicht des Agenten 6.3.4 stellt es ein Grenzangebot dar, da es nicht vollständig innerhalb seiner VD verläuft. Agent 6.3.4 meldet das Grenzangebot an seinen übergeordneten Agenten 6.3. Sind mehrere Grenzangebote zwischen den Knoten 6.3.4.2 und 6.1.4.1 vorhanden, so nimmt er eine Zusammenfassung vor, beispielsweise durch Auswahl des kostengünstigsten Angebots. Aus Sicht von RSA 6.3 endet das gemeldete Grenzangebot im Knoten 6.3.4

an Port 2. Agent 6.3 meldet es weiter an seinen übergeordneten Agenten 6. Zuvor muß er gegebenenfalls eine Zusammenfassung aller an beliebigen Ports von Knoten 6.3.4 endenden Grenzangebote zu Knoten 6.1.4.1 vornehmen. Das hierzu verwendete Verfahren gleicht dem im vorherigen Abschnitt dargestellten.

Agent 6 ist der Agent der niedrigsten Hierarchieebene, in dessen VD erstmals beide Endpunkte eines Angebots liegen. Bei ihm endet die Kette von Aufwärtsmeldungen. Über den Zwischenagenten 6.1 wird das resultierende Angebot zwischen Knoten 6.1.4.1 und Knoten 6.3 P 4 an Agent 6.1.4 gemeldet, welcher es als Aufwärtsangebot in seine hierarchische Netzsicht einfügt.

In einer zweiten Meldungskette nach oben ermittelt Agent 6.1.4 das für seine Netzsicht relevante Aufwärtsangebot zwischen Knoten 6.1.4 und Knoten 6.3 P 4 und gibt es an alle untergeordneten Agenten 6.1.y, y≠ 4 weiter. Darüber hinaus informiert er Agent 6; gegebenenfalls nach einer Zusammenfassung mehrerer an unterschiedlichen Ports 6.1.4 Pj endender Aufwärtsangebote. Dieser ist nun in der Lage das näherungsweise günstigste Interknotenangebot zwischen Knoten 6.3 P 4 und 6.1 P4 zu bestimmen und es an seine untergeordneten Agenten (RSA 6.x, x≠1) zu verteilen. Hierzu vergleicht er die Angebotsinformationen von Agent 6.1 mit jenen von Agent 6.3, die das Resultat eines spiegelbildlich verlaufenden Vorganges sind. Er ist aus Gründen der Übersichtlichkeit in Abbildung 6.5 nicht eingezeichnet.

6.1.4.3 Zielnetzwegekosten und Anbindungskosten des Zielknotens

Aufgrund der zunehmenden Zusammenfassung entfernter Netzbereiche fehlt im Quellknoten die Information über die genaue Lokalisierung des Zielknotens. Liegt der Zielknoten nicht in der gleichen Verantwortungsdomäne wie der Quellknoten, so ist als Ziel lediglich ein Knoten auf höherer Hierarchieebene, der Zielebene bekannt. Er repräsentiert das Zielnetz, d.h. das Teilnetz, in dem sich der Zielknoten befindet. Die Ordnungszahl k der Zielebene wird über die erste Knotengruppe festgelegt, die gleichermaßen Quell- und Zielknoten umfaßt. In Abbildung 6.2 umfaßt erst die höchste Verantwortungsdomäne Quell- und Zielknoten, die Ordnungszahl der Zielebene ist 2, das Zielnetz wird aus Sicht des Quellknotens durch den Knoten 3 repräsentiert. Je höher die Ordnungszahl k, desto größer ist das Zielnetz und desto weniger präzise lassen sich die Zielnetzwegekosten, d.h. die Kosten für die Wegführung im Zielnetz hin zum Zielknoten angeben.

Wird das Zielnetz durch einen Mehrportknoten repräsentiert, so wird vorgeschlagen [ATM96b], die Zielnetzwegekosten über einen fiktiven Knotenmittelpunkt abzuschätzen. Ist wie im Falle der FMR keine Sternpunktdarstellung vorhanden, so kann für die Kosten zwischen Port und fiktivem Mittelpunkt der halbe Durchschnittswert der Kosten aller Intraknotenangebote angesetzt werden. Ist vom Zielnetz eine SNR-Darstellung bekannt, so sind die Anbindungskosten des Zielknotens indirekt über die erweiterten Interknotenkosten berücksichtigt. In beiden Fällen sind die Kenntnisse des Quellknotens über die tatsächlichen Kosten im Zielnetz höchst ungenau.

Aus Sicht des Zielknotens, d.h. basierend auf dessen hierarchischen Netzsicht, lassen sich die Kosten vom Zielknoten zu den Ports des Zielnetzes bestimmen. Dieser Vorgang gleicht der hierarchischen Wegewahl, allerdings mit dem Zielknoten in der Rolle des Anfangspunktes und dem Port des Zielnetzes auf höherer Ebene in der Rolle des Endpunktes. Er kann im Zielknoten unabhängig durchgeführt werden. Die Kosten zwischen Zielknoten und den Ports des Zielnetzes werden im folgenden Anbindungskosten des Zielknotens genannt. Sie lassen eine genauere Abschätzung der Zielnetzwegekosten erwarten, als die oben vorgeschlagenen Kosten von einem Port des Zielnetzes zu dessen fiktivem Mittelpunkt.

Sind die Anbindungskosten im Quellknoten bekannt, so kann dieser zunächst den optimalen Port im Zielnetz bestimmen. Er weist die niedrigsten Gesamtkosten auf, die aus den Kosten vom Quellknoten zum Port und den Anbindungskosten des Zielknotens an diesen Port bestehen. Die Gesamtkosten schließlich können zur Abschätzung der realen Pfadkosten genutzt werden und damit die Ressourcenauswahl erheblich verbessern (vgl. Abschnitt 6.3.1.4).

Es widerspräche dem Ziel der Skalierbarkeit der Steuerungsarchitektur, in jedem Quellknoten die Anbindungskosten jedes Zielknotens bereitzuhalten. Möglich ist allerdings, sie vor dem Aufbau der

Nutzdatenverbindung über die ohnehin bestehende Signalisierungsverbindung auf der Rufebene zu übermitteln. Die Anbindungskosten des entfernten Teilnehmers werden hierbei über dessen Rufsteuerzugang und den Rufagenten zum Ressourcenagenten durchgereicht.

6.1.4.4 Integration von Spezialressourcen

Das in den Ressourcenagenten angewandte Wegewahlverfahren basiert auf einem hierarchisch strukturierten Abbild des Angebotsnetzes, der hierarchischen Netzsicht. Soll eine integrierte Behandlung von Spezial- und Übermittlungsressourcen erfolgen[6], so setzt dies voraus, daß Spezialressourcen bei der Bildung der hierarchischen Netzsicht berücksichtigt werden. Eine der wichtigsten Fragestellungen betrifft in diesem Zusammenhang die Zusammenfassung von Teilnetzen, an deren Knoten (AEPs) Spezialressourcen angeschlossen sind. Zur Lösung wird das Konzept der Virtuellen Spezialressource (VSR) vorgeschlagen.

Eine VSR aggregiert Nutzungsgebühren und Anbindungskosten der in einem Teilnetz enthaltenen Spezialressourcen. Jede VSR faßt dabei alle Spezialressourcen genau eines Typs zusammen, beispielsweise alle Konverter die zwischen den gleichen Kodierungsverfahren umsetzen. Sind SR unterschiedlichen Typs vorhanden, so resultieren daraus auch unterschiedliche VSR.

Anbindungskosten beschreiben anhand der kostenminimalen Pfade, welche Kosten entstehen, um von der SR ausgehend die Grenzknoten eines Teilnetzes zu erreichen[7]. Sie sind notwendig, um die veränderte Wegeführung beim Durchgang durch ein Teilnetz zu erfassen, die als Folge einer Einbindung von Spezialressourcen entsteht.

Eine Verantwortungsdomäne, über deren Knoten Spezialressourcen erreichbar sind, wird in der nächsten Hierarchieebene durch einen Mehrportknoten mit angeschlossener VSR dargestellt. Die Bildung des Mehrportknotens erfolgt unverändert in der oben dargestellten Art und Weise. Zur Bildung der VSR wird eine zweistufige Vorgehensweise vorgeschlagen: Im ersten Schritt werden für jede Spezialressource eines betrachteten SR-Typs die Anbindungskosten an die Grenzknoten des Teilnetzes ermittelt. Sie entsprechen auf der nächsthöheren Hierarchieebene den Anbindungskosten der VSR an die Ports. Die VSR enthält zunächst noch alle im Teilnetz vorkommenden SR. Bei fortgesetzter Hierarchiebildung in großen Netzen führt dies leicht zu einem erheblichen Anstieg der in einer VSR gesammelten Einzelinformationen. Aus diesem Grund wird im zweiten Schritt die eigentliche Informationsreduktion durchgeführt. Sie besteht darin, nur jene SR beizubehalten, die eine gegebene Zielfunktion optimieren[8].

In Abbildung 6.6 sind die zweistufige Vorgehensweise bei der Bildung einer VSR (graue Rahmung) und zwei Reduktionsmöglichkeiten wiedergegeben. Letztere unterscheiden sich in ihrer Zielfunktion. Die erste Reduktionsmöglichkeit (rechts oben) wählt die SR aus, welche die Summe aus Nutzungsgebühr und Anbindungskosten an einen Port Pj minimiert. Im Fall des Ports P3 beispielsweise ist dies der Mischer M4. Die zweite Reduktionsmöglichkeit (rechts unten) streicht alle Einzelressourcen innerhalb der VSR bis auf jene mit den kleinsten Gesamtkosten, bestehend aus Nutzungsgebühr und Anbindungskosten an alle Ports. In Abbildung 6.6 gilt dies für den Mischer M3.

Das dargestellte Beispiel beschränkt sich auf einen SR-Typ. Enthielte die Verantwortungsdomäne 4.1 neben den Mischern gleichen Kodierformats weitere SR, so wären dem Mehrportknoten zusätzliche VSR zugeordnet. Darüber hinaus ist lediglich die Zusammenfassung einer Verantwortungsdomäne des Angebotsnetzes dargestellt ist. Der allgemeine Fall eines bereits aus Mehrportknoten und Virtuellen SR bestehenden Ausgangsnetzes einer höheren Hierarchieebene erfordert eine Aggregierung in Anlehnung an Abschnitt 6.1.4.1.

[6]Vgl. hierzu Abschnitt 6.3.4

[7]Eine Erweiterung auf mehrere Angebotsparameter ist im folgenden Abschnitt beschrieben.

[8]Gegebenenfalls ist auch die weitere Reduktion des Mehrportknotens zu beachten. Bei einer Einfachknotendarstellung (SNR) eines Teilnetzes beispielsweise müssen die portindividuellen Anbindungskosten der VSR durch einen Durchschnittswert ersetzt werden.

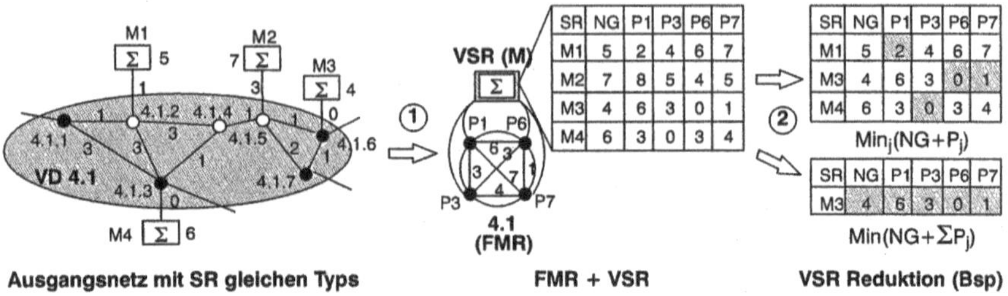

Abbildung 6.6: Bildung Virtueller Spezialressourcen (VSR)

6.1.4.5 Teilnetzzusammenfassung im Fall mehrerer Angebotsparameter

Die bisherigen Darstellungen beschränken sich auf den Fall, daß ein Angebot lediglich über einen skalaren Kostenterm charakterisiert wird. Wie eingangs des Kapitels beschrieben, umfaßt ein Ressourcenangebot im allgemeinen mehrere Angebotsparameter. Abgesehen von topologischen Angaben lassen sich vereinfacht zwei Arten von Angebotsparametern unterscheiden: Zum einen restriktive Parameter, bei denen das Angebot mit extremalem Parameterwert den Gesamtparameterwert einer Kette von Angeboten bestimmt[9]; zum anderen additive Parameter, die sich längs einer Kette von Angeboten summieren[10].

Die restriktiven Angebotsparameter führen zur Bildung getrennter hierarchischer Netzsichten. Ihnen liegt eine Klassifizierung der Ressourcenangebote zugrunde. Jede hierarchische Netzsicht enthält nur die Angebote, die klassenspezifischen Kriterien genügen, beispielsweise solche Angebote, die zumindest eine statistische Qualitätsgarantie gewähren und Verkehr größer einer Mindestbandbreite zulassen. Die Festlegung der Trennungskriterien obliegt dem Ressourcenmakler. Um die Zahl getrennter hierarchischer Netzsichten zu reduzieren, wird er die Zahl unterschiedlicher Angebotsklassen gering halten.

Restriktive Angebotsparameter haben bei der Teilnetzzusammenfassung keine weitere Bedeutung. Anders verhält es sich bei additiven Angebotsparametern. Sie werden in Anlehnung an die in Abschnitt 6.1.4.1 vorgestellte Kostenaggregierung zusammengefaßt. Die Schwierigkeit besteht darin, daß für jedes Angebot nicht nur ein skalarer Parameterwert, sondern ein Werte-Tupel bzw. eine Wertematrix zu berücksichtigen ist. Der in AUREUS angewandte Ansatz soll für den Fall zweier Angebotsparameter (Kosten und Verzögerung) erläutert werden. Er kann nach geringfügigen Erweiterungen für eine beliebige Anzahl additiver Angebotsparameter eingesetzt werden.

Im Angebotsnetz ist jedes Angebot durch ein Dupel bestehend aus Kosten- und Verzögerungswert gekennzeichnet. Zwischen zwei Grenzknoten einer Verantwortungsdomäne sind Pfade mit unterschiedlichen Wertekombinationen möglich. Eine Untermenge hiervon bilden die nicht-dominierten Wertekombinationen. Zu ihnen existiert keine weitere Wertekombination mit sowohl geringeren Kosten als auch geringer Verzögerung. Sie lassen sich zu einer Wertematrix gruppieren, die als Spalten die Parameterdupel geordnet nach aufsteigender Verzögerung enthält. Die erste Spalte ($\underline{s}_{LD}$) repräsentiert den Pfad geringster Verzögerung, die letzte den Pfad mit geringsten Kosten ($\underline{s}_{LC}$). Jaffe beschreibt in [Jaf84] einen Algorithmus zur Bestimmung der Wertematrix als Ausgangspunkt für eine Mehrkriterienwegewahl. Er ist in Abschnitt 6.3.2.2 und Abbildung 6.12 erläutert.

Beim Übergang auf die erste Hierarchieebene bilden sich Grenzknoten in Ports ab. Letztere sind durch virtuelle Angebote verbunden, sei es durch Intra- oder Interknotenangebote. Virtuelle Ange-

[9] Ein Beispiel hierfür ist die Bandbreiteklasse oder allgemein die Verkehrsklasse: Ein Pfad ist durch die geringste Bandbreite eines Angebots gekennzeichnet.

[10] Beispiele hierfür sind die Nutzungsgebühr und die Verzögerung.

bote zwischen zwei Ports werden durch die obige Wertematrix des zugehörigen Grenzknotenpaares gekennzeichnet.

Beim Übergang auf höhere Hierarchieebenen (n $\geq$ 2) müssen mehrere, durch Matrizen gekennzeichnete, virtuelle Angebote zusammengefaßt werden. Eine Möglichkeit besteht darin, sich auf die beiden Pfade geringster Kosten bzw. geringster Verzögerung (LD) zu beschränken. In diesem Fall werden nur die Spalten $\underline{s}^n_{LC}$ und $\underline{s}^n_{LD}$ der Wertematrizen berücksichtigt. Das Wertepaar $\underline{s}^{n+1}_{LC(P_j,P_l)}$ bzw. $\underline{s}^{n+1}_{LD(P_j,P_l)}$ eines Angebots auf Hierarchieebene (n+1) zwischen den Ports P_j und P_l berechnet sich aus den kostenminimalen bzw. verzögerungsminimalen Pfaden zwischen allen Ports der zugehörigen Grenzknoten B_j und B_l zu:

$$\underline{s}^{n+1}_{LC(P_j,P_l)} = f(\underline{s}^n_{LC(P_r(B_j),P_s(B_l))}, \forall r, s)$$

bzw.:

$$\underline{s}^{n+1}_{LD(P_j,P_l)} = f(\underline{s}^n_{LD(P_r(B_j),P_s(B_l))}, \forall r, s)$$

Als Funktion f kann z.B. der vektorielle Durchschnittswert betrachtet werden.

Eine Vorschrift zur Berechnung der kompletten Wertematrix erweitert obenstehende Vorgehensweise. Sie basiert auf einer Bildung von Verzögerungsintervallen, einer Klassifizierung der Matrixspalten entsprechend dieser Intervalle und einer klassenspezifischen Zusammenfassung.

6.2 Ressourcenanfrage durch Rufagenten

6.2.1 Signalisierung

Die Interaktion zwischen Ruf- und Ressourcenagent erfolgt über das Agentenkommunikationsprotokoll AKP. Dessen Grundprinzip folgend, verwendet der Rufagent die AKP-Nachricht QUERY, wenn eine unverbindliche Antwort des Ressourcenagenten ausreicht. Dies ist der Fall, wenn er selbst im unverbindlichen Modus arbeitet, d.h. seinerseits eine QUERY-Anfrage erhalten hat oder im Rahmen einer CFP-Initialisierungsphase (vgl. Abschnitt 5.4.3.3). Eine verbindliche Ressourcenanfrage wird mit einer CFP-Nachricht an den Ressourcenagenten gerichtet.

In beiden Fällen besteht der Nachrichteninhalt aus einer impliziten Beschreibung der angefragten Ressourcenkonfiguration (Implizites Ressourcenmodell (IRM), siehe Abschnitt 5.4.1.5), genauer aus einer Gruppe von Einzeloperationen auf IRM-Objekten.

6.2.2 Auswahl des Ressourcenmaklers und des Ressourcenagenten

Die Existenz mehrere Ressourcenmakler erfordert vor dem Absenden obiger AKP-Nachrichten eine Auswahlentscheidung, sofern der Dienstbetreiber nicht einen Ressourcenmakler fest vorgibt. Sie kann nach unterschiedlichen Gesichtspunkten vorgenommen werden. Ein wichtiges Auswahlkriterium ist mit Sicherheit die Genauigkeit der maklerseitig ermittelten Eigenschaften einer Ressourcenkonfiguration bei der unverbindlichen Anfrage. Je präziser sie bereits sind, desto verläßlichere Aussagen kann der Rufagent gegenüber dem Teilnehmer machen und desto geringer ist die Abweichung bei einem späteren Rufaufbau. Eine Bewertung der Ressourcenmakler setzt voraus, daß ständig parallele Anfragen an unterschiedliche Ressourcenmakler gerichtet, die Güte der erhaltenen Antworten überprüft und statistisch ausgewertet werden.

Ein weiteres Auswahlkriterium stellt die Vergebührung der Anfragen dar, durch die der Ressourcenmakler seinen Dienst finanziert. An dieser Stelle soll ein Hinweis auf denkbare Varianten, beispielsweise in Form eines Festpreises oder eines Aufschlages auf die ermittelten Ressourcengebühren, genügen.

Liegt der Ressourcenmakler fest, so muß aufgrund der verteilten Architektur auf Ressourcenebene entschieden werden, an welchen Agenten die Anfrage gerichtet wird. Seine Netzsicht hat einen nicht unwesentlichen Einfluß auf die Genauigkeit der Ressourcenauswahl. Zur Auswahl stehen Ressourcenagenten, deren Verantwortungsdomäne die zugeordnete Teilnehmervermittlungsstelle des Rufinitiators, eines beliebigen Teilnehmers oder des Dienstbetreibers umfaßt. Letzteres verringert die Signalisierungslaufzeiten zum Rufagenten, sofern die logische „Nähe" in der Entfernung der physikalischen Standorte beider Steuerungsinstanzen ihre Entsprechung hat. Erstere beiden Varianten erhöhen die Genauigkeit, da zumindest der von einem Dienstnutzer ausgehende Teil der Verbindungen einer Ressourcenkonfiguration in die Verantwortungsdomäne des beauftragten Ressourcenagenten fällt. Für sie sind präzise Angebotskenntnisse ohne Zusammenfassung vorhanden.

Vor diesem Hintergrund wäre die Auswahl des Ressourcenagenten optimal, in dessen Verantwortungsdomäne jener Punkt einer Ressourcenkonfiguration zu liegen kommt, der die meisten Verbindungen verknüpft. Dies könnte beispielsweise ein Mischer sein, an dessen Zugangspunkten gleich mehrere Verbindungen enden. Eine derartige Optimierung ist nicht möglich, da Kenntnisse über SR-Standorte im Rufagenten nicht bekannt sind. Die SR-Lokalisierung wird erst im Ressourcenagenten vorgenommen (siehe Abschnitt 6.3.4).

6.2.3 Vorverarbeitung: Ressourcenkonkretisierung

Bevor die eigentliche Ressourcenauswahl beginnen kann, müssen die tatsächlich benötigten SR und Verbindungen aus den Angaben der IRM-Endpunkte und Ressourcenfunktionen (VRF) gewonnen werden. Dieser Vorgang wird als Ressourcenkonkretisierung bezeichnet[11].

Ziel der Ressourcenkonkretisierung ist das Explizite Ressourcenmodell (ERM). Es setzt sich je nach Ausgangsruf aus Mischern, Kodierungskonvertern und (Punkt-zu-Mehrpunkt-)Verbindungen zwischen diesen und den Teilnehmerzugängen zusammen. Alle ERM-Objekte werden über Attribute näher gekennzeichnet, beispielsweise Verkehrs- und Dienstgüteangaben.

Die Ressourcenkonkretisierung weist mehrere Freiheitsgrade auf. So kann beispielsweise ein beliebiges Kodierungsformat für den Mischvorgang bestimmt werden, eine Konvertierung über Zwischenformate erfolgen oder ein (n:1)-Mischer aus n-1 (2:1)-Mischern zusammengesetzt werden. Dies führt in der Regel zu komplexeren Ressourcenkonfigurationen, die den Fehler einer auf Heuristiken basierenden Ressourcenauswahl erhöhen (vgl. [Cho92]). Aus diesem Grund wird in AUREUS eine Konkretisierungsalternative nur angewandt, falls sie aufgrund des Fehlens einer gewünschten SR unverzichtbar wird.

Abbildung 6.7 zeigt das ERM des Beispielrufes aus Abschnitt 4.3.1. Das zugehörige IRM, aus welchem es durch den Abbildungsprozeß der Ressourcenkonkretisierung hervorgeht, ist in Abbildung 4.8 dargestellt. Wesentliche Bestandteile des ERM sind die Mischer, die mehrere Informationsströme eines Mediums zusammenzufassen und die Kodierungskonverter, die zwischen zwei im IRM verbundenen Endpunkten eingefügt werden, sofern deren Kodierungsattribute unterschiedliche Werte aufweisen.

6.3 Ressourcenauswahl

Die Ressourcenauswahl stellt die Hauptaufgabe des Ressourcenagenten dar. Sie umfaßt sowohl die Wegewahl[12], d.h. die Festlegung geeigneter Übermittlungsressourcen für die einzelnen Verbindungssegmente des ERM, als auch die Lokalisierung von SR-Funktionen des ERM. Die Ressourcenauswahl ist mit zahlreichen Anforderungen verbunden. Eine Hauptanforderung betrifft den zeitlichen Rahmen, in dem sie ablaufen muß. Er sollte vergleichbar zu den gewohnten Rufaufbauzeiten sein, d.h. im Bereich einer bis weniger Sekunden liegen.

[11] Die Beschreibung einer Ressourcenkonfiguration in impliziter (IRM) und expliziter (ERM) Form ist eine Folge der Funktionalitätsverteilung in der dreischichtigen Steuerungsarchitektur. Die beiden Ressourcenmodelle erweitern entsprechende Ansätze aus MAGIC [MAGIC93c] und wurden durch Müller in [Mü96] eingeführt. Außer Preisangaben im IRM setzen die Agentenfunktionen keine Modifikation voraus; IRM und ERM können in dieser Arbeit nahezu unverändert übernommen werden. Die Beschreibung beider Modelle und der Ressourcenkonkretisierung als zugehöriger Abbildungsprozeß kann sich daher auf ein Minimum beschränken.

[12] Synonym wird hierfür auch der englische Begriff Routing verwendet.

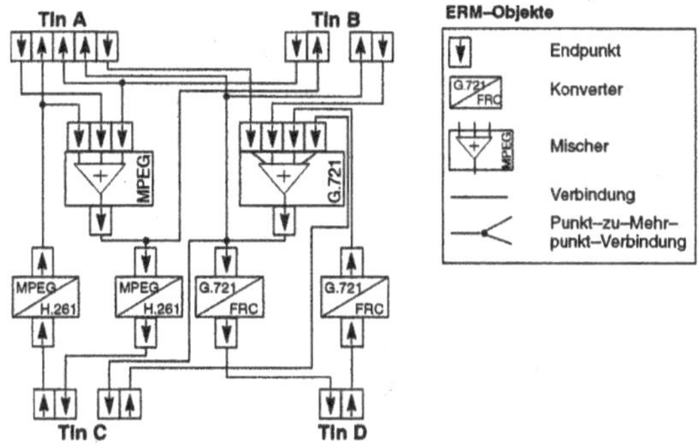

Abbildung 6.7: Explizites Ressourcenmodell

Um diese Zeitanforderungen zu erfüllen, wurden bereits in Kapitel 4 die wichtigsten Grundsätze der Ressourcenauswahl vorgestellt. Hierzu zählt die Trennung von der Angebotserfassung und deren ständige Durchführung, so daß zum Zeitpunkt einer Ressourcenanfrage durch den Rufagenten alle Ressourcenangebote zur Verfügung stehen. Ein weiterer Grundsatz ist die zentralisierte, quellenbasierte Vorgehensweise. Die Ressourcenanfrage richtet sich an einen Ressourcenagenten. Er besitzt alle Angebotsinformationen, wenn auch aus Gründen der Verwaltbarkeit und Skalierbarkeit hierarchisch zusammengefaßt, um die Ressourcenauswahl vorzunehmen. Eine Verteilung auf mehrere Ressourcenagenten wird erst im Moment der Ressourcenreservierung notwendig. Bei einer unverbindlichen Anfrage (QUERY) kann sie gänzlich vermieden werden. Schließlich wurde das Prinzip angewandt, eine ständige Vorberechnung aller vom konkreten Ruf und seiner Ressourcenkonfiguration unabhängigen Routingaufgaben durchzuführen. Im Moment der Ressourcenanfrage ist im wesentlichen nur noch die SR-Lokalisierung vorzunehmen.

Die Eigenschaften von Multimediadiensten stellen neuartige Anforderungen an die Ressourcenauswahl. Hierzu zählt die Berücksichtigung mehrerer Angebotsparameter, um die unterschiedlichen Anforderungen multimedialer Anwendungen an die Dienstgüte zu erfüllen. Darüber hinaus muß sich die Wegewahl auch auf Punkt-zu-Mehrpunkt-Verbindungen erstrecken, um mehrere Rufteilnehmer effizient einbinden zu können. Eine letzte Anforderung betrifft die bereits mehrfach erwähnte Integration von Spezialressourcen.

Tabelle 6.1 faßt die Anforderungen, die Lösungsansätze und den Ort ihrer Beschreibung zusammen. Im Verlauf des Kapitels wird dabei die Komplexität der Ressourcenauswahl schrittweise gesteigert. Die meisten der erarbeiteten Routing-Algorithmen können dabei auch unabhängig von der agentenunterstützten Dienststeuerung eingesetzt werden.

6.3.1 Hierarchische Wegewahl

Die hierarchische Wegewahl ist eine skalierbare Erweiterung der quellenbasierten Wegewahl (Source-Routing). Die Wegewahl erfolgt im Quellknoten, allerdings in zunehmender Entfernung mit abnehmendem Detaillierungsgrad. Auf diese Weise verringern sich die für das Routing erforderlichen Netzkenntnisse, wodurch letztlich Skalierbarkeit für nahezu beliebige Netzgrößen möglich wird.

Die hierarchische Wegewahl basiert auf den Ansätzen des ATM-Forum (PNNI [ATM96b]), mit dem wesentlichen Unterschied, daß nicht die einzelnen Knoten des Angebotsnetzes, sondern die Ressourcenagenten die Wegewahl vornehmen.

Das Grundprinzip der hierarchischen Wegewahl besteht darin, den optimalen Pfad zwischen zwei (oder mehreren) Knoten des Angebotsnetzes durch den hierarchisch optimalen Pfad in der Netzsicht

Anforderung	Lösungsansatz	Unterkapitel
Zeit	Getrennte, ständige Angebotserfassung	4.3.2.1
	Zentralisierte Ressourcenauswahl	4.2.3
	Vorberechnete Routen	4.3.2.4
Skalierbarkeit	Hierarchische Ressourcenauswahl	6.3.1
Mehrkriterienwegewahl	Mehrschritt-Dijkstra-(MSD)-Heuristik	6.3.2.2
Punkt-zu-Mehrpunkt-Verbindungen	Überlagerung der kürzesten Verbindungen	6.3.3
SR-Lokalisierung	Integrierter Ansatz, Virtuelle SR	6.3.4

Tabelle 6.1: Anforderungen und Lösungsansätze der Ressourcenauswahl

des zum Quellknoten gehörenden Ressourcenagenten anzunähern. Er setzt sich aus einer Kette von Aufwärtsangeboten und optimalen Teilpfaden auf jeder Hierarchieebene zusammen. Ein Beispiel für den einfachen Fall einer Punkt-zu-Punkt-Verbindung ist in Abbildung 6.2 gegeben. Für das Knotenpaar 1.1.2 und 3.2.1 ist der hierarchische optimale Pfad und der zugrundeliegende optimale Pfad im Angebotsnetz fett gedruckt eingezeichnet.

Würden nur die Angebotskosten betrachtet, so ist optimal gleichbedeutend mit kostenminimal. Für die Wegewahl ließe sich der Routingalgorithmus nach Dijkstra [Dij57] anwenden. In AUREUS erfolgt eine Erweiterung auf mehrere Angebotseigenschaften, sowie auf Punkt-zu-Mehrpunkt-Verbindungen und integrierte Spezialressourcen. Das Grundprinzip der hierarchischen Wegewahl bleibt dabei bestehen.

Gruppierung und Teilnetzzusammenfassung bilden die Kernprozesse beim Aufbau einer hierarchischen Netzsicht. Sie beeinflussen die hierarchische Wegewahl maßgeblich. Während die Folgen der Gruppierung, insbesondere auf den Routingaufwand, zumindest ansatzweise untersucht wurden [Mie97], galt dem Einfluß der Teilnetzzusammenfassung bisher wenig Interesse. In [ATM96b, Lee95] wurden lediglich verschiedene Verfahren zur Zusammenfassung vorgeschlagen. Grundsätzlich ist leicht einzusehen, daß mit zunehmender Zusammenfassung die Güte der hierarchischen Wegewahl, d.h. die Genauigkeit abnimmt, mit der die Kosten sowohl für den Durchgang durch ein Teilnetz, als auch für den Wegabschnitt zum Zielknoten im Inneren eines Teilnetzes abgeschätzt werden können.

Die vorliegende Arbeit untersucht erstmals den Einfluß der Netzzusammenfassung auf die Güte der hierarchischen Wegewahl (vgl. auch [QZ99]). Von den zahlreichen Einzelaspekten, die bei der Zusammenfassung eine Rolle spielen, werden zunächst zwei Einflußgrößen herausgegriffen: der Grad der Hierarchisierung, ausgedrückt durch die Zahl der Hierarchieebenen, mit der ein Netz hierarchisch strukturiert wird und das Verfahren zur Teilnetzzusammenfassung.

Als dritter Aspekt wird untersucht, ob die Güte dadurch verbessert werden kann, daß genauere Informationen über die Anbindung der Zielknoten im entfernten Netzbereich genutzt werden, die in den Endgeräten erfaßt und über den Rufagenten an den Ressourcenagenten durchgereicht werden können.

Neben einer qualitativen Betrachtung werden für alle 3 Untersuchungen quantitative Ergebnisse auf der Basis eines regelmäßig strukturierten Modellnetzes vorgestellt. Angesichts der Komplexität beschränken sie sich auf den Fall eines Angebotskriteriums. Dies ist hier vollkommen ausreichend, um grundsätzliche Entscheidungen für oder gegen Verfahren der Teilnetzzusammenfassung zu begründen.

6.3.1.1 Definition des Gütebegriffs

$C_{iH(j)}$ seien die Kosten für den hierarchisch kostenminimalen Pfad zwischen Quellknoten i und Zielknoten j, die der Knoten i zugeordnete Quellenagent auf Basis seiner hierarchischen Netzsicht ermittelt und C_{ij} die Kosten für den kostenminimalen Pfad bei vollständiger Kenntnis des Originalnetzes. Auf Basis eines Kostenvergleichs wird ein Fehlermaß e_{ij} pro Knotenpaar, ein mittlerer Fehler $\bar{e}$ und die Güte der hierarchischen Wegewahl G_H wie folgt definiert:

$$e_{ij} = \frac{|C_{iH(j)} - C_{ij}|}{C_{ij}}, \qquad \bar{e} = \frac{1}{N}\sum_{i}\sum_{j,i\neq j} e_{ij}, \qquad G_H = 1 - \bar{e}.$$

6.3.1.2 Einflußgrößen und Untersuchungsziele

Wie oben erwähnt unterliegt die Güte der hierarchischen Wegewahl zahlreichen Einflußgrößen. Zunächst sei die Auswirkung des Hierarchisierungsgrades, des Verfahrens der Teilnetzzusammenfassung und der Abschätzung der Zielnetzwegekosten qualitativ beschrieben.

Der Hierarchisierungsgrad läßt sich durch die Zahl der Hierarchieebenen ausdrücken. Jede zusätzliche Hierarchieebene führt zu einer weiteren Zusammenfassung des Originalnetzes. Mit zunehmendem Hierarchisierungsgrad sinkt so die Anzahl der Knoten in der hierarchischen Netzsicht und mit ihr u.a. der Aufwand zur Routenberechnung. Demgegenüber ist zu erwarten, daß die Güte der hierarchischen Wegewahl abnimmt, da insbesondere entfernte Netzbereiche wesentlich stärker zusammengefaßt sind. In der Folge können aus Sicht des Quellenagenten die Kosten für den Durchgang und für den Wegabschnitt zum Zielknoten im Inneren eines solchen Teilnetzes nicht mehr so genau abgeschätzt werden. Das erste Ziel vorliegender Arbeit besteht darin, das Verhalten der Güte in Abhängigkeit von der Anzahl der Hierarchieebenen genauer zu untersuchen.

Bei den Verfahren der Teilnetzzusammenfassung ist insbesondere der zweite Reduktionsschritt interessant. Ausgehend von der FMR[13] einer Verantwortungsdomäne werden Ports und Intraknotenangebote weiter verringert. Dies wirkt sich einerseits positiv auf den Speicherplatzbedarf und den Routingaufwand aus, andererseits sind mit der stärkeren Zusammenfassung weitere Güteeinbußen zu befürchten. FMR und SNR stellen zwei Grenzfälle dar. Alle weiteren Verfahren [ATM96b, Lee95] lassen sich dazwischen einordnen. Das zweite Untersuchungsziel ist daher der Vergleich der beiden Grenzfälle FMR und SNR in ihrer Wirkung auf die Wegewahlgüte.

Wie in Abschnitt 6.1.4.3 erläutert, lassen sich bei bekannten Anbindungskosten des Zielknotens die Zielnetzwegekosten genauer abgeschätzen. Ein letztes Untersuchungsziel besteht darin, zu klären, ob und in welchem Ausmaß dies zu einer verbesserten hierarchischen Wegewahl führt.

6.3.1.3 Modellnetz

Die Wirkung der oben beschriebenen Einflußgrößen auf die Güte der hierarchischen Wegewahl kann nur in Zusammenhang zur zugrundeliegenden Netztopologie gesehen werden. So wird der Vorgang der Teilnetzzusammenfassung und folglich auch dessen Wirkung auf die Wegewahlgüte durch den Vermaschungsgrad der Netzknoten und die Heterogenität der Angebotskosten beeinflußt. Sind beide hoch, so ist aufgrund der Durchschnittsbildung bei der Teilnetzzusammenfassung mit größeren Güteeinbußen zu rechnen. Darüber hinaus sollte die Netztopologie bei der Partitionierung, d.h. bei der Auswahl einer geeigneten Größe der Verantwortungsdomänen und bei der Zuordnung der Knoten berücksichtigt werden. Neben der Zahl der Hierarchieebenen beinflußt somit die Netztopologie über den Vorgang der Partitionierung die Bildung einer hierarchischen Netzstruktur und deren Wirkung auf die Güte der hierarchischen Wegewahl.

Die Abhängigkeit von der Netztopologie erschwert eine quantitative Betrachtung des Güteverhaltens. Insbesondere bei komplexen Topologien läßt sich nur schwer bestimmen, welche Effekte auf die beschriebenen Einflußgrößen und welche auf Topologieeigenschaften zurückzuführen sind. Für erste quantitative Aussagen wurde daher ein regelmäßiges Modellnetz gewählt, welches in Abbildung 6.8 am Beispiel eines 64-Knoten-Netzes dargestellt ist. Tabelle 6.2 gibt einen Überblick über die Kenngrößen von Modellnetz und Hierarchisierungsvorgang. Hervorgehoben sind die genauer untersuchten Einflußgrößen.

[13] Vgl. Abschnitt 6.1.4.1

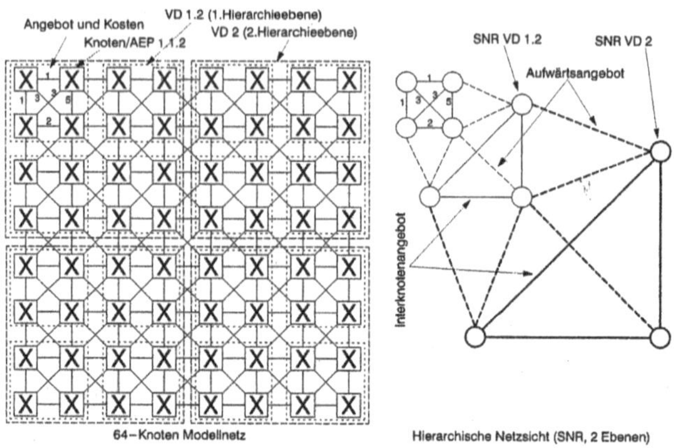

Abbildung 6.8: Modellnetz

Einflußgröße	**Wert**
Netzgröße	1024 Knoten
Vermaschung	Je 4 Knoten vollvermascht
Angebotskosten	Statistisch gleichverteilt (1...5)
Größe der Verantwortungsdomäne	Konstant 4 Knoten in jeder Ebene
Anzahl der Hierarchieebenen	**1 ... 4**
Teilnetzzusammenfassung	**FMR vs. SNR**
Schätzung der Zielnetzwegekosten	**Fiktive Knotenmitte vs. bekannte Anbindungskosten**

Tabelle 6.2: Kenngrößen des Modellnetzes

6.3.1.4 Quantitative Ergebnisse und Schlußfolgerungen

6.3.1.4.1 Einfluß des Hierarchisierungsgrades bei FMR

Führt man bei der Teilnetzzusammenfassung lediglich den ersten Reduktionsschritt durch, so erhält man die FMR einer Verantwortungsdomäne. Tabelle 6.3 zeigt die erreichbare Reduktion der Knotenanzahl in der hierarchischen Netzsicht (HE = Hierarchieebene(n)). Jeder Port eines Mehrportknotens wird dabei als Knoten gezählt, da er bei der Wegewahl wie ein eigenständiger Knoten berücksichtigt werden muß. Bei einem vier Hierarchieebenen umfassenden Abbild eines 1024-Knoten-Netzes kann eine Reduktion der Knotenanzahl etwa um den Faktor 20 erzielt werden. Nimmt man eine quadratische Abhängigkeit von der Knotenanzahl an, so läßt sich die Zeit zur Berechnung kostenminimaler Pfade etwa um den Faktor 400 senken[14]. Bei einer Hierarchieebene läßt sich keine Knotenreduktion erreichen. Dies ist auf die gewählte Netztopologie zurückführen, bei der jeder Knoten auch Grenzknoten ist und somit als Port in der ersten Hierarchieebene erscheint. Aufgrund der Vollvermaschung von jeweils vier Ports mit Intraknotenangeboten sind ursprüngliche Netztopologie und hierarchische Netzsicht bei einer Hierarchieebene identisch.

In Abbildung 6.9 ist mit durchgezogener Linie eingezeichnet, wie sich die Güte der hierarchischen Wegewahl bei zunehmender Anzahl von Hierarchieebenen verringert. Zu erkennen ist insbesondere ein

[14] Der genannte Wert bezieht sich nur auf eine Kostenminimierung. Bei einer Berücksichtigung anderer Angebotseigenschaften sind die zu erwartenden Rechenzeiteinsparungen höher.

Originalnetz	1 HE	2 HE	3 HE	4 HE
1024	1024	268	88	52

Tabelle 6.3: Knotenreduktion bei FMR

Originalnetz	1 HE	2 HE	3 HE	4 HE
1024	259	70	25	13

Tabelle 6.4: Knotenreduktion bei SNR

deutlicher Rückgang der Güte auf den Wert 0,68 bei vier Hierarchieebenen und ein näherungsweise linearer Abfall (etwa 0,7/Ebene) ab zwei Hierarchieebenen.

Obwohl sich bei einer Hierarchieebene ursprüngliche Netztopologie und hierarchische Netzsicht gleichen, läßt sich kein Gütewert 1 erreichen, da die Zielnetzwegekosten lediglich über einen fiktiven Mittelpunkt abgeschätzt werden.

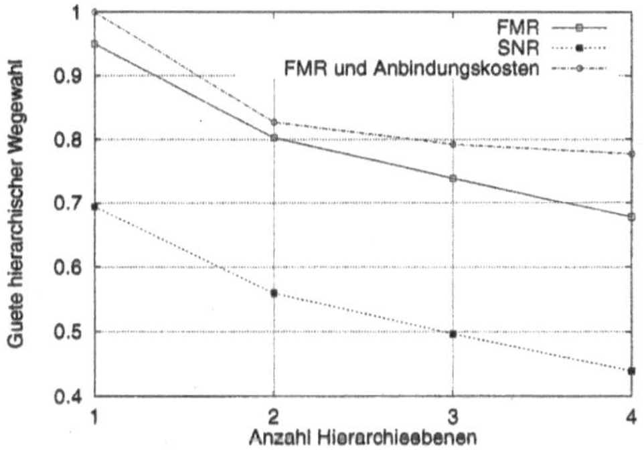

Abbildung 6.9: Güte der hierarchischen Wegewahl

Einfluß des Zusammenfassungsverfahrens

Wird bei der Teilnetzzusammenfassung ein zweiter Reduktionsschritt durchgeführt, so läßt sich die Zahl der Knoten in der hierarchischen Netzsicht weiter verringern. Die stärkste Reduktion ist beim SNR-Verfahren zu erreichen. Tabelle 6.4 zeigt, daß bereits bei einer Hierarchieebene nur noch etwa $\frac{1}{4}$ der Knoten vorhanden sind und bei vier Hierarchieebenen die Knotenanzahl um etwa den Faktor 80 verringert werden kann. Der Routingaufwand könnte in diesem Fall um mehr als drei Größenordnungen verringert werden.

Wie bereits bei der qualitativen Betrachtung erwartet, wirkt sich die starke Reduktion ungünstig auf die Güte aus (punktierte Kurve in Abbildung 6.9). Bereits bei einer Hierarchieebene geht die Güte auf den Wert 0,69 zurück. Bei drei Hierarchieebenen ist der Schätzfehler bereits halb so groß wie die eigentlichen Pfadkosten. Der Abfall der Güte ist auch bei SNR näherungsweise linear.

Interessant ist der Vergleich zum Güteverlauf bei FMR. So ist bei Anwendung der SNR die Güte deutlich geringer. Der Unterschied beträgt etwa 0,25 und ist weitgehend unabhängig von der Zahl der Hierarchieebenen. Der Güteabfall bei einer SNR-Hierarchieebene ist bei Anwendung der FMR erst bei vier Hierarchieebenen vorhanden. Bei letzteren ist die Knotenanzahl um den Faktor 5 geringer, was einer Zeitersparnis um den Faktor 25 entspricht. Darüber hinaus können die Güteeinbußen nur teilweise durch die verbesserte Knotenreduktion der SNR kompensiert werden. Bei vergleichbarer Knotenreduktion beträgt der Güteunterschied noch mehr als 0,15 (interpolierte Werte).

Die schlechten Gütewerte zeigen, daß die Teilnetzzusammenfassung mit der SNR-Methode für den praktischen Einsatz in großen Netzen nicht ernsthaft in Frage kommen kann. In AUREUS wird daher ausschließlich die FMR-Methode angewandt.

Güte bei bekannten Anbindungskosten

Die zusätzlichen Informationen über die Anbindungskosten des Zielknotens haben keinen Einfluß auf die Knotenreduktion. Die Güte hingegen kann deutlich gesteigert werden (Abbildung 6.9, strichpunktierte Kurve): Bei vier Hierarchieebenen beträgt der Wert der Güte immerhin noch 0,78. Dies entspricht gemäß Abschnitt 6.3.1.1 einem mittleren Fehler von 22 Prozent. Interessant ist auch, daß die Verringerung der Güte mit abnehmender Steigung erfolgt.

Im Vergleich zur FMR bei unbekannten Anbindungskosten verbessert sich die Güte kontinuierlich. Bei vier Hierarchieebenen nimmt der Güteunterschied bereits den Wert 0,1 an. Auf den Schätzfehler übertragen, entspricht dies einer Reduktion um knapp 30 Prozent.

Im Vergleich zur SNR ist die Güte nun selbst bei vier Ebenen noch deutlich besser als dort bei einer Hierarchieebene. Bei vergleichbarer Knotenanzahl in der hierarchischen Netzsicht beträgt die Gütedifferenz (interpoliert) jetzt etwa 0,2.

Angesichts erheblicher Verbesserungen der hierarchischen Wegewahl bei bekannten Teilnehmeranbindungskosten wird empfohlen, diese Daten zu nutzen und in der in Abschnitt 6.1.4.3 beschriebenen Weise für den Ressourcenagenten verfügbar zu machen.

6.3.2 Mehrkriterienwegewahl

Ein Angebot ist neben seinen Nutzungsgebühren durch weitere Eigenschaften (z.B. Verzögerung, siehe Abschnitt 6.1.1.1) gekennzeichnet. Die Berücksichtigung mehrerer Angebotseigenschaften bei der Auswahl von Übermittlungsressourcen und damit der Wegeführung einer Verbindung wird im folgenden als Mehrkriterienwegewahl bezeichnet.

Graphentheoretisch lassen sich die hier interessierenden Formen der Mehrkriterienwegewahl als Constrained-Shortest-Path-Problem (CSP) [GJ79] beschreiben, d.h. der Suche nach dem kostenminimalen Pfad, der zusätzlich Nebenbedingungen bezüglich anderer Angebotseigenschaften erfüllt.

6.3.2.1 Sinnvolle Problemreduktion

Ein Spezialfall des CSP-Problems entsteht, wenn neben den Kosten lediglich eine weitere Kantenmetrik mit additiver Kumulationsfunktion betrachtet wird. Für viele Anwendungen ist die Verzögerung der Informationsübermittlung von großer Bedeutung. Dies führt zum Delay-Constrained-Least-Cost-Problem (DCLC [GJ79]), d.h. der Suche nach dem kostenminimalen Pfad, der eine vorgegebene Verzögerung nicht überschreitet.

Die Art der Angebotsparameter erlaubt es, die Durchführung einer Mehrkriterienwegewahl im Ressourcenagenten auf die Lösung eines DCLC-Problems zurückzuführen. Hierzu werden für die in Abschnitt 6.1.1.1 aufgelisteten Angebotsparameter folgende Festlegungen getroffen:

Verkehrsklasse, ÜDK: Sie stellen restriktive Angebotsparameter dar und führen zur Bildung getrennter hierarchischer Netzsichten. Diesen liegt eine Klassifizierung der Ressourcenangebote zugrunde. Anforderungen an ÜDK und VK einer Verbindung werden in der Auswahl der passenden Netzsicht berücksichtigt. Sie sind bei der eigentlichen Wegewahl innerhalb dieser hierarchischen Netzsicht nicht mehr zu beachten.

Verzögerungsschwankung (Jitter): Eine weitere Vereinfachung läßt sich bei Qualitätsanforderungen erreichen, deren Einhaltung sowohl durch Selektion geeigneter Angebote, als auch durch

Einstellungen in den Endgeräten erreicht werden kann. So ermöglicht beispielsweise die Bereitstellung ausreichender Speicherkapazitäten im Endgerät, Verzögerungsschwankungen im Netz auszugleichen. Ein aufwendiges Wegesuchverfahren, welches die Jitterwerte eines Angebots mitberücksichtigt, erübrigt sich in diesem Falle.

Fehlerrate: Aus Teilnehmer- oder Anwendungssicht sind üblicherweise erst Fehlerratenunterschiede mehrerer Größenordnungen entscheidend. Betrachtet man beispielsweise eine Videoanwendung, so macht sich der Anstieg der Fehlerrate von 10^{-9} auf 10^{-6} sicherlich qualitativ bemerkbar, nicht aber eine geringfügige Veränderung innerhalb einer Größenordnung. Somit genügt es, die Fehlerrate eines Angebots als restriktiven Parameter zu betrachten und Ende-zu-Ende-Anforderungen lediglich durch die Auswahl von Angeboten einer Fehlerratenklasse zu erfüllen.

Werden die beschriebenen Festlegungen angewandt, so sind nach der Auswahl der Netzsicht mit der passenden Klasse von Angeboten nur noch die beiden additiven Angebotsparameter Nutzungsgebühr und Verzögerung bei der eigentlichen Wegewahl zu berücksichtigen. An Stelle eines allgemeinen CSP-Problems ist ein DCLC-Problem zu lösen.

Das DCLC-Problem gehört zur Klasse der NP-kompletten Probleme [GJ79]. Bisher ist kein Lösungsalgorithmus mit polynomialer Komplexität in Abhängigkeit der Knotenanzahl bekannt. Um es in größeren Netzen zeitgerecht zu lösen, muß auf Heuristiken zurückgegriffen werden. Im folgenden werden ein exakt lösendes Verfahren, eine Auswahl bekannter Heuristiken und eine einfache neue Heuristik vorgestellt und verglichen[15].

6.3.2.2 Exakte und heuristische Verfahren zur Lösung des DCLC-Problems

Entfallen die Nebenbedingungen, so vereinfacht sich das CSP-Problem zu einem SP-Problem und damit zur Suche nach dem kostenminimalen Pfad zwischen zwei Knoten eines Graphen. Der Algorithmus von Dijkstra [Dij57] ist ein bekanntes Lösungsverfahren quadratischer Komplexität. Die meisten heuristischen Verfahren führen das DCLC-Problem auf ein SP-Problem zurück.

Eine einfache Möglichkeit besteht darin, aus Kosten und Verzögerung eine kombinierte, additive Kantenmetrik zu bilden und auf dieser Basis das SP-Problem zu lösen. Jaffe schlägt in [Jaf84] zur Approximation des DCLC-Problems die Verwendung einer Linearkombination aus Kosten k und Verzögerung v als neue Kantenmetrik m vor. Es gilt: $m = k + \beta \cdot v$, mit dem Gewichtungsfaktor β. Nachteil der Heuristik ist es, daß allein durch Minimierung der kombinierten Kantenmetrik die Einhaltung der Verzögerungsnebenbedingung nicht sicherzustellen ist. Durch eine Dimensionierung des Gewichtungsfaktors kann lediglich eine Begrenzung der Abweichung zur geforderten Maximalverzögerung (v_{max}) erreicht werden. Die Begleiterscheinung ist eine von v_{max} abhängige Gewichtung und folglich auch Kantenmetrik. Für unterschiedliche Verzögerungsanforderungen sind jeweils eigene Kantenmetriken zu bilden und bereitzuhalten.

Als Erweiterung dieser Heuristik wird in vorliegender Arbeit das Mehrschritt-Dijkstra-(MSD)-Verfahren vorgeschlagen. Es basiert ebenfalls auf der Bildung einer Linearkombination als neue Kantenmetrik: $m = \alpha \cdot k + (1 - \alpha) \cdot v, \quad \alpha \in [0..1]$[16]. Durch mehrmalige Anwendung des Dijkstra-Algorithmus mit äquidistant verändertem Gewichtungsfaktor α läßt sich eine Auswahl an Pfaden mit unterschiedlichen Verzögerungswerten erzeugen (Abbildung 6.10). Dabei ist sichergestellt, daß zu einem betrachteten Verzögerungswert kein anderer Pfad mit geringeren Kosten existiert. Bei einer geforderten Maximalverzögerung v_{max} werden schließlich die erzeugten Pfade genutzt, um denjenigen Pfad auszuwählen, dessen Verzögerungswert gerade kleiner oder gleich v_{max} ist.

Vereinfacht ausgedrückt schlagen Lee und Hluchyj in [LH93] zur Lösung des CSP-Problems vor, schrittweise für jede Nebenbedingung ein separates SP-Problem zu lösen und zu überprüfen, inwieweit andere Nebenbedingungen ebenfalls erfüllt sind. Wird letztendlich kein Pfad gefunden, der alle Nebenbedingungen erfüllt, so dient jener als Näherungslösung, der die meisten Nebenbedingungen

[15] Eine ausführliche Übersicht findet sich in [CN98].

[16] Zuvor findet eine Normierung der kombinierten Größen statt.

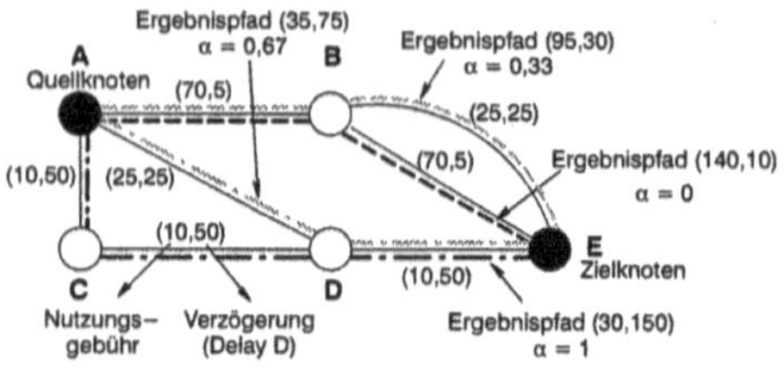

Abbildung 6.10: Die MSD-Heuristik

erfüllt. Übertragen auf das DCLC-Problem bedeutet dies folgende Vorgehensweise. Zunächst wird der kostenminimale Pfad bestimmt. Ist der zugehörige Verzögerungswert größer als die geforderte Verzögerungsgrenze, so wird in einem zweiten Schritt der verzögerungsminimale Pfad ermittelt. Ist die Verzögerungsanforderung grundsätzlich nicht erfüllbar, so dient letzterer als Näherungslösung. In den meisten Fällen wird die Verzögerunganforderung jedoch übererfüllt sein, bei gleichzeitig vom Minimum erheblich abweichenden Kosten.

Salama, Reeves und Viniotis wenden eine von der Grundidee her vergleichbare Vorgehensweise an [SRV97]. Der zugehörige Algorithmus trägt den Namen DCUR (Delay-Constrained Unicast Routing). Ausgangspunkt ist ein Graph, in dessen Knoten sowohl der kostenminimale Pfad (Least Cost-, LC-Pfad), als auch der verzögerungsminimale Pfad (Least Delay, LD-Pfad) zu einem beliebigen Zielknoten erzeugt und gespeichert wird. Um ein DCLC-Problem für ein Quell- und Zielknotenpaar anzunähern, wird vom Quellkoten ausgehend zunächst der LC-Pfad beschritten. In jedem Zwischenknoten wird überprüft, ob die Summe aus den bisherigen Verzögerungswerten, der Verzögerung der folgenden Kante auf dem LC-Pfad und des LD-Wertes des folgenden Knotens die geforderte Verzögerungsgrenze überschreitet. Ist dies nicht der Fall, so wird der begonnene Pfad vom aktuellen Knoten zum Folgeknoten auf dem LC-Pfad verlängert. Ist dies der Fall, so wird vom aktuellen Knoten ausgehend der LD-Pfad weiterverfolgt. Abbildung 6.11 veranschaulicht die vorgeschlagene Vorgehensweise an einem einfachen Beispiel. Auf der Suche nach einem Pfad mit der Maximalverzögerung von 300

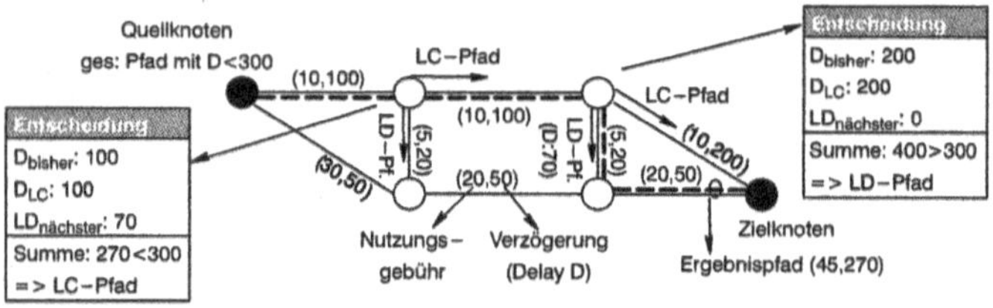

Abbildung 6.11: DCUR-Heuristik

Einheiten werden zunächst zwei Kanten auf dem LC-Pfad in Richtung des Zielknotens durchlaufen, bis auf den LD-Pfad gewechselt werden muß.

Für eine Anwendung des DCUR-Algorithmus in den Ressourcenagenten ist es erforderlich, eine Reihe von Verzögerungswerten vorzugeben, beispielsweise anhand interessierender Verzögerungsklassen. Für eine gewünschte, verzögerungsbegrenzte Verbindung kann so der vorberechnete Pfad der passenden Verzögerungsklasse ausgewählt werden.

Jaffe beschreibt in [Jaf84] einen verteilten Algoritmus (MCP, Multiple Constraints on a Path) zur exakten Lösung des DCLC-Problems. Jeder Knoten speichert in einer Routingtabelle nach Verzögerungswerten geordnet die Kosten des jeweils besten Pfades zu einem beliebigen anderen Knoten

(Abbildung 6.12). Die Tabelle enthält nur nicht-dominierte Wertepaare, bei denen entweder die Ko-

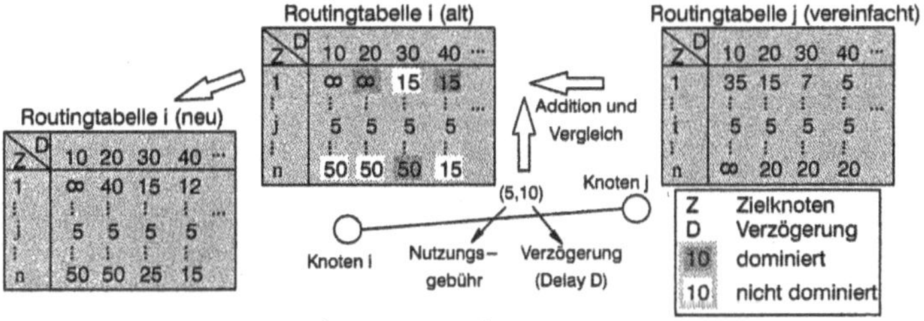

Abbildung 6.12: MCP-Verfahren nach Jaffe

sten oder die Verzögerung des zugehörigen Pfades zu einem Zielknoten geringer ist als bei einem anderen Wertepaar.

Die Erzeugung der Tabelle erfolgt iterativ. In jedem Iterationsschritt tauschen benachbarte Knoten die im vorigen Iterationsschritt neu ermittelten, nicht-dominierten Pfade aus. Bei Empfang dieser Informationen wird nach Addition des Kosten- und Verzögerungswertes der Kante zum Nachbarknoten überprüft, ob neue nicht-dominierte Pfade entstanden sind. Alle bestehenden, dominierten Wertepaare werden aus der Routingtabelle gestrichen. Der Algorithmus bricht ab, wenn der letzte Iterationsschritt keine Änderung mehr ergab.

Mit Hilfe der Routingtabelle eines Quellknotens kann für jede gewünschte Verbindung mit gegebener Maximalverzögerung v_{max} zu einem beliebigen Zielknoten der Pfad ausgewählt werden, dessen Verzögerung gerade kleiner oder gleich v_{max} ist.

Das Verfahren von Jaffe gilt als exaktes Verfahren geringster Komplexität. Ein vergleichbares Verfahren wird in [Vog96a] beschrieben. Daneben existieren zahlreiche ältere Ansätze höherer Komplexität (z.B. [Jok66], weitere siehe [LBP95]). Aufgrund seiner Exaktheit wird das Verfahren von Jaffe in den folgenden Verfahrensvergleichen als Vergleichsmaßstab verwendet.

Für eine Anwendung zur Mehrkriterienwegewahl im Ressourcenagenten sind einige Erweiterungen erforderlich. Sie betreffen insbesondere eine zentrale Implementierung und platzsparende Speicherung der Routingtabellen. Eine Beschreibung der Erweiterungen findet sich in [Zum98].

6.3.2.3 Theoretischer Verfahrensvergleich

Um ihre Eignung für die Mehrkriterienwegewahl im Ressourcenagenten zu überprüfen, werden die beiden Heuristiken DCUR und MSD mit dem exakten MCP-Algorithmus verglichen. Dieser Vergleich umfaßt zwei Teile. Im vorliegenden Abschnitt werden zunächst grundlegende Verfahrenseigenschaften gegenübergestellt (Tabelle 6.5). In einem zweiten Teil erfolgt ein Vergleich von Rechenzeit und Güte auf der Basis modellhafter Netztopologien.

Für den ersten, theoretischen Teil werden neben der Verfahrenskomplexität folgende Verfahrenseigenschaften betrachtet:

Vollständigkeit: Ein Verfahren gilt als vollständig, wenn es alle nicht-dominierten Pfade zwischen zwei beliebigen Knoten findet.

Exaktheit: Ist der zu einem Verzögerungswert ermittelte Pfad kostenminimal, so ist ein Verfahren exakt. Vollständigkeit und Exaktheit sind othogonale Eigenschaften. Eine Heuristik kann unvollständig, aber trotzdem exakt sein.

Erweiterbarkeit: Erweiterbarkeit liegt vor, wenn neben den beiden Angebotsparametern Kosten und Verzögerung weitere Kantenmetriken und damit mehrere Nebenbedingungen möglich sind.

Dynamischer Aufwand: Bei einer Änderung von Kosten- oder Verzögerungswerten ist eine Neukalkulation von Routen erforderlich. Je nach Verfahren kann dies einen mehr oder weniger hohen Aufwand bedeuten.

Implementierungsaufwand: Zur quantitativen Abschätzung dient der Umfang des Quellcodes einer beispielhaften Implementierung in C++ [Zum98].

Tabelle 6.5 faßt die Ergebnisse des theoretischen Vergleichs zusammen. Auffallend ist die hohe Kom-

Vergleichskriterium	MCP	DCUR	MSD
Komplexität	$n^5 b \cdot ln(nb)$	$w \cdot n^3$	$w \cdot n^2$
Vollständigkeit	vollständig	nur für $w \rightarrow \infty$	nur für $w \rightarrow \infty$
Exaktheit	exakt	nicht exakt	exakt
Erweiterbarkeit	einfach	nicht möglich	schwer möglich
Dynamischer Aufwand	gering	hoch	mittel
Implementierungsaufwand	aufwendig	gering	sehr gering

Tabelle 6.5: Theoretischer Vergleich der DCLC-Lösungsansätze

plexität des MCP-Algorithmus. Betrachtet man nur die Abhängigkeit von der Knotenanzahl n[17], so ist die Komplexität der Heuristiken um mehrere Potenzen geringer. Wichtigste Vorteile des MCP-Algorithmus sind seine Exaktheit und Vollständigkeit.

Kennzeichen beider Heuristiken ist die repetierende Ausführung eines Kernalgorithmus. Die DCUR-Heuristik wird mit mehreren vorgegebenen Verzögerungsgrenzwerten wiederholt, im Falle der MSD-Heuristik wird für unterschiedliche Gewichtungsfaktoren ein SP-Problem gelöst. Die Komplexität steigt linear mit der Anzahl w der Wiederholungen.

Nicht jede Wiederholung führt zwangsläufig zu einem neuen nicht-dominierten Pfad. Um Vollständigkeit zu erreichen, wären unendlich viele Wiederholungen erforderlich. In der Praxis genügen allerdings wenige Wiederholungen, um eine ausreichende Abdeckung zu erreichen. Bei der MSD-Heuristik kommt erschwerend hinzu, daß keine direkte Beziehung zwischen variiertem Gewichtungsfaktor und resultierender Pfadverzögerung besteht. Die direkte Vorgabe einer gewünschten Verzögerungsgrenze ist damit nicht möglich.

Wesentlicher Nachteil der DCUR-Heuristik ist, daß der zu einem Verzögerungswert ermittelte Pfad nicht kostenminimal ist. Dies liegt daran, daß bei der Pfadermittlung ein Wechsel vom LC- auf den LD-(Teil-)Pfad vorgenommen wird, ohne die Kosten des letzteren zu berücksichtigen. Die Verzögerungsanforderungen werden damit zwar sicher erfüllt, möglicherweise existiert aber im Wechselpunkt ein kostengünstigerer (Teil-)Pfad, der die gewünschte Verzögerungsgrenze ebenfalls einhält.

Beim MSD-Verfahren besteht Erweiterbarkeit durch eine Ergänzung der Linearkombination um ein weiteres Kriterium. Das DCUR-Verfahren ist nicht erweiterbar, da die Entscheidung über einen Pfadwechsel immer nur anhand eines Kriteriums getroffen werden kann. Die anderen Kantenmetriken bleiben unberücksichtigt.

Der Impementierungsaufwand beider Heuristiken ist geringer als beim MCP-Verfahren, mit leichten Vorteilen für die MSD-Heuristik. Besser schneidet das exakte Verfahren beim Dynamikaufwand ab. Im Rahmen des Informationsaustausches zwischen den Knoten (vgl. Abbildung 6.12) können neue Pfadwerte als Folge geänderter Kantenmetriken sofort berechnet werden. Überlicherweise sind nur einige wenige Iterationsschritte nötig, um stabile Wertematrizen zu erhalten. Ähnliches gilt für das MSD-Verfahren. Beim DCUR-Verfahren sind zunächst alle LC- und LD-Pfade neu zu bestimmen, bevor der eigentliche, entscheidungsbasierte Kern der Heuristik ablaufen kann. Die Folge ist ein höherer Dynamikaufwand. Vor dem Hintergrund einer adaptiven Tarifierung ist dies als Nachteil des DCUR-Verfahrens zu werten.

[17] Der Parameter b steht für die Maximalverzögerung im Graphen.

6.3.2.4 Simulativer Vergleich von Rechenzeit und Güte

Interessiert man sich für die Güte und die benötigte Rechenzeit der Verfahren zur Mehrkriterienwegewahl, so liefern obige Verfahrenseigenschaften - Vollständigkeit und Exaktheit einerseits und Komplexität andererseits - nur Anhaltspunkte. Beispielsweise schätzt die Komplexität das Rechenzeitverhalten mit wachsender Knotenzahl nach oben hin ab, sie beinhaltet jedoch keine Aussagen über konkrete Zeitwerte. Aus diesem Grund ist ein simulativer Verfahrensvergleich notwendig. Er liefert weitere Entscheidungshilfen, anhand derer sich eine Implementierung der Ressourcenagenten orientieren kann.

Zur Defnition des Gütebegriffs sind zunächst einige Vorüberlegungen nötig. Die zahlreichen Pfade, die ein vollständiger Algorithmus ermittelt, unterscheiden sich zum Teil nur gering in ihren Verzögerungswerten. In der Praxis wird diese Feingranularität nicht erforderlich sein. Es ist vorstellbar, daß sich unterschiedliche Verzögerungsanforderungen auf eine geringe Zahl charakteristischer Werte beschränken. Letztere werden herangezogen, um die Grenzen von Verzögerungsintervallen festzulegen. Verzögerungsanforderungen von 20 ms, 200 ms und 500 ms führen so beispielsweise zu vier Verzögerungsintervallen: [0,20ms],(20,200], (200,500], (500, ∞). Für den späteren Vergleich werden 10 Verzögerungsintervalle betrachtet, um eine exaktere Differenzierung der Heuristiken zu erreichen [Zum98].

Ein Verzögerungsintervall wird als abgedeckt bezeichnet, sofern für ein betrachtetes Knotenpaar aus Quellknoten i und Zielknoten j mindestens ein nicht-dominierter Pfad gefunden wird, dessen Verzögerung innerhalb der Intervallgrenzen liegt. Hierbei ist anzumerken, daß selbst bei Anwendung eines vollständigen Algorithmus nicht zwingend jedes Intervall belegt sein wird. Möglicherweise existiert kein Pfad oder er wird durch einen kostengünstigeren Pfad eines tieferen Verzögerungsintervalls dominiert.

Mit Hilfe der Anzahl abgedeckter Verzögerungsintervalle ν_{ij}^{MSD} wird die Güte der MSD-Heuristik G^{MSD} definiert:

$$g_{ij}^{MSD} = \frac{\nu_{ij}^{MSD}}{\nu_{ij}^{MCP}}, \qquad G^{MSD} = \frac{1}{N}\sum_i \sum_j g_{ij}^{MSD}$$

Dabei erfolgt eine Mittelung über alle Knotenpaare $ij, (i \neq j)$.

Für einen fairen Vergleich der Heuristiken ist die Tatsache zu berücksichtigen, daß das DCUR-Verfahren nicht exakt ist. Für jedes abgedeckte Verzögerungsintervall k wird zusätzlich ein Abdeckungsgrad $w_{k,ij}^{DCUR}$ definiert. Er nimmt Werte zwischen 0 und 1 an. Hierzu werden die Kosten des mit der DCUR-Heuristik ermittelten Pfades ($c_{ij,k}^{DCUR}$) mit den Kosten der MCP-Referenzpfade der gleichen ($c_{ij,k}^{MCP}$) und der nächstbesseren Klasse ($c_{ij,k-1}^{MCP}$) verglichen. Ein Abdeckungsgrad von 0 bedeutet, daß ein Verzögerungsintervall als nicht abgedeckt betrachtet wird. Es gilt:

$$w_{k,ij}^{DCUR} = \frac{c_{ij,k-1}^{MCP} - c_{ij,k}^{DCUR}}{c_{ij,k-1}^{MCP} - c_{ij,k}^{MCP}}, \qquad g_{ij}^{DCUR} = \frac{\sum_k w_{ij,k}^{DCUR}}{\nu_{ij}^{MCP}}, \qquad G^{DCUR} = \frac{1}{N}\sum_i \sum_j g_{ij}^{DCUR}$$

Der folgende Vergleich basiert auf Modellnetzen unterschiedlicher Knotenanzahl. Jedes Modellnetz stellt einen Multigraphen dar, zwischen einem Knotenpaar können bis zu 3 Kanten mit unterschiedlichen Kosten und Verzögerungswerten bestehen. Die zufällige Erzeugung der Modellnetze erfolgt mit Hilfe eines Netzgenerators [SRV97], ein einfaches 5-Knoten-Beispiel ist in Abbildung 6.10 dargestellt. Um den Einfluß einer konkreten Netztopologie zu relativieren, wurden zu jeder Knotenanzahl nach dem Zufallsprinzip 100 Netze generiert und die berechneten Gütewerte gemittelt. Netze mit weniger als 20 Knoten wurden nicht betrachtet, da dort bei den meisten Knotenpaaren viel zu wenig unterschiedliche Pfade existieren, um alle Verzögerungsintervalle abzudecken.

Abbildung 6.13 zeigt die Güte der beiden Heuristiken im Vergleich zum exakten Verfahren MCP[18] in Abhängigkeit von der Knotenanzahl der Modellnetze. Für die MSD-Heuristik wurde zusätzlich die Schrittanzahl variiert. Folgende Ergebnisse lassen sich feststellen:

[18] Die Zwischenwerte wurden aus Darstellungsgründen interpoliert.

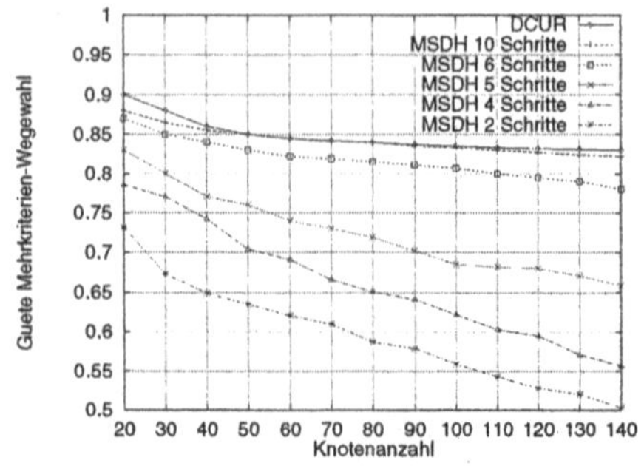

Abbildung 6.13: Gütevergleich der Heuristiken zur Mehrkriterienwegewahl

- Bei Anwendung des DCUR-Verfahrens sinkt die Güte von 0,9 bei 20 Knoten auf 0,83 bei 140 Knoten ab. Die Absenkung ist dabei nichtlinear. Ab einer Knotenanzahl von 80 bleibt die Güte näherungsweise konstant.
- Die Absenkung der Güte bei Anwendung des MSD-Verfahrens ist abhängig von der Anzahl der Schritte. Sie reicht von einer geringen Absenkung (Gütewert 0,82) bei 10 Schritten und einer Knotenanzahl von 140 bis zu einer erheblichen Absenkung (Gütewert 0,5) bei 2 Schritten. Die Stärke der Absenkung ist ebenfalls schrittanzahlabhängig. Bei sechs oder mehr Schritten ist ein ähnliches „Sättigungsverhalten" bei größeren Netzen wie beim DCUR-Verfahren festzustellen.
- Das DCUR-Verfahren weist unabhängig von der Schrittanzahl des MSD-Verfahrens die besseren Gütewerte auf. Bei 10 Schritten sind die Unterschiede allerdings gering (ca. 1%). Bei 6 Schritten sind die Unterschiede noch akzeptabel, sie betragen im Durchschnitt weniger als 6%. Bei 5 Schritten steigt die Abweichung bereits auf knapp 15% an. Für den folgenden Zeitvergleich wird daher das sechschrittige MSD-Verfahren betrachtet.

In Abbildung 6.14 ist die Rechenzeit aller drei Verfahren dargestellt. Zunächst ist unabhängig vom

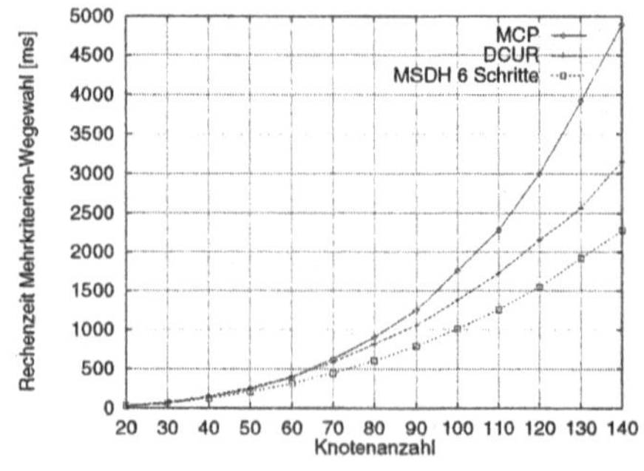

Abbildung 6.14: Rechenzeitvergleich der Heuristiken zur Mehrkriterienwegewahl

Verfahren ein hoher absoluter Zeitbedarf festzustellen. Er liegt bei mittlerer Knotenanzahl (100 Knoten) bei 1-2 Sekunden. Dies zeigt deutlich die Notwendigkeit, eine Wegewahl fortlaufend, unabhängig von einer Ressourcenanfrage durchzuführen. Im Verfahrensvergleich schneidet das MCP-Verfahren von Jaffe erwartungsgemäß am schlechtesten ab. Die hohen Komplexitätsunterschiede spiegeln sich aber nur in Grenzen im Zeitverlauf wieder. Ein deutlicher zeitlicher Mehraufwand ist erst bei größeren Netzen (> 100 Knoten) zu beobachten. Es empfiehlt sich daher, in kleineren Netzen das MCP-Verfahren einzusetzen, um von dessen Vollständigkeit zu profitieren und bei größeren Netzen die MSD-Heuristik zu verwenden.

Die geringste Rechenzeit ist durch die MSD-Heuristik zu erzielen. In einem 140 Knotennetz, beträgt sie nur noch ungefähr die Hälfte der Rechenzeit des MCP-Verfahrens. Die Unterschiede zur DCUR-Heuristik sind ebenfalls deutlich, letzteres erfordert bei 140 Knoten eine knapp 40 % höhere Rechenzeit. Aus diesem Grund wird in größeren Netzen die Anwendung der MSD-Heuristik mit sechs Schritten empfohlen.

6.3.3 Wegewahl im Fall von Punkt-zu-Mehrpunkt-Verbindungen

Die Verbindungen im ERM stellen allgemeine Punkt-zu-Mehrpunkt-Verbindungen dar. Sie sind unidirektional und besitzen eine Baumstruktur. Die Wurzel bildet beispielsweise ein Mischer, die Blätter sind die Zugangspunkte einzelner Teilnehmer (vgl. Abbildung 6.7). Ziel der Wegewahl ist es, jene Angebote für Übermittlungsressourcen zu kombinieren, die zu einem kostenminimalen Verbindungsbaum führen, der zusätzlich die Dienstgüteanforderungen an die einzelnen Wurzel-Blatt-Strecken erfüllt. Darin implizit enthalten ist die Festlegung von Gabelungspunkten.

Das Hauptproblem der Punkt-zu-Mehrpunkt-Wegewahl ist die Tatsache, daß die Lage, insbesondere aber die Anzahl der Endpunkte frühestens zum Zeitpunkt der Ressourcenanfrage durch den Rufagenten bekannt ist. Eine Vorberechnung, wie im Falle von Punkt-zu-Punkt-Verbindungen ist nicht praktikabel; so müßten für jeden Knoten als potentiellen Wurzelpunkt Punkt-zu-Mehrpunkt-Bäume zu einer beliebigen Anzahl und Kombination von Endpunkten durchgeführt werden. Bereits im einfachsten Fall zweier Baumendpunkte würde sich der Rechen- und Speicheraufwand nahezu quadrieren ($\frac{n(n-1)}{2}$). Die Punkt-zu-Mehrpunkt-Wegeführung kann folglich erst nach Eintreffen der Ressourcenanfrage, genauer nach der Ressourcenkonkretisierung vorgenommen werden. Dies stellt höchste Zeitanforderungen an den Wegewahlalgorithmus.

In der Graphentheorie ist die beschriebene Problematik als Steiner-Baum-Problem bekannt (vgl. [Win87]). Es ist NP-vollständig, exakte Lösungsalgorithmen sind von nicht-polynomialer Ordnung. Ihr Einsatz kommt angesichts der Zeitanforderungen in größeren Netzen nicht in Frage.

Grundsätzlich vorstellbar ist die Anwendung bekannter Lösungsheuristiken. Eine ausführliche Zusammenstellung ist in [Win87] wiedergegeben. Die globale Natur des Steiner-Baum-Problems, d.h. die benötigten Kenntnisse der gesamten Netztopologie stellen in AUREUS kein Hindernis dar. Jeder Ressourcenagent besitzt sie in Form der hierarchischen Netzsicht. Die problematische, verteilte Ausführung der Punkt-zu-Mehrpunkt-Wegewahl ist nicht erforderlich[19].

Zwei Aspekte sprechen dennoch gegen die Anwendung von Steiner-Baum-Lösungsheuristiken. Zum einen ist fraglich, ob die Optimalität des Steiner-Baumes überhaupt anzustreben ist. Sie ist mit jeder Hinzunahme oder Streichung eines Teilnehmers nicht mehr gegeben und ohnehin durch die Notwendigkeit heuristischer Lösungen eingeschränkt. Zum anderen sind keinerlei Erweiterungen zur Berücksichtigung mehrerer Wegewahlkriterien bekannt.

Aus diesen Gründen wird in AUREUS die folgende simple Vorgehensweise vorgeschlagen. Zur Bildung eines Punkt-zu-Mehrpunkt-Baumes werden die vorberechneten Punkt-zu-Punkt-Verbindungen zwischen der Wurzel und den Blattknoten überlagert. In gemeinsamen Verbindungssegmenten erfolgt die gemeinsame Nutzung eines Ressourcenangebots. Die Nutzungsgebühr fällt dabei nur einmal an. In den Punkten, in denen die Einzelverbindungen getrennte Wege weiterverfolgen, müssen die bis dorthin übertragenen Informationen kopiert werden. Wird die benötigte Kopierfunktionalität durch

[19]Vergleiche im Unterschied hierzu die ausführliche Diskussion des Steiner-Baum-Problems in der verteilten Verbindungssteuerung von AMSA [Mü96].

die Vermittlungsanlagen nicht bereitgestellt, so muß jede Punkt-zu-Mehrpunkt-Verbindung durch separate Punkt-zu-Punkt-Verbindungen realisiert werden.

Ein wesentlicher Vorteil der geschilderten Vorgehensweise ist, daß zusätzliche Dienstgüteanforderungen bereits im Rahmen der Punkt-zu-Punkt-Verbindungen berücksichtigt werden können. Sie bleiben unberührt von der späteren Zusammenlegung gemeinsamer Verbindungssegmente.

6.3.4 Integrierte Lokalisierung von Spezialressourcen

Als Folge der SR-Konkretisierung stehen im ERM alle für den MM-Ruf benötigten SR-Funktionen und die zwischen ihnen liegenden Verbindungen fest. Aufgabe des Ressourcenagenten ist es nun, die zugehörigen physikalischen Ressourcen so auszuwählen, daß die resultierende Ressourcenkonfiguration alle Qualitätsanforderungen bei minimalem Preis erfüllt. Diese Aufgabe wird als SR-Lokalisierung bezeichnet. Sie bildet die letzte Neuerung der Ressourcenauswahl im Ressourcenagenten.

Die Hauptschwierigkeit besteht in der Abhängigkeit zwischen Spezial- und Verbindungsressourcen. Je nach Plazierung einer SR besitzen die angeschlossenen Verbindungen unterschiedliche Endpunkte. Dies beeinflußt die Verbindungskosten. Es ist leicht einsichtig, daß nur eine integrierte SR-Lokalisierung, die die resultierenden Verbindungskosten mitberücksichtigt, eine optimale Ressourcenauswahl erzielen kann. Bereits das einfache Beispiel in Abbildung 2.9 macht deutlich, daß eine allein auf Minimierung der SR-Kosten ausgerichtete, getrennte Lokalisierung nicht ausreichend ist.

Darüber hinaus werden hohe Zeitanforderungen an den Vorgang der SR-Lokalisierung gestellt. Aufgrund der Vielfalt möglicher Ressourcenkonfigurationen kann keine Vorberechnung erfolgen, so wie dies bei Punkt-zu-Punkt-Verbindungen der Fall ist. Die SR-Lokalisierung muß „on-demand“, d.h. bei jeder Anfrage an einen Ressourcenagenten durchgeführt werden. Aufgrund der iterativen Alternativensuche im Rufagenten und der Freiheitsgrade bei der Konkretisierung ist zu erwarten, daß mehrere Lokalisierungsvorgänge pro Ruf ablaufen. Jedem einzelnen steht nur ein Bruchteil der für den Rufaufbau zulässigen Zeit zur Verfügung.

6.3.4.1 Lokalisierungsheuristiken nach Chow

Die SR-Lokalisierung stellt ein NP-hartes Optimierungsproblem dar [Cho92]. Angesichts der hohen Komplexität einerseits und der Zeitanforderungen andererseits sind für größere Netze und komplizierte Ressourcenkonfigurationen Lösungsheuristiken erforderlich. Chow untersucht in [Cho92] mehrere systematisch gebildete Lösungsheuristiken für den Fall zweier SR-Funktionen: Konverterfunktion (K) und Mischerfunktion (M). Für deren Lokalisierung unterscheidet er zwei Vorgehensweisen. Die erste wählt den jeweiligen Mischer oder Konverter mit der geringsten Nutzungsgebühr aus, die zweite entscheidet sich für den Ressourcenstandort mit minimaler Summe aus Nutzungsgebühr und Kosten der angeschlossenen Verbindungen. Eine Kombination beider Vorgehensweisen mit den beiden SR-Typen ergibt vier Heuristiken: K1M1, K2M1, K1M2 und K2M2. Die Numerierung kennzeichnet im folgenden die Vorgehensweise. K2M2 bedeutet beispielsweise, daß sowohl bei der Konverter- als auch bei der Mischerlokalisierung Verbindungskosten mitberücksichtigt werden.

Nicht immer sind die Endpunkte der an Spezialressourcen angeschlossenen Verbindungen von vorneherein festgelegt. Dies ist beispielsweise für eine Verbindung zwischen zwei Spezialressourcen der Fall. Sie wird als unsichere Verbindung bezeichnet. Existieren in einer Ressourcenkonfiguration SR mit unsicheren Verbindungen, so ist eine Allokationsreihenfolge festzulegen. Es empfiehlt sich, den Standort der SR mit der geringsten Anzahl unsicherer Verbindungen zuerst zu bestimmen. Dabei können selbstverständlich neben der Nutzungsgebühr der SR nur die Kosten sicherer Verbindungen berücksichtigt werden. Bei SR mit gleicher Anzahl unsicherer Verbindungen muß eine zufällige Auswahl getroffen werden.

6.3.4.2 Rechenzeit und Mehrkosten der Lokalisierungsheuristiken

Im folgenden werden die vorgestellten Heuristiken mit einem exakten Lösungsalgorithmus verglichen. Dieser spielt alle denkbaren Lokalisierungsvarianten durch und ermittelt auf diese Weise das Kostenminimum („greedy"-Algorithmus G). Ziel des Vergleichs ist es, anhand von einfachen Ressourcenkonfigurations- und Netzbeispielen simulativ eine erste Abschätzung darüber zu gewinnen, welche Rechenzeitverkürzungen durch den Einsatz der Heuristiken erreicht werden können und welche Abweichungen vom Kostenminimum auf der anderen Seite zu erwarten sind.

Chow selbst führt in [Cho92] eine Reihe von Untersuchungen durch. Die gewonnen Ergebnisse können allerdings nur bedingt übernommen werden. Sie basieren auf kleinsten Beispielnetzen mit maximal zehn Knoten. Darüber hinaus erfolgt die Ermittlung der Verbindungskosten erst zum Zeitpunkt der SR-Lokalisierung. Hier kann durch eine Anpassung an die Vorgehensweise in AUREUS eine erhebliche Reduktion der Lokalisierungszeit erreicht werden: Ein Ressourcenagent kennt die kostenminimalen Pfade zwischen beliebigen Endpunkten seiner Netzsicht. Sie werden im Zuge der Angebotssichtung vorabberechnet. Zum Zeitpunkt der SR-Lokalisierung kann er auf dieses Wissen zurückgreifen. Der damit verbundene Zeitaufwand ist gering, die Lokalisierungszeit reduziert sich um mehrere Zehnerpotenzen.

Abbildung 6.15 zeigt die benötigte Lokalisierungszeit, Abbildung 6.16 die entstehenden Mehrkosten bei Anwendung der Heuristiken. Die Ergebnisse basieren auf der folgenden Untersuchungmethodik:

- Ausgangspunkt sind quadratische Netztopologien mit einer Konnektivität von acht. Die Kantenkosten werden zufällig aus einem Kostenintervall von [1..5] bestimmt. Dies entspricht den Basisnetzen aus Abschnitt 6.3.1.3.
- Ein Teil der Netzknoten wird ebenfalls per Zufall als Standort für eine SR ausgewählt. Im folgenden Beispiel werden ein Zehntel der Netzknoten zufällig mit SR verbunden.
- Die kostenminimalen Pfade zwischen beliebigen Knotenpaaren sind vor der SR-Lokalisierung bekannt. Die hierfür benötigte Rechenzeit fließt nicht in die Lokalisierungszeit ein.
- Auf obige, quadratische Netztopologie wird eine in der Praxis häufig zu erwartende Ressourcenkonfiguration entsprechend eines einfachen Konferenzdienstes abgebildet. Sie besteht aus drei Teilnehmern an zufällig gewählten Netzknoten, einem Mischer und einem Kodierungskonverter.
- Für jeden Simulationsgang werden die Teilnehmerendpunkte, sowie die Netzknoten, die eine SR-Funktion anbieten, neu festgelegt. Der Mittelwert aus 100 Simulationsgängen ist in den Abbildungen wiedergegeben. Die Rechenzeit wurde dabei logarithmisch dargestellt. Sie basiert auf dem Einsatz eines Pentium-Prozessors mit 133 MHz.

Hinsichtlich des Zeitbedarfs bei der SR-Lokalisierung sind folgende Ergebnisse festzustellen:

- Das optimale Verfahren (G) weist einen stark exponentiell ansteigenden Zeitbedarf auf. Selbst in verhältnismäßig kleinen Netzen (Startwert 64 Knoten) ist bereits eine Rechenzeit von 2 ms erforderlich. Die Anzahl abwickelbarer Ressourcenanfragen an den Ressourcenagenten ist damit sehr eingeschränkt.
- Die Anwendung einer Heuristik führt zu erheblicher Rechenzeitverkürzung. Bei 200 Knoten sinkt die Rechenzeit um den Faktor 100 (K2M2) bzw. 1000 (K1M1). Bei den betrachteten Beispielnetzen lag die Rechenzeit deutlich unter 1 ms. Darüber hinaus erfolgt der Rechenzeitanstieg mit geringerer Steigung als beim optimalen Verfahren.
- Die Zeitunterschiede zwischen den Heuristiken sind von geringerer Natur. Wie zu erwarten, ist der Zeitaufwand beim Verfahren K2M2 am höchsten. Er beträgt aber lediglich ein Fünffaches des Zeitaufwandes der K1M1-Heuristik.

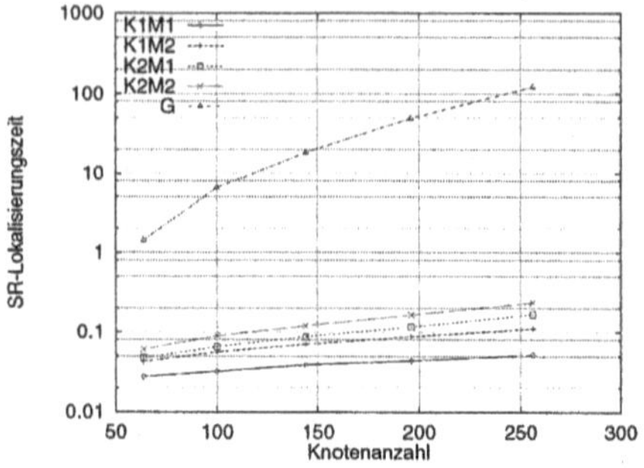

Abbildung 6.15: Zeitbedarf der SR-Lokalisierung (in ms)

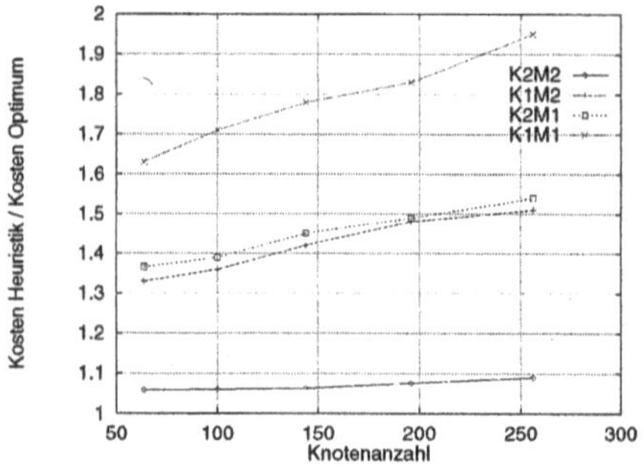

Abbildung 6.16: Kostenverhältnis bei der SR-Lokalisierung

Abbildung 6.16 zeigt das Verhältnis aus den Gesamtkosten der beispielhaften Ressourcenkonfiguration bei Anwendung der Heuristiken und bei Anwendung des optimalen Algorithmus:

- Werden allein die SR-Kosten bei der Lokalisierung berücksichtigt (K1M1), so weichen optimale und heuristisch ermittelte Ressourcenkosten erheblich voneinander ab. Dieses Hauptergebnis untermauert die qualitativ geschilderten Vermutungen, die zur Kritik der nicht-integrierten Lokalisierungsansätze in MAGIC und AMSA führten (vgl. Kapitel 3).
- Der Fehler bei Anwendung einer Heuristik nimmt näherungsweise linear mit der Knotenanzahl zu, die deutlichsten Anstiege sind beim Verfahren K1M1 vorhanden.
- Beste Ergebnisse lassen sich bei Anwendung des Verfahrens K2M2 erzielen, welches Verzögerungskosten bei der SR-Lokalisierung einbezieht. Die Mehrkosten liegen unter 10 % und sind nahezu unabhängig von der Knotenanzahl.
- Der Vergleich der Verfahren K1M2 und K2M1 zeigt leichte Vorteile für das Verfahren K1M2. Die Mischerlokalisierung besitzt daher einen höheren Stellenwert, entsprechend der höheren Anzahl angrenzender Verbindungen eines Mischers.

Bereits die Untersuchungen an den einfachen Modellnetzen beweisen die Notwendigkeit einer integrierten SR-Lokalisierung. Ein optimales Verfahren scheidet jedoch wegen des hohen Rechenzeitbedarfes aus. Als Kompromißlösung wird im Ressourcenagenten die (K2M2)-Heuristik von Chow empfohlen. An ihr sind einige Erweiterungen vorzunehmen, um sie für eine Anwendung in hierarchischen Netzen anzupassen.

6.3.4.3 SR-Lokalisierung in hierarchischen Netzen

In hierarchischen Netzen sind SR-Informationen in Form Virtueller SR (VSR) enthalten. Zusätzlich sind Mehrportknoten zu betrachten. Abbildung 6.17 verdeutlicht die allgemeine Ausgangssituation anhand eines Beispiels. Dargestellt ist der Ausschnitt einer hierarchischen Netzsicht mit zwei VSR

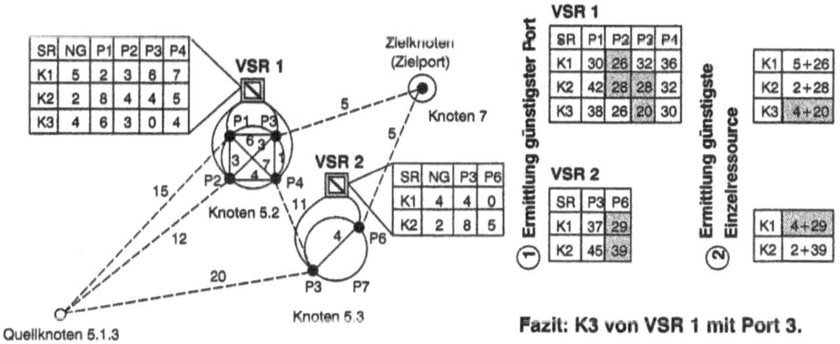

Abbildung 6.17: SR-Lokalisierung in hierarchischen Netzen

eines SR-Typs (Konverter) in den Knoten 5.2 und 5.3. Als Quellknoten für eine Punkt-zu-Punkt-Verbindung über einen Konverter wird der Knoten 5.1.3 betrachtet. Der Zielknoten 7.3.3 wird aus Sicht des Quellagenten durch den Knoten 7 in der zweiten Hierarchieebene repräsentiert.

Die grundsätzliche Vorgehensweise der Chow-Heuristik kann bei der SR-Lokalisierung in hierarchischen Netzen beibehalten werden. Um den Standort einer SR auszuwählen, ist ein Gesamtkostenterm bestehend aus SR-Nutzungsgebühr und Kosten der angeschlossenen Verbindungen zu minimieren. Im Falle einer Virtuellen SR, die einem Mehrportknoten zugeordnet ist, sind zusätzlich einige Zwischenschritte erforderlich. Neben der Auswahl eines Knotens spielt die Auswahl eines Ports eine wesentliche Rolle für die Gesamtkosten. Dabei müssen auch die Anbindungskosten der VSR an den ausgewählten Port berücksichtigt werden.

Für eine Spezialressource VSR_i mit den Matrixzeilen $VSR_{i,k}$[20], den zugehörigen Nutzungsgebühren $C_{VSR_{i,k}}$, den Anbindungskosten $C_{A_{VSR_{i,k}P_j}}$, sowie den Verbindungskosten C_{V_l,P_j} an einen Port P_j des zugeordneten Mehrportknotens, ergeben sich die auszuwertenden Gesamtkosten C_{VSR_i} zu:

$$C_{VSR_i} = min_k(C_{VSR_{i,k}} + min_j(\sum_l C_{A_{VSR_{i,k}P_j}} + C_{V_l,P_j}))$$

Das innere Minimum ermittelt den günstigsten Port P_j bezüglich Anbindungskosten und Kosten der angeschlossenen Verbindungen V_l. Das äußere Minimum bestimmt den günstigsten Einzelressourceneintrag in Form einer Zeile in der VSR-Matrix.

Im Beispiel von Abbildung 6.17 ist auf der rechten Seite zunächst dargestellt, wie aus der Summe aus Anbindungskosten und Verbindungskosten zu Quell- und Zielknoten der kostenoptimale Port ausgewählt wird. Er ist jeweils grau unterlegt. Für die Einzelressource K2 der VSR 2 ist dies beispielsweise der Port P6. Weiter rechts ist zu sehen, wie die Berechnung der Gesamtkosten durch

[20] Zur Erläuterung der VSR-Matrizen siehe Abschnitt 6.1.4.4 bzw. Abbildung 6.6.

Hinzunahme der Nutzungsgebühr erfolgt und die Einzelressource mit den geringsten Gesamtkosten selektiert wird. Im Falle der VSR 2 weist die Einzelressource K1 die niedrigsten Gesamtkosten auf.

Eine Vorgehensvariante besteht darin, unterschiedliche Eingangs- und Ausgangsports zuzulassen. In diesem Fall ist das günstigste Portpaar zu bestimmen. Dies bedingt auch, daß in obiger Berechnungsvorschrift Anbindungs- und Verbindungskosten portindividuell für Eingangs- und Ausgangsport zu berücksichtigen sind.

Nach der Gesamtkostenberechnung für alle in Frage kommenden VSR-Standorte erfolgt ein Kostenvergleich und die Auswahl der kostenminimalen Lokalisierung. Sind mehrere VSR zu lokalisieren, so wird die in Abschnitt 6.3.4.1 erläuterte Reihenfolge angewandt. In Abbildung 6.17 wird aufgrund des Gesamtkostenvergleichs letztlich die VSR 1 mit der Einzelressource K3 und dem Port P3 als optimale Lokalisierung der Konverterfunktionalität ermittelt.

Sind neben Kosten weitere Kriterien von Bedeutung, so muß auf die Ergebnisse der Mehrkriterienwegewahl zurückgegriffen werden. Betrachtet man zusätzlich die Verzögerung, so sind für jede Verbindung zwischen beliebigen Ports Kosten und Verzögerung gespeichert. Dies gilt auch für die Anbindung der SR an Ports. In obigem Gesamtkostenterm werden die Kosten jener Verbindungen einbezogen, die die Einhaltung einer gewünschten Verzögerungsgrenze garantieren.

Eine letzte Schwierigkeit besteht darin, daß Verzögerungsanforderungen im IRM als Ende-zu-Ende-Anforderungen vorliegen. Im Rahmen der ERM-Bildung ist daher zunächst eine Aufteilung in Verzögerungsanforderungen an einzelne Teilverbindungen erforderlich. Ein einfache Möglichkeit besteht in einer gleichmäßigen Aufteilung. Bessere Ergebnisse lassen sich erzielen, wenn Teilverbindungen, die innerhalb höheren Hierarchieebenen liegen, auch ein höherer Verzögerungswert zugestanden wird.

6.4 Reservierung und Belegung von Ressourcen

Die Reservierung und Belegung der ausgewählten Übermittlungs- und Spezialressourcen erfolgt gemeinsam durch die Ressourcenagenten und die Agentenadapter. Dieses Unterkapitel beschreibt die Einzelheiten der verteilten Vorgehensweise. Ausgehend von den Ansätzen in der Routing-Architektur PNNI des ATM-Forums (Abschnitt 6.4.1) werden notwendige Erweiterungen beschrieben, um beliebige Ressourcenkonfigurationen für Multimediadienste realisieren zu können. Diese Erweiterungen betreffen zum einen die eingesetzte Signalisierung zwischen den Ressourcenagenten (Abschnitt 6.4.2), zum anderen die Beschreibung einer Ressourcenkonfiguration in Form einer Verketteten Hierarchischen Angebotsliste (VHAL, Abschnitt 6.4.3).

Abschnitt 6.4.4 ist den Agentenadaptern gewidmet. Anhand einer ATM-Vermittlungsstelle wird exemplarisch der steuernde Zugriff auf ein Verbindungssegment über das Konfigurationsmanagement erklärt. Einige Beispiele zur Verbindungssteuerung runden die Darstellungen ab.

6.4.1 Verbindungsaufbau in PNNI

Die Routing-Architektur PNNI basiert auf dem Prinzip einer quellenbasierten Wegewahl (Source-Routing). Bereits im Quellknoten einer Verbindung wird festgelegt, welche Übertragungsabschnitte bis zum Zielknoten genutzt werden. Voraussetzung ist, daß die Eigenschaften der Übertragungsabschnitte im Quellknoten bekannt sind. Das Source-Routing-Prinzip wurde zu einer hierarchischen, quellenbasierten Wegewahl erweitert, deren Ergebnis ein hierarchisch kostenminimaler Pfad ist, der den tatsächlichen kostenminimalen Pfad annähert.

Für den Verbindungsaufbau wird der hierarchisch kostenminimale Pfad mit Hilfe einer Liste in Form eines Kellerspeichers (Stack) angegeben. Die sogenannte DTL (Designated Transit List) enthält hierarchisch geordnet die Pfadinfirmation; jede Zeile der Liste entspricht dem Teilpfad durch eine Hierarchieebene. Der Beispielpfad in Abbildung 6.2 wird durch die DTL auf der linken Seite von Abbildung 6.20 beschrieben.

Der Verbindungsaufbau in PNNI erfolgt verteilt und basiert auf dem Signalisierungsprotokoll der Teilnehmerschnittstelle UNI 4.0 [ATM96a]. Die von Knoten zu Knoten weitergereichten SETUP-Nachrichten enthalten die DTL. Sie bestimmt die Knotenreihenfolge und wird sukzessive abgearbeitet. Im Gegensatz zum reinen Source-Routing kann die Knotenreihenfolge nur für die jeweils aktuelle Knotengruppe exakt angegeben werden (1. Zeile der DTL). Beim Übergang in eine benachbarte Knotengruppe wird die bisherige DTL-Zeile gestrichen und muß durch den Teilpfad in der nun aktuellen Knotengruppe ergänzt werden. Diese Aufgabe nimmt der Grenzknoten auf Basis seiner hierarchischen Netzsicht wahr. Erfolgt auch auf höherer Hierarchieebene ein Gruppenwechsel, so legt der Grenzknoten den zugehörigen Teilpfad ebenfalls fest. Die beispielhafte Verbindung in Abbildung 6.2 wird entlang der hervorgehobenen Knoten aufgebaut. Der Quellknoten 1.1.2 legt die Teilpfade auf allen Hierarchieebenen fest. Die Grenzknoten 1.4.1 bzw. 1.2.1 ergänzen die DTL durch die Teilpfade in den Knotengruppen 1.4 (1.4.1 - 1.4.2 - 1.4.3) bzw. 1.2 (1.2.1 - 1.2.2). Der Grenzknoten 2.1.3 bestimmt den Weg durch Knotengruppe 2 (2.1 - 2.2) und Knotengruppe 2.1 (2.1.3).

Eine weitere Besonderheit und Notwendigkeit des PNNI-Verbindungsaufbaus ist die Fähigkeit, auf Topologieänderungen zu reagieren. Sollte ein gewählter Übertragungsabschnitt blockiert sein, so wird auf der Suche nach einem Alternativweg schrittweise zur Quelle zurückgegangen (Crankback). Die Crankback-Reihenfolge ist definiert durch jene (Grenz-)Knoten, welche den Teilpfad auf einer Hierarchieebene festlegt hatten. Letzter Crankback-Knoten ist die Quelle selbst, da sie den Weg auf höchster Hierarchieebene festgelegt hat.

6.4.2 Signalisierung und Verbindungssegmentmodell

In AUREUS erfolgt die Koordinierung der verteilten Ressourcenreservierung und Ressourcenbelegung über das Agentenkommunikationsprotokoll AKP. Die Verbindlichkeit der Aufgaben erfordert den Einsatz der CFP-Kommunikationsprimitive. Die in den Aufbau einer Ressourcenkonfiguration involvierten Ressourcenagenten und Agentenadapter stehen in einer baumförmigen Auftragsabhängigkeit entsprechend der rekursiven Erweiterung des FIPA-Kontraktnetz-Sprechaktes (AKP-Baum). Initialer Auftraggeber und damit Wurzel des AKP-Baumes ist der Ressourcenagent, der die hierarchische Ressourcenauswahl vornahm. Die Verbreitung des Aufbauauftrages über alle betroffenen Verantwortungsdomänen geschieht über weitere Ressourcenagenten. Sie handeln als Zwischenauftraggeber, in ihnen gabelt sich der AKP-Baum. Agentenadapter realisieren den Ressourcenzugriff in den Verantwortungsdomänen. Sie agieren grundsätzlich als reine Auftragnehmer (Blätter des AKP-Baumes). Abbildung 6.18 zeigt die Abfolge der AKP-Nachrichten im Regelfall (links) und im Fehlerfall (rechts). Im Regelfall werden die baumaufwärts gemeldeten PROPOSE-Nachrichten mit ACCEPT-Nachrichten beantwortet. Im Fehlerfall (REFUSE-Meldung von AAD 1.2.1) werden bereits eingelaufene PROPOSE-Nachrichten baumabwärts mit einem REJECT abgelehnt.

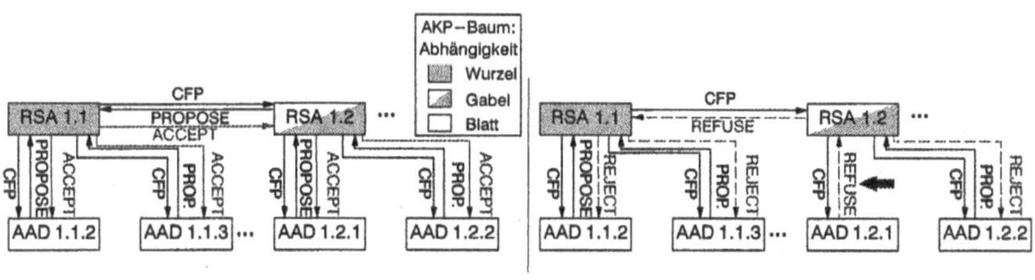

Abbildung 6.18: Koordinierung der verteilten Ressourcenreservierung

Die Reihenfolge der im AKP-Baum involvierten Agenten und Adapter wird indirekt über die aufgelisteten Angebotsendpunkte in der Verketteten Hierarchischen Angebotsliste (VHAL) beschrieben (siehe Abschnitt 6.4.3.3). Sie ist das Ergebnis der Ressourcenauswahl und bildet den Hauptbestandteil des Nachrichteninhalts einer CFP-Nachricht zwischen Ressourcenagenten[21].

Aus Sicht der Ressourcenagenten wird das Verhalten einzelner Verbindungssegmente durch einen Zustandsautomaten beschrieben. Gleiches gilt für Spezialressourcen und die Restressourcenkonfiguration, die an andere Agenten weitergeleitet wird. Abbildung 6.19 verdeutlicht den Zusammenhang zwischen AKP-Nachrichten, den Zuständen und den Zustandsübergängen.

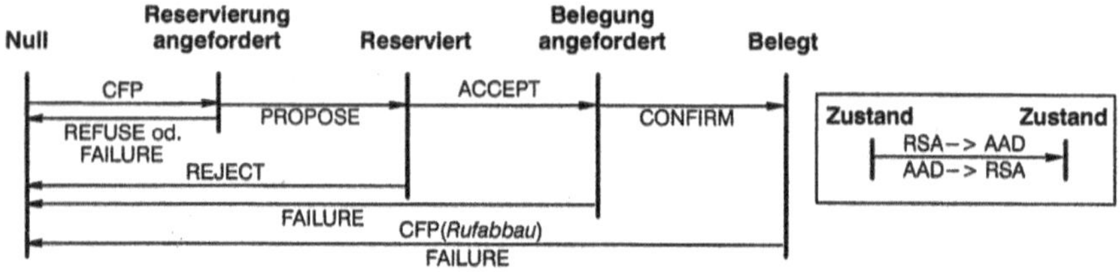

Abbildung 6.19: Zustandsautomat eines Verbindungssegments

6.4.3 Hierarchische Angebotsliste (HAL)

Die Hierarchische Angebotsliste (HAL) enthält in hierarchisch vollständiger Form die vom Ressourcenagenten ausgewählten Ressourcenangebote. In ihrem Aufbau entspricht sie der in PNNI verwendeten DTL. Anstelle der dort aufgelisteten Vermittlungsknoten stehen Angebotsendpunkte. Die HAL legt implizit auch die Reihenfolge der am Verbindungsaufbau beteiligten Ressourcenagenten fest: Aus jeder Angebotsendpunktadresse läßt sich direkt die zugehörige Verantwortungsdomäne und deren Ressourcenagent ableiten. Der AEP 3.2.1 beispielsweise liegt in der VD 3.2, für die Agent 3.2 zuständig ist.

Die Kellerspeicherdarstellung eines hierarchisch vollständigen Pfades läßt nur einfache Punkt-zu-Punkt-Verbindungen zu. Die HAL wird daher erweitert, um Ressourcenkonfigurationen für Multimediarufe zu ermöglichen. Die Erweiterungen betreffen Punkt-zu-Mehrpunkt-Verbindungen, die Integration von SR und die Berücksichtigung mehrerer Angebotseigenschaften.

6.4.3.1 Berücksichtigung von Mehrportknoten

Die erste Zeile einer Angebotsliste enthält die Angebotsendpunkte (AEP) des Teilpfades durch die jeweils aktuelle Verantwortungsdomäne (VD). In den weiteren Zeilen wird der Durchgang durch höhere Hierarchieebenen beschrieben. Bei Verwendung einer Mehrportknotendarstellung (FMR) muß zusätzlich zur Knotenreihenfolge der Eingangs- und Ausgangsport jedes Knotens festgelegt werden. Dies geschieht über Zusatzinformationen, die der Auflistung des Mehrportknotens folgen. Die Angabe 2.2 [P1 P2] bedeutet beispielsweise, daß Knoten 2.2 über Port P1 erreicht und über Port P2 verlassen werden soll.

6.4.3.2 Erweiterungen als Folge der Mehrkriterienwegewahl

Bietet ein Netzbetreiber zwischen zwei Knoten Übermittlungsressourcen mit unterschiedlichen Qualitätseigenschaften an, so werden diese über die Angabe einer Angebotsnummer (AN) eindeutig referenziert. In der HAL wird die AN zwischen zwei AEP eingefügt.

[21] Neben der VHAL dienen weitere Nachrichtenparamter der Referenzierung des Rufes (RID) und der Verbindung (VID). Ferner ist die Verkehrsbeschreibung (VB) für den zu übermittelnden Informationsstrom enthalten. Die PROPOSE- und CONFIRM-Nachrichten enthalten nur eine Untermenge dieser Nachrichtenparameter.

Die Eigenschaften von Intraknoten-, Interknoten- und Aufwärtsangeboten höherer Hierarchieebenen werden in einer Wertematrix erfaßt. Die Mehrkriterienwegewahl beinhaltet in diesem Fall die Selektion einer Matrixspalte. Ihre Werte bestimmen im weiteren Verlauf die Abbildung auf geeignete lokale Angebote. In der HAL wird die ausgewählte Matrixspalte ähnlich wie oben die Angebotsnummer zwischen die Knoten bzw. ihre Ports eingefügt.

6.4.3.3 Erweiterung zur Verketteten Hierarchischen Angebotsliste (VHAL)

Punkt-zu-Mehrpunkt-Verbindungen werden über eine Verkettete Hierarchische Angebotsliste beschrieben. Jedem Ast des Verbindungsbaumes ist eine eigene HAL zugeordnet, die Verkettung erfolgt im Gabelungspunkt. Die Ordnungszahl k_G der Hierarchieebene, in der der Gabelungspunkt lokalisiert ist, bestimmt die Zeilenanzahl. Die Angebotsliste des Verbindungsbaumrumpfes umfaßt den Weg vom Quellknoten bis zum Gabelungspunkt ($k_G + 1$ Zeilen). In der Angebotsliste eines Astes ist der Weg vom Gabelungspunkt zu dem den Zielknoten repräsentierenden Zielnetz auf der Zielebene k_Z beschrieben ($k_Z - k_G + 1$ Zeilen).

Für eine exemplarische Punkt-zu-Mehrpunkt-Verbindung zwischen dem Quellknoten 1.1.2 und den Zielknoten 3.2.1 und 1.3.1 ist in Abbildung 6.20 die Verkettung der Rumpf- und Ast-HAL wiedergegeben. Die Angabe von Zusatzinformationen (Ports, AN, etc.) wurde aus Gründen der Übersichtlichkeit nur angedeutet.

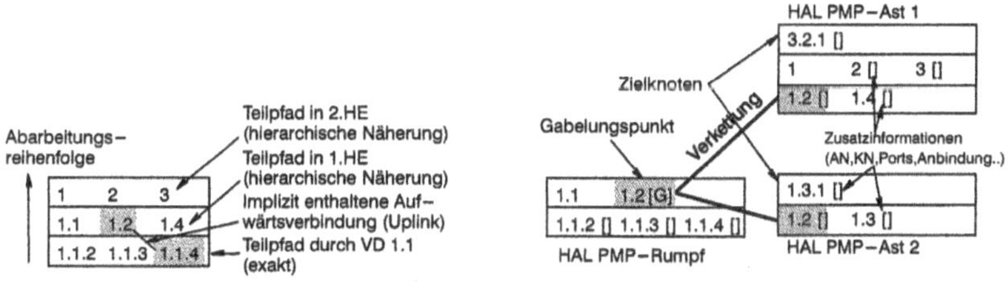

DTL des Quellknotens
(zu Beispiel Abb. 6.2)

Verkettete hierarchische Angebotsliste (VHAL)
für Punkt–Mehrpunkt–Verbindung (PMP)
(aus Sicht des Quellknotens)

Abbildung 6.20: PNNI-DTL und VHAL

6.4.3.4 Aufnahme von Spezialressourcen in die VHAL

Die Verknüpfung von Informationsströmen ist bei den beiden SR-Typen Konverter und Mischer unterschiedlich. Dies gilt auch für ihre Integration in die VHAL:

Kodierungskonverter: Bildlich gesprochen werden Kodierungskonverter in einen Informationsstrom hineingeschaltet. An ihnen endet und entspringt genau eine Teilverbindung. Dementsprechend einfach ist die Aufnahme in die Angebotsliste. Unterschieden werden muß zwischen konkreten und virtuellen Konverterressourcen. Erstere sind einem AEP in der lokalen Verantwortungsdomäne zugeordnet. In der Angebotsliste wird dieser durch ein Attribut, welches den Konverterbezeichner enthält, gekennzeichnet. Im Falle einer virtuellen Konverterressource ist eine einfache Attributierung nicht ausreichend. Die VSR ist einem Mehrportknoten zugeordnet. Zusätzlich zum VSR-Matrix indizierenden Konverterbezeichner muß die Anbindung an Eingangs- und Ausgangsport in die Angebotsliste aufgenommen werden. Dies geschieht durch ein zusammengesetztes Attribut, welches zwischen beiden Ports eingefügt wird.

Mischer: Ein Mischer verknüpft mehrere Informationsströme. An seinem Eingang enden mehrere (Teil-)Verbindungen, von seinem Ausgang geht eine Punkt-zu-Mehrpunkt-Verbindung aus. Wird eine Mischerressource auf höherer Hierarchieebene selektiert, so ist eine Koordinierung des Verbindungsaufbaus notwendig. Sie stellt sicher, daß alle Teilverbindungen am gleichen Mischer enden, obwohl dessen genauer Standort zunächst nur in Form eines Mehrportknotens und damit als hierarchische Eingrenzung feststeht. Ein getrennt vorangetriebener Verbindungsaufbau mit separaten Angebotslisten würde dieser Anforderung nicht genügen. Aus diesem Grund wird erneut eine Verkettung mehrerer Angebotslisten vorgeschlagen. Verkettungspunkt ist der als Mischerstandort ausgewählte Mehrportknoten. Die Interpretation erfolgt wie folgt: Vom Quellknoten ausgehend wird zunächst nur eine Teilverbindung zum Eingang des Mischers aufgebaut. Sie beinhaltet die Festlegung des exakten Mischerstandortes in einer entfernten Verantwortungsdomäne. Der zuständige Ressourcenagent kann anschließend den Aufbau der restlichen Eingangsverbindungen in Rückwärtsrichtung und der am Ausgang des Mischers entspringenden Mehrpunktverbindung veranlassen.

6.4.4 Ressourcenzugriff über Agentenadapter

Shoham schlägt in [Sho93b] eine Agentifizierung bestehender Systeme vor, um eine komplette Neuentwicklung bei der Integration in eine Agentenumgebung zu vermeiden. Dieser Ansatz findet seine Fortsetzung in dem FIPA-Konzept eines Wandlers beziehungsweise Wrappers [FIP97]. Seine Aufgabe besteht in der Umsetzung von AKS-Sprachelementen in Zugriffsfunktionen einer bestehenden Schnittstelle. Aus der Sicht anderer Agenten besteht Transparenz bezüglich der Wrapperfunktionalität.

In Anlehnung an die FIPA-Ansätze nehmen die Agentenadapter Wrapperaufgaben wahr, indem sie AKP-Nachrichten der Ressourcenagenten in Befehle zur Verbindungssteuerung umsetzen. Auf diese Weise wird sichergestellt, daß ein Großteil der in den Vermittlungsanlagen vorhandenen Funktionalität wiederverwendet werden kann.

Die Verbindungssteuerung in AUREUS basiert auf dem Konfigurationsmanagement von Vermittlungsanlagen. Zum besseren Verständnis werden in den folgenden Abschnitten konkrete Einzelheiten am Beispiel von ATM-Vermittlungen und der Netzmanagement(NM)-Empfehlung der ITU [ITU92a] erläutert.

Neben den Aufgaben des Konfigurationsmanagement nimmt der AAD weitere NM-Aufgaben wahr. Hierzu zählt das Einrichten von Betreiberangeboten als Virtueller Pfad (VP), die Sicherung des Angebotszugriffes, die verbindungsindividuelle Überwachung der angebotenen Qualitätseigenschaften, die Ermittlung und Weiterleitung von Vergebührungsinformationen und die Auswertung von Angebotszugriffen zur Unterstützung einer adaptiven Tarifierung. Diese Zusatzaufgaben des AAD werden im folgenden nur kurz beschrieben, eine beispielhafte Implementierung ist in Kapitel 7 und in [Mü98] wiedergegeben.

6.4.4.1 TMN-Empfehlung für das Netzmanagement

Die ITU-T-Empfehlungen zum Management von Telekommunikationsnetzen (TMN, Telecommunication Mangement Network [ITU92a]) basieren auf den Grundsätzen des OSI NM-Rahmenwerkes [ISO89]. Die modellhafte Beschreibung von logischen und physikalischen Netzkomponenten in Management-Objekten erlaubt es, herstellerunabhängige NM-Anwendungen zu verwirklichen.

Der Zugriff auf die Attribute von Management-Objekten erfolgt über das Common Management Information Protocol (CMIP [ISO91]). Kommunikationspartner sind der NM-Agent[22] auf Netzelementseite und der Manager als Teil der NM-Anwendung. Der NM-Agent realisiert die Kopplung von Management-Objekten und realer Komponente, indem er beispielsweise bei managerseitig angestoßenen Attributsänderungen für die entsprechenden Vorgänge in der Netzkomponente sorgt. Die

[22] Zur Unterscheidung von den AUREUS-Steuerungsagenten wird der Begriff NM-Agent verwendet.

Gesamtheit aller Management-Objekte bildet die Managementinformationsbasis (MIB). MIB und Managementprotokoll zusammengenommen definieren die TMN-Schnittstelle Q3.

6.4.4.2 Knotenmodellierung

Abbildung 6.21 zeigt den modellhaften Aufbau eines ATM-Vermittlungsknotens gemäß ITU-T [ITU96d]. Hervorgehoben sind die für das Management wichtigen Bestandteile. Die Einheit AEMF

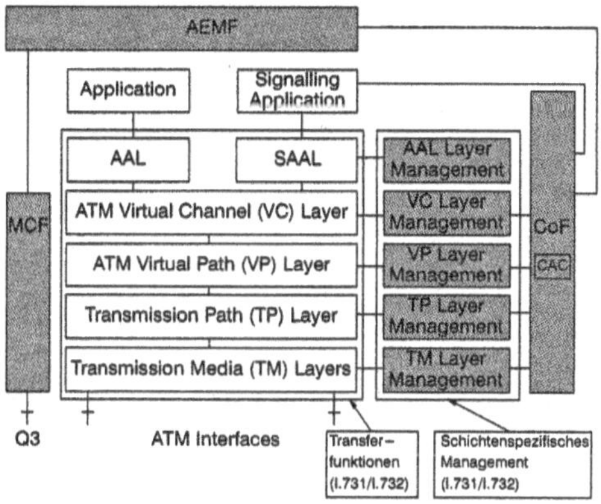

Abbildung 6.21: Aufbau eines ATM-Vermittlungsknotens

(ATM Equipment Management Function) unterstützt die Q3-Schnittstelle und ermöglicht den Zugriff auf die Management-Objekte. Der zugehörige CMIP-Nachrichtenaustausch erfolgt über die MCF-(Message Communication Function)-Einheit. Umgesetzt werden die Q3-Befehle in schichtenspezifischen Managementeinheiten (Layer Management Functions). Die Einrichtung eines Virtuellen Pfades beispielsweise läuft im VP-Layer-Management ab. Bei vielen Managementaufgaben ist eine Koordinierung von Layer-Management-Functions in der Koordinierungseinheit CoF (Coordination Function) erforderlich. Die CoF bearbeitet darüber hinaus alle Ressourcenanfragen durch die AEMF-Einheit und durch Signalisierungseinheiten. Hauptbestandteil ist der Annahmealgorithmus (CAC, Connection Admission Control). Er nimmt die Allokation von Transportbandbreite und Pufferplatz, sowie die Vergabe eines VP- bzw. VC-Bezeichners (VPI,VCI) vor oder lehnt die Ressourcenanfrage ab. Da die gleichen Einheiten genutzt werden wie bei der herkömmlichen Signalisierung, ist bei einer Verbindungssteuerung über das Konfigurationsmanagement mit ähnlichen Zeitverzögerungen zu rechnen.

6.4.4.3 Konfigurationsmanagement

Das ATM-Konfigurationsmanagement baut auf den ITU-T-Netzmodellen [ITU95a] und [ITU93f] auf. Sie definieren ein geschichtetes ATM-Verbindungsmodell. Eine VC-(VP)-Verbindung besteht aus einem oder mehreren verknüpften Verbindungsabschnitten (Links). Der VC-(VP)-Endpunkt wird durch das Management-Objekt vc(vp)TTP (Trail Termination Point) beschrieben. Jeder VC-(VP)-Segmentendpunkt wird durch das Management-Objekt vc(vp)CTP (Connection Termination Point) modelliert. Es enthält VCI- bzw. VPI-Wert, Verkehrs- und QoS-Beschreibung.

Ein neuer VC-Segmentendpunkt wird durch eine CMIP-Nachricht (M-Create) unter Angabe des gewünschten virtuellen Pfades (vpTTP) und der Segmentparameter angelegt. Dieser Vorgang umfaßt auch die Überprüfung durch den Annahmealgorithmus und die Rückgabe eines VC-Bezeichners. Die Zusammenschaltung zweier Verbindungssegmente wird durch das Management-Objekt atmCrossConnection repräsentiert. Es referenziert die verbundenen vcCTP-Objekte und wird mittels CMIP-Nachricht M-Action und der Zugriffsmethode Connect des Management-Objektes atmFabric angelegt. Letzteres modelliert die Koppelnetzsteuerung.

6.4.4.4 AKP-Q3-Umsetzung zur Steuerung von Verbindungssegmenten

Die definierten Management-Objekte, ihre Attribute und Aktionen erlauben eine einfache Umsetzung der AKP- auf CMIP-Nachrichten im AAD (vgl. Tabelle 6.6) und somit die Steuerung von Verbindungssegmenten über das ATM-Konfigurationsmanagement.

Phase	AKP-Nachricht	Parameter (Auswahl)	Q3-CMIP-Nachricht	Q3-Objekt	Parameter (Auswahl)
Reservierung	CFP	RID, VID, AN, VB	M-CREATE	vcCTP	vpTTP, VB QoS-Parameter
	PROPOSE	RID, VID, AE, VB	M-CREATE (Confirm)	vcCTP	VCI, VPCI
Belegung	ACCEPT	RID, VID, AN, VB	M-ACTION	atmFabric	Connect, vcCTP
	CONFIRM	RID, VID	M-ACTION (Confirm)	atmFabric	atmCross-Connection

Tabelle 6.6: AKP zu Q3 Umsetzung (vereinfachte Darstellung)

6.4.5 Einzelheiten zur Verbindungssteuerung

In den folgenden Abschnitten ist dargestellt, wie Ressourcenagent und Agentenadapter zum Zwecke der Verbindungssteuerung kooperieren. Grundlegende Problemstellungen, wie die Signalisierung und der Verbindungsaufbau zu den Teilnehmerendgeräten, die Reservierung von Übermittlungsressourcen innerhalb einer Verantwortungsdomäne und das Zusammenspiel benachbarter Ressourcenagenten werden am Beispiel des Verbindungsaufbaus erläutert und gelöst. Die Vorgehensweise bei der Modifikation von Verbindungseigenschaften oder beim Verbindungsabbau erfolgt nach den gleichen Prinzipien.

6.4.5.1 Verbindungsaufbau zum Teilnehmerendgerät

Das linke Nachrichtenflußdiagramm in Abbildung 6.22 zeigt den erfolgreichen Aufbau eines Verbindungssegmentes zwischen Teilnehmerendgerät und Vermittlungsstelle[23]. Er wird durch den Ressourcenagenten initiiert, welchem Teilnehmerendgerät und Vermittlungsstelle, beziehungsweise die zugehörigen Agentenadapter zugeordnet sind.

Zunächst sendet der Ressourcenagent eine CFP-Nachricht an den Agentenadapter im Teilnehmerendgerät (T-AAD). Die T-AAD-Adresse entnimmt er dem ERM. Sie ist bis auf eine teilnehmerspezifische Erweiterung mit der Adresse des Agentenadapters der Vermittlungsstelle (V-AAD) identisch. Der T-AAD reserviert die entsprechend der Verkehrsbeschreibung (VB) benötigten Ressourcen am Teilnehmeranschluß. Ergebnis ist eine eindeutige Referenzierung über VCI- und VPCI-Kennung. Sie wird in einer INFO-Nachricht zusammen mit den Ruf- und Verbindungsbezeichnern an den V-AAD gesendet. Zur gleichen Zeit quittiert der T-AAD die Anfrage des Ressourcenagenten mit einer

[23]Der Adapterzugriff auf die Netzelemente wurde aus Platzgründen nur angedeutet. Er entspricht der in Tabelle 6.6 gezeigten AKP-Q3-Umsetzung. Zur Parametererklärung siehe Abbildung 6.22 und Abschnitt 6.4.2.

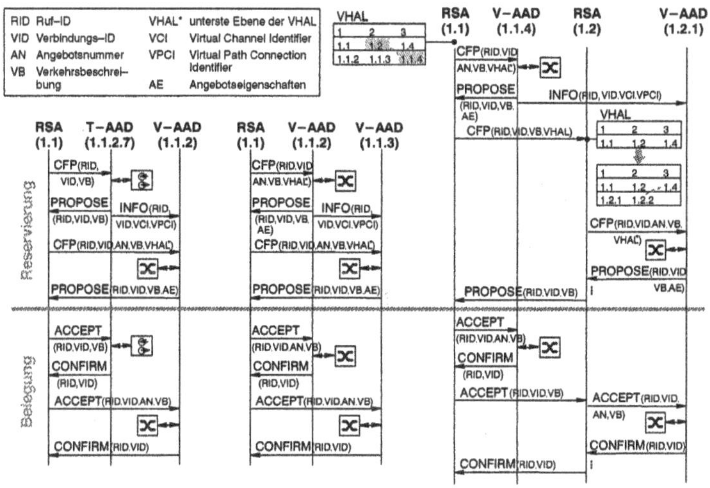

Abbildung 6.22: Signalisierungsabläufe beim Verbindungsaufbau

PROPOSE-Nachricht. Sind die Verkehrsanforderungen nicht erfüllbar, wird eine FAILURE-Nachricht zurückgesendet.

Der Nachrichtenaustausch zwischen den Agentenadaptern ermöglicht es, den Zusammenhang zwischen Bezeichnern der Agentenebene (RID, VID) und den Bezeichnern der Übermittlungstechnologie (VCI, VPCI) herzustellen. Beauftragt der RSA den V-AAD per CFP-Nachricht ein Verbindungssegment zur nächsten Vermittlungsstelle einzurichten, so kann dieser aus RID- und VID-Angaben auf die Kanal- und Pfadkennung des zum Teilnehmer verlaufenden Verbindungssegments schließen und nach Eintreffen der ACCEPT-Nachricht das Zusammenschalten der virtuellen Kanäle bewerkstelligen.

Alternativ böte sich an, daß der Ressourcenagent im Rahmen der PROPOSE-Antwort Kenntnis von der im T-AAD vergebenen VCI-/VPCI-Kennung erhielte und diese an den V-AAD weitergäbe. Dieser „Durchschleif"-Ansatz besäße den Vorteil eines verringerten Nachrichtenaufkommens, widerspräche aber dem Grundsatz, daß die Agentenadaper die nötigen Umsetzungsaufgaben wahrnehmen, um eine Unabhängigkeit der Ressourcenagenten von der Übermittlungstechnologie zu gewährleisten.

Der Transfer von Nutzdaten kann beginnen, sobald alle ACCEPT-Nachrichten quittiert wurden. Zu diesem Zeitpunkt setzt auch die Vergebührung ein.

6.4.5.2 Verbindungsaufbau innerhalb einer Verantwortungsdomäne

Innerhalb einer Verantwortungsdomäne werden alle Verbindungssegmente durch einen Ressourcenagenten gesteuert. Jedes Verbindungssegment nutzt ein Betreiberangebot, welches der Ressourcenagent im Rahmen der Wegesuche ermittelt hat. Gekennzeichnet ist das Betreiberangebot durch seine Endpunkte, die Angebotsnummer und eine Reihe von Angebotsparametern; in einem ATM-Netz wird es durch eine VP-Verbindung (VPC) mit eindeutiger Kennung (VPCI) realisiert. Die Umsetzung der Angebotsnummer auf die VPC-Kennung wird im Agentenadapter vorgenommen.

Abbildung 6.22 zeigt in der Mitte die Vorgehensweise bei der Reservierung und beim Zusammenschalten zweier Verbindungssegmente innerhalb einer Verantwortungsdomäne. Exemplarischer Ausgangspunkt ist eine Angebotsliste des Ressourcenagenten 1.1, welche einen Verbindungsaufbau entlang der

Angebotsendpunkte 1.1.2, 1.1.3 und 1.1.4 vorsieht (vgl. VHAL in Abbildung 6.20).

Die Kommunikation zwischen Agent und Adapter entspricht der oben dargestellten. Die Aufnahme der Angebotseigenschaften (AE) in der PROPOSE-Nachricht erlaubt eine Überprüfung der im Agenten bekannten Angebotsdaten. Werden Abweichungen festgestellt, beispielsweise aufgrund einer zwischenzeitlichen Angebotsänderung, so lehnt der RSA mit einer REJECT-Nachricht ab.

Die Beziehung zwischen den CFP-Parametern RID und VID zur Kennzeichnung der Verbindung und den ATM-Kennungen VCI und VPCI wird, wie oben erläutert, durch den Nachrichtenaustausch zwischen den Agentenadaptern hergestellt.

Abschließend sei auf den Fall einer Punkt-zu-Mehrpunkt-Verbindung hingewiesen. In diesem Fall enthält die CFP-Aufforderung an den AAD mehrere Angebotsnummern. Dies führt zur Erzeugung mehrerer VC-Segmentendpunkte im Vermittlungsknoten und deren Verknüpfung mit dem eingehenden Segment zu eine Multicast-Verbindung. Voraussetzung ist die Fähigkeit der ATM-Vermittlung, derartige Verbindungen zu schalten. Darüber hinaus ist es erforderlich, daß der AAD im Gabelungspunkt alle angrenzenden Adapter per INFO-Nachricht über die angelegten virtuellen Kanäle und deren Kennung informiert.

6.4.5.3 Verbindungsaufbau bei einem Wechsel der Verantwortungsdomäne

Muß eine Verbindung über die Grenzen einer Verantwortungsdomäne aufgebaut werden, so sind beide Nachbaragenten involviert. In Abbildung 6.2 ist dieser Umstand rechts am Beispiel des domänenübergreifenden Angebots zwischen den Endpunkten 1.1.4 und 1.2.1 veranschaulicht. Die links oben abgebildete Angebotsliste zeigt RSA 1.1, daß die aufzubauende Verbindung von AAD 1.1.3 ausgehend seine Domäne verläßt. Entsprechend der zweiten Zeile der Angebotsliste ist ein Aufwärtsangebot zur Domäne 1.2 zu nutzen.

Wie in Abschnitt 6.1.4.2 gesehen, faßt ein Aufwärtsangebot in der Regel mehrere Grenzangebote zusammen. Der Agent steht vor der Aufgabe ein konkretes Grenzangebot zu bestimmen. Diese Wegewahl richtet sich nach der Methodik bei der Angebotszusammenfassung. Ergibt sich das Aufwärtsangebot als Minimum aller Grenzangebote in die betrachtete Nachbardomäne, so ist nun dieses Grenzangebot zu suchen. Im Falle der Mehrkriterienwegewahl richtet sich das gewählte Grenzangebot nach den Verzögerungsvorgaben im Aufwärtsangebot.

Nach der Auswahl eines Grenzangebots erfolgt in bekannter Art und Weise der Aufbau eines Verbindungssegments. Die Kanalkennung wird an den dem Grenzangebotsendpunkt zugeordneten Adapter der benachbarten Domäne (AAD 1.2.1) zugesendet. Hinzu kommt die Weitergabe des Aufbauauftrages an den Nachbaragenten (RSA 1.2). Die CFP-Nachricht enthält die um abgearbeitete Zeilen reduzierte VHAL. Die erste Aufgabe des Nachbaragenten besteht in der erneuten Vervollständigung der VHAL auf der Basis der Angebotskenntnisse seiner VD und entsprechend den Regeln der hierarchischen Wegewahl. Im abgebildeten Beispiel ergänzt RSA 1.2 als erste Zeile den Transitweg entlang der Knoten 1.2.1 und 1.2.2.

Mit komplettierter Angebotsliste ist der Ressourcenagent in der Lage, das nächste Verbindungssegment zu reservieren. Gemäß der rekursiven Vorgehensweise bei der Quittierung von CFP-Anfragen (vgl. Abschnitt 6.4.2) antwortet Agent 1.3 mit einer PROPOSE-Nachricht an Agent 1.1 nach Erhalt aller positiven Rückmeldungen auf die von ihm an Adapter und Nachbaragenten gerichteten CFP-Anfragen.

Die Zustimmung des Rufagenten bzw. Rufinitiators vorausgesetzt, erfolgt schließlich der Versand von ACCEPT-Nachrichten und die Zusammenschaltung der Verbindungssegmente.

Die Angebotslisten werden im Ressourcenagenten zusammen mit den Zustandsinformationen der Verbindungssegmente gespeichert. Dies ist Voraussetzung für die spätere Modifikation und den Abbau einer Verbindung. Darüber hinaus wird die Festlegung von Wegealternativen (Crankback) ermöglicht, sofern Angebote vollständig belegt sind, Angebotsparameter geändert wurden oder Agenten ausgefallen sind. Der Crankback-Vorgang ist keine AUREUS spezifische Neuerung. Er entspricht bis auf geringfügige Erweiterungen den PNNI-Prinzipien [ATM96b].

6.4.5.4 Einbindung von Spezialressourcen

Abschließend sei auf einige Besonderheiten eingegangen, die sich durch die integrierte Behandlung von Spezialressourcen ergeben. Die Ansteuerung der Spezialressourcen wird durch einen spezifischen Agentenadapter vorgenommen (SR-AAD). In den AKP-Nachrichten sind SR-spezifische Angaben enthalten, wie beispielsweise die Einstellung der Mischfunktion oder die Auswahl der Kodierungsformate. Aufgabe des SR-AAD ist es, für eine Umsetzung auf eine gerätespezifische Schnittstelle zu sorgen. Da keine Standardschnittstellen vergleichbar den Q3-Schnittstellen der Vermittlungseinrichtungen existieren, muß an dieser Stelle auf eine vertiefende Darstellung verzichtet werden.

Aus Sicht eines Vermittlungsknotens und seines Adapters entspricht die SR einem angeschlossenen Endgerät. Der Verbindungsaufbau erfolgt in Anlehnung an die in Abschnitt 6.4.5.1 erläuterte Vorgehensweise.

Erreicht den Ressourcenagenten eine VHAL mit Angabe einer Virtuellen SR (VSR), so muß er zunächst eine Auswahl unter den SR seiner Verantwortungsdomäne treffen. Sie erfolgt nach der in Abschnitt 6.3.4 vorgestellten Lokalisierungsheuristik.

Kapitel 7

Prototypische Implementierung

Der Prototyp der Dienststeuerung verfolgt das Ziel, die entworfenen Steuerungskomponenten, Steuerungsverfahren und Protokolle zu verifizieren. Darüber hinaus soll die Realisierbarkeit des neuartigen Ansatzes nachgewiesen und der Implementierungsaufwand abgeschätzt werden. Die Implementierung dient auch dem Zweck, Verfahrensdetails aufzudecken, die bei der theoretischen Betrachtung von untergeordneter Bedeutung waren.

Die umfangreichen Implementierungsarbeiten [Str99, Sch99, Mü98] realisieren zunächst die drei Steuerungsebenen in getrennter Form. Zusätzlich existiert eine integrierte Gesamtlösung, um das Zusammenspiel der Steuerungsagenten zu überprüfen. Mit ihr lassen sich die einzelnen Steuerungsvorgänge schrittweise simulieren und die Signalisierungsabläufe in Form von Nachrichtenflußdiagrammen visualisieren.

Erstellt wurde der Prototyp in der formalen Spezifikations- und Beschreibungssprache SDL (Specification and Description Language) [ITU92b] und mit Hilfe des Entwicklungswerkzeuges SDT (SDL Design Tool) der Firma Telelogic [SDT95].

7.1 Spezifikationssprache SDL und Entwicklungswerkzeuge

Von der ITU wird für Telekommunikationssysteme die formale Spezifikations- und Beschreibungssprache SDL (Specification and Description Language) [ITU92b] empfohlen. SDL erlaubt sowohl eine strukturierte, hierarchische Beschreibung des Sytemaufbaus als auch eine Spezifikation des Systemverhaltens. Das SDL-Gesamtsystem wird dabei in mehrere Ebenen unterteilt. Auf der Systemebene, der abstraktesten Beschreibungsebene setzt es sich aus Blöcken zusammen. Eine hierarchische Strukturierung dieser Blöcke wird durch Unterblöcke erreicht. Zwischen den (Unter-)Blöcken können Kanäle zum Austausch von Signalisierungsnachrichten eingerichtet werden. Die Blöcke auf unterster Beschreibungsebene enthalten Prozesse. Sie repräsentieren einen erweiterten, endlichen Zustandsautomaten und sind die Elemente für die Spezifikation des Systemverhaltens.

Das eingesetzte Entwicklungswerkzeug SDT [SDT95] bietet eine komfortable Unterstützung des Entwicklungsprozesses durch zahlreiche Visualisierungs-, Simulations- und Verifikationsfunktionen. Sie beschleunigen den Spezifikationsvorgang und erleichtern das Aufspüren von Entwurfs- und Programmierfehlern. Zudem ermöglicht SDT die automatische Code-Generierung aus der SDL-Beschreibung.

Zur Erstellung graphischer Eingabeoberflächen wurde das Editierwerkzeug Topedit [Wei97] eingesetzt. Seine Funktionalität erlaubt eine komfortable und schnelle Oberflächenrealisierung und eignet sich insbesondere zur Eingabe von Netztopologien. Darüber hinaus ermöglicht Topedit den Nachrichtenaustausch mit dem Entwicklungswerkzeug SDT. Topedit basiert auf der Skriptensprache Tcl (Tool Command Language) und der Programmierbibliothek Tk (Toolkit) [Ous97].

7.2 Spezifikation der Rufebene

7.2.1 Systemaufbau

In Abbildung 7.1 ist die SDL-Spezifikation der Rufebene dargestellt (vgl. [Str99]). Sie umfaßt mit dem Rufagenten und den Rufsteuerungszugängen die netz- und teilnehmerseitigen Steuerungsinstanzen[1].

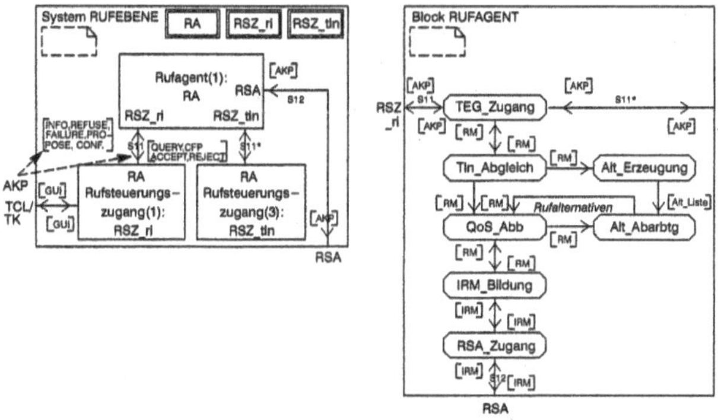

Abbildung 7.1: Systemstruktur der Rufebene und Blockstruktur des Rufagenten

Die Kommunikation der Steuerungsinstanzen erfolgt über die Teilnehmernetzschnittstelle ($S_{11}^{(*)}$) mittels ASN.1-codierter Signale gemäß den Regeln des Agentenkommunikationsprotokolls (AKP, siehe Abschnitt 5.3.4). Eine Schnittstelle zur Umgebung unterstützt den Dienstzugang in den Endgeräten in Form einer graphischen Bedienoberfäche (GUI). Sie wurde zur Vereinfachung der Tests des Rufagenten auf der Basis von Tcl/Tk erstellt (vgl. Abbildung D.1 im Anhang). Der Zugriff der Bedienoberfläche auf den Dienstzugangspunkt des Rufsteuerungszugangs erfolgt über ein Zusatzprogramm (sdttcl [Wei97]) und das SDT-eigene Kommunikationswerkzeug 'Postmaster'.

Über eine zweite Umgebungsschnittstelle (S_{12}) erfolgt die Kommunikation mit den Ressourcenagenten der Ressourcenebene ebenfalls auf der Basis des AKP.

Entsprechend den Architekturvorgaben und aus Aufwandsgründen wurden die Steuerungsebenen getrennt implementiert. Wie oben erwähnt, wurde zusätzlich eine integrierte Lösung erstellt, um das Verhalten des Gesamtsystems zu verifizieren. Sie ist erforderlich, da das SDT-eigene Kommunikationswerkzeug zum Nachrichtenaustausch zwischen unterschiedlichen SDL-Systemen nur eine stark begrenzte Parameterliste für die Umgebungssignale zuläßt. Diese ist nicht ausreichend für den Inhalt der AKP-Signale.

7.2.2 Aufbau des Rufagenten

In Abbildung 7.1 sind die SDL-Prozesse des Blocks Rufagent wiedergegeben. Der Aufbau entspricht dabei dem erweiterten Rufsteuerungsmodell aus Abbildung 5.6. Von zentraler Bedeutung sind die Prozesse 'Alt_Erzeugung' und 'Alt_Abarbtg'. Sie umfassen die Prozeduren, mit denen Rufalternativen aus dem initialen Rufwunsch gebildet und im Verlauf des Rufaufbaus eingesetzt werden. Implementiert wurden die in Abschnitt 5.4.2.4 beschriebenen Verfahren auf Basis einer Alternativenliste, sowie

[1] Eine Besonderheit ist die Trennung der Steuerungszugänge von Rufinitiator und Teilnehmer. Sie vereinfacht lediglich die Prototyp-Implementierung, stellt aber keine konzeptionelle Änderung dar.

zusätzliche Programmbausteine für die Umsetzung einiger der in Kapitel 5 erläuterten Freiheitsgrade (z.B. parallele Abfrage, Intelligente Alternativenauswahl).

Die Koordinierung der Kommunikationsaktivitäten des Rufagenten erfolgt über zwei Prozesse. Der Prozeß 'TEG_Zugang' ist für den Nachrichtenaustausch an der Teilnehmernetzschnittstelle verantwortlich. Seine Hauptaufgabe ist die Bildung des Rufmodells aus den Einzeloperationen der AKP-Signale. Das Rufmodell wird als prozeßinternes Variablenfeld abgelegt und zwischen den Basisfunktionen ausgetauscht.

Der Prozeß 'RSA-Zugang' wickelt die Kommunikation mit dem Ressourcenagenten ab. Das implizite Ressourcenmodell (IRM), Hauptbestandteil der zugehörigen AKP-Signale, wird für jede Rufalternative in einem vorgelagerten Abbildungsprozeß ('IRM_Bildung') erzeugt.

Um den Aufwand für die prototypische Implementierung zu begrenzen, wurden bei den restlichen Basisfunktionen einige Vereinfachungen vorgenommen, die für die Verifizierung der Steuerungsabläufe unerheblich sind. So wird im Prozeß 'QoS_Abb' eine Konkretisierung der Dienstgüteattribute auf der Basis fiktiver Kodierungsverfahren vorgenommen. Darüber hinaus läßt der Prozeß 'Tln_Abgleich' zum Abgleich unterschiedlicher lokaler Rufsichten nur die Lösung einfacher Konfliktsituationen zu.

7.3 Spezifikation der Ressourcenebene

7.3.1 Systemaufbau

Die SDL-Systemstruktur der Ressourcenebene (vgl. [Sch99]) entspricht dem verteilten Aufbau der Steuerungsarchitektur in dieser Abstraktionsebene. Jeder Ressourcenagent ist dabei in Form eines SDL-Blockes realisiert. Auch für übergeordnete Ressourcenagenten wird dieser Blocktyp verwendet. Auf eine dem verminderten Funktionsumfang angepaßte, gesonderte Implementierung wurde verzichtet. Abbildung 7.2 ist dahingehend zu interpretieren, daß die Instanzen des Typs 'Ressourcenagent' parallel und kooperierend aktiv sind, um Maklerfunktionen auf der Basis eines Angebotsnetzes zu erbringen.

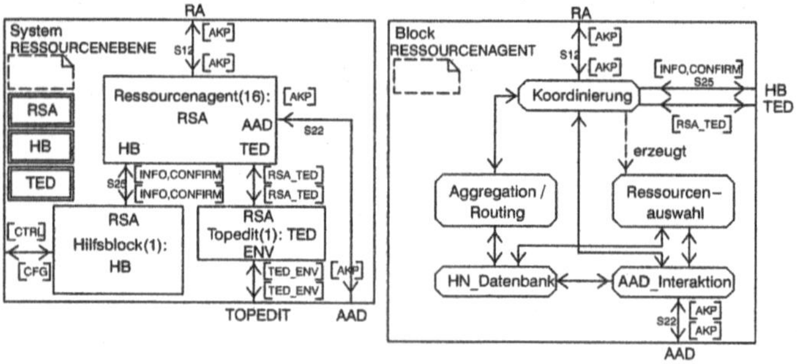

Abbildung 7.2: Systemstruktur der Ressourcenebene und Blockstruktur des Ressourcenagenten

SDT ermöglicht keine dynamische Erzeugung von Blöcken. Aus diesem Grund muß die Agentenanzahl fest vorgeben werden. Für die im Anhang D.2 wiedergegebene Netztopologie sind beispielsweise 16 RSA-Blöcke notwendig (12 Basis- und 3+1 übergeordnete Agenten). Die prototypische Implementierung wurde dennoch so konzipiert, daß beliebige Netztopologien betrachtet werden können. Hierzu ist ein Hilfsblock erforderlich. Er übernimmt in einer Initialisierungsphase die Aufgabe, die für eine Beispieltopologie relevanten Konfigurationsdaten (Verantwortungsdomänen, zugeordnete Agentenadapter inklusive Prozeßnummern) an die Agenten weiterzuleiten. Während des Systembetriebs hat der genannte SDL-Block eine weitere wichtige Hilfsfunktion. Da SDT keine direkte Kommunikation zwischen Instanzen des gleichen Blocks ermöglicht, sorgt er für den AKP-Nachrichtenaustausch zwischen den Ressourcenagenten entsprechend der Schnittstelle S_{25}.

Ein letzter Block auf Ressourcenebene ('TED') sorgt für die Anbindung des Editierwerkzeuges Topedit. Er bildet und versendet die benötigten Tcl/Tk-Kommandos, um die Ergebnisse von Steuerungsvorgängen auch in der Netztopologie visualisieren zu können. Ein Netzbeispiel ist im Anhang D.2 dargestellt. Es umfaßt zwei Hierarchieebenen und stellt damit sicher, daß die komplexen Verfahren bei der Zusammenfassung von Mehrportknoten (FMR) getestet werden können.

Über Umgebungsschnittstellen erfolgt die Anfrage einer Ressourcenkonfiguration durch den Rufagenten (S_{12}) und die Mitteilung von Ressourcenangeboten bzw. die Belegung von Ressourcen über Agentenadapter (S_{22}). Weitere Umgebungsschnittstellen ermöglichen das Einlesen von externen Konfigurationsdaten und die Ansteuerung von Topedit.

7.3.2 Aufbau des Ressourcenagenten

Die Hauptfunktionen des Ressourcenagenten sind in getrennten Prozessen realisiert (Abbildung 7.2, rechts). Der modulare Aufbau setzt sich somit auch im Inneren eines Ressourcenagenten fort. Im einzelnen sorgen die Prozesse 'Aggregation/Routing', 'Ressourcenauswahl' und 'AAD-Interaktion' für die Erstellung einer hierarchischen Netzsicht durch Teilnetzzusammenfassung (inklusive Vorberechnung von Punkt-zu-Punkt-Routen), die Ressourcenauswahl auf Anfrage eines Rufagenten und die Entgegennahme von Ressourcenangeboten der zugeordneten Agentenadapter. Der AAD-Interaktionsprozeß ist zudem für die Abarbeitung von Angebotslisten (VHAL, vgl. Abschnitt 6.4.3) während des Verbindungsaufbaus zuständig.

Die hierarchischen Netzsichten des Ressourcenagenten sind im Prozeß 'HN_Datenbank' gespeichert. Die Zulieferung der Daten erfolgt über den Prozeß 'Aggregation/Routing', die Abfrage über die Prozesse 'Ressourcenauswahl' und 'AAD_Interaktion'. Letzterer nimmt das Herunterbrechen hierarchischer Wegewahlentscheidungen auf konkrete Angebote einer Verantwortungsdomäne vor.

Der Prozeß 'Koordinierung' ist Ansprechpartner für den Rufagenten (Schnittstelle S_{12}). In dieser Funktion erzeugt er Prozesse, agiert als Nachrichtenverteiler und stößt obige Agentenaufgaben an.

Die Prozeßschnittstellen sind durch die Steuerungsarchitektur AUREUS nicht festgelegt. Sie wurden im Rahmen der Implementierungsarbeiten definiert. Aus Platzgründen wurde in den Abbildungen dieses Kapitels auf die Angabe des Schnittstellen- und der Signalbezeichner verzichtet.

Auch bei der Realisierung der Ressourcenebene wurden aus Aufwandsgründen einige Vereinfachungen vorgenommen. So wurde bei der Ressourcenkonkretisierung auf die Bildung und Untersuchung von Konkretisierungsalternativen verzichtet. Darüber hinaus erfolgte eine Beschränkung auf die Mehrportknotendarstellung (FMR) bei der Teilnetzzusammenfassung.

7.4 Spezifikation der Elementebene

Als letzte Steuerungsinstanz wurde ein Prototyp des Agentenadapters[2] implementiert [Mü98]. Abbildung 7.3 zeigt die Systemstruktur auf Elementebene und den Aufbau des Blocks Agentenadapter. Die innere Struktur des AAD besteht zunächst aus einem Zugangsprozeß ('AAD_Zugang'). Er stößt Sicherheitsfunktionen an, beispielsweise die Authentisierung zugreifender Ressourcenagenten ('Agenten_DB'), meldet neue Ressourcenangebote (aus 'Angebots_DB') und gibt Aufträge zur Ressourcenreservierung und -belegung an den Prozeß 'Verbindungssteuerung' weiter. Letzterer nimmt die Umsetzung der AKP-Signale in Q3-Management-Nachrichten zur Ansteuerung einer Vermittlungsanlage vor.

[2]Genauer handelt es sich um den V-AAD (vgl. 6.4.5.2). T-AAD und SR-AAD existieren als Zusatzblock auf Ressourcenebene.

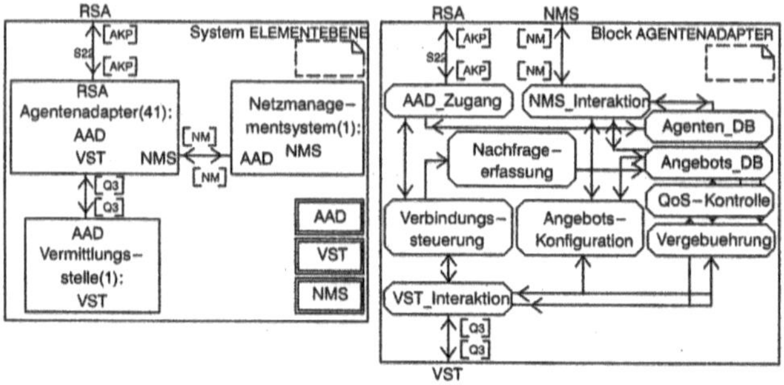

Abbildung 7.3: Systemstruktur der Elementebene und Blockstruktur des Agentenadapters

Der Prozeß 'VST_Interaktion' ist Koordinator des Nachrichtenaustausches mit der zugeordneten Vermittlungsstelle des AAD. Der Prozeß 'NMS_Interaktion' regelt die Kommunikation mit dem Netzmanagementsystem eines Netzbetreibers. Über ihn wird die Angebotskonfiguration (Prozeß 'Angebotskonfiguration') eingeleitet. Weitere Prozesse nehmen die verbindungsindividuelle Überwachung der angebotenen Qualitätseigenschaften ('QoS-Kontrolle'), die Ermittlung und Weiterleitung von Vergebührungsinformationen ('Vergebuehrung') und die Auswertung von Angebotszugriffen ('Nachfrageerfassung') zur Unterstützung einer adaptiven Tarifierung vor.

Schwerpunkt der Implementierung auf Elementebene war die Verbindungssteuerung. Als Ausblick wäre nach SDL/Code-Umwandlung die Ansteuerung einer realen ATM-Vermittlungsstelle möglich.

Kapitel 8

Zusammenfassung

Ausgangspunkt vorliegender Arbeit waren bestehende und zukünftige Umgestaltungen des Telekommunikationsmarktes als Folge einer fortschreitenden Deregulierung und zunehmenden Verbreitung verteilter Multimediaanwendungen. Als ein erstes Resultat wurden plausible Entwicklungstendenzen vorgestellt und begründet. Hierzu zählt die vertikale Betreiberpartitionierung in Dienst- und Netzbetreiber, die qualitätsbasierte Differenzierung, in deren Zuge sich die Tarifierung eines Übermittlungsdienstes an dessen Qualitätseigenschaften orientiert und die mögliche segmentweise Bereitstellung einer Verbindung durch eine Kette unterschiedlicher Netzbetreiber. Besonderes Augenmerk galt der nachfrageadaptiven Tarifierung als denkbarem Kennzeichen eines zukünftigen Telekommunikationsmarktes. Die Plausibilität dieser Annahme wurde anhand eines einfachen mikroökonomischen Modelles nachgewiesen. Die im Vergleich zu einer Tarifierung nach dem „flat-rate"-Prinzip erheblichen Mehreinnahmen sprechen für die nachfrageadaptive Tarifierung. Darüber hinaus konnte gezeigt werden, daß sich die ökonomisch optimale Aktualisierungszeit unter den gegebenen Modellannahmen in einem nutzerseitig akzeptablen Rahmen bewegt.

Die Bereitstellung von Multimediadiensten auf einem derartigen Telekommunikationsmarkt stellt neuartige Anforderungen an die zugrundeliegende Dienststeuerung. Die Komplexität der Betreiberauswahl erfordert eine verbesserte Teilnehmerunterstützung und maklerartige Funktionen, um Netzbetreiberangebote zu erfassen, auszuwerten und für einen Ruf optimal zusammenzustellen. Bestehende Dienststeuerungsansätze weisen diese Funktionalität nur in sehr begrenztem Maße auf.

Mit AUREUS wurde aus der modellhaften Vorstellung einer agenturähnlichen Arbeitsweise heraus eine neuartige Steuerungsarchitektur für Multimediadienste in Breitbandnetzen entwickelt, die obige Anforderungen erfüllt. Sie ist gekennzeichnet durch eine funktionale Trennung in drei Steuerungsebenen: Ruf-, Ressourcen- und Elementebene. Durch die Dekomposition entstehen handhabbare Steuerungsmodule, die sich einfacher implementieren, warten und erweitern lassen. Darüber hinaus können mit der Festlegung der vertikalen Schnittstellen Steuerungsinstanzen unterschiedlicher Ebenen weitgehend unabhängig voneinander implementiert werden. Hierdurch wird insbesondere der Wechsel der Übermittlungstechnologie bei gleichbleibender Ruf- und Ressourcensteuerung unterstützt. Ein letzter, aber bedeutender Vorteil ist die Tatsache, daß mit der Offenlegung der vertikalen Schnittstellen die Voraussetzung für eine Zuordnung der ebenenspezifischen Steuerungsinstanzen zu unterschiedlichen Marktakteuren geschaffen wird. Ohne sie ist eine zukünftige partitionierte Betreiberlandschaft nicht möglich.

Die strikte Eigenständigkeit der Ressourcenebene ist besonders hervorzuheben. Sie stellt sicher, daß die Auswahl der Ressourcenangebote betreiberübergeordnet erfolgen kann und eröffnet in Form des Ressourcenmaklers eine neue Geschäftsmöglichkeit auf dem betrachteten Telekommunikationsmarkt.

Zur Realisierung der geforderten Steuerungseigenschaften durch kooperierende, schichtenspezifische Steuerungsinstanzen wurden die Grundprinzipien des Agentenparadigmas angewandt. Die Rollenorientierung mit einer strikten Kapselung agentenspezifischen Wissens ermöglicht eine effiziente Aufgabenteilung und Datenhaltung der unterschiedlichen Marktakteure. Die flexible, durch Proaktivität und Autonomie geprägte Arbeitsweise ist verantwortlich für den unterstützenden Charakter der Steuerungsmodule.

Besonders deutlich wird dies bei der netzseitigen Steuerungsinstanz der Rufebene, dem Rufagenten. Er realisiert die Vorstellung eines Benutzeragenten, d.h. eines elektronischen Stellvertreters des Rufinitiators, der in dessen Interesse handelt. Der Rufagent erweitert bestehende Ansätze einer zentralisierten Rufsteuerung. Seine Aufgabe ist es, die Auswahlkomplexität bei der Etablierung eines Rufes zu reduzieren. Der gewählte Ansatz besteht darin, daß der Dienstnutzer nicht über die Lokalisierung einzelner Ressourcen entscheiden muß, um Qualitäts- und Preisvorstellungen zu realisieren, sondern auf abstraktem, benutzernahem Niveau eine Entscheidung zwischen sinnvollen Realisierungsalternativen seines Rufwunsches treffen kann.

In diesem Zusammenhang entstehen neuartige Steuerungsfunktionen, die über die Basisfunktionen (Teilnehmerkoordinierung, Dienstgüteabbildung, Ressourcenanfrage) einer Rufsteuerung hinausgehen. So werden durch den Rufagenten autonom Rufalternativen erzeugt, deren erreichbare Eigenschaften (Preis, Qualität) bei einer Umsetzung im Netz ermittelt und die Resultate dem initiierenden Dienstnutzer zur Orientierung oder Entscheidung vorgelegt. Diese Fähigkeiten führen zu einer wesentlichen Flexibilisierung der Rufbearbeitung. Die Vorzüge liegen in einer verbesserten Berücksichtigung individueller Kosten-Qualitäts-Vorlieben des Rufinitiators, in einem verminderten Risiko der Rufablehnung und in einer stärker am tatsächlichen Bedarf ausgerichteten Belegung von Netzressourcen. Das Konzept der Rufalternativen ist dabei nicht auf die vorgestellte Rufsteuerung beschränkt. Eine Integration in vergleichbar geschichtete Dienststeuerungsansätze ist möglich.

Der Rufagent hat eine logische Sicht auf einen Ruf, die netzinterne Details verbirgt. Zur Ruf- und Alternativenbeschreibung wird ein bestehendes, objektorientiertes Rufmodell erweitert. Die einzelnen Bestandteile eines Rufes werden durch elementare, attributierte Rufobjekte repräsentiert. Durch die Verknüpfung der Rufobjekte und die Wahl ihrer Attribute lassen sich beliebig komplexe Rufkonfigurationen mit unterschiedlichsten Endgeräten und Dienstgüteanforderungen erzeugen, wie dies zur Unterstützung von Multimediaanwendungen erforderlich ist. Die Rufmodellerweiterungen bestehen in Angaben zur maximalen Zahlungsbereitschaft des Rufinitiators, zu maximal akzeptierter Qualitätsverringerung und zu eliminierbaren Rufobjekten. Sie erlauben eine sinnvolle Eingrenzung der durch schrittweise Eliminierung von Rufobjekten und Reduktion von Dienstgütewerten erzeugten Rufalternativen.

Zusammen mit den Empfehlungen bezüglich der Verfahrensfreiheitsgrade bei der systematischen Alternativenerzeugung (initiale Erzeugung, hybride Änderungsreihenfolge und Breite-zuerst-Qualitätsverringerung) wurden die konzeptionellen Voraussetzungen für eine Arbeitsweise des Rufagenten geschaffen, die den hohen Zeitansprüchen beim Rufaufbau gerecht wird.

Eine weitere Schwierigkeit bestand darin, unnötige Ressourcenbelegungen infolge mehrerer erprobter Rufalternativen zu vermeiden. Zu ihrer Lösung wurden zwei unterschiedliche Arbeitsmodi des Rufagenten vorgeschlagen und bei der Gestaltung der Signalisierungsprotokolle berücksichtigt. Die unverbindliche Arbeitsweise wird angewandt, um dem Rufinitiator einen breit angelegten Überblick über Realisierungsvarianten seines Rufwunsches zu liefern. Die ermittelten Preis- und Qualitätsangaben der Rufalternativen haben Hinweischarakter. Mit der unverbindlichen Arbeitsweise ist lediglich eine Informationsabfrage aber keine Ressourcenreservierung auf Ressourcenebene verbunden. Die verbindliche Arbeitsweise führt zur Abgabe eines bindenden Angebots an den Rufintiator mit einer Garantie der Rufeigenschaften. Hierzu ist eine Reservierung der einzelnen Netzressourcen erforderlich.

Entsprechend ihrer Rollenorientierung besitzen Rufagenten kein Wissen über die zugrundeliegende Netzinfrastruktur. Dieses wird durch die Ressourcenagenten auf Ressourcenebene gepflegt. Ihr Ziel ist es, die für einen Ruf tatsächlich benötigten Ressourcen auf Basis der ermittelten Betreiberangebote auszuwählen. Um der steigenden, segmentweisen Auswahlfreiheit und Betreiberdifferenzierung Rechnung zu tragen, wurde eine erhebliche funktionale Erweiterung der Ressourcenebene vorgeschlagen. Die neuartigen Steuerungsfunktionen umfassen typische Maklerfunktionen, wie die Erfassung, die bestmögliche Auswahl und die Inanspruchnahme von Ressourcenangeboten der Netzbetreiber.

Eine besondere Problematik lag in den hohen Anforderungen an die Geschwindigkeit, Skalierbarkeit und Genauigkeit der Verfahren. Um die Zeitanforderungen zu erfüllen, wurden verschiedene Grundsätze der Ressourcensteuerung eingeführt. Hierzu zählt die vollständige Trennung der Angebotserfassung von der Ressourcenauswahl. Ihre kontinuierliche Durchführung (durch einen Verbund verteilter Agenten) führt dazu, daß zum Zeitpunkt einer Ressourcenanfrage durch den Rufagenten alle Ressourcenangebote zur Verfügung stehen. Ein weiteres Prinzip bildet die zentralisierte, quellenbasierte Vorgehensweise bei der Ressourcenauswahl. Die Ressourcenanfrage wird lediglich durch einen der Ressourcenagenten bearbeitet. Die zeitaufwendige Verteilung auf mehrere Ressourcenagenten wird erst im Moment der Ressourcenreservierung notwendig. Auf diese Weise lassen sich effizient unverbindliche Ressourcenanfragen erledigen. Schließlich wurde der Grundsatz angewandt, eine ständige Vorberechnung aller vom konkreten Ruf und seiner Ressourcenkonfiguration unabhängigen Routingaufgaben vorzunehmen.

Kern der Ressourcensteuerung sind einzelne Agenten, die die Betreiberangebote eines geographisch beschränkten Bereichs erfassen (Verantwortungsdomäne). Der verteilte Ansatz erleichtert die Verwaltung der Angebote, eine hierarchische Organisation der Agenten ermöglicht die Skalierbarkeit der Steuerungsarchitektur. Eine möglichst genaue Bestimmung der Ressourcenkosten setzt allerdings voraus, daß der Agent über die Kenntnisse seiner lokalen Ressourcen hinaus Wissen über die Angebote entfernter Bereiche besitzt. Zu diesem Zweck tauschen die Agenten fortwährend eine Zusammenfassung der Angebote ihrer Domäne aus. Die Fortsetzung auf allen Hierarchieebenen führt zur hierarchischen Netzsicht eines Agenten. Sie ermöglicht jedem Agenten einen Überblick über die gesamten Netzangebote, wenn auch mit abnehmendem Detaillierungsgrad und schafft die Voraussetzung für eine zentralisierte Arbeitsweise mit ausreichender Genauigkeit.

Die zentralisierte, hierarchische Ressourcenauswahl ist die komplexeste der maklerartigen Steuerungsaufgaben auf Ressourcenebene. Angesichts der Eigenschaften von Multimediadiensten waren neuartige Ansätze erforderlich, die mehrere Angebotskriterien, Punkt-zu- Mehrpunkt-Verbindungen und Spezialressourcen (Mischer, Kodierungskonverter) berücksichtigen.

Eine Thematik, die in diesem Zusammenhang aufgegriffen wurde, ist die Aggregation von Teilbereichen der Netzinfrastruktur. Ausgehend von bekannten, teilweise modifizierten Basisansätzen (Einfachknoten-, Mehrportknotendarstellung) wurde ein vektorielles Verfahren vorgestellt, welches die Zusammenfassung von Übermittlungsressourcen mit mehreren Eigenschaften erlaubt und das Konzept der Virtuellen Spezialressource zur Aggregation von Teilnetzen, in denen sich Mischer oder Konverter befinden.

Einen weiteren Schwerpunkt bildete die Formulierung und die nachfolgende Untersuchung verschiedener Teilaspekte des Auswahlverfahrens. Neben einer ausführlichen Diskussion war es das Ziel, die grundlegenden Verfahrenseigenschaften anhand synthetischer Testnetze quantitativ zu belegen. Die gewonnen Ergebnisse sind dabei von allgemeingültigem, nicht auf die Dienststeuerung AUREUS beschränkten Wert.

Im Verlauf der Arbeit wurde die Verfahrenskomplexität schrittweise gesteigert. Den Anfang bildetete eine Untersuchung verschiedener Einflußfaktoren auf die hierarchische Wegewahl. Dabei konnte gezeigt werden, daß die Güte mit zunehmender Anzahl an Hierarchieebenen näherungsweise linear absinkt, daß die Güte in hohem Maße von dem gewählten Verfahren der Teilnetzzusammenfassung abhängt - die Darstellung durch einen einfachen Knoten (SNR) bringt wesentlich höhere Güteeinbußen mit sich, als die Darstellung durch einen vollvermaschten Mehrportknoten (FMR) - und, daß eine neuartige Schätzung der Zielnetzwegekosten sowohl die Gütewerte deutlich verbessert, als auch die Steigung verringert, mit der die Güte bei zumehmender Hierarchisierung absinkt.

Bei der Betrachtung der Mehrkriterienwegewahl wurde zunächst die allgemeine Problemstellung reduziert und als Lösungsansatz zwei bekannte Algorithmen und eine simple neue Heuristik miteinander verglichen. Als Ergebnis konnte festgehalten werden, daß bei geschickter Dimensionierung der Heuristik die Zeitvorteile genutzt und die Routingfehler gering gehalten werden können.

Als dritter Teilaspekt wurde die Vorgehensweise beim Aufbau von Punkt-zu-Mehrpunkt-Verbindungen erläutert. Sie besteht aus einer Überlagerungmethode von Punkt-zu-Punkt-Verbindungen, die für die Anwendung in hierarchischen Netzsichten erweitert wurde.

Die Lokalisierung benötigter Spezialressourcen (SR) bildete die letzte Schwierigkeit der Ressourcenauswahl. Ein optimaler Lösungsalgorithmus schied wegen des hohen Rechenzeitbedarfs aus. Dies ist insbesondere auf die Tatsache zurückzuführen, daß die SR-Lokalisierung an einen konkreten Ruf gebunden ist und nicht vorberechnet werden kann. Durch den simulativen Vergleich verschiedener Basisheuristiken wurde nachgewiesen, daß eine integrierte SR-Lokalisierung zu erheblich geringeren Gesamtkosten einer Ressourcenkonfiguration führt und daß die benötigte Lokalisierungszeit in einem zeitlichen Rahmen liegt, der ein Durchspielen mehrerer Lokalisierungsvarianten erlaubt. Die beste Basisheuristik wurde schließlich um die Möglichkeit erweitert, Spezialressourcen in hierarchischen Netzen und unter Berücksichtigung mehrerer Auswahlkriterien lokalisieren zu können.

Der Aufbau einer Ressourcenkonfiguration erfolgt dezentral durch die Kooperation mehrerer Ressourcenagenten. Zu ihrer Beschreibung wurde die Verkettete Hierarchische Angebotsliste (VHAL) eingeführt. Basisbestandteil sind Angebotslisten, die vergleichbar den Ansätzen in PNNI einen hierarchisch optimalen Pfad in Form eines Kellerspeichers modellieren. Durch deren Verkettung gelingt die Beschreibung von Punkt-zu-Mehrpunkt-Verbindungen. Mit Hilfe einer zusätzlichen Attributierung der Listeneinträge wurde erreicht, daß die benötigten Spezialressourcen und Dienstgüteanforderungen aufgenommen werden können.

Für den Steuerungszugriff auf die Übermittlungs- und Spezialressourcen wurde das Konzept der Agentenadapter vorgestellt. Die Hauptaufgabe der Agentenadapter ist die Umsetzung der für die Agentenkommunikation vorgesehenen abstrakten Sprachelemente auf bestehende, ressourcenspezifische Zugriffsfunktionen. Dadurch wird Unabhängigkeit der höheren Steuerungsebenen von der eingesetzten Übermittlungstechnologie erreicht. Anhand eines ATM-Vermittlungsknotens wurde exemplarisch gezeigt, wie die Steuerung eines Verbindungssegments über eine standardisierte Management-Schnittstelle erfolgen kann.

Mit der Entkopplung der Ressourcenebene von der Elementebene wurde ferner die architekturelle Voraussetzung für den betreiberseitig geforderten sicheren Ressourcenzugriff geschaffen. Darüber hinaus erfüllen die Agentenadapter Stellvertreterfunktionen für ihren Netzbetreiber. So melden sie die Ressourcenangebote an die Ressourcenagenten und unterstützen die Angebotsaktualisierung.

In umfangreichen Implementierungsarbeiten wurden die erarbeiteten Protokolle, Steuerungskomponenten und Steuerungsverfahren verifiziert. Dabei erfolgte aus Testgründen zunächst eine getrennte Implementierung der drei Steuerungsebenen, an die sich eine erfolgreiche Integration zu einem Gesamtsystem anschloß. Mit Hilfe des SDL-Prototypen konnte die Realisierbarkeit des neuartigen Ansatzes nachgewiesen und der Implementierungsaufwand abgeschätzt werden. Der Prototyp kann ferner als Ausgangspunkt einer Implementierung für ein reales Zielsystem dienen. Insbesondere die Ansteuerung eines ATM-Netzes dürfte aufgrund der implementierten Agentenadapter problemlos durchführbar sein.

Als Ausblick sei darauf hingewiesen, daß die Steuerungsarchitektur AUREUS zwar für Multimediadienste auf dem vorgestellten, zukünftigen Telekommunikationsmarkt konzipiert wurde. Der modulare Aufbau der Dienststeuerung, sowie die Herausarbeitung von Steuerungsgrundsätzen und generischen Verfahren erlaubt es aber, Teilaspekte zur Evolution bestehender Steuerungssysteme einzusetzen. Besonders die zunehmende Multimedia-Kommunikation über das Internet eröffnet die Chance, den agenturartigen Steuerungsansatz für das Policy-based-Routing der Verkehrsströme durch vernetzte QoS-Domänen unterschiedlicher Betreiber einzusetzen. Ferner sind die im Rahmen der Ressourcenauswahl entwickelten Verfahren prädestiniert für eine Erweiterung der Routingarchitektur PNNI.

In vorliegender Arbeit nicht aufgegriffen wurde eine gemeinsame Optimierung bei der Auswahl von Dienst- und Netzbetreibern. Deren Auftreten in Form von Betreibersyndikaten (vgl. [Mes99]) kann als Ausgangspunkt für eine Weiterführung der ökonomischen Eingangsbetrachtungen dienen.

Literaturverzeichnis

[AC95] Ch. Aurrecoechea, A. Campell: *A Review of Quality of Service Architectures.* ACM Multimedia Systems Journal, 1995.

[ACTS96] ACTS Project AC-039 CA$HMAN: *Charging and Accounting Schemes in Multi-Service ATM Networks, Deliverable 6,* August 1996.

[All95] R.E. Allen: *Towards Competition and Choice.* IEEE Communications Magazine, 33(12):48–49, Dezember 1995.

[ATM94a] ATM-Forum: *ATM User-Network Interface Specification, Version 3.1,* September 1994.

[ATM94b] ATM-Forum: *Overview of ITU-T B-ISDN CS1 and ATM-Forum Phase 1 Signalling, Draft 0C,* Oktober 1994.

[ATM96a] ATM-Forum: *ATM User-Network Interface Specification, Version 4.0,* 1996.

[ATM96b] ATM-Forum: *Private Network-Network Interface Specification Version 1.0, af-pnni-0055.000,* März 1990.

[ATM96c] ATM-Forum: *Traffic Management Specification Version 4.0, af-tm-0056.000,* April 1996.

[BBI93] W. Barr, T. Boyd, Y. Inoue: *The TINA Initiative.* IEEE Communications Magazine, 31(3):70–76, März 1993.

[Bla92] P. Blankers: *Functional Modelling for Target B-ISDN Signaling. Proceedings of IEEE Globecom'92,* 1166–1171, Dezember 1992.

[DMMM94] H. Bussey, S. Minzer, P. Mouchtaris, S.L. Moyer: *EXPANSE Software for Distributed Call and Connection Control.* Int. Journal of Communications Systems, 7(2):149–160, April - Juni 1994.

[Boe81] B.W. Boehm: *Software Engineering Economics.* Prentice-Hall, 1981.

[Booz97] Booz Allen and Hamilton, Inc. (Hrsg.): *Telekommunikation in der Welt von morgen: Marktstrategien, Konzepte und Kompetenzen für das 21. Jahrhundert.* Institut für Medienentwicklung und Kommunikation (IMK), Frankfurt am Main, 1997.

[BPCY94] N. Busuioc, B. Purohit, I. Crabtree, J. Yadegar: *Communications Network Management.* Internationale Patentanmeldung (WIPO PCT/GB94/02613), November 1994.

[Bro91] R. Brooks: *Intelligence without Representation.* Artificial Intelligence, 47:139–159, 1991.

[Bro94] N. Brownlee: *New Zealand Experiences with Network Traffic Charging.* Connexions, 1994.

[BS98] U.M. Borghoff, J.H. Schlichter: *Rechnergestützte Gruppenarbeit. Eine Einführung in verteilte Anwendungen.* Springer-Verlag, Berlin, 1998.

[Bü95] F. Büllingen (Hrsg.): *The Future European Telecommunications User, Contributions to the Annual COST 248 Workshop.* Wissenschaftliches Institut für Kommunikationsdienste, Bad Honnef, April 1995.

[Bur95] W. Burr: *Netzwettbewerb in der Telekommunikation.* Markt und Unternehmensentwicklung, Prof. Dr. A. Picot und Prof. Dr. Ralf Reichwald (Hrsg.). Gabler Verlag, Deutscher Universitätsverlag, Wiesbaden, 1995.

[Bur98] H.-D. Burkhard: *Einführung in die Agenten-Technologie.* Informationstechnik und Technische Informatik (it+ti), 40(4), 1998.

[CCITT85a] CCITT / ITU-T: *Recommendation G.114: Mean One-Way Propagation Time*, 1985.

[CCITT85b] CCITT / ITU-T: *Recommendation G.821: Error Performance of an international Connection forming Part of an ISDN*, 1985.

[CCITT88] CCITT/ITU-T: *Series D Recommendations: General Tariff Principles, Charging and Accounting in International Telecommunications Services*, November 1988.

[CESZ91] R. COCCHI, D. ESTRIN, S. SHENKER, L. ZHANG: *A Study of Priority Pricing in Multiclass Networks. Proceedings of SIGCOMM'91*, September 1991.

[CG94] M. CARTER, G. GUTHRIE: *Pricing the Internet: The New Zealand Experience*, Department of Economics, University of Canterbury, 1994.

[Cho92] C.E. CHOW: *Resource Allocation Algorithms for Multimedia Multiparty Connections.* Technical Report EAS-CS-92-1, Department of Computer Science, University of Colorado, Colorado Springs, Januar 1992.

[CHW92] R. COLLINS, S. HARRIS, D. WILLIS: *Feature Interaction and AIN Evolution. Proceedings of TINA'92 Workshop*, G1.2, 1–13, 1992.

[Cla96] D.D. CLARK: *A Model for Cost Allocation and Pricing in the Internet.* L.W. MCKNIGHT, J.P. BAILEY (Hrsg.): *Internet Economics.* MIT-Press, 1996.

[CM96] A. CHAVEZ, P. MAES: *Kasbah: An Agent Marketplace for Buying and Selling Goods. Proceedings of the First International Conference on The Practical Application of Intelligent Agents and Multi-Agent Technology (PAAM'96)*, London, April 1996.

[CN98] S. CHEN, K. NAHRSTEDT: *An Overview of Quality of Service Routing for Next-Generation High-Speed Networks: Problems and Solutions.* IEEE Network, 12(6):64–79, 1998.

[CSS96] V. COURCOUBETIS, V.A. SIRIS, G.D. STAMOULIS: *Integration of Pricing and Flow-Control for Available Bit Rate Services in ATM Networks. Proceedings of IEEE Globecom 1996*, 1996.

[CV91] E.J. CAMERON, H. VELTHUIJSEN: *Feature Interaction in Telecommunications Software Systems.* IEEE Communications Magazine, 31(8):18 – 23, 1991.

[Dij57] E. DIJKSTRA: *A Note on Two Problems in Connexion with Graphs.* Numerische Mathematik, 1, 1957.

[DNY95] F. DUPUY, G. NILSSON, Y. INOUE: *The TINA Consortium: Towards Networking Telecommunications Information Services.* IEEE Communications Magazine, 33(11):78 – 83, 1995.

[DS83] R. DAVIS, R.G. SMITH: *Negotiation as a Methaphor for distributed Problem Solving.* Artificial Intelligence, 20, 1983.

[Ebe95] J. EBERSPÄCHER: *Neue Märkte durch Multimedia.* Telecommunications, Publications of the Münchner Kreis, Springer-Verlag, Berlin, 21, 1995.

[ECMA90] ECMA: *ECMA TR 52: Computer-Supported Telecommunications Applications (CSTA)*, Juni 1990.

[ES96] K.-P. ECKERT, G. SCHÜRMANN: *Die 'Telecommunications Information Networking Architecture' TINA.* PIK Praxis der Informationsverarbeitung und Kommunikation, 19(4):225–227, 1996.

[EUR95] EURESCOM: *Project P103: Evolution of the Intelligent Network*, Heidelberg, Februar 1995.

[EUR97] EURESCOM: *Project P508: Evolution, Migration Paths and Interworking to TINA*, Heidelberg, April 1997.

[Fe93] T. FININ ET.AL.: *Specification of the KQML Agent-Communication Language.* The DARPA Knowledge Sharing Initiative, 1993.

[Feh78] U. FEHL: *Der Wechsel der Preisführerschaft und des festen Preisverhältnisses im Rahmen der Politik der festen Preisrelation.* Zeitschrift für Nationalökonomie und Statistik, 193, 1978.

[FHW96] V.J. FRIESEN, J.J. HARMS, J.W. WONG: *Resource Management with Virtual Paths in ATM Networks.* IEEE Network, 10(5):10–20, September/Oktober 1996.

[FIP97] FIPA, FOUNDATION FOR INTELLIGENT PHYSICAL AGENTS: *FIPA'97 Specification, Parts 1-7*, Oktober 1997.

[FP90] U. FEHL, OBERENDER P.: *Grundlagen der Mikroökonomie.* Verlag Franz Vahlen München, 1990.

[Fra97] D. FRANZEN: *Transportprotokolle für Multimedia-Anwendungen mit Dienstgüte-Anforderungen.* PIK Praxis der Informationsverarbeitung und Kommunikation, 20(4):199–208, 1997.

[Fri95] N. FRITSCHE: *Vermittlungsarchitektur mit getrennter Ruf- und Leistungsmerkmalsteuerung.* Dissertation, Technische Universität München, Lehrstuhl für Kommunikationsnetze, Juni 1995.

[Gei95] K. GEIHS: *Client-Server-Systeme: Grundlagen und Architekturen, Thomson's aktuelle Tutorien Nr. 6.* International Thomson Publishing, Bonn, 1995.

[Ger98] T. GERPOTT: *Regeln für den Netzzugang.* Gateway, Januar 1998.

[GF92] M. GENESERETH, R. FIKES: *Knowledge Interchange Format, Version 3.0.* Stanford University, Computer Science Department, 1992.

[GJ79] M.R. GAREY, D.S. JOHNSON: *Computers and Intractability. A Guide to the Theory of NP-Completeness.* W. H. Freeman and Company, New York, 1979.

[GK94] M. GENESERETH, S. KETCHPEL: *Software Agents.* Communications of the ACM, Sonderheft zum Thema Intelligente Agenten, 37(7), Juli 1994.

[GSW96] A. GUPTA, D. O. STAHL, A.B. WHINSTON: *An Economic Approach to Network Computing with Priority Classes.* Journal of Organizational Computing, 1996.

[Haf94] A. HAFID: *On JVTOS QoS Experiments.* GMD-Studie Nr. 236, Gesellschaft für Mathematik und Datenverarbeitung, GMD, St. Augustin, März 1994.

[Hah96] S. HAHNDEL: *Ein verteiltes, verhandlungsgesteuertes Planungsverfahren für flexible Fertigungsumgebungen.* Dissertation, Technische Universität München, 1996.

[Ham96] T. HAMADA: *TINA Accounting Management Architecture. Proceedings of TINA'96 Conference*, 193–202, 1996.

[ISO89] ISO: *ISO/IEC IS 7498: ISO/OSI Basic Reference Model, Part 4: Management Framework*, November 1989.

[ISO91] ISO: *ISO/IEC IS 9596: ISO/OSI Common Management Information Protocol Specification*, Februar 1991.

[ITG99] VDE ITG: *Von Visionen zur Alltagspraxis: Thesen zur Informationstechnik.* Nachrichtentechnische Zeitung NTZ, 52, Januar 1999.

[ITU88] ITU-T, STUDY GROUP II: *Recommendation E.800: Terms and Definitions related to Quality of Telecommunication Services*, November 1988.

[ITU91] ITU-T, STUDY GROUP XII: *Recommendation E.164: Telephone Network and ISDN, Operation, Numbering, Routing and Mobile Service*, 1991.

[ITU92a] ITU-T, STUDY GROUP IV: *Recommendation M.3010: Principles for a Telecommunication Management Network*, Oktober 1992.

[ITU92b] ITU-T, STUDY GROUP V: *Recommendation Z.100: Specification and Description Language (SDL)*, 1992.

[ITU92c] ITU-T, STUDY GROUP XI: *Recommendation Q.1201: Principles of Intelligent Network Architecture*, Oktober 1992.

[ITU92d] ITU-T, STUDY GROUP XI: *Recommendation Q.1205: Intelligent Network - Physical Plane Architecture*, Oktober 1992.

[ITU92e] ITU-T, STUDY GROUP XI: *Recommendation Q.1208: General Aspects of the Intelligent Network Application Protocol*, Oktober 1992.

[ITU93a] ITU-T: *Recommendation X.851: Information Technology - Open System Interconnection - Service Definition for the Commitment, Concurrency and Recovery Service Element*, November 1993.

[ITU93b] ITU-T: *Recommendation X.852: Information Technology - Open System Interconnection - Service Definition for the Commitment, Concurrency and Recovery Service Element: Protocol Specification*, November 1993.

[ITU93c] ITU-T, STUDY GROUP XI: *Recommendation Q.1214: Distributed Functional Plane for Intelligent Network CS 1*, März 1993.

[ITU93d] ITU-T, STUDY GROUP XI: *Recommendation Q.1215: Physical Plane for Intelligent Network CS 1*, März 1993.

[ITU93e] ITU-T, STUDY GROUP XI: *Recommendation Q.931: Digital Subscriber Signalling System No. 1 (DSS 1) - ISDN User-Network Interface Layer 3 Specification for Basic Call Control*, März 1993.

[ITU93f] ITU-T, STUDY GROUP XVIII: *Recommendation I.311: B-ISDN General Network Aspects*, 1993.

[ITU93g] ITU-T, STUDY GROUP XVIII: *Recommendation I.350: General Aspects of Quality of Service and Network Performance in Digital Networks, Including ISDNs*, März 1993.

[ITU93h] ITU-T, STUDY GROUP XVIII: *Recommendation I.374: ISDN Overall Network Aspects and Functions - Framework Recommendation on Network Capabilities to Support Multimedia Services*, März 1993.

[ITU94a] ITU-T, STUDY GROUP XI: *Recommendation Q.2931: B-ISDN, User-Network Interface Layer 3 Specification for Basic Call/Connection Control*, Juni 1994.

[ITU94b] ITU-T, STUDY GROUP XI: *Recommendation Q.2981: B-ISDN, DSS2, User-Network Interface Layer 3 Specification for Point-Point Multiconnection Call Control*, Juni 1994.

[ITU95a] ITU-T: *Recommendation G.805: Generic Funcional Architecture of Transport Networks*, 1995.

[ITU95b] ITU-T, STUDY GROUP XI: *Recommendation Q.2961: B-ISDN, DSS2, Support of additional Traffic Parameters*, Oktober 1995.

[ITU95c] ITU-T, STUDY GROUP XI: *Recommendation Q.2971: B-ISDN, DSS2, User-Network Interface Layer 3 Specification for Point-to-Multipoint Call/Connection Control*, Oktober 1995.

[ITU95d] ITU-T, STUDY GROUP XIII: *Recommendation I.361: B-ISDN ATM Layer Specification*, November 1995.

[ITU96a] ITU-T, STUDY GROUP XI: *Recommendation Q.2721: B-ISDN User Part - Overview of the B-ISDN Network Node Interface Signalling CS 2, Step 1*, Juli 1996.

[ITU96b] ITU-T, STUDY GROUP XI: *Recommendation Q.2724.1: B-ISDN User Part - Look-ahead without State Change for the Network Node Interface*, Juli 1996.

[ITU96c] ITU-T, STUDY GROUP XI: *Recommendation Q.2964.1: B-ISDN, DSS2, Basic Look-Ahead*, Juli 1996.

[ITU96d] ITU-T, STUDY GROUP XV: *Recommendation I.731: Types and general Characteristics of ATM Equipment*, März 1996.

[ITU97] ITU-T, STUDY GROUP VII: *Recommendation X.902: Information Technology - Open Distributed Processing - Reference Model: Overview*, August 1997.

[Jä90] J. JÄGER: *Zusammenhang zwischen Gebühren und Einnahmen im Telekommunikationsbereich.* Der Fernmelde-Ingenieur, 44(1/2):1–43, Januar/Februar 1990.

[Jaf84] J.M. JAFFE: *Algorithms for Finding Paths with Multiple Constraints.* Networks, 14:95–116, 1984.

[Jok66] H.C. JOKSCH: *The Shortest Route Problem with Constraints.* Journal of Mathematical Analysis and Application, 1966.

[JS93] J. JUNG, D. SERET: *Translation of QoS Parameters into ATM Performance Parameters. Proceedings of INFOCOM'93*, 748–755, 1993.

[Kel91] F.P. KELLY: *Effective Bandwidths at multi-class Queues.* Queueing Systems, 9:5–16, 1991.

[Kel94] F.P. KELLY: *Tariffs and effective Bandwidths in Multiservices Networks.* J. LABETOULLE, J.W. ROBERTS (Hrsg.): *Proceedings of the 14th International Teletraffic Congress (ITC)*, 401 – 410. Elsevier Science B.V., Juni 1994.

[Ker79] A. KERSHENBAUM: *Telecommunications Network Design Algorithms.* McGraw-Hill, Inc., New York, 1979.

[KQ98] W. KELLERER, B. QUENDT: *Multimedia Service Architectures - An Overview. EUNICE Conference on Network Management and Operation*, München, September 1998.

[KSC94] H. KAUTZ, B. SELMAN, M. COEN: *Bottom-up Design of Software Agents.* Communications of the ACM, Sonderheft zum Thema Intelligente Agenten, 37(7), Juli 1994.

[KSWS98] M. KARSTEN, J. SCHMITT, L. WOLF, R. STEINMETZ: *Abrechnungsverfahren für paketvermittelte diensteintegrierende Kommunikationsnetze.* PIK Praxis der Informationsverarbeitung und Kommunikation, 21(4):211–218, 1998.

[Lan99] L. LANGE: *The Internet: Technology 1999 Analysis and Forecast.* IEEE Spectrum, 35–40, Januar 1999.

[LBP95] J.-Y. LE BOUDEC, T. PRZYGIENDA: *A Route Pre-Computation Algorithm for Integrated Services Network.* Rapport Technique 95/113, Ecole Polytechnique de Lausanne, Februar 1995.

[Lee95] W.C. LEE: *Topology Aggregation for Hierarchical Routing in ATM Networks.* ACM SIGCOMM Computer Communication Review, 1995.

[LH93] W.C. LEE, M.G. HLUCHYJ: *Rule-based Call-by-Call Source Routing for Integrated Communication Networks. Proceedings of IEEE Infocom 1993*, 1993.

[Lev89] P. LEVY: *Architectures of individual and distributed autonomous Agents. Proceedings of the Second Conference on Intelligent Autonomous Systems*, Amsterdam, 1989.

[Lie95] H. LIEBERMANN: *Letizia: An Agent that assists Web Browsing. Proceedings of IJCAI'95.* AAAI Press, 1995.

[Lin94] K. LINDBERGER: *Dimensioning and Design Methods for Integrated ATM Networks.* J. LABETOULLE, J.W. ROBERTS (Hrsg.): *Proceedings of the 14th International Teletraffic Congress (ITC)*, 897 - 906. Elsevier Science B.V., Juni 1994.

[Lin97] K. LINDBERGER: *Cost Based Charging Principles in ATM Networks.* RAMASWAMI, W., P.E. WIRTH (Hrsg.): *Proceedings of the 15th International Teletraffic Congress (ITC)*, 771–780. Elsevier Science B.V., Juni 1997.

[LPV95] T. LA PORTA, M. VEERARAGHAVA: *An Experimental Signaling Architecture and Modular Signaling Protocol. Proceedings of ISS'95*, Berlin, April 1995.

[LT95] J.-J. LAFFONT, J. TIROLE: *Liberalization and Interconnection Charges.* Annales des Télécommunications, Université Toulouse, 50(2):306–314, Februar 1995.

[LV93] S.H. LOW, P.P. VARAYIA: *A new Approach to Service Provisioning in ATM Networks.* IEEE Transactions on Networking, 1(3):547–553, Oktober 1993.

[Mae94] P. MAES: *Agents that reduce Work and Information Overload.* Communications of the ACM, Sonderheft zum Thema Intelligente Agenten, 37(7), Juli 1994.

[MAGIC93a] RACE II MAGIC R2044: *Service Description Framework and B-ISDN Service. RACE II Multiservice Applications Governing Integrated Control (MAGIC), Deliverable 3*, Juni 1993.

[MAGIC93b] RACE II MAGIC R2044: *Signalling Protocol for B-ISDN and Interworking. RACE II Multiservice Applications Governing Integrated Control (MAGIC), Deliverable 5*, November 1993.

[MAGIC93c] RACE II MAGIC R2044: *Stage 2 Specification. RACE II Multiservice Applications Governing Integrated Control (MAGIC), Deliverable 6*, September 1993.

[MAGIC94] RACE II MAGIC R2044: *Protocols and Concepts of B-ISDN Signalling; Part A: Discussion. RACE II Multiservice Applications Governing Integrated Control (MAGIC), Deliverable 10*, Oktober 1994.

[MBPR95] S. MINZER, H. BUSSEY, R. PORTER, G. RATTA: *Evolutionary Trends in Call Control. Proceedings of ISS'95*, Berlin, April 1995.

[Mel95] W. MELODY: *Future Telecom Services: New Directions.* F. BÜLLINGEN (Hrsg.): *The Future European Telecommunications User, Contributions to the Annual COST 248 Workshop.* Wissenschaftliches Institut für Kommunikationsdienste, Bad Honnef, April 1995.

[Mel97] T. MELLEWIGT: *Die Ermittlung von Interconnection-Tarifen. Dokumentation zur 2. I.I.R.-Fachkonferenz Interconnection.* Institute for International Research (I.I.R.), Sulzbach/Ts., Juli 1997.

[Mes99] D.G. MESSERSCHMITT: *Coordinated Management of Multiple Congestible Resources.* Unveröffentlichte Arbeit, University of California at Berkeley, 1999.

[Mie97] P. VAN MIEGHEM: *Estimation of an Optimal PNNI Topology. Proceedings of the IEEE ATM'97 Workshop*, Mai 1997.

[Mie98] P. VAN MIEGHEM: *Dividing a Network into Peer Groups to build a hierarchical Structure.* Unveröffentlichte Arbeit, 1998.

[MMMM95a] J.K. MACKIE-MASON, J. MURPHY, L. MURPHY: *ATM Efficiency under various Pricing Schemes.* University of Michigan, Dublin City University and University of Auburn, März 1995.

[MMMM95b] J.K. MACKIE-MASON, J. MURPHY, L. MURPHY: *The Role of Responsive Pricing in the Internet.* University of Michigan, Dublin City University and University of Auburn, Juni 1995.

[MMP94] J. MURPHY, L. MURPHY, E. POSNER: *Distributed Pricing for Embedded ATM Networks.* J. LABETOULLE, J.W. ROBERTS (Hrsg.): *Proceedings of the 14th International Teletraffic Congress (ITC)*, 1053 – 1063. Elsevier Science B.V., Juni 1994.

[MMV95a] J.K. MACKIE-MASON, H.R. VARIAN: *Pricing Congestible Network Ressources.* IEEE Journal on Selected Areas in Communications, 13(7):1141–1149, September 1995.

[MMV95b] J.K. MACKIE-MASON, H.R. VARIAN: *Pricing the Internet.* B. KAHIN, J. KELLER (Hrsg.): *Public Access to the Internet.* Prentice-Hall, Englewood Cliffs, New Jersey, 1995.

[MS87] S.E. MINZER, D.R. SPEARS: *Principles for Defining a Signaling Protocol for Complex Calls in an ISDN. Proceedings of IEEE ICC'87*, 314 – 318, 1987.

[MT92a] P.A. MILLER, P.N. TURCU: *Generic Signaling Protocol: Architecture, Model and Services.* IEEE Transactions on Communications, 40(5):957–966, Mai 1992.

[MT92b] P.A. MILLER, P.N. TURCU: *Generic Signaling Protocol: Switching, Networking and Internetworking.* IEEE Transactions on Communications, 40(5):967–979, Mai 1992.

[Mü96] H. MÜLLER: *Flexible Signalisierungsarchitektur für Multimediadienste mit heterogenen Endgeräten.* Dissertation, Technische Universität München, Lehrstuhl für Kommunikationsnetze, Mai 1996.

[Mü98] A. MÜNZBERG: *Implementierung der Netzmanagementanbindung für ein agentenbasiertes Signalisierungssystem.* Diplomarbeit, Technische Universität München, Lehrstuhl für Kommunikationsnetze, Mai 1998.

[MV91] B. MITCHELL, I. VOGELSANG: *Theory of Telecommunications Pricing.* Wissenschaftliches Institut für Kommunikationsdienste, Diskussionsbeiträge (65), Juni 1991.

[Net98] L. NETT: *Tarifpolitik bei Wettbewerb im Markt für Sprachtelefondienst.* Wissenschaftliches Institut für Kommunikationsdienste, Diskussionsbeiträge (183), März 1998.

[NN93] W. NEU, K.-H. NEUMANN: *Interconnections Agreements in Telecommunications.* 106, Wissenschaftliches Institut für Kommunikationsdienste, Diskussionsbeiträge, April 1993.

[Nor94] D. NORMANN: *How might People interact with Agents.* Communications of the ACM, Sonderheft zum Thema Intelligente Agenten, 37(7), Juli 1994.

[Ous97] J.K. OUSTERHOUT: *Tcl und Tk: Entwicklung graphischer Benutzerschnittstellen für das X-Window-System.* Addison-Wesley, 1997.

[Pou82] T. POUSETTE: *Technology, Pricing and Investment in Telecommunications.* 71, The Industrial Institute for Economics and Social Research, Stockholm, Schweden, 1982.

[Que96a] B. QUENDT: *Einsatz lernender Agenten zur Abbildung benutzerorientierter Qualitätsmaße von Telekommunikationsdiensten. 20. Jahrestagung für künstliche Intelligenz der GI*, Dresden, September 1996.

[Que97] B. QUENDT: *An agent-based Resource-Control in a Signaling System for the open Telecommunications Market. Proceedings of the Second International Conference on The Practical Application of Intelligent Agents and Multi-Agent Technology (PAAM'97)*, London, April 1997.

[QZ99] B. Quendt, B. Zumbusch: *Güte hierarchischer Wegewahl in PNNI. ITG-Fachtagung Kommunikation in verteilten Systemen (KiVS'99)*, Darmstadt, März 1999.

[RG95] A. Rao, M. Georgeff: *BDI Agents: From Theory to Practice. Proceedings of the First International Conference on Multi-Agent Systems (ICMAS'95)*, San Franzisko, Juni 1995.

[RM94] D. Riecken, M. Minsky: *A Conversation with Marvin Minsky about Agents.* Communications of the ACM, Sonderheft zum Thema Intelligente Agenten, 37(7), Juli 1994.

[RMV96] J.W. Roberts, U. Mocci, J. Virtamo (Hrsg.): *Broadband Network Teletraffic - Final Report of Action COST 242*, 1155 *Lecture Notes in Computer Science.* Springer-Verlag, 1996.

[RN94] H. Rubin, N. Natarajan: *A Distributed Software Architecture for Telecommunication Networks.* IEEE Network, 8(1):8–17, 1994.

[Rup96] H. Rupp: *Ein Preissystem für das Internet.* Wissenschaftliches Institut für Kommunikationsdienste, Diskussionsbeiträge (164), August 1996.

[SBV96] J. Schädler, S. Brandis, G. Vogelsang: *Anforderung an eine faire Interconnection-Regulierung unter vertraglichen und Kostenaspekten. Dokumentation zum Booz Allen and Hamilton Praxis-Workshop Interconnection*, September 1996.

[SCEH96] S. Shenker, D. Clark, D. Estrin, S. Herzog: *Pricing in Computer Networks: Reshaping the Research Agenda.* ACM Computer Communications Review, 26(2):19–43, April 1996.

[Sch95] T. Schmitz et.al.: *Vom Netzmanagement zum Systemmanagement.* Nachrichtentechnische Zeitung NTZ, 48(6):48–51, Juni 1995.

[Sch99] A. Scheller: *SDL-Implementierung einer agentenbasierten Ressourcensteuerung.* Diplomarbeit, Technische Universität München, Lehrstuhl für Kommunikationsnetze, März 1999.

[SDT95] *SDT 3.1 Documentation.* Telelogic AB, Malmö, Juni 1995.

[Sea69] J.R. Searle: *Speech Acts.* Cambridge University Press, 1969.

[Sho93b] Y. Shoham: *Agent-oriented Programming.* Artificial Intelligence, 60(1), 1993.

[Sie97] G. Siegmund: *ATM. Die Technik. Grundlagen, Netze, Protokolle.* Hüthig-Verlag, Heidelberg, 1997.

[SIU97] K. Schulz, M. Incollingo, H.K. Uhrig: *Taking Advantage of ATM Services and Tariffs.* IEEE Network, 11(2):10–17, März/April 1997.

[SM95] U. Shardanand, P. Maes: *Social Information Filtering for Automating 'Word of Mouth'. Proceedings of CHI'95*, Denver, Colorado, Mai 1995.

[SPM94] O. Spaniol, C. Popien, B. Meyer: *Dienste und Dienstvermittlung in Client-Server-Systemen. Thomson's aktuelle Tutorien Nr. 1.* International Thomson Publishing, Bonn, 1994.

[SRV97] H.F. Salama, D. S. Reeves, Y. Viniotis: *A distributed Algorithm for Delay-Constrained Unicast Routing. Proceedings of IEEE Infocom 1997*, April 1997.

[Sti96] B. Stiller: *Quality-of-Service, Dienstgüte in Hochleistungsnetzen, Thomson's aktuelle Tutorien Nr. 21.* International Thomson Publishing, Bonn, 1996.

[Str99] H.-J. Strufe: *SDL-Implementierung eines Agenten zur Rufsteuerung von Multimediadiensten.* Diplomarbeit, Technische Universität München, Lehrstuhl für Kommunikationsnetze, März 1999.

[Sun93] K. Sundermeyer: *Modellierung von Agentensystemen.* J. Müller (Hrsg.): *Verteilte Künstliche Intelligenz - Methoden und Anwendungen*, 22–44. BI Wissenschaftsverlag, 1993.

[SZ96] *Welthandelskonferenz für komplette Liberalisierung der Telekommunikation.* Süddeutsche Zeitung, Ausgabe vom 10.12.96.

[TINA94] TINA-C Konsortium: *Engineering Modelling Concepts (DPE Architecture), Version 2.0*, Dezember 1994.

[TINA95] TINA-C Konsortium: *Overall Concepts and Principles of TINA, Version 1.0*, Februar 1995.

[TINA97a] TINA-C Konsortium: *Network Resource Architecture, Version 3.0*, Februar 1997.

[TINA97b] TINA-C KONSORTIUM: *Network Resource Information Model Specification, Version 2.2*, November 1997.

[TINA97c] TINA-C KONSORTIUM: *Service Architecture, Version 5.0*, Juni 1997.

[TINA97d] TINA-C KONSORTIUM: *TINA Business Model and Reference Points, Version 4.0*, Mai 1997.

[Vic71] W. VICKERY: *Responsive Pricing of Public Utility Services*. Bell Journal of Economics and Management Science, 337–346, Frühjahr 1971.

[Vog96a] R. VOGEL ET. AL.: *QoS-based Routing of Multimedia Streams in Computer Networks*. IEEE JSAC, 14(7):1235–1244, 1996.

[Vog96b] I. VOGELSANG: *Preisregulierung und Wettbewerb in der Telekommunikation*. E. WITTE (Hrsg.): *Regulierung und Wettbewerb in der Telekommunikation, ein internationaler Vergleich*. Münchner Kreis; R.v.Decker Verlag, Heidelberg, 1996.

[Wei97] P. WEIKERT: *Entwicklung einer offenen Simulations- und Visualisierungsplattform für Signalisisierungsabläufe in Kommunikationsnetzen*, Diplomarbeit, Technische Universität München, Lehrstuhl für Kommunikationsnetze, 1997.

[WFKM95] M. WAKAMOTO, M. FUKAZAWA, M.W. KIM, K. MURAKAMI: *Intelligent Network Architecture with Layered Call Model for Multimedia-on-Demand Service*. *Proceedings of ISS'95*, Berlin, April 1995.

[WG96] P. WELFENS, C. GRAACK (Hrsg.): *Telekommunikationswirtschaft, Deregulierung, Privatisierung und Internationalisierung*. Springer-Verlag, 1996.

[Win87] P. WINKLER: *Steiner Problem in Networks: A Survey*. Networks, 17, 1987.

[Wit98] E. WITTE: *Regulierungspolitik*. V. JUNG, H.-J. WARNECKE (Hrsg.): *Handbuch der Telekommunikation*. Springer Verlag, Berlin, 1998.

[WJ95a] M. WOOLDRIDGE, N. JENNINGS (Hrsg.): *Intelligent Agents - ECAI - 94 Workshop in Agent Theories, Architectures and Languages, Lecture Notes in Artificial Intelligence (890)*. Springer Verlag, Berlin, 1995.

[WJ95b] M. WOOLDRIDGE, N. JENNINGS: *Intelligent Agents: Theory and Practice*. Knowledge Engineering Review, 10(2), 1995.

[Woo97] M. WOOLDRIDGE: *Agent-based Software Engineering*. IEE Proceedings on Software Engineering, 144(1), Februar 1997.

[WPH94] G. WITTKEMPER, R. PERILLIEUX, C. HEROLD: *Gewinnen im Wettbewerb, Liberalisierung von Märkten, Herausforderung und Lösungskonzepte*. Schäffer-Poeschel Verlag Stuttgart, 1994.

[Zum98] B. ZUMBUSCH: *Heuristiken zur hierarchischen Angebotssichtung und Ressourcenselektion in einer agentenbasierten Ressourcensteuerung*. Diplomarbeit, Technische Universität München, Lehrstuhl für Kommunikationsnetze, Juli 1998.

Anhang A

Abkürzungen

AAD	Agentenadapter
AdT	Adaptive Tarifierung
AEP	Angebotsendpunkt
AKP	Agentenkommunikationsprotokoll
AMSA	Advanced Multimedia Signaling Architecture
ASN.1	Abstract Syntax Notation One
ATM	Asynchroner Transfermodus
AUREUS	Agentenunterstützte Ressourcenallokation und Steuerung von Multimediadiensten
BÜ	Betreiberübergang
B-ISDN	Broadband Integrated Services Digital Network
CFP	Call for Proposal
CS	Capability Set
CSCW	Computer Supported Cooperative Work
CSP	Constrained Shortest Path
DB	Dienstbetreiber
DCLC	Delay Contrained Least Cost
DCUR	Delay Constrained Unicast Routing
DTL	Designated Transit List
ERM	Explizites Ressourcenmodell
FIPA	Foundation for Intelligent Physical Agents
FMR	Full Mesh Representation, Mehrportknotendarstellung
GSM	Global System for Mobile Communication
HAL	Hierarchische Angebotsliste
HE	Hierarchieebene
HN	Hierarchische Netzsicht
IN	Intelligentes Netz
IRM	Implizites Ressourcenmodell
IRW	Initialer Rufwunsch
ISDN	Integrated Services Digital Network
ITU	International Telecommunication Union
ITU-T	ITU Telecommunication Standardization Sector
KI	Künstliche Intelligenz
LCR	Least Cost Routing
MAGIC	Multiservice Applications Governing Integrated Control
MCP	Multiple Constraints on a Path
MM	Multimedia
MPEG	Motion Picture Experts Group
MSD	Mehrschritt-Dijkstra
NÜ	Netzübergang
NB	Netzbetreiber

NKS	Netzknotenschnittstelle
PNNI	Private Network Network Interface
QoS	Quality of Service, Dienstgüte
RA	Rufagent
RACE	Research and Development in Advanced Communications for Europe
RM	Rufmodell
RS	Rufsteuerung
RSA	Ressourcenagent
RsS	Ressourcensteuerung
RSZ	Rufsteuerungszugang
SDL	Specification and Description Language
SDT	SDL Design Tool
SNR	Simple Node Representation (Einfachknotendarstellung)
SR	Spezialressource
SR-AAD	SR-Agentenadapter
StT	Starre Tarifierung
T-AAD	Teilnehmeranschluß-Agentenadapter
TEG	Teilnehmerendgerät
TINA	Telecommunication Information Networking Architecture
TK	Telekommunikation
Tln	Teilnehmer
TMN	Telecommunication Management Network
TNS	Teilnehmernetzschnittstelle
ÜDK	Übermittlungsdienstkategorie
V-AAD	Verbindungs-AAD
VD	Verantwortungsdomäne
VHAL	Verkettete Hierarchische Angebotsliste
VP	Virtueller Pfad
VS	Verbindungssteuerung
VSR	Virtuelle Spezialressource

Anhang B

Ruf- und Ressourcenmodell

B.1 Objekte des Rufmodells

Ruf - R

Im Objekt Ruf ist die Kennung zur Referenzierung des Rufes angegeben. Außerdem kann hier ein Preisziel spezifiziert werden.

-rid	rid_typ (obligat) Kennung des Rufes
-preis	preis_typ (optional) Maximaler Preis des Rufwunsches

Teilnehmer - Tln

Jeder Teilnehmer eines Rufes wird durch ein Teilnehmerobjekt dargestellt. In diesem Objekt sind alle den Teilnehmer betreffenden Parameter zusammengefasst.

-tln_id	tln_id_typ (obligat) Kennung des Teilnehmerobjekts
-adresse	adreß_typ (obligat) Adresse des zugehörigen Teilnehmers
-rolle	rolle_typ (obligat) Erlaubt es, einem Teilnehmer eine Rolle zuzuordnen, z.B. die eeines Rufinitiators

Dienstkomponente - DK

Jeder am Ruf beteiligte Informationsstrom wird in eine Dienstkomponente abgebildet. In ihr werden, neben dem Informationstyp (z.B. Audio), auch Vorgabewerte für die Präsentations- und Performanzparameter der ZA-Objekte angegeben.

-dk_id	dk_id_typ (obligat) Kennung der Dienstkomponente
-dk_art	dk_typ (obligat) Kennzeichnet den Informationstyp (z.B. Audio, Video)
-existenz	existenz_typ (obligat) Gibt an, ob DK obligat oder optional ist
-kod_vorg	kod_typ (optional) Gibt den Kodierungstyp an
-misch_fkt	misch_typ (optional) Gibt das Mischverfahren bei Verwendung eines GEAE an
-qualität	qualität_typ (optional) Ermöglich die Angabe gewünschter und minimal akzeptierter Dienstgüte durch abstrakten QoS-Wert
-üdk	üdk_typ[ ] (optional) Gibt die gewünschte und minimale ÜDK an, z.B. statistische QoS-Garantie
-delay	delay_typ[ ] (optional) Gibt die gewünschte und minimale Verzögerung an
-abtastrate	abtastraten_typ[ ] (optinal) Gibt die gewünschte und minimale Abtastrate an
-quantisierung	quantisierungs_typ[ ] (optional) Gibt die gewünschte und minimale Quantisierung an
-aufloesung	aufloesungs_typ[ ] (optional) Gibt die gewünschte und minimale Auflösung an
-framerate	frameraten_typ[ ] (optional) Gibt die gewünschte und minimale Framerate an
-farbtiefe	farbtiefen_typ[ ] (optional) Gibt die gewünschte und minimale Farbtiefe an
-vk	vk_typ (obligat) Verkehrsklassenangabe, einschl. Bandbreite
-fehlerrate	fehlerraten_typ[ ] (optional) Gibt die gewünschte und maximale Fehlerrate an

Zugangsanschluß - ZA

Jeder Anschluß eines Teilnehmers an eine Dienstkomponente wird durch einen Zugangsanschluß beschrieben. In diesem Objekt werden Präsentations- und Performanzparameter des unidirektionalen Informationsstromes angegeben. Nicht besetzte Parameter werden dabei aus der Dienstkomponente übernommen. Für jeden zu empfangenden und zu sendenden Informationsstrom muß ein Zugangsanschluß bereitgestellt werden. Die Zugangsanschlüsse werden über Abbildungselemente mit der Dienstkomponente verbunden.

-za_id	za_id_typ (obliagt) Kennung des Zugangsanschlusses
-tln_id	tln_id_typ (obligat) Kennung des angeschlossenen Teilnehmers
-existenz	existenz_typ (obligat) Gibt an, ob ZA obligat oder optional ist
-kod_art	kod_typ[ ] (obligat) Angabe der vom Teilnehmer unterstützten Kodierformate
-richtung	richtung_typ (obligat) Übertragungsrichtung vom Teilnehmer aus gesehen (Senden, Empfangen)
-üdk	üdk_typ[ ] (optional) Gibt die gewünschte und minimale ÜDK an, z.B. statistische QoS-Garantie
-delay	delay_typ[ ] (optional) Gibt die gewünschte und minimale Verzögerung an
-abtastrate	abtastraten_typ[ ] (optinal) Gibt die gewünschte und minimale Abtastrate an
-quantisierung	quantisierungs_typ[ ] (optional) Gibt die gewünschte und minimale Quantisierung an
-aufloesung	aufloesungs_typ[ ] (optional) Gibt die gewünschte und minimale Auflösung an
-framerate	frameraten_typ[ ] (optional) Gibt die gewünschte und minimale Framerate an
-farbtiefe	farbtiefen_typ[ ] (optional) Gibt die gewünschte und minimale Farbtiefe an
-vk	vk_typ (obligat) Verkehrsklassenangabe, einschl. Bandbreite
-fehlerrate	fehlerraten_typ[ ] (optional) Gibt die gewünschte und maximale Fehlerrate an
-anbindung	anbindungs_typ[ ] (obligat) Anbindungskosten an Knoten der hierarchischen Netzsicht

Abbildungselement Senderichtung - SAE

Ein SAE repräsentiert eine Verbindung zwischen Zugangsanschuß und Dienstkomponente. Der Informationsstrom fließt dabei vom Teilnehmer zur Dienstkomponente, d.h. der Teilnehmer sendet in die Dienstkomponente hinein.

-sae_id	ae_id_typ (obligat) Kennung des Abbildungselements
-dk_id	dk_id_typ (obligat) Dienstkomponente, in die die Information eingespeist wird
-za_id	za_id_typ (obligat) Zugangsanschluß, aus dem die Information entnommen wird

Gesamtabbildungselement Empfangsrichtung - GEAE

Das Objekt GEAE greift auf alle Informationsströme der mit einer Dienstkomponente verbundenen Teilnehmer zu. Dabei kann die Art des Mischverfahrens angegeben werden (z.B. Summenfunktion) oder sie wird durch den Vorgabewert des DK-Objekts bestimmt.

-geae_id	ae_id_typ (obligat) Kennung des Abbildungselements
-dk_id	dk_id_typ (obligat) Dienstkomponente, aus der die Information entnommen wird
-za_id	za_id_typ (obligat) Zugangsanschluß, in den die Information eingespeist wird
-misch_fkt	misch_typ (optional) Mischfunktion für die Informationsströme der DK

Selektives Abbildungselement Empfangsrichtung - SEAE

Die Verwendung von SEAEs erlaubt das Empfangen eines bestimmten Informationsstromes einer Dienstkomponente. Dies entspricht dem direkten Zugriff auf den Informationsstrom eines einzigen Teilnehmers.

-seae_id	ae_id_typ (obligat) Kennung des Abbildungselements
-dk_id	dk_id_typ (obligat) Dienstkomponente, aus der Information entnommen wird
-existenz	existenz_typ (obligat) Gibt an, ob SEAE in GEAE gewandelt werden darf
-za_id	za_id_typ (obligat) Zugangsanschluß, in den die Information eingespeist werden soll
-sae_id	ae_id_typ (obligat) Kennung des Sendeelements, dessen Informationsstrom bezogen werden soll

B.2 Objekte des Ressourcenmodells

Virtuelle Globale Ressource - VGR

Im Objekt VGR wird die Kennung der Ressourcenkonfiguration angegeben.

-vgr_id	vgr_id_typ (obligat) Kennung der VGR, dient der Unterscheidung von Ressourcen anderer Rufe
-vgr_preis	vgr_preis_typ (obligat) Parameter zur Aufnahme des rückgemeldeten Preises

Virtueller Endpunkt - VEP

Ein VEP entspricht einem unidirektionalen Anschluß. Hier sind alle für die Anbindung notwendigen Parameter zusammengefaßt.

-vep_id	vep_id_typ (obligat) Einheitliche Kennung des Endpunktes
-netz_adr	e.164_adr_typ (obligat) Adresse des Teilnehmeranschlusses, der sich hinter dem Ein-/Ausgang verbirgt
-verb_id	verb_id_typ (obligat) Kennung der Verbindung
-kod_typ	kod_typ (obligat) Kodierungstypen der Information, die über den Endpunkt eingespeist oder entnommen wird
-richtung	richt_typ (obligat) Gibt an, ob es sich um einen Eingang oder Ausgang der VGR handelt
-üdk	üdk_typ[ ] (optional) Gibt die gewünschte und minimale ÜDK an, z.B. statistische QoS-Garantie
-vk	vk_typ (obligat) Geforderte Verkehrsklasse, einschl. Bandbreite
-delay	delay_typ (obligat) Geforderte Verzögerung
-fehlerrate	fehlerraten_typ (obligat) Geforderte Fehlerrate
-anbindung	andbindungs_typ (obligat) Anbindungskosten an hierarchische Netzknoten (s.RM)

Virtuelle Ressourcenfunktion - VRF

In der VRF ist die Art der Verbindung von miteinander kommunizierenden VEP angegeben. Bei einer reinen Verbindung besitzt eine VRF jeweils einen Ein- und Ausgang. Wird die VRF als Mischer eingesetzt, so stehen in den Ein- bzw. Ausgängen die VEP, welche untereinander Informationsströme austauschen.

-vrf_id	vrf_id_typ (obligat) Kennung der Virtuellen Ressourcenfunktion
-misch_fkt	misch_typ (optional) Gibt den Typ der Mischfunktion an, mit der die Informationsströme an den Eingängen zum Ausgangsstrom zusammengefügt werden
-eingänge	vep_id[ ] (obligat) Pro Eingang der VRF eine Referenz des Virtuellen Endpunktes
-ausgänge	vep_id[ ] (obligat) Pro Ausgang der VRF eine Referenz des VEP

B.3 Ressourcenabbildung

Ruf R

- Ausgangsobjekt:
  R: { ruf_id }
- Zielobjekt:
  VGR: { vgr_id }

Zugangsanschluß ZA

- Ausgangsobjekt:
  ZA: { za_id, tln_id, kod_art[ ], richtung, üdk, vk, delay, fehlerrate, anbindung }
- Zielobjekt:
  VEP: { vep_id, netz_adr, verb_id, kod_typ, richtung, üdk, vk, delay, fehlerrate, anbindung }
- Die Attribute werden wie folgt ermittelt:
  - vep_id Wird neu angelegt
  - netz_adr ZA.tln_id.adresse
  - verb_id ZA.za_id
  - alle anderen Attribute ergeben sich direkt aus den Attributen des Zugangsanschlusses

Gesamtabbilungselement Empfangsrichtung GEAE

- Ausgangsobjekt:
  GEAE: { geae_id, dk_id, za_id, misch_fkt }
- Zielobjekt:
  VRF: { vrf_id, misch_fkt, eingänge[ ], ausgänge[ ] }
- Die Attribute werden wie folgt ermittelt:
  - vrf_id Prüfen, ob es zur gleichen Dienstkomponente schon eine VRF mit gleichen Parametern gibt. Wenn nicht, ist eine neue VRF anzulegen.
  - misch_fkt GEAE.misch_fkt
  - eingänge[ ] Werden aus den in die DK speisenden ZA ermittelt.
  - ausgänge[ ] GEAE.za_id
    Für jedes GEAE muß ein Ausgang erzeugt werden.

Selektives Abbildungselement Empfangsrichtung SEAE

- Ausgangsobjekt:
  SEAE: { seae_id, dk_id, za_id, sae_id, }
- Zielobjekt:
  VRF: { vrf_id, misch_fkt, eingänge[ ], ausgänge[ ] }
- Die Attribute werden wie folgt ermittelt:
  - vrf_id Wird neu vergeben
  - misch_fkt misch_fkt := Verbinden
  - eingänge[ ] Ergeben sich aus SEAE.sae_id
  - ausgänge[ ] SEAE.za_id

Anhang C

Beispielhafte Ruftopologieänderungen

Die angegebenen Rufszenarien beziehen sich auf die in Abschnitt 5.4.2.1 geschilderten Topologiealternativen.

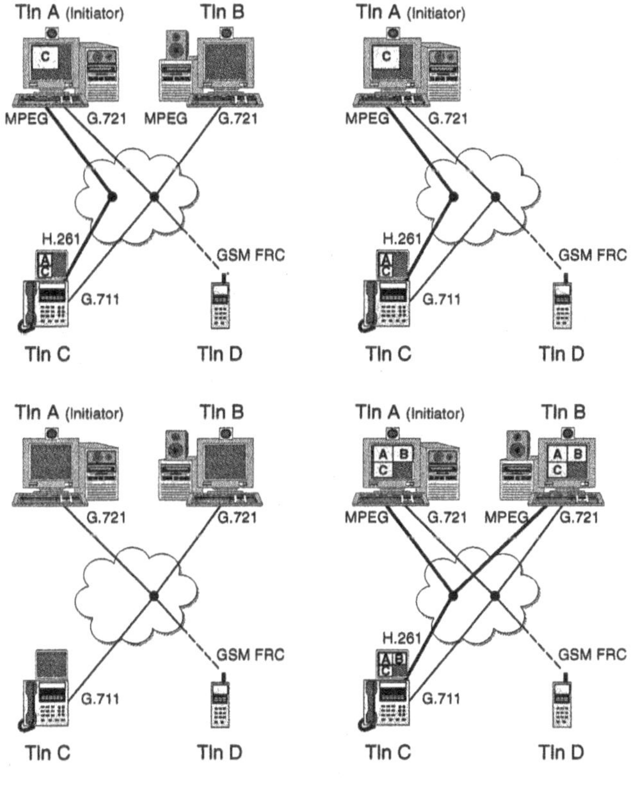

Abbildung C.1: Topologiealternativen

Anhang D

Implementierungsdetails

D.1 Bedienoberfläche zur Rufeingabe

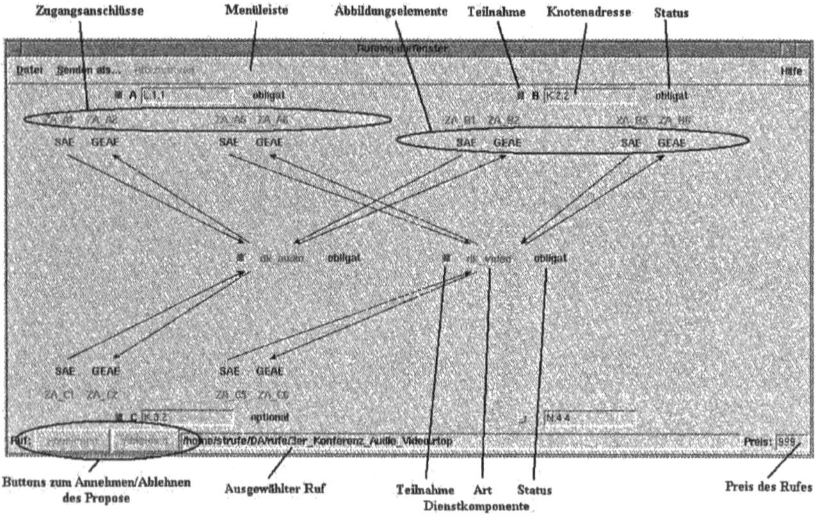

Abbildung D.1: Rufeingabefenster und Beispielruf

D.2 Bedienoberfläche zur Eingabe von Netztopologien

In Abbildung D.2 ist ein Bildschirmausdruck des Werkzeugs Topedit und eine beispielhafte Netztopologie dargestellt. Die Verantwortungsdomänen im Angebotsnetz sind grau unterlegt. Das Angebotsnetz wurde durch zwei Hierarchieebenen strukturiert. Die Verantwortungsdomänen der zweiten Hierarchieebene sind aus Gründen besserer Übersichtlichkeit nicht eingezeichnet. Sie fassen alle Angebotsendpunkte mit der AEP-Adresse L bzw. K oder N zusammen.

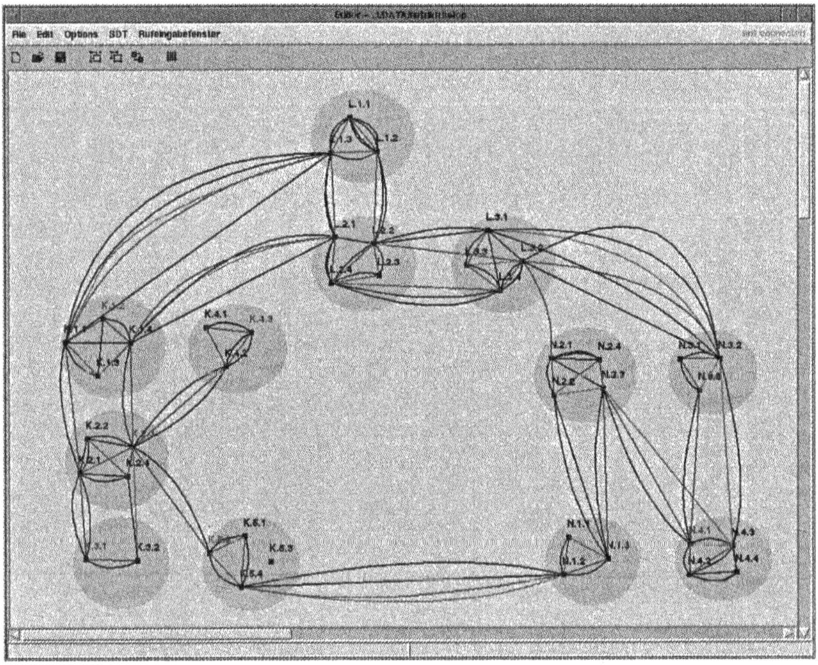

Abbildung D.2: Editierwerkzeug Topedit mit Angebotsnetzbeispiel

Kolibri 360 GmbH
Ferdinand-Jühlke-Straße 7
99095 Erfurt, Deutschland
produktsicherheit@kolibri360.de